西方传统 经典与解释
Classici et commentarii
HERMES

HERMES

在古希腊神话中,赫耳墨斯是宙斯和迈亚的儿子,奥林波斯神们的信使,道路与边界之神,睡眠与梦想之神,亡灵的引导者,演说者、商人、小偷、旅者和牧人的保护神……

西方传统 经典与解释
Classici et commentarii
HERMES
柏拉图注疏集
刘小枫 甘阳●主编

柏拉图的《智术师》
——原物与像的戏剧

Plato's *Sophist*:
The Drama of Original and Image

[美] 罗森（Stanley Rosen）● 著
莫建华 蒋开君 ● 译　柯常咏 ● 校

华东师范大学出版社

华东师范大学出版社六点分社　策划

古典教育基金·"资龙"资助项目

"柏拉图注疏集"出版说明

"柏拉图九卷集"是有记载的柏拉图全集最早的编辑体例之一,相传由亚历山大时期的语文学家、数学家、星相家、皇帝的政治顾问忒拉绪洛斯($Θράσυλλος$)编订,按古希腊悲剧的演出结构方式将柏拉图所有作品编成九卷,每卷四部(对话作品三十五种,书简集一种,共三十六种)。1513年,意大利出版家Aldus出版柏拉图全集,被看作印制柏拉图全集的开端,遵循的仍是忒拉绪洛斯的体例。

可是,到了18世纪,欧洲学界兴起疑古风,这个体例中的好些作品被判为伪作。随后,现代的所谓"全集"编本迭出,有31篇本或28篇本,甚至24篇本,作品前后顺序编排也见仁见智。

俱往矣!古典学界约在大半个世纪前已开始认识到,怀疑古人得不偿失,不如依从古人受益良多。回到古传的柏拉图"全集"体例在古典学界几乎已成共识(Les Belles Lettres 自上世纪20年代陆续出版的希法对照带注释的 *Platon Œuvres complètes* 以及 Erich Loewenthal 在上世纪40年代编成的德译柏拉图全集均为36种+托名作品7种),当今权威的《柏拉图全集》英译本(John M. Cooper 主编,*Plato, Complete Works*,Hackett Publishing Company 1984,不断重印)即完全依照"九卷集"体例(附托名作品)。

"盛世必修典"——或者说，太平盛世得乘机抓紧时日修典。对于推进当今中国学术来说，修典的历史使命当不仅是续修中国古代典籍，同时得编修古代西方典籍。古典文明研究工作坊拟定计划，推动修译西方古代经典这一学术大业。我们主张，修译西典当秉承我国清代学人编修古代经典的精神和方法——精神即：敬重古代经典，并不以为今人对世事人生的见识比古人高明；方法即：翻译时从名家注疏入手掌握文本，考究版本，广采前人注疏成果。

"柏拉图注疏集"将提供足本汉译柏拉图全集（36种+托名作品7种），篇序从忒拉绪洛斯的"九卷集"。尽管参与翻译的译者都修习过古希腊文，我们主张，翻译柏拉图作品等古典要籍，当采注经式译法（即凭靠西方古典学者的笺注和义疏本迻译），而非所谓"直接译自古希腊语原文"（如此注疏体柏拉图全集在欧美学界亦未见全功，德国古典语文学界于1994年开始着手"柏拉图全集：译本和注疏"，体例从忒拉绪洛斯，到2004年为止，仅出版不到8种；Brisson主持的法译注疏体全集，90年代初开工，迄今未完成一半）。

柏拉图作品的义疏汗牛充栋，而且往往篇幅颇大。这个注疏体汉译柏拉图全集以带注疏的柏拉图作品译本为主体，亦收义疏性质的专著或文集。编译者当紧密关注并积极吸取西方学界的相关成果，不急欲求成，务求踏实稳靠，裨益于端正教育风气，重新认识西学传统，促进我国文教事业的新生。

古典文明研究工作坊
西方典籍编译部甲组
2005年元月

柏拉图注疏九卷集篇目

卷一
1 游叙弗伦（顾丽玲译）
2 苏格拉底的申辩（吴飞译）
3 克力同（程志敏译）
4 斐多（刘小枫译）

卷二
1 克拉底鲁（刘振译）
2 泰阿泰德（贾冬阳译）
3 智术师（柯常咏译）
4 治邦者（张爽译）

卷三
1 帕默尼德（曹聪译）
2 斐勒布（李致远译）
3 会饮（刘小枫译）
4 斐德若（刘小枫译）

卷四
1 阿尔喀比亚德前篇（梁中和译）
2 阿尔喀比亚德后篇（梁中和译）
3 希普帕库斯（胡镓译）
4 情敌（吴明波译）

卷五
1 忒阿格斯（刘振译）
2 卡尔米德（彭磊译）
3 拉克斯（罗峰译）
4 吕西斯（黄群译）

卷六
1 欧蒂德谟（万昊译）
2 普罗塔戈拉（刘小枫译）
3 高尔吉亚（李致远译）
4 美诺（郭振华译）

卷七
1 希琵阿斯前篇（王江涛译）
2 希琵阿斯后篇（王江涛译）
3 伊翁（王双洪译）
4 默涅克塞诺斯（李向利译）

卷八
1 克利托普丰（张缨译）
2 王制（张文涛译）
3 蒂迈欧（叶然译）
4 克里提阿（叶然译）

卷九
1 米诺斯（林志猛译）
2 法义（林志猛译）
3 法义附言（程志敏/崔嵬译）
4 书简（彭磊译）

杂篇（唐敏译）

（篇名译法以出版时为准）

谨以此书纪念 Robert Earl Charles
ἀνὴρ καλὸς κἀγαθός[一个高贵而善良的人]

目 录

致谢 / *1*

序言 / *1*

第一幕　二分 / *67*
　　第一场　诸神与哲人 / *69*
　　题外话　《斐勒布》中的二分 / *79*
　　第二场　追猎智术师 / *96*
　　第三场　钓者 / *104*
　　第四场　对智术师的划分和多重定义 / *114*
　　第五场　自然与作品 / *132*
　　第六场　二分总结 / *152*
第二幕　像 / *167*
　　第七场　像的问题 / *169*
　　第八场　又一轮二分 / *195*
　　第九场　非存在问题 / *201*
　　第十场　重审像的问题 / *215*
　　第十一场　精确的和不精确的神话 / *236*
　　第十二场　巨灵之战 / *246*

第三幕　形相 / 263
　　　第十三场　同一、述谓和实存 / 265
　　　第十四场　形相字母表 / 284
　　　第十五场　非存在 / 312
　　　第十六场　假陈述 / 339
　　　第十七场　总结二分 / 361
收场白 / 368

附录 / 387
参考文献 / 389
希腊词汇索引 / 394
引文索引 / 395
主题索引 / 397

致　　谢

[ix]此作成书的最直接原因,应属于过去15年我在尼斯大学和宾州州立大学开设的一系列《智术师》研讨课。我从班上的同学们获益良多,我对于柏拉图的理解很多得之于他们,在此一并致谢。本研究之倒数第三稿,系我为1981年尼斯大学春季学期研讨班准备的稿子,当时是用法文写的。必须同时用三种语言来思和言柏拉图,这种挑战对我产生的作用,恰如约翰逊博士(Dr. Johnson)的著名警句所示:一个人若知道自己两个星期后会上绞刑台,他的思想就会高度集中。非常感谢尼斯大学哲学系全体教师对我的热情招待,尤其感谢杨尼考(Dominique Janicaud)教授、拉特(Alain De Lattre)教授以及马泰伊(Jean-François Mattei)教授。同样感谢巴黎大学的奥班科(Pierre Aubenque)教授,他是发出尼斯之邀的委员会的主席,也曾热忱地邀请我到他在索邦开设的研讨班上去会讲。

我的三位益友,他们都是顶尖的柏拉图学者,接手了全面审读本研究倒数第二稿的繁重任务。他们更正了大量错误,对已有表述也提出诸多异议,促使我对整部手稿、尤其是序幕部分作了几处大面积改动。他们分别是哈弗福德学院的柯斯曼(Aryeh Kosman)、瓦萨尔学院的扛赫特曼(David Lachterman)和米勒

(Mitchell Miller),没有他们的慷慨相助,可以想见这本书要比其实际的样子有更多欠缺。他们每一个人都时刻为我准备着他们哲学上的敏锐和博学之见,而我未能全部领受这些美意,因此对于我自己的错误和意见,他们绝无责任。但本书的终稿[X]有他们不可磨灭的贡献。在此,我也要感谢本书早期版本的无名读者们,他们说服我相信有必要对《智术师》的二手文献进行更广泛的探讨。对此我想多说几句。我对于《智术师》的一些看法,不同于当代柏拉图学者似乎广泛接受的看法。尤其是,本研究有一个要旨,不能使用或者设定述谓语范式,去解释爱利亚异乡人关于形相元素及其合与分的教义。为了最强有力地证明我自己的进路,我想,较明智的做法就是用相当篇幅,大量分析那些以不同于我的方式来解读柏拉图的最杰出的那些文献。可仔细研读这些著作和文章之后,我发现,它们对于构建我自己的看法意义并不大。我对于二手文献的分析通常是批判性的,但这无损于我从中受益。柏拉图的文本极为难解,有时也许棘手得很,我竭力使我的阐释能有说服力,亦惨淡经营于不带诡辩的论辩。如果没能做到,实为无心之失,在此先向可能关涉到的人致以歉意。

感谢宾州州立大学的同事们对我工作的支持,他们的盛情和理解一如既往。最后,特别感谢耶鲁大学出版社的编辑麦克葛罗甘(Maureen MacGrogan),他做了许多工作,使本书能以面世;也特别感谢麦金侬(Anne Mackinnon),她为终稿所做的编辑校订恰到毫厘。

序　言

取　向

[1]柏拉图的《智术师》与其任何一篇对话一样,可以从两种多少有些相反的视角去接近它。① 为方便计,我把它们称为存在学视角和戏剧视角。戏剧视角把对话看成一个统一体,更具体地说,把它看成一件技艺作品:其中言谈者的天性连同交谈的情境,皆对文本[包含]的学说或哲学意涵起一定作用。采取这一视角的最明显动机,乃是对话形式本身,而为这一视角辩护的最重要的文本或许要算《斐德若》及《王制》中关于修辞和写作的讨论——后者展开较少。② 站在这个立场上看,把《智术师》肢解成各种片段的合集(甚或堆砌),然后只研究那些似乎在对"哲学"性质——与"技艺"性相对——进行"技艺性"讨论的片段,最终不能令人满意。以戏剧视角的支持者之见,要全面理解"技艺性"段落——就

---

① 由此往下的谈论,可参 Y. Lafrance(1979)的一篇很有意义的论文。我和他一样,都认为不能以他所批评的那种方式把"欧陆解读"(la lecture continentale)和"分析学派方法"(la méthode analytique)对立起来。我把二者当成同一路径的不同面相,该路径与 Lafrance 关于柏拉图学术类别的划分背道而驰。
② 《斐德若》257b7 及以下;《王制》卷三,392c6 及以下。

其毕竟是可能的而言——取决于在有机体对话内部把握其功能。依照《斐德若》中的讨论，完美的写作是鲜活的，以至于它会让言辞契合"听者"或[2]读者的性情。因此，对话体现的，乃是说者关于一个专门学说要这般或那般呈现的意图。

稍微换一种说法：谈话的效力或作用就是 ψυχαγωγία，可译为灵魂的引导或教育（包括引导或教育自己的灵魂）。但灵魂的本性各各不同，所以也只能通过不同的言辞来引导。我们姑且把那种言辞引导哪种灵魂的知识叫做"哲学修辞学"。如此，称为戏剧统一体的对话，便是作者广泛意图的一个像（image）——尽管是很特别的一种像。借由对话的戏剧形式，作者使其学说适应于不同读者的天性（《斐德若》271a4-272b6）。由于这种意义上的修辞（与止于说服的智术师的修辞相对）是一种 τέχνη [技艺]，所以，正是在它建基于对本性（nature）或形相（forms）的真知识这个意义上，我们必须拓展"技艺的"这个词的意义，使其不但包含诸如存在、非存在、假等诸如此类的"专门性"问题，也包含对话的戏剧形式本身。（我们不要忽略了，懂得何时沉默亦为修辞技艺的一部分：《斐德若》272a4。）哲学修辞实乃一种 τέχνη [技艺]，《斐德若》的诸多段落、尤其是 272b7-274b5 强调了这一点。因此，哲学修辞与在《智术师》中扮演重要角色的二分法——或者说根据种（kinds）来分开或合并——关系密切。哲学修辞扎根于对种类或形相的知识，在某种变通的意义上它言说的是真（truth）；智术师修辞言说的则是似。这个区分在《智术师》中也很突出。我们注意到，尽管"似"（τὸ εἰκός）因其不是扎根于对形相的观看而必不同于真，但《斐德若》只字不谈"逻辑的"或者说分析的性质，以解释我们何以"看见"形相。相反，在这一点上它的语言极尽变通或者说是极具修辞性的。苏格拉底用喻像来描述对形相的觉知。遗憾的是，除非我们自己已经觉知到形相，否则就无从分辨哲学的像和智术的像。这又是《智术师》中一个极其重要的难题。

苏格拉底亦曾间接提及上述最后一个困难,他说,完美的言辞也许不可能存在,即便可能,也必须是对神的陈辞而非对人的言说(《斐德若》273e4及以下)。苏格拉底没有说神会回应人的话,他没有认定完美之言是对话。当然,柏拉图的对话中也从未出现过哲人与神的交谈(尽管爱利亚异乡人可能是个神提高了这种可能性)。这类[3]交谈显然是谐剧或者戏剧的主题,而非对话的主题。这便确立了普通意义上的(古希腊的)"戏剧"与哲学对话间的一个意味深长的差别。若恰当地理解这一差别,它可能就会在某种程度上走向诗与哲学的区分。但在柏拉图而言,这一区分并未排除哲人对诗的运用(例如,运用哲学修辞或对话)。

我们需要就《斐德若》中的讨论再指出一点。[里边说]写作在模仿一个活人的话的意义上是完美的;换言之,写作次于交谈。之所以次于交谈,那里给出的理由不止一个,比如依赖书写会削弱记忆。不过,最重要的理由或许是:写作犹如绘画,至少那些独白形式的作品是如此。恰如一幅画不会回应赏画人抛给它的问题,独白体裁也不会回应读者的提问。(我不经意地注意到,绘画与写作之间的差异将在《智术师》中扮演重要角色。不妨仔细比较一下《斐德若》275c5-276a9 与《斐勒布》39a1ff。)哲学修辞者知道什么时候该沉默,而独白者则永远在沉默,也就是说,独白者没有关于沉默的知识。这一点,跟前文所言脱离整体而孤立地分析"技艺性"文段的做法,其联系是不言自明的。不顾及上下文、因而不顾及对话乃是一个整体,而把一些文段抽出来当成重要的哲学文段,乃是仅站在读者一方的阐释。这并不是说阐释是多余的,而是说把阐释扎根于作者所给予的东西无疑更审慎和合理。拿哲学修辞——或者说对话——跟生活中的交谈作比意在表明:对话形式中包含着柏拉图本人对其笔下人物所探讨的"技艺"(狭义的)主题之意蕴的阐释。这不是要取代对这些文段的学术分析,而是要补充它。

现在来谈谈我所说的存在学视角。顾名思义，这种视角首先关注的是对话的技艺性内容；于《智术师》，这内容被理解为关于"存在"（being）的一种理论，尽管对"存在"一词有这种意义或那种意义上的理解。然而，不管此意义或彼意义有多宽广，也宽广不到把对话的戏剧、神话或"文学"元素包含其中。尽管在其他问题上莫衷一是，但存在学视角的代表人物一致认为，需要严格贯彻[4]哲学与诗的区分——有时也称为存在论的（the ontological）与存在者（the ontic）的区分。不论称为什么区分，其基础总是建立在一个信念之上，即：哲学是一门科学，或（稍微谨慎一点的说法），哲学是科学的。正如我适才所言，这种信念与哲学必须与诗分开的强烈信念本为连理。不幸的是，把哲学实质性地等同于"概念分析"或"技艺化的思想"（甚至那些拒绝技艺化思想，把它当成存在者性质的、或当成附属于某个作为被产生之物的存在概念的存在学家，也会有此见），不可避免地导致模糊、甚至消除了哲学与诗的区别。

关于最后一点，需要更加细致地加以阐述。且让我们细察本世纪存在学视角的两大主要学派，分别是现象学学派和分析学派。我用"现象学"一词，乃是早期海德格尔（Heidegger）意义上的，在那时的海德格尔看来，现象学指出了存在科学的方法。我参照海德格尔而不是胡塞尔（Husserl），是因为胡塞尔不怎么涉足古希腊哲学，或者说不怎么涉足一般哲学史，除了个别例外（如伽利略、休谟、康德），而在海德格尔的现象学看来，柏拉图享有至关重要的（虽说某种程度上是贬义的）地位。再者，当代哲学界很大一部分现象学家，都直接或间接地从胡塞尔现象学的海德格尔修订版那里汲取了营养。对《智术师》的研究者来说，海德格尔版的现象学之所以比胡塞尔的现象学意义更重大，除开他关注柏拉图外，还有另外一个原因：尽管海德格尔强调现象学是一种科学方法，一种展露或曰揭示，因此乃是对呈现自身者的精确的描述，但不管怎样,他把现象学的描述工作与诠释工作统一起来了。关于这一点,我会在下文中回头再谈。然其中意味,其实早可以从《斐德若》中苏格拉底拿绘画与独白作比时看出一二。

至于"分析"一词,我指的是那些柏拉图学者,他们跟随的首先是弗雷格(Frege)传统,其次(但并非无足轻重)是被晚期维特根斯坦(Wittgenstein)、奥斯汀(Austin)、赖尔(Ryle)以及其他人改造过的传统。在胡塞尔现象学和海德格尔现象学之间存在着一种有趣的比较,同样地,在弗雷格分析和"日常语言"分析之间也存在着一种有趣的比较。说海德格尔"主观化"了胡塞尔的"客观"或曰科学现象学,从技术的角度看是错误的,但我们仍可以这么说:[5]海德格尔使得这种存在学的方法成了Dasein[此在](往常也被称为人性)的一种机能,而这种机能反过来又根据历史性和时间性得到诠释。胡塞尔自己最后是否也被引向了某种主观主义的学说,同样可以讨论(譬如那些关于被理解为主体间性的先验自我的论题),只不过,胡塞尔一贯的意图都是要给出对"现象"(胡塞尔意义上的)的科学描述,而不是要给出扎根于被历史地规定了的人类思想本性的诠释。海德格尔关于人性的"科学",从根本上则是一种有别于描述的"现象"诠释学说,这在海德格尔晚期尤为明显。其晚期著作孕育了无数后来的诠释学家,也是极其有力的证明。

再来看形式主义者和日常语言分析者,他们之间也有一种类似的关联。弗雷格对根植于精确概念和永恒意义的数学科学的不息追求,逐渐被带有"诠释学"倾向的日常语言哲学家所冲淡——虽非终止。在后者看来,一个人的语言(包括其范畴结构)是一个视域,是一个历史性的造物,这一造物塑成了该语言范围内的任何思想或言说,因此它和该语言本身一样是偶然性的。我们可以由此看出分析学派之柏拉图学术中的一个严重漏洞,即:其践行者在解释柏拉图对话的专门学说时,倾向于即兴(ad hoc)应用形式逻辑和集合理论。他们通常不告知我们其形式技巧的存在学处境。这些形式技巧是永恒有效意义上的"弗雷格式的"吗,且在此意义上仅仅是对柏拉图获取永恒真实学说的尝试的一种修订?抑或它们仅仅是用以制出概念的"时尚"——当下流行但转眼就被取代——工具,因而跟(我之后会定义为"官方的")柏拉图主义没有丝毫关联?换种说法,柏拉图是弗雷格派,因而是一个柏拉图主义者?抑或属于晚期维特根斯坦主义者?用《智术师》的话说,柏拉图是获取存在,还是制作存在?我们很快会看到这个问题至关重要,因为,依异乡人直言之教诲,智术师、而非哲人主张人乃是制作存在。

海德格尔一派的现象学家们,往往并不关心对话的形式,①除了[6]像洞穴隐喻这些独立的文段之外;他们用这些文段来建立存在学的阐释,即用以支持某个貌似"一般"的关于存在的概念,如 res［物］、Vorhandenes［现成之物］、Seiendes［存在者］,或事物。而用似乎对立的方法也可以得出以上结论。现象学家夸大了柏拉图对话的一统性,或者说,他们把对话的所有部分都解读为它们共同促成了一个同质的存在概念。但这无异于否认对话中的任何戏剧或存在(ontical)元素具有其独立地位,亦无异于否认柏拉图有比现象学家所认可的更加精微的存在学说。在此我要引用海德格尔的一段典型表述,它出自海德格尔1927年的演讲"现象学之基本问题":

> 存在之普通的或曰一般的概念早在古代已为人所知。这个概念被用以阐释存在之不同界域的所有存在及其存在方式,不过它们的特殊存在本身,特别就其结构而言,还没有入于问题且无法得到定义。因而柏拉图看得相当清楚:灵魂,连

---

① 此处伽达默尔是个不可忽视的例外。

带其逻各斯(logos),乃是与可感觉存在不一样的存在。但他没能在此存在的特别存在方式与非存在或其他存在的存在方式之间划出一条界线来。相反,于他而言,以及于亚里士多德及接下来的思想者一直到黑格尔而言,尤其是对他们的继承者而言,总的来说,所有的存在学研究都是行进于一条一般意义上的存在的一般概念之途。①

此"存在的一般概念",正如海德格尔接下来所说的,即是εἶδος[形相]的概念,或曰由 Dasein[此在]所塑形、因而也是由 Dasein[此在]被制出之物的概念。② 再接下来两页,海德格尔总结道:"古代的存在学,以近乎天真的方式,进行着存在的阐释以及以上所提概念之分条缕析。"③

至于分析存在学,我在此不会征引它的相关文段,因为接下来我打算来仔细审查其典型学说。某种意义上,可一言以蔽之:分析学理论乃现象学理论的倒转。按照后者,柏拉图遵循着关于存在的某种一般概念;而按照前者,则会发现柏拉图尝试消除这类一般概念(在他"中"期的纯粹的超然[7]形式中达到顶峰),而更偏爱更精致的语法结构的表达。然从另外一种意义上讲,两种理论并没有区别。在分析学家那里,和关于存在的"一般概念"对应的,是关于述谓的"一般概念"(尽管我们将会看到,部分貌似属于柏拉图之存在学说的东西,被吸收进了关于同一性[identity]的现代观念之中)。再者,尽管晚期柏拉图较之早期柏拉图更"精致",这种精致——由于古老——仍是天真的,其教义的完满形式将由弗雷格及其继承者们提供。最后,现象学家和分析学家都倾向于同意,在柏拉图看来,存在属于被制作者。我说"倾向于",是因为分

---

① 海德格尔(1982),页22。
② 同上,页108。
③ 同上,页110。关于海德格尔之柏拉图阐释,更详细的评论,参罗森(1969),章五。

析学家关于这个关键点并没有做出明显的宣说。然,如若存在是某种"概念",更具体地说,如若存在仅是占有某种述谓这一实情,那么,既然述谓是一种语言特性,存在说到底就是一种语言上的构造。或有人会反对说,述谓对应于属性,但这种反对并不切题。因按照分析学派的阐释,情况恰恰是,存在不是一种属性。相反,存在是我们如何以述谓的方式言说,并因而它就是:我们选择哪些属性并将其视为有意义的;甚或就是,哪些属性于我们的历史时代成了对诸如我们这样的语言使用者是有意义的,诸如此类。

非常引人注意的是,两个存在学学派都受到了亚里士多德的决定性影响。固然爱利亚异乡人说过某种辩证或二分之科学,但他并没有说过什么存在科学,或者存在学。是亚里士多德第一个推进了一种作为存在的存在科学;也是亚里士多德第一个发展出一种述谓学说,把它视为我们如何言说存在的枢纽要素之一。换句话说,亚里士多德既指出"存在以多种方式被言说"($πολλαχῶς\ λέγεται\ τὸ\ ὄν$),又试图以一种(或许两种)科学性话语来综合地把握这些言说方式。柏拉图则没有如此费力地要把这些言说方式化约为某一种科学或两种关系暧昧的科学。本研究的一个论题是,或许并非柏拉图的天真,而是阐释者们的天真,把存在折合成了某个一般概念。亚里士多德弃用对话形式同时就是一种尝试,或者说某种尝试的一部分,要把柏拉图在其对话中点出的存在的各种意义,转化为一种均质的或曰普遍的、概念化的叙述。阅读柏拉图的第一步就是要把我们的亚里士多德牌眼镜给摘掉。就此而言,以及从需要进行相当调适的意义而言,较之存在学视角,我更倾向于戏剧视角。

那么现在且让我来谈谈所必须的调适。《智术师》最引人注目的[8]戏剧要素是爱利亚异乡人和苏格拉底之间的差别。这个差别既是个人性的差别,也是学说或方法论上的差别。柏拉图通过《泰阿泰德》与《智术师》之间的戏剧联系,使我们留心这个差别。他要我们先聆听苏格拉底对那位光彩照人的年轻数学家的盘诘,然后再来听泰阿泰德与异乡人之间的谈论。我们的第一印象是,异乡人可以说是笛卡尔主义的一个原型,他拒绝整个哲学史而偏爱普遍性的二分法,这在其谈论其前辈们(包括帕默尼德)时明显地透露出来。然而更细致的阅读会修正我们的这个印象。对话中所用的二分不无问题,且明显隶属于某种对纯粹"概念"或"意义"的研究,这种研究伴随着对自然语言的分析,让我们不由得想起弗雷格。尽管我们不能说异乡人首要关心的是"指称和述谓"问题,[①]但在某些方面拿他跟弗雷格作比还是可行的。暂且不管异乡人所主动施教者的确切性质如何,看得出异乡人在分析工作中显然是被推理的数学原则所引导。这些原则事实上导致了某种明确陈述的、积极的且高度技艺化的学说,这一事实分明地把他和苏格拉底区分开来。

思考至眼下的阶段,《智术师》的戏剧要素和狭义上的技艺性要素之间,在某种意义上有了交集。因而同时从这两个不同的"方向"来解读《智术师》变得无可避免。假设我们从近距离解剖异乡人的狭义上的技艺性学说开始。异乡人绝没有去阐述一种被理解为一般概念的 $\varepsilon \tilde{\iota} \delta o \varsigma$ [形相]之存在的存在学或科学,而是沿多条道路前进以揭示"存在"的各种意义;即便用到语言分析,亦非借由述谓理论来解释这些存在意义。相反,他相当随意地(而且全然不走二分法之途)由纯粹形相的一个未完全确定的"字母表"开始,这个"字母表"被泰阿泰德爽快地接受。[②] 据说,这些字母元素相结合,就构成可理解性的基础结构,并衍生性地构成理性话语的基础结构。异乡人至少用了两种模式——皆非述谓性模式——来说明这一结合过程,此外还用到了各种动词。除形相字母表外,

---

[①] Owen(1971),页 225。
[②] 或原因寓于早些时候他与苏格拉底的谈话。参《泰阿泰德》,185c4 及以下。

异乡人还讨论了像的存在以及被理解为[9]永活的、神性宇宙的"本在"(οὐσία)或曰"整全"(τὸ πᾶν)。异乡人从没有把"存在"的这些意义统一成某种推论论述或科学的λόγος[逻各斯]。他最接近于给出"存在"的一个综合定义的地方,是在他代表前人中的某个学派,即改良唯物论派说话之时。而那个定义——把存在规定为能力,本身从未被发展成一个综合性的或普适的说法;即便有,也不可能等同于εἶδος[形相]或者述谓。

以上或已足以指明异乡人方法和学说的不定于一了。此番对于异乡人方法及学说的简述,我有意忽略了异乡人对二分法的使用,因为,看起来相当明显,且更加细致的研究也会表明:尽管异乡人给予二分法很高的评价,但对于异乡人的狭义上的技艺性学说的形成或陈述而言,二分法并没有起什么作用。只是异乡人确实应用了二分法,就此而言,最多只能说,二分法是揭露智术师本性之多面的方法,而这些方面——如果它们到底是可见的——我们在日常生活中就直接可见。

提及二分,也就过渡到了我们解读《智术师》所必须的第二个方向上。审视异乡人学说的"内在"本性,会把我们"往外"带向这些学说得以阐明的时机和环境。既然异乡人的方法不定于一,那么,是什么将其狭义上的技艺性学说与对话整体的数学气息关联起来?《智术师》在何种意义上是一部数学性质的戏剧呢?而我们又当如何去理解,在这个数学性质的戏剧(假设这个描述准确)中,主要的发言者不是苏格拉底,而是异乡人?其定义构成贯穿对话终始之主题的智术师,其本性的数学基础——若有的话——又是什么?智术师作为人的一种种类,不正是某种准数学形式的对立面吗?让我们承认说,为了定义智术师,我们需要阐明"似"的本性,进而需要阐明精确与不精确之像之间的不同,或按更通常的说法,需要解释像与原物的不同。可我们很快就能发现,异乡人并没有提供这样的解释。不可能基于一种"科学化的"或"技艺化的"定义来区分智术师和哲人。如果我们从修辞技艺的实践维度去寻求智术师的定义,或者换种说法,如果我们立足于《斐德若》中哲学修辞与普通修辞的区分去寻求智术师的定义,不是会干得更漂亮吗?

异乡人关于存在、非存在以及[10]假陈述诸难题的讨论,与"似"之本性这一难题密切相关。如果我们不能区分原物和像,那么,我们对纯粹形相的直接觉知就不足以解决异乡人所指出的自然语言的悖论。单单提供一个非存在的(进而提供存在的)λόγος[逻各斯]是不够的。一旦我们明白异乡人的看法在技艺性上的不足——无论就其内在而言还是就其作为智术师定义的一个基础而言——那么就会促使我们去追问:关于智术,异乡人到底为什么要去层层推进一种"技艺性的"的范式?智术师是假几何学家吗,抑或完全是另一类人?姑且假定我们有了对形相结构的精确数学把握,进而有了对有关存在和非存在的健全语言行为的精确数学把握,那么就会消释智术问题吗?智术是一种狭义意义上的τέχνη[技艺]吗,抑或是对τέχνη[技艺]之意蕴的一种综合性的诠释?智术不是对好的生活的诠释吗,在这个意义上,它不就是对哲学的一种摹仿吗?①

按照这样的推理,我们就要把整个对话都考虑在内,且以此方

---

① 我们在二手文献里偶尔会发现这样的看法,即:柏拉图并非真的要让异乡人借由συμπλοκή εἰδῶν[形相之合]来"驳斥"智术,如 Peck(1952); Marten(1967),页 223-224;Kojève(1972),页 169-170。可这些著述者并没有充分地(或根本就没有)解释,为什么柏拉图会把这些有缺陷的分析安排给异乡人。我在本文中要讲的观点,或许可以概括说明如下:柏拉图借由异乡人这个角色,来对雅典指控者对苏格拉底的指控进行哲学注解。异乡人实则在指控苏格拉底是一个没有积极学说的智术师,败坏了雅典的年轻人。他之致力于对智术的技艺性驳斥,同时也是他本人的某种积极学说的表达。这一驳斥的技艺性基础失灵了,但他把智术进而把哲学(智术是它的幻像)归结为τέχνη[技艺]的企图,则是一种错误。我确信柏拉图对这些都了然于胸,因为,这从《治邦者》中异乡人默默更换论调可清晰得知。但是,这些都不意味着异乡人的技艺学说纯粹是反讽,也不意味着它们不需要仔细地分析。

式回到我们开始所审视的那一点:苏格拉底和爱利亚异乡人的差别。[主要说话者]从前者到后者的转变,有没有可能是柏拉图发出的、他本人思想转变的一个信号呢?我们如何回答这个问题,要取决于多个因素。尤其取决于这个事实,即:提倡柏拉图的思想有转变的人,通常来说,也是相信对话的创作次序至关重要的人。可是,在写于《智术师》之后的《斐勒布》里,苏格拉底又一次成为了主要言说者。尽管《斐勒布》的苏格拉底和《王制》的苏格拉底(比如)之间有显著差别,但这绝不是说,在《斐勒布》里,苏格拉底延续了爱利亚异乡人的学说和方法。再者,我们也不难证明,异乡人探寻智术师的方法——或更精确一点说,他所举荐的的探寻智术师的方法——所存在的方法论[11]缺陷,而柏拉图,至少在一个关键点上,显然必定也意识到了这个不足,即:尽管哲人与智术师的区别是好坏之别,可异乡人却坚称,作为二分法的拥护者,必须把好坏之别撇在一边,而单单集中精力于相似与相似的区别(即相似的"种"[kinds]或"相"[looks]之间的区别)。

假如我们对比《普罗塔戈拉》(*Protagoras*)和《智术师》,那么这个无所不在的问题就会愈发的显眼。在《普罗塔戈拉》319a4,苏格拉底把政治τέχνη[技艺]归诸智术师时,明显夹有反讽。关于这一点,后面我会多说一些,然则此处,以下这些引言性的话语应为恰当。苏格拉底的通常做法是(《普罗塔戈拉》也不例外)否认智术是τέχνη[技艺]或真正的知识,他常(若非总是)把智术看作一种实践或政治活动,接近于演说术。如果存在着对智术的一种科学分析,那它必须从修辞的本性来判明自身处境。从某种意义上讲,异乡人就是如此行的,但如果我们对比《智术师》与《斐德若》,就会发现他与苏格拉底对待修辞的态度明显不一。依照苏格拉底,要真正理解修辞,不仅离不开形相知识(借道二分法),就综合或规定性的意义上来讲,也离不开对人类灵魂的知识;而依照异乡人,对智术之本性的知识与其说有赖于对修辞的理解,不如说有赖于对自然语言结构的理解。所以,它需要的不是对于人类灵魂的理解,而是对于形相和句法的理解。从戏剧的角度看,这与异乡人相对比较少——尤其是与苏格拉底相比——关注对话者的性情关系密切。苏格拉底关注自己,或更宽泛地说,他关注各种不同种类的人类灵魂,以及用来"引导"或"教育"这些灵魂的各种不同种类的言辞。如果说,存在学家意味着首先关注——如果不是唯一关注的话——发展某种存在学说或关注存在的某种普遍概念的话,那么,苏格拉底,尽管他有型相(ideas)学说,却绝不是存在学家。我虽已指明异乡人亦非这个意义上的存在学家,但在《智术师》中(我们理应铭记,在《治邦者》中并非如此),他仍比苏格拉底远为接近于纯粹理论之人。

从以上观察可以直观地推出,苏格拉底和爱利亚异乡人之间的不同,也反映在《普罗塔戈拉》与《智术师》的戏剧角色的不同上。是否有证据说服我们,同为[12]这两篇对话作者的柏拉图,在晚期生活中竟放弃了对人类灵魂和哲学修辞的关注,而站到了某种原始弗雷格式的语言哲学的立场呢?倘若为了作初步澄清而把问题过分简化的话,那么我们能有的证据就是《普罗塔戈拉》和《智术师》。可即使有人为柏拉图的关注和观点有所发展这一假设拿出凭信,柏拉图也绝不可能以康德(Kant)或罗素(Bertrand Russell)那样的方式完全否定他的早期著作。而在亚里士多德那里,亦毫无证据表明柏拉图有如此观点上的完全改变——或,任何改变。话说回来,我们也没有必要转向亚里士多德以解决此问题。相反,我们所要做的,是坚持学习柏拉图的对话,最直接的就是研究《智术师》,研究它的一切,连最小的细节也不要放过。如果那样,那么,《智术师》是否与戏剧性设计无干,或苏格拉底对于理解柏拉图的教导来说是否不再有关键意义,也就很快会明了。

戏剧现象学

我先前已经说过,我更愿意选择戏剧的而非存在学的进路来理解《智术师》。现在应该已经清楚的是,偏向戏剧的进路并不意味着要压制对话中狭义上的技艺性主题。相反,不管是狭义上的技艺性主题本身,还是它们作为一个戏剧整体的结构要素而言,都需要更加细致入微的剖析。在这一部分,我想从颇不同于之前的角度去澄清这个看法,并引进一个词来描述我的《智术师》解读,即戏剧现象学。尽管对话不是戏院演出之诗文意义上的"戏剧",可它显然带有戏剧的形式。对话是一种诗性的制作,在其中有死者不是对诸神言说,也不是对英雄言说,而是对彼此言说。另一方面,柏拉图对话中的有死者有等级划分,划分的根据不是偶然出身,而是不同人的灵魂的自然。同样地,对话也不是现象学描述,而是对人类生活的诠释。作为诗性的制作,对话会对其中的人类生活场景作出安排,以便对那些场景中被说之言的意涵提供间接的注解。借用异乡人所做的一个区分,我们可以说,对话关注的核心是:何者好,何者坏;何者高贵,何者低贱。

给予哲学对话以现象学描述是可能的,但对话本身并非这样的描述。戏剧现象学乃是在关于好的或曰哲学生活的一体化陈述之中,因而就是在关于区别于低贱的[13]高贵的一体化陈述的这个语境之内,对言和行的现象学描述进行艺术性再造。这种一体化陈述是人类生活的一种诠释。它不是存在学意义上的中立性质的诠释,也不是除了澄明此在自然的意向性、揭示性——或曰诠释性——因而还有时间性和历史性之外别无其他作为者。这当然不是否认哲学对话对人类本性也有所揭示;而是说,再重复一遍,此种揭示的内在统一性不是揭示某个"关于存在的一般概念",而是揭示哲学生活较之非哲学生活的优越。如此统一性完全兼容于、实则是需要对形形色色的人类生存种类的再现或想像,因而也兼容于、并需要对形形色色的人类言辞的再现或者想像。

可让有能之士一致接受的诠释不会有,或许现象学描述亦不能。然而,原则上讲,正统现象学家的志向乃是要给出一种科学或"客观"描述,对于能从现象学家本身的视角看到客体的每个人,这种描述将是一样的。而现象学家的这种视角,再强调一次,原则上对所有能够操练现象学提纯的人来说都是可以获取的。海德格尔式的诠释尽管起初提出了一些科学主张,但正如我们所指出的,还是不可避免地逐渐演化成历史视角;且从原则上讲,过往历史时期的视角对于任何能够进行现象学提纯的人来说,皆不可再得。即使对相关资料进行缜密研究,也克服不了视角的这种历史转变。因此,一个人如何解释过去,乃是他所处的那个视点的功能。在某种有限但值得重视的程度上而言,这与数学阐释有类似之处。数学阐释,同那些自然科学阐释一样,到底还是要根据实用[价值]来裁断。可这些根据不可能是纯粹技艺性的。研究者的意向至关重要。我们为理解某种东西而构建了模型,模型的价值最终在于这模型使我们获得理解的那东西的价值,因而就是在于我们的意向。

诠释的相对性问题也特别地适用于柏拉图的对话。说柏拉图的学说与其戏剧主要人物的观点完全相同,无异于说准确的描述就是诠释。这种说法或许无意如此、但却确实等于说,为了理解《智术师》,我们只需把它大声朗诵出来,不让舌头有丝毫犯错就行了。可实际上并不是这样。一部对话,作为[14]对它所叙述的情节的一种诠释,乃是诸像之像。同一像,从不同的视角看,会有所不同。如果说,柏拉图持有根本上属于科学性质的同质学说,想要把它毫无歧义、明明白白地传达给所有读者,那么他选择对话形式,就只是曝露了他的某种奇特的无能。我可不愿意参与此种对柏拉图的指责,也不必把这类指责必当回事,只要思考一下对话形式的性质,这一点也就明了了。

我想把这个诠释相对性的问题跟《智术师》中最重要的一个主题——获取与制作(之间的差别——联系起来看。异乡人试图把智术师定义为假像(即不精确之像)的制作者。假像或不精确之像不能精确地复制出原物的比例,真像则精确地复制出原物的比例。这个区分会产生各种各样的技艺性问题,接下来对此会有更深入的剖析,眼下且让我们注意有关真像假像的一个主要问题。如果真像是展示原物的精确比例,那么,作为具有这一比例的像,它似乎与原物一样。而至于假像,如果它不是展示某给定之原物的精确比例,那么,比例仍然是比例,因而它们可能是另外某个原物成像后的比例,这些比例反过来又无法跟该原物相区别。换句话说,在这里,我们必须把像显现其中的中间媒介当成不相干者。要么,作为比例的像与原物相同,要么,作为比例的像与原物不同。如果相同,那就没有像在发生,只有原物的再发生;如果不同,作为比例的像就不可能是真的或精确之像。无论同与不同,真假之间的区分都不可能再维系。我们除了——在智术的意义上——说每个陈述都是真的以外,没有任何推论可接近原物或真正的存在。于是,哲学同化成了智术。因而,智术的命题就是主张:人利用他作为说话动物的能力制作存在。

接下来让我们引入一个区分,即:正统的或曰"官方的"与非正统的或曰"非官方的"柏拉图主义的区分。此处,官方柏拉图主义或可等同于这个命题,即:人类普遍具有通往事物真实本性的途径,而哲人又尤其有。这种意义上的柏拉图主义主张,观看到纯粹形相是对真理的获取,而不是制作。非官方柏拉图主义的学说则来自哲学与智术的同化。海德格尔式的现象学家们明确主张,柏拉图的对话中就包含着这一版本的柏拉图主义,[15]而把存在化入述谓语语言功能的分析存在学家们,则是含蓄地如此主张。尽管我拒绝了这两个版本的"非官方"柏拉图主义的技术性内涵,但我绝没有把他们的命题(明确的或未明言的)当成一文不值而搁置一旁。至少于分析学派的柏拉图主义版本,可以说我比那些隐含地表达出(也许是无意为之)这种学说的人更认真看待它。此版本的命题之所以能站得住脚,不是出于对异乡人狭义上的技艺性学说的近距离研究,而是出于其对对话性质的某种思考。

对话是一种制作物,或说得更尖锐一些,是诸像之像。有些次一级的像可能属于纯粹的形相,但对话这个包罗万象的像)则不然。对话作为诸像之像,象征着柏拉图理解整全的一个确定的视角。那它是精确之像(肖像)呢,还是不精确的幻像?琢磨这个问题时,我们或许可以假定柏拉图的言就是他的意。他的意图,可以说,是肖像性的(iconic);然而,在意的执行中(我们或许可以说它是幻像性的),存在着两个内在的限制。一个限制是教学法上的。健全的教学法,正如《斐德若》中所说的那样,要求所有的言,因而特别要求综合性的言,都经过变通以适应各种各样的准听众。并非每一个人都能以相同的方式来理解哲学生活,因为我们理解生活的方式本就不同。就算我们之中那些认同高贵和低贱或曰哲学和智术之间存在区别的人,也不会在同样的地方对它们加以区别。第二个限制:生活本身在异乡人的意义上就是"幻像性的",它调整了对原物比例的呈现以适应观者的不同视角。"观者"这个说法当然不完全合理。我们在生活,而不是在观看生活。然观看生活与生活之间的差异,恰恰强调了日常现象的幻像性质。出场之世界乃是一个智术师,当我们探问它时,它一直在改换着面目。

换种讲法:每一篇柏拉图对话都是一个灵魂之像。灵魂又是一个微宇宙或曰整全的像。然整全并非某种形相结构(formal structure)。在《智术师》中,异乡人把整全名之为神。不管这意味着什么,总归每一个人皆是整全的一部分,是人把整全诠释为整全。这对于所有人来说都是真确的,尤其是对于哲人,又尤其是对于那些试图给予整全一个 λόγος [逻各斯]的哲人。阐释的相对性最直接地来自于[16]人类本性的多样。从一定程度上说，哲人乃是通过其λόγος[逻各斯]的综合性来克服这种相对性，而λόγος[逻各斯]的综合性(至少对于"官方的"柏拉图主义而言是如此)得力于对纯粹形相的直观。但是，借阐释或评价整全的改换着的"相"克服相对性，与克服"相"的改换并不是同一回事情。即使我们接受了形相或型相的官方学说，现象性的经验也不会终止，而且有许多存在并没有相应的纯粹形相。智术师就是其中之一。总之，整全的一体化阐释，涉及到对整全在很大程度上带有视角的性质这一点的觉知。

整全的性质决定了完全数学化的哲学是不可能的。没有关于整全的所谓柏拉图体系或科学。没有什么存在之科学。存在以多种方式被言说，没有任何意义上的"存在"可以为以其他方式被言说的存在提供一个范例性的或核心性的意涵。同理，如若把我们的视野放宽，通观所有柏拉图对话，那么苏格拉底和爱利亚异乡人(且莫说蒂迈欧和雅典的异乡人了)就是哲学本性的两个方面。他们是柏拉图的两个像，实则是两个幻像。如若允许我使用一个稍嫌夸张、但不至于过分的比方，那么可以说，柏拉图乃是作为苏格拉底与爱利亚异乡人之间的"存在学差异"而存在。然而，此种存在学差异不会终止于某种推论性的存在学。无论我们的逻辑术是如何的精致，一旦我们要言说整全，还是要求助于诸像。而人制作存在这个命题既立得住、又非常重要，原因也在于此。

戏剧语境

现在该细致些来看一看《智术师》的戏剧性质了。我首先要谈到从之前所言得出的一个一般性观察。哲人不能仅仅根据逻辑或论证的能力和技艺来定义或识别。如果说这种能力和技艺在制作存在中达到了巅峰，那么，按照官方柏拉图主义的看法(当代柏拉图阐释之主流学派亦有此看法),这种能力和技艺的拥有者必定是智术师。若用较为积极的方式来说,我们在诸如《王制》这样的对话中得知,哲学的本性,除了拥有强大的理智和记忆力外,勇敢、节制、正义亦属其标志。在一个具有代表性的文段里(卷六,487a2-5),苏格拉底还把"美好优雅的行[17]为"包含在哲学的品性之中,与热爱真理平列。论证的合法性不受提出该论证者的品格的影响。智术师也能构筑合法论证。更好的或正义的λόγος[逻各斯],与更坏的或不正义的λόγος[逻各斯]之间的区别,与其说是在于其形式上的合法与否,不如说在于其意欲何用。《王制》中关于哲学本性的讨论,对《智术师》的研究者特别有意义,因为在《王制》中,苏格拉底把品格的卓越与数学紧密地结合起来作为更高教育的基础。如苏格拉底在卷四400d6-10所说:λόγος[逻各斯]自身随灵魂的ἦθος[习性]而来,所以音乐的教育对于护卫阶层而言很重要。当然,音乐指的是结合歌唱、舞蹈和精美的艺术,而所有这些皆以尺度和和谐为标志,或换句话说,以数学属性为标志。

一方面,乐与数学有另一层联系,另一方面,音乐与哲学和政治也有另一层联系,苏格拉底在《王制》中对此有所阐明。让我们权且认同官方柏拉图主义的这个命题,即:数学研究宇宙的永恒秩序。恰如适才所言,音乐——品格的培养——本身的特征带有数学属性,但这并非意味着对纯粹数学的学习本身能培养品格。毋宁说,这指明了数学和音乐之间有若干共同属性,而这些属性又是——靠着这些τέχναι[技艺]——在人类灵魂的不同模态或维度之中表达出来的。音乐为灵魂品格提供了关键性的初步教育,λόγος[逻各斯]随品格而来,故而纯粹数学也随品格而来。换句话说,纯粹数学的目的或好由音乐来提供。因此,音乐在某种意义上是"政治的",数学在此意义上则不然。就个体的人来说,音乐引导或曰规范着数学,使人追求和获得好的生活。

从此处的思考再往前走一步:音乐借制作自由之人美德之原型的肖像来教育灵魂(卷三,401a7-c9)。苏格拉底以字母为例来介绍这个看法,这个范例也为异乡人所用。然而其中的关键点是:除非我们知晓字母的原型,否则我们不能认出它们的像。以此类推,音乐的功用乃是把灵魂引向对美德形相的理智觉知。故而音乐既是制作性的(它造像),也是爱欲性的(它引导灵魂从美的形体走向美的或纯粹的形相)。所以,此番音乐的讨论后面直接地就跟有性爱的讨论(卷三,402e3 以下)。我们可以将此处的讨论[18]跟稍前的文段联系起来看。作为诗乐教育——关于这些的讨论皆在介绍数学或狭义上的哲学教育之前——的结晶,护卫者成为了他们所必须成为的人:"城邦自由的打造者(δημιουργούς)"(卷三,394b9-c1)。

说了这么多应该足以澄清,于苏格拉底而言,或者换种说法,根据官方柏拉图主义论题的"经典"表述,诗与乐的制作调节着哲学生活内的理论性科学。不过,制作在此从属于获取——此处"获取"指的是对纯粹形相的定向的理智觉知。离开这种觉知,我们无从认出原物的像,换句话说,无从区分肖像和幻像。除非能够表明原物自身就是被制作的——比如被概念分析这种 τέχνη [技艺]或当代意义上的"理论构造"制作的——否则,就不能说柏拉图的哲学是在暗暗教导存在的被制作性或者人为性。反过来,除非能够表明原物不是被制作的,否则,对官方柏拉图主义论题的接受就仍然是一种凭信心或臆见的举动。而这种凭臆见的举动,不可能得到逻辑和数学 τέχναι [技艺]的确证——如若从现代的或制作的意义上来理解这两种技艺的话;就算这些 τέχναι [技艺]是从官方柏拉图主义来理解,亦即理解为非制作性的,它们仍然要扎根于对形相、比率、比例等等的前—技艺性的觉知,这种觉知规定着数学的技艺性解构和建构(或曰分析和综合)。数学证据说明不了它所引出的形相结构的原在性。确定数学范式的原在性不是一个技艺问题。

即使我们假定(因为我并不这样认为)柏拉图的思想的确有一个根本性的转变——表现为说话人从苏格拉底到爱利亚异乡人的转变——对于苏格拉底的学说为真者,对于异乡人的学说还是同样也为真。不管异乡人说什么或者信什么,都是诗和乐、而非数学引导着灵魂对卓越的追求。秩序、比例或和谐同为音乐(现在看来诗亦然)和数学的根,但根上发出的枝叶却伸向截然不同的方向。再者,异乡人必也受到这个事实的限制,即:音乐和数学皆觉知或直觉着它们的调节范式。他和苏格拉底一样,都面临着证明范例的"被获取"性的难题——尽管获取不是取证,而且作为一种τέχνη[技艺],它往往埋没次级的、被制作的形相所获取的东西。

[19]在我们更加直接地把以上观察同《智术师》的戏剧细节联系起来以前,还要说一说苏格拉底在上文所讨论的《王制》文段中关于诗或曰摹仿的论述。这些探讨的基础乃是一个不无疑问的原则,即分工原则,这个原则支配着他的整个政治盘查。根据苏格拉底,人类的自然被切割成多个小块,每个人只有限定的自然或天赋,没有谁可以高贵地摹仿多件事情,或做那些在摹仿上相似的所有事情,所以肃剧、谐剧等等之类必须有各自不同的摹仿者(卷三,394e1-395b7)。然而我们应该立刻看出,苏格拉底,或从更根本上说,柏拉图自己,就摹仿这件事情而言已打破了这个原则。从一种不同但相关的意义上,我们可以说,哲人治邦者也打破了这个原则,进而违反了正义的定义,因为他心里挂念着每一个人的生业。

完全的正义带有某种不正义,或联系我们关注的主要问题来讲:柏拉图的对话带有某种不正义。柏拉图摹仿他笔下的所有人物:哲人、智术师、治邦者、数学家,甚至还有妇人或恶棍(参卷三,396a7)。而苏格拉底又从更为概括的层面上把诗区分为两种:叙述和扮演。在叙述的诗里,诗人自始至终在说话,从不扮演他的人物;在扮演的诗里,诗人则无处不把自己的言说方式消于无形,极力地变身为其宣称是言说者的那个人(卷三,396b6-c10)。所以扮演就是自我隐藏,肃剧和谐剧的作者就是如此行的(卷三,393c11-394b2)。而"中道"或曰"有分寸"的人($μέτριος ἀνήρ$),或者说节制或品格好的人,不会从事扮演的诗术,他们会约束自己,在叙述中摹仿好人的言和行,尤当那个好人行事稳当且明智的时候。设若那个好人因为疾病、情爱或醉酒等而行事不稳当,那他们就少些摹仿他(卷三,396b10-e3)。

不可忘了,苏格拉底表述这些看法,都带着各自特定的戏剧语境。不,它们仍然在几件事上引起了我们相当的兴趣。首先,明显地,柏拉图本人在其发展的所有阶段、包括《智术师》对话的所有阶段,都打破了关于摹仿的上述限制。然而据我所能了解者,提倡将对话进行"发展的"阐释,并不表示认为晚期柏拉图大体抛弃了他中期的伦理或实践教导。其次,即使柏拉图的确改变了他对伦理和实践的一般看法(并无证据证明这一可能性),[20]苏格拉底的言辞依然值得我们关注。换种说法:苏格拉底从来都是异乡人的"对立面",而他对于灵魂教育的看法,或说得更具体一些,对于泰阿泰德这种年轻人的数学灵魂的教育的看法,必须跟异乡人的看法或做法对比来看。我们要做的不仅是理解异乡人的看法,而且还要:或者不理会柏拉图有发展一说,而在异乡人与苏格拉底之间做个抉择;或者证明异乡人和苏格拉底如何体现了柏拉图的统一教导和实践的两个不同方面。

数学与音乐之间,或曰哲学辩证与灵魂知识之间、故而还有哲学与修辞术之间的勾连,在《斐德若》和《王制》之中清晰可辨。虽然《斐德若》中二分法扮演中心角色,《王制》中数学扮演中心角色,但两者的基本要点一样①——纵然《王制》倾向于贬低爱欲、抬

---

① 苏格拉底于《斐德若》中描绘为二分者,应该不会自动地就等同于异乡人所践行的二分。就像没有理由把《智术师》和《治邦者》中的二分(diaeresis)等同于异乡人在《智术师》中所称之为"辩证"(dialectic)的方法一样。

高节制,而《斐德若》则赞美爱欲及神圣的疯狂。两篇对话的中心问题都落在灵魂知识和 paideia[教育]或 ψυχαγωγία[灵魂引导]上面。不难看出,这个问题也是《智术师》戏剧结构的中轴,只不过《智术师》相对忽视乐教,相应地,它对待修辞术根本上也是贬低的态度。异乡人显然似乎在鼓吹二分法和纯粹形相的知识,而不是鼓吹扎根于二分法和纯粹形相的知识的哲学修辞。不应奇怪于异乡人不关注人类个体的灵魂,或至少不是以苏格拉底那样的方式关注(参《治邦者》308e4-311a2)。爱欲音乐和政教音乐的特殊结合是苏格拉底本性的显著特征,异乡人则缺乏这种结合。

《智术师》中,异乡人的作为直接反映出浓厚的数学背景,而苏格拉底的作为则不然。于此,对比《泰阿泰德》与《智术师》就能分晓。《泰阿泰德》主体部分所记的交谈,发生于《智术师》所叙交谈发生的前一天。对话人物都一样,只是前者少了爱利亚异乡人。泰阿泰德由数学家忒奥多洛斯(Theodorus)引介给苏格拉底,忒奥多洛斯是这位年轻人的教师。泰阿泰德的身体长得像苏格拉底,苏格拉底问,是否灵魂也像。接下来的交谈明显就是要寻觅关乎[21]泰阿泰德灵魂问题的答案(《泰阿泰德》145b1-c6)。这恰好可能是在暗示苏格拉底是原物,而泰阿泰德则是像——尽管这种表达问题重点的方式明显还不足。假如泰阿泰德和苏格拉底有类似的灵魂,那么二者必然又是别的某某的像,而这个某某大有可能就是模范式的哲人。

于《治邦者》之开幕、《智术师》之续尾,苏格拉底说:他"昨天"已经盘问过泰阿泰德,而刚刚又借由他人听闻了自己的盘问。这样,苏格拉底就从自己的立足点将各次交谈串了起来(《治邦者》257a1-258b2)。他已结束了关于泰阿泰德的灵魂的考察(尽管他没有告知我们他的结论),现在又适时地转向了泰阿泰德的同伴小苏格拉底。由此,苏格拉底让我们注意到,《泰阿泰德》、《智术师》、《治邦者》三部曲中两位年轻的对话参与者为我们呈现了苏格拉底的身体之像与名字之像。而往深了问,自然就是,是否他们也提供了苏格拉底的灵魂之像。再深一层而言,同样的问题也适用于异乡人的灵魂。所以说来就是要问,苏格拉底的灵魂在三部曲中是否可见。

苏格拉底在很多方面都和异乡人不同,照目前看,最重要的一条在于对灵魂的关注不同。苏格拉底很在意与他交谈的年轻人的个体性情,异乡人于此则相对淡漠。正是出于同样的原因,苏格拉底大量地说及自己,尤其是他的爱欲术和他的爱恋。《泰阿泰德》中这一点表现得尤为明显,这跟异乡人在接下来的两篇对话,即《智术师》和《治邦者》中只字不提个人的事情形成鲜明对比。在这里,或可提及一点,以作为这一对比的代表。苏格拉底特别地宣称,他钦佩并寻觅雅典年轻人的血气和锐气;异乡人则相反,他完全愿意与雅典年轻人或任何人交谈,只要他们有耐心,不给他造成麻烦(《智术师》217d1–3)。再者,异乡人更喜欢就哲学话题发表长篇大论,甚于简短答复对话者或与对话者简短交流。而苏格拉底呢,众所周知,他声称他不能发表或跟上长篇大论,并常常强调在交谈中达成一致的重要性。总之,异乡人对《斐德若》中所描绘的哲学修辞不感兴趣。这与他在《智术师》中阐述的明确学说的狭义技艺性极其合拍(尽管与异乡人表达于《治邦者》中的学说不那么相符)。

除此之外,我们也看不出异乡人[22]对苏格拉底之爱欲和神圣疯狂的学说有什么兴趣。他从来不说:他只知道自己不知道。他传达的是高度技艺性的明确学说。即使在他似乎采用反讽的地方,譬如冗长的二分中,亦丝毫看不到苏格拉底那样风趣幽默。异乡人有点装模作样、一本正经的论证风格,大概是他与严峻的帕默尼德交往过的印记。当然这也跟忒奥多洛斯、泰阿泰德以及小苏格拉底都是数学家的事实有关,苏格拉底认定数学家是一种过于严肃、缺乏幽默的人的种类。关于最后这一点,仔细想想泰阿泰德和忒奥多洛斯就可以明了。

在《王制》中,苏格拉底说,数学家是那种梦见自己醒着的人(卷七,533b6以下)。不管这句模棱两可的话还有没有别的意思,它都意在暗示数学家自认为非同一般的清醒,或用当代的习语说,"头脑清晰",而跟像苏格拉底那样嬉戏的思索者比起来,当然确实是如此。苏格拉底把[数学家的]这种自我评价称为梦,指明了它的局限。柏拉图通常用严肃的口吻、并在无需赞美爱欲和疯狂的语境中来呈现数学家。昔勒尼(Cyrene)的忒奥多洛斯是个高寿而清醒的人,一个享负盛名的几何学家,也是泰阿泰德的老师,苏格拉底说他从不开玩笑(《泰阿泰德》145c1)。按忒奥多洛斯自己说,他不谙辩证。他(一如《高尔吉亚》中的卡利克勒)认为辩证适合年轻人,不适合像他自己这样的老成之人,因而也不适合苏格拉底(《泰阿泰德》146b1-7)。

忒奥多洛斯绘声绘色地说泰阿泰德是他学生中最出色的。这位年轻人聪明非凡,我们自己也可以从他对数学发现的叙述中看出来。另外,他最出色的地方或许还在于,将超凡的温和、勇气与敏于学获他人难学之事的能力结合在了一起。诚若忒奥多洛斯所言,大多敏锐之人拥有暴脾气,与其说他们勇敢,不如说他们不稳而狂躁。可泰阿泰德不然,其进学"步履平稳坚定,从容有得",如一弯榨出来的油(《泰阿泰德》143e4-144b7)。另外,泰阿泰德同苏格拉底一样,都长得丑,这个事实或许有助于他免于经历那些个情事。《智术师》(222d10)中,异乡人对他说:"你从未转念想到恋爱者的那种捕猎实践。"大体上说,泰阿泰德的性情,乃是先前提到的《王制》中关于哲人性情描述的一个相当好的实例。他甚至显得比[23]《王制》中的年轻哲人更少爱欲,后者犹得许一吻漂亮的年轻人儿,以作为英勇战斗的奖赏。

还有另一种方式来理解苏格拉底与数学之间的不同关联,以及另一方面,异乡人与准数学式分析之间的不同关联。异乡人造访雅典时,恰好赶上苏格拉底受审判,而且就在苏格拉底死前不久①。当异乡人被带到苏格拉底面前时,苏格拉底说,这位造访者可能是一位辩驳之神,而不是有死之人。辩驳是神性的,大概是因为辩驳会促使更好的观点代替较次的观点。一个人知道自己不知道,好过他虚妄地以为自己知道。不过这只是一个宽泛的真理,并不意味着苏格拉底事实上被异乡人驳倒了。而照眼下的考察来看,应当已经明显的是,异乡人和苏格拉底的区别,从戏剧角度而言,意味着前者试图驳倒后者。

苏格拉底和异乡人之间的区别跟数学 τέχναι[技艺]的知识不相干。在很大程度上可以说,苏格拉底和异乡人享有共同的 λόγος[逻各斯]的或分析思想的原则。甚至,说异乡人对智术的阐释完全——从基本点上看——跟苏格拉底的截然不同,最终也是不正确的。从苏格拉底在《泰阿泰德》中把普罗塔戈拉视为一个"认识论者"或感觉理论的发明者,最能见出这一点。作为普罗塔戈拉学说导致的主要后果,苏格拉底推论出:"如果所有事物都在变,那么对于任何问题的任何答案都是不正确的"(《泰阿泰德》183a4以下)。此结论也可以用这个命题来概括,即:知识就是感觉。换句话说,照这个看法,觉知并不是不变之范型的"像",而是觉知器与外在之流变碰撞之后的产品。这与异乡人归之于智术的命题是一致的,即:没有像,只有原物,因而没有"真"、"假"之分。不过,苏格拉底常用的手法——《泰阿泰德》也沿用了这一手法——即,尝试对智术给予政治的或伦理的辩驳,则与异乡人有着根本差别。《泰阿泰德》之认识论上的辩驳基于两个原因不能成立:首先,我们不是非要接受苏格拉底对于[24]"人是尺度"这一格言的解释;其次,苏格拉底自己也未能达至对知识的推论式说明,因而也

---

① 参 Miller(1980),页 2、8。我同意 Miller 所说,三部曲提供了"关于苏格拉底审判的杰出的哲学版本"。但我不同意其后来所说的起始推力:"因被无哲学之大多数来宣判,就向有学识的少数人那里……寻求'哲学公断'"。

未能区分认识上的真与假。然而,这两点都无损于苏格拉底对智术的实践性批评的充分性。

通过集中致力于给予智术以技艺性的或"理论"上的辩驳,异乡人含蓄地对苏格拉底诉诸实践性辩驳表示排斥。我们甚至可以把话说得更白一些。苏格拉底被其雅典同胞公认为一个智术师,这无疑是莫勒图斯(Meletus)和阿努图斯(Anytus)指控苏格拉底的潜在预设之一。而我们将会看到,异乡人在他的一次二分中得出了一个关于智术的定义,此定义明明白白地意在用在苏格拉底身上。苏格拉底是个"高贵的智术师",可总归是个智术师。如此指控的理由如下:苏格拉底假装没有什么明确的学说,而把大量时间用在与雅典未来的领导者做辩难式的交谈,这些交谈只会加深他们的迷惘,让他们成为怀疑主义和犬儒主义这两个孪生恶狼的猎物。苏格拉底的这些作为,使他关于智术的实践辩驳变得苍白无力。这辩驳不是扎根于明确的学说或理论分析,其奉行者无法利用某种可靠的方法有效或公开地证实它。而异乡人的理论,依照我的理解,则与黑格尔的主张十分接近,后者也是系统知识的迷恋者。苏格拉底犯了如其被控告的罪。尽管黑格尔把这罪看作悲剧,但异乡人则不下此判断。

对苏格拉底的哲学指控,说的是他违背了 $λόγος$[逻各斯]。苏格拉底没有保持缄默或遵守雅典 nomos[礼法],而是一面公开说自己无话可讲,一面又公开把他人的陈述归结为荒谬。或者说,他所献于我们的,是政治的神话,是正义之人的愿望或祈祷,如在《王制》中那般。然而愿望代替不了明确的学说,正如赞美数学不等于从数学上解答了围绕于存在和非存在的疑难。那么苏格拉底如何回复这个指控呢?《智术师》和《治邦者》中没有我们听得见的回复。①

---

① Divid Lachterman 认为,异乡人从《智术师》到《治邦者》中作出的改变,是因为他认识到了自己对智术的辩驳,因而还有对苏格拉底的辩驳在学术上失败了。于此,本研究稍后会多说几句。

不过大体上讲,他在《申辩》中给出的回复,乃是对他的公开作为的很好说明,正如在数篇对话中都可见之的那样。苏格拉底宣称要过哲学生活,即便缺乏知识;他没有说他缺少意见。既然苏格[25]拉底知道数学τέχναι[技艺]和其他τέχναι[技艺],这无异于在主张,技艺性的或准数学性的知识并非与哲学的范围相同;亦无异于是为好人的愿望或梦想作出的申辩。

此时此刻,《智术师》狭义上的技艺性维度和戏剧维度相互叠合了。我们必须确定异乡人明确的学说在技艺上是否健全,以及它是否以某种技艺性的方法驳斥了智术。或许异乡人也有罪,犯的是与苏格拉底相反的罪,即技术主义之罪。我谨以一个警示来结束此番关于《智术师》的戏剧性质的讨论。在《治邦者》中,异乡人对τέχνη[技艺]发动了强劲的——在柏拉图的作品中属前所未有——进攻。他说,τέχνη[技艺]必须完全从属于健全的判断或曰φρόνησις[明智](295a9以下)。看上去很像是异乡人接受了"无知的"、或者说政治的苏格拉底的立场,事实上他甚至比苏格拉底走得更远,如果一切技艺的规则都可以根据哲人的健全判断而被废止,那么明确学说不可避免地就要化入到修辞建构之中。此时我们叙述的苏格拉底与异乡人的区别,仅于《智术师》有效,要理解《治邦者》则是一项完全不同的任务。①

在《治邦者》中,异乡人循着两条不同的路线分析君王的政治技艺。第一条路线是技艺性的、制作性的,利用的是二分法或曰概念分析、神话或曰诗,以及富有果效的关于编织的比喻;第二条路线是实践性的、非制作性的,它把τέχνη[技艺]从属于φρόνησις[明智],突出了"合适"的实践性意义,或者说,突出了与健全判断相近的某种非数学性的尺度。但是,与苏格拉底的通常手法相反,异乡人并没有把智术与政治相挂钩,甚至智术作为治邦术的不精确

---

① 关于这方面的进一步理解,可参 Rosen(1979)。

之像也不与政治挂钩。在《智术师》中,异乡人同意泰阿泰德的这个说法,即:如果智术师没有允诺教会我们就 nomos[礼法]及整个政治领域[的问题]进行争辩,那么就无人向他们求教了(232d1以下)。但这一点却淹没于关于智术师教人争辩什么的系列主题之中。这些主题事实上包括了一切事;从中我们看到,智术师模仿了哲人对整全的关注。此外,在对话的进程中,异乡人把争辩的技艺转化成了制作幻象的技艺,而这一步反过来又把他引向了非存在、存在以及真假陈述这些狭义的技艺性的主题上。

如果我们把《高尔吉亚》和《普罗塔戈拉》这类对话与《泰阿泰德》相比较,就会发现,对于智术,苏格拉底同时用到了理论辩驳和实践辩驳。《泰阿泰德》中的理论辩驳,我已经发表过看法。苏格拉底归诸普罗塔戈拉的感觉学说,是一个必然意味着人制作存在的学说,这种解释的依据来自同一篇对话中较前的一个文段。在那里,苏格拉底把包括智术师在内的所有早期思想家——仅帕默尼德除外——都归为全面生成说之大军的一员。照他的说法,这大军的统领就是荷马(152d1以下)。接下来对全面生成说的分析中,苏格拉底又指明,这是一种唯物的天地演化论,认为身体和灵魂,以及学识和操心或曰实践,皆产生于有形元素。这与他对普罗塔戈拉"人是尺度"这句格言的阐释异曲同工——恰如感觉产生出存在,诗也产生出关于人类生活的诠解。同样的观点,亦可见诸冠名《普罗塔戈拉》的对话中,那归诸普罗塔戈拉这位伟大的智术师名下的神话之中。依照这个神话——在苏格拉底的唆使下被讲出——礼法是约定俗成的,犹如拼读与书写(326c8-9)。正义和礼法好似"另外一种人类发明($\tau\varepsilon\chi\nu\acute{\eta}\mu\alpha\tau\alpha$[人工制品],327a8-b1)"。如此一来,普罗塔戈拉就与他在同一神话的前面部分所说的话——"正义和羞耻心"乃是宙斯的礼物——自相矛盾了(322c2以下)。也许宙斯给予人类正义感及羞耻心是要防止自然正义和自然礼法的隐却;但更有可能是,提到宙斯乃普[26]

罗塔戈拉"显白"教导的一部分。普罗塔戈拉说,在他之前所有的智术师皆隐藏其技艺以免不智之人的嫉妒。被他列入隐藏技艺的智术师之列的有荷马、赫西俄德以及西蒙尼得(Simonides),可就是没有哲人(316d3以下)。而在《泰阿泰德》中苏格拉底在把荷马称为全面生成说之大军统领的那一文段里,苏格拉底还说,普罗塔戈拉向多数人掩藏了他的真实教诲(152c8-10)。设若把苏格拉底呈现的对"人为尺度"的分析看作对普罗塔戈拉真实教诲的揭露,那么,《普罗塔戈拉》神话中正义和礼法乃人造的说法必定就是这位智术师的实际教义了。

这些文段的要点是:同异乡人一样,苏格拉底把智术当作制作性的来讨论;只是,异乡人更判定了智术是一种制作性的 τέχνη [技艺],苏格拉底则没有。此于《高尔吉亚》中最可见之,在那里,苏格拉底宣称智术师和修辞术教师没有差别,或者说非常接近于没有差别(520a6-8)。也许二者的细微差别在于[27]:修辞术教师(以高尔吉亚为代表)强调其技艺的说服力($\delta\acute{\upsilon}\nu\alpha\mu\iota\varsigma$)(参《高尔吉亚》455d6以下);智术师则强调他的知识(比较:普罗塔戈拉于《普罗塔戈拉》318e5处之提及他的 μάϑημα [数学],此事就在苏格拉底把政治 τέχνη [技艺]归诸他之前不久)。无论如何,苏格拉底把修辞术和智术归为奉承一类。这两种术都摹仿某种 τέχνη [技艺],但本身却不是一种 τέχνη [技艺],因为它们都不能就其方法的性质或所辖范围内各个事物的因给出一个 λόγος [说法](465a1以下)。

修辞术摹仿正义的 τέχνη [技艺](正义的施行);智术摹仿立法的 τέχνη [技艺](464b2以下)。苏格拉底于修辞术所说的,照理于智术也为真:修辞术是"政治的某一部分的像"(πολιτικῆς μορίου εἴδωλον)(463d1以下),是对其摹仿之原物的某个部分的演或扮(464c7以下),是擅长猜想的、勇敢的、天生会与终有一死者打交道的灵魂的一种非技艺性的"本领"

(ἐμπειρία καὶ τριβή[阅历和磨练])(463a6-c8)。智术,尽管与作为"本领"的修辞术相似,却明显更具综合性:它像哲学一样,试图通过摹仿立法者而找到整全。然而,智术师的本领就是修辞术教师的本领。高尔吉亚把这个"本领"(如苏格拉底所称的那样)定义为为了获得自身自由或统治城邦同胞而进行政治说服(452d5以下,454a6以下)。苏格拉底又把此本领称为说服的"工匠神"(demiurge)(452e9以下)。

总之,智术是制作性的,但又是非技艺性的,且是立法这一基础政治术的像。就我们目前讨论的目的而言,此讨论的两个主要后果如下。首先,智术摹仿的不是狭义上的技艺性命题,而是综合性的政治术。因此,它就是对于好的生活的一种诠释。其次,与《斐德若》所宣称的相反,修辞术并非一种τέχνη[技艺]。这也与一些事实相反:因为修辞术所遵循的路数是能够被传授的,且比那些被苏格拉底划归技艺的大多活动更具系统性。尽管苏格拉底会说,修辞学家扮演着施行正义的角色,可除非我们掌握修辞术,否则我们无从扮演修辞学家的角色。演员和修辞学家的技艺之间存在着一个差别:前者必须能够记得台词且以令人信服的方式念出台词;而后者必须能够凭靠他在理解及应对多种人类灵魂时的"巧思"——苏格拉底以轻蔑口吻这样称——来制作他的言辞(463a8)。

为什么苏格拉底会否定这个看法(或换种说法,他为什么隐藏自己[28]对这一看法的认同),即:智术不单纯是制作性的,还是一种τέχνη[技艺]?应当谨记的是,柏拉图在用τέχνη[技艺]这个词时总是有那么一些含糊。有时用于相当低下的活动,如制鞋和木匠活;有时用于"实践性"技艺,如政治;有时用于"理论性"技艺,如几何与算术。不论是苏格拉底还是异乡人,皆未明确地区分理论性技艺和实践性技艺。相反,对于这两种技艺而言,皆有些是制作性的,有些则非。如《高尔吉亚》所表明的,苏格拉底把政治也包含在制作性技艺一类。概括地说,*τέχνη*[技艺]乃是某种遵循某种方法而达至某些特定目标的活动,且是可教授的。① 因此,*τέχνη*[技艺]的方法可以与其目标或属人的价值无关。在我看来,这回答了我们的问题——技艺性的问题需要技艺性的解答。

然智术唤起的问题却没有技艺性的解答。不过,如果诉诸实践性思考以及人类对道德的一般觉知,就有可能对智术进行两面夹击。一方面,苏格拉底认为,智术往往事与愿违,或者说并不使人得福;另一方面,苏格拉底还运用修辞手法,使我们羞于拜从智术。异乡人则采取了不同的方针。他对智术给出的解释主要是技艺性的,因为他准备对智术引出的问题提供一个技艺性的解答。从这个意义上说,异乡人乃是后世现代分析哲人的原型,他们把实践或道德判断的非技艺性表达当成"印象的"而拒纳之,更不用说诉诸羞耻之心的修辞了。这正是异乡人对苏格拉底的驳斥。而《治邦者》实际上只是这个驳斥的不同论调。

我认为,为了研读《智术师》,下一步的准备工作是:思考以分析学取向来接近这部对话的典型做法。我们无需带任何庸俗的争辩好强之心,而只认同一点:即迫在眉睫的是正确领会异乡人的技艺学说。迄今为止,我已经表明,通往《智术师》的存在学进路——我以为其中分析学一派成果最丰——错在忽视了狭义技艺性段落的戏剧语境。现在我们就来看看硬币的另一面,以便弄明白关于技艺性文段的流行说法本身是否可靠。

述 谓 派

[29]在下文中,我将把柏拉图学术中的分析学派代表们推向

---

① 参 Kube(1969),页 16。此为*τέχνη*[技艺]之有价值的概括研究,因为柏拉图和他的前辈们都用到了这个概括。

最前台。这样做之所以可行,是出于两个原因:首先,异乡人明显不是一个现象学式的存在论者;而根据前文,柏拉图具有某个"存在的普通概念"这个现象学命题也并不可靠。然而,尽管此时已经明了,除非把《智术师》当成一个整体来加以考虑,否则不能理解这部对话,但我们也曾提出证据,证实异乡人跟后来的现代哲学分析有所关联。眼下的问题是确定这个关联的范围有多广。假定异乡人那里的确有"弗雷格主义"的原型元素,那么他在根本上关心指称和述谓吗? 其次,我从分析学派的关于柏拉图的著作研究中获益良多,接下来所要表达的,乃是我的亏欠之意——就算我对所论及的文章有不同意见。在此先行说明:或许读者在细读这一部分时会问,为什么没有发现相关于欧文(G.E.L Owen)和弗雷德(Michael Frede)之著作的探讨,这两位可能正是"述谓派"阐释的最突出的代表呢! 然正是因为他们太有名了,我已经决定暂缓讨论他们的《智术师》研究,直到研习到《智术师》这个文本的相关部分时才谈到他们。这样一来,他们的观点,以及我的观点,就可以更加直接地与柏拉图所写的东西相互参详对比,与此同时,我也会坚守将柏拉图文本视为一个统一体的原则。所以,读者会发现,并非眼下的部分才谈到二手文献,在其之后我也会讨论到。

首先要来关心形相及其结合的方式的问题。时下流行的看法可能是,爱利亚异乡人通过发展一种述谓理论来解释形相的合。也不断有一些人在不同程度上追随康福德(F.M Cornford)的足迹,否定这个看法。康福德否认诸形相是述谓(Cornford 1935,页259)。[①] 顺着这个理,他说:"于柏拉图之形相之间的关联,不可能从亚里士多德逻辑学的角度来给出完满的说明"(页268)。又,"辩证法的目标,不在于确立一些加诸一类中所有个体以一个述

[①] 参 Lafrance(1979),页33-34,简洁但有力地反驳了将《智术师》分析地解读为某种述谓的操练。

谓的命题,而是在于通过种和属差(genus and specific differences)来定义某个不可分的属——即形相"(页269)。因此,辩证二分的结果[30]便是某个 ἄτομον εἶδος [原子形相],"因为二分之进途止于此"(页270)。这些"不可切割的"或曰原子性的(a-tomic)形相之中,有一些是柏拉图所谓的"非常广大"或曰"重大"的形相,如(按康福德的译文):存在(existence)、动、静、同、异。它们不是范畴或 summa genera[总属],也不是由"多个实体或者述谓构成的类"(页275-276)。相反,它们是"形相或曰本性"(Forms or Natures)(页276)。它们非常广大,因为它们或是"弥漫于其他每一个形相并与之熔合,且又相互弥漫和熔合"(如存在、同、异),或是"分开它们之间的地带且相互排斥"(如动、静)(页277)。

按照康福德的论述,形相不是述谓,辩证法亦不是逻辑。辩证法乃存在学,"因为形相乃是诸实在(ὄντως ὄντα)"(页266)。这些实在或相互兼容,或相互不兼容。康福德把可相互兼容的关系称之为"熔合"(页278)。由此他区分了两种关系,一为形相之间的关系,一为诸个体与某个特殊形相之间的关系:"诸形相之熔合或相互分有的这整个论述,不能直接适用于在《帕默尼德》中提出的、关于诸形相之中的个体事物的分有问题"。(页297)形相之合或分有,与个体与形相之间的述谓关系的一个技艺性的区别在于,"形相之间的'分有'是一种对等的关系",而述谓不是(页256-259)。由此便得出,形相"存在"不是系词。①

在某些总的观点上,康福德的阐释在我看来要么正确,要么行进在正确的路线上。我同意形相不是述谓。既然"存在"(我所谓的存在)②本身是一个形相,那么它就不可能是一个系词。因此,形相关系和述谓关系的区分——相当于一个是存在学之合,一个

---

① 我们或许会顺便地注意到,康福德在关键点上乃是沿袭 J. Stenzel 的主张(1961);见页72,83,95。

② [译注]相对于康福德把希腊文中的"存在"译为 existence 而言。

是在某个形相内部之中的分有实例——是合理的。我同样也部分地同意康福德的另外两个主张——未必出于与他相同的理由。其一,《智术师》的中间部分"或许可以理解为是在表明:虽然柏拉图依然信持形相必然不变,可他已经意识到,再也不应该说得好似诸形相就是实在的整全"(页 246)。换我的说法,形相字母表(eidetic alphabet)与整全是有所差别的,前者中有一个元素曰"存在"($\tau\grave{o}$ $\check{o}\nu$),而后者即是永活的、实则神性意义上的"本在"($o\mathring{v}\sigma\acute{\iota}\alpha$),即宇[31]宙。其二,康福德这么说是对的:涉及诸像的"整个问题",即"像拥有的是怎样的存在",在《智术师》中并未得到解决(页 322-323)。

  我主要不认同康福德的地方,概述如下。我不会把存在学之合称为"熔合",尽管异乡人自己在一个关键的文段(内文将对此文段进行讨论)里用到了这个词;因为,这与每一个独一无二的形相元素的完整性相抵牾。我也不能同意说,存在学上的形相乃由二分意义上的辩证法而达至(参 Stenzel [1961],页 72, 101)。至少我在《智术师》中找不到任何支持此结论的理由。相反,二分倒是被应用于智术师,而非"形相"。《智术师》明明白白地宣称了诸形相(形相字母表里的诸字母)[的存在],也就是说,它们被当成是不证自明的,且在此非技艺性的意义上被当成可由理智觉知。在二手文献中,到处可见异乡人经由二分达至其形相这个命题。而我们将会看到,《智术师》中并没有文本证据以支持此类命题。说回康福德,他虽然区分了合与述谓,但把"非常广大的形相"(他对 $\mu\acute{\varepsilon}\gamma\iota\sigma\tau\alpha$ $\gamma\acute{\varepsilon}\nu\eta$ 的译法)看得也太广大了。且看其书第 300 页:

>   我们也可以表述个体事物。但可以肯定的是,每一个这样的表述必然至少包含一个形相——那些"共通词"(《泰阿泰德》,页 185)中的一个,这些"共通词"对于一切关于直接觉知对象的思想或判断来说都是必须的。

我的看法是,"非常广大的"形相潜在于、或内含于所有的理智关系(进而是所有的理智表述)的"深层结构"之中,但并不直接显现于所有这些关系或表述之中。举个具体的例子,"泰阿泰德坐着"这句话并没有提到某个"非常广大的"形相。另外一点,逻辑与存在学的区分——尽管我很同情这一区分的潜在动机——我相信也是基于一种过于狭隘的"逻辑"概念。存在学之合一方面乃是逻辑学中的一个"形式"要素(即,它内在于形式结构本身之中);另一方面,作为一种关系,它也适合于逻辑分析。最后,康福德把存在学之合视为一种对等关系的看法,也还需要进一步研究。

关于最后一点,我将借助于一篇不可忽视的论文来加以讨论。此文系阿克里(J.L. Ackrill)所作,题为《柏拉图与系动词:〈智术师〉251-259》(收录于 Vlastos[1971])。阿克里认为:"事物之间或者人之间,当然可以有许多相互联合或关联的方式,而这些方式中又有许多是涉及不对等关系的"(页216)。阿克里给出了一个初步的例子,它涉及到枢德:正[32]义、勇敢、智慧、节制,皆下属于美德。然而为了更切题,这个例子又要求我们以一种不被《智术师》所容忍的方式放大 μέγιστα γένη [最大的种]的范围。异乡人没有说过任何话来暗示是否存在与诸美德相合的原子形相,或暗示他所举以为例的那些形相可分为上级和下属。因此,且让我们来考察阿克里对于陈述的分析——这些分析包含了异乡人自身所举的例子。

阿克里主张:

> κοινωνεῖν [共有] 后接属格词(例如 θατέρου [他者的])是用于这样的地方:该处所声称的事实是,某个 εἶδος [形相] 是(系动词)如此这般、如此那般(例如,不同于……);也就是说,用以表示一个概念属于另一个概念之下这个事实。另一方面,与格结构则出现在关于 εἴδη [形相] 之连通性的高度概括的言

辞之中,其中并不陈述关于任何特殊的一对 εἴδη[形相]的限定事实。(页 220)

换句话说,带有动词的与格结构表达了"连通性"这个普遍对等观念,属格结构则没有。

然阿克里的语法区分,其基础仍是眼下所讨论之诸关系的某种哲学阐释,对于这种阐释,我们不能从语法的区分出发去推得或证实。因此我们需要考虑,具体的表述。阿克里挪用了康福德本人的两个例子。其一是,"动存在"(康福德的译文)。阿克里正确地反驳如下:如果此处两种形相的关系是"熔合",而无关乎系词,那就会得出悖理性的说法。"如果'动与存在熔合'意味着'动存在',那么'存在与动熔合'就必然意味着'存在在动'"(页 217)。我已经指出,康福德用"熔合"一词令人遗憾,尽管我的理由与阿克里所说的理由不同。对于阿克里,我主要的回应是,他没有正确地翻译异乡人的表述,至少没有正确地翻译出他所引之那种陈述的技艺性形式。"动存在"首先必须重新表达为"变是/在"(change is)。整本书中,我们将按照惯例以斜体英文来指示由异乡人所引介的形相。① 那么,对此表述的正确分析是:形相变(*change*)合之形相是/在(*b-eing*)。此处没有系词,其结果是一种对等关系。再者,这样也不会产生什么悖理的说法。因为,说形相是/在合之形相变完全正确。真正的问题是另外一个:我们不知道这样的"合"的意味是什么。而或许正是这一点,促使阿克里以及其他许多人把"合"当成了"述谓"来理解。

[33]我们或许可以把"变是/在"(change is)符号化为"变＊是/在"(change＊is),这里的"＊"表示着存在学联结,但这么做无助于提供一个关于"联结"的定义。而通过思考阿克里的第二个

---

① [译注]中文则用楷体。

例子,我可以引出异乡人理论中的另外一个方面的含糊之处。阿克里引用了原文"动不同于静",他同意说这等同于"静不同于动"。可针对第一个表述,他又给出了如下的"辩证"分析:"动相通于静之异。"又说,如果"相通"代表着某种对等的关系,那么"我们就会说,'动相通于静之异'等同于'静之异相通于动'。"视动与静之异对等相通,我们最终达至"动异于静"与"静之异动着"(页218)对等。

首先,阿克里把两种形相塞进了"静之异"这个表述里。可实情却不是:动,一个独特的形相,相通于静之异(第二个独特的形相)。正确的分析如下:形相变合之形相是/在恰如形相异合之形相静;进而,变合之就静而言的异。此处的疑问在于"就……而言"这个表述。它已暗含在阿克里的"不同于……"这个表述之中的"于"字之中。那么此处的"于"字是什么意思呢?每一种形相皆"不同于"其他的每种形相,但为了表达两种形相之间的不同,我们须求助于四种形相之间的关联。形相是在此语境下或许可忽略。如此一来,对等也就没有什么问题了。恰如变合之就静而言的异,静亦合之就变而言的异。可我们仍然想要了解,我们是何以见之就"静"而言的"变"之"异"的。鉴于形相关系的复杂之网,我们如何在每一种情境中挑选出恰切的合呢?我认为,答案是借由理智觉知。当然,异乡人并没有给出任何类型的答案。但是,无论我事关理智觉知的提议是否可靠,都没有理由把"合之就……而言的……"解释为述谓关系,或更甚者,解释为作为"从属"的"分有"。所以,我们仍然需要对阿克里收集的语言学材料进行某种理论阐释——如果存在这种理论的话。

阿克里是如下看法的杰出代表,即:在后期柏拉图对话中存在着一种述谓理论。阿克里同时也是一位杰出的亚里士多德学者,我们不由得推测他是透过亚里士多德的眼镜来解读柏拉图。不管怎样,我发觉[34]自己更接近于认同柏拉图之亚里士多德式的阐释的伟大对手,切尔尼斯(H. Cherniss)——至少就阐释《智术师》中纯粹形相的五个例子而言。切尔尼斯说:"诸型相(ideas)彼此之间的关系,是蕴涵或曰兼容、及其对立面,而不是原则和衍生,或曰整体和部分"(1944,页46)。虽然《智术师》中从没有把二分用于某个纯粹形相(就切尔尼斯的用词而言,"型相"),但切尔尼斯的如下说法却可能在此事之外的别的情况下是正确的:二分"似乎只有助于对型相的回忆"(页47)。不过应当指出,尽管《智术师》中明确判定的 $μέγιστα$ $γένη$[最大的种],在其不可分为多个组成形相的意义上乃为"纯粹形相",但仍没有理由推定,此于柏拉图全集中的 $εἶδος$[形相]、$γένος$[种]或 $ἰδέα$[型相]等词的所有运用而言皆为真。我也赞成艾伦(R. E. Allen)的这个说法(Allen 1967,页46):柏拉图的形相构成了"一个没有述谓的述谓理论"。在关于这个命题的阐述中艾伦首要关心的,乃是驳斥关于形相的自身述谓的指控。他区分了"衍名"(derivative designation)(某某是,F,"在缘由上依赖于F"的F)和"元名"(primary designation)(F,与"F自身"和"F性"同义的F)。所以,"说F性是F,就是在说同一性"(页46)。艾伦说(我认为是对的),诸形相不是满足交换律的全称概念,而是原物(或曰标准)。如此一来,个殊之与形相相像,就相当于镜象之与某个真实的客体相像(页53以下)。虽然如此,尚有原物与像之间的关联以及像的存在模式有待澄清。

我之反对述谓派理论,首先是针对其代表们不能区分诸原子形相与真假表述之中言辞的诸成分。原子形相不是述谓,只是我们仍然可以将时下称之为"述谓"者如常地运用于构造关于经验客体或事件的表述。假设关于纯粹形相之合与分的探讨与关于假表述的分析之间必然有所关联,这当然无可厚非。然而阐释的要点之一在于,准确确定这个关联究竟是什么。当异乡人转至假表述时,他所举的唯一例子是不能直接证实的断语:"泰阿泰德飞"。

这个断语中不存在原子形相,而且,尝试将此表述中的元素化入任何种类的形相,不管是原子的抑或是复合的形相,都会造成严重的困难——实则造成了悖谬。我们知道"泰阿泰德在飞"假,乃经由看泰阿泰德,而不是经由看形相——不管是单个地看抑或复合地看。

[35]阿克里的论文代表了理解《智术师》中形相的一条进路,我们可称之为"日常语言"进路。我所举的下一个例子,虽仍是利用到了自然—语言的语法资源,然其有赖于利用逻辑和集合论所作出的一个技艺性的区分。在《〈智术师〉的一个含混之处》(Vlastos 1973)中,伏拉斯托斯(G. Vlastos)区分了此对话之中心文段里的两种述谓,他认为二者被柏拉图搞混了。依照伏拉斯托斯的说法(页273-274),我们可以把这两种述谓称为"日常"述谓和"保罗"(Pauline)述谓。日常述谓的定义如下:

$$B \text{ is }_{pp} A =_{df} B \in A$$

在日常述谓中,形容词 A 是抽象属性 B 的述谓。所以,A 于种(class)B 或抽象属性 B 为真,而不是于 B 的实例为真。第二种述谓的定义如下:

$$B \text{ is }_{pp} A =_{df} N\{(X)[(X \in B) \rightarrow (X \in A)]\}$$

N 是伏拉斯托斯之模态逻辑的必然算子符号。在保罗述谓中,形容词 A,如果是任何东西的述谓的话,那必然是 B 的实例的述谓,而不是 B 的述谓。故而保罗述谓的定义又可以改写为:

$$B \text{ is }_{pp} A =_{df} N(B \subset A)$$

在为这个区分的合法性作出辩护之后,伏拉斯托斯罔顾柏拉图未提及此区分这个事实(页281以下),继续控诉《智术师》作者的逻辑混淆。"处在我们面前的这位作者,我们知道,乃是一丝不苟于真理的人",伏拉斯托斯说道。(但他并没有解释我们如何知道这一点;就算我们知道这一点,那又该如何把这一点与我们之对于戏剧作者——其必然把各种看法归诸虚构人物——的固有看法相协调呢?)既然柏拉图并没有说他知晓这个含混——假如他知道,他就会看到,一个他称为假的句子,又在某个意义上为真——所以我们可以推断说:当柏拉图所用的句子是可以根据上述定义的述谓用法来加以分析时,其所指在每种情形之中都仅指上述之意义之中的一种,而"全然不知,这些句子还有别种的解读"(页283)。

我会略过伏拉斯托斯关于柏拉图之诚实的命题,以及他之视爱利亚异乡人为"柏拉图的代言人"的命题(页311)。我唯一关注的是,他对眼下所探讨的文段——《智术师》252d以及256b——进行技艺性分析时的精确性。伏拉斯托斯在这两个文段里都看到了这个断言——被说成是假的——即"动是静的"。依他所言,《智术师》252处被否定的[36]断言"动是静的",实际上是保罗述谓的一个实例;因而它假乃是因为它把"静"归到了形相"动"的实例之中(页274,278-279)。应当指出,这个断言——如若真的有人作过这个断言——是包含在泰阿泰德的,而非"柏拉图喉舌"的言辞中,当时是作为对如下普通看法的驳斥,即:所有事物都具有彼此相合之能(πάντα ἀλλήλοις…δύναμιν ἔχειν ἐπικοινωνίας)。泰阿泰德指出,如果这个断言是真的,那么κίνησίς τε αὐτὴ παντάπασιν ἵσταιτ' ἂν καὶ στάσις αὖ πάλιν αὐτὴ κινοῖτο, εἴπερ ἐπιγινοιδην ἐπ' ἀλλήλοιν[变本身完全就是静的,反过来,静本身又成了动的——如果它们结合的话]。接着异乡人问:"但这无疑是最不可能的事情了——变哪能静,静哪能变呢?"(…κίνησίν τε ἵστασθαι καὶ στάσιν κινεῖσθαι)。泰阿泰德回

答:"可不是吗?"(252d2-11)

在此文段中,没有关于形相理论的探讨。事实上,伏拉斯托斯把这一段中的"本身"解释为并非在表示动、静之相(页279以下)。我不确定伏拉斯托斯的解释是否对,因为泰阿泰德和异乡人可能脑子里都正想着那将被技艺化地定义为形相的东西,只是他们还没有达到那么明确的地步而已。不过,这一文段是极其难解的,而"自身"的意义对于我分析伏拉斯托斯的手法也并非关键。如果我们准确地留意措辞并且仔仔细细地读完文段,就会看到其中并未提及述谓。文段中考察的是这么一个普通看法,它谈到δύναμις ἐπικοινωνίας,即"结合之能"。文段余下的部分唯一提到这种能的短语是ἐπιγινοιϑην ἐπ' ἀλλήλοιν,即"如果它们结合的话"。并且,整个文段作为一个整体清楚地表明:"它们"(动本身和静本身)是"事物"(包含于πάντα[万有]之中),而不是语法词,如述谓。我们如何言说"事物"是一回事;"事物"如何结合,又是另外一回事。在文段中,我们看不到明明白白的这样的表述:"动是静的"。不过,同时我也承认,重要的是我们要明白,当我们说"动本身"是能还是不能与"静本身"相合的时候,我们是如何来理解这些表述的。无论如何,我们从"事物"的联结和分离中,推不出某种述谓理论。所以,问"动是静的"是日常述谓的实例还是保罗述谓的实例,还为时过早,且也离题。

尽管如此,眼下且让我们把"动是静的"这个表述,当成是出于此文段的合理推论,并且自问:它是哪一种述谓类型的例证,以及可得出什么结果。如果这是一个[37]保罗述谓的例子,那么,依据伏拉斯托斯的严格定义,"——是静的"就是在限定集合A,而集合B,即"动",乃是集合A的一个特定的子集。而这并未产生什么严格意义上的矛盾,因为它只是告诉我们,B中的所有元素同时也是A中的元素;或曰只是告诉我们,凡是动者亦静。——与伏拉斯托斯的阐释相反,此大可以为真。另外,假设"动是静的"乃是一个日常述谓的实例。那么依照伏拉斯托斯的严格定义,此表述的意思该是,形容词"静的"乃是集合"动"的述谓。——如伏拉斯托斯本人所言(页276),此为真。设若泰阿泰德和异乡人都只是在其可能意义的一种上来使用或意指《智术师》252处(以及256)的"动是静的"这个表述,那么我们该如何去决断哪一种解读为恰当呢——特别是伏拉斯托斯还认为柏拉图没有意识到其中的区别?伏拉斯托斯选择了按保罗述谓[去解读],可是,如我适才所表明的,这并未担保说["动是静的"]这个表述就是假的。

现在我们转到256B。此处异乡人的确探讨了他的形相元素学说。他问:Οὐκοῦν κἂν εἰ πῃ μετελάμβανεν αὐτὴ κίνησις στάσεως, οὐδὲν ἂν ἄτοπον ἦν στάσιμον αὐτὴν προσαγορεύειν[如果变自身在某种程度上分有了静,那么,把变称为定本身就没什么荒谬了吧?]我注意到,关于"动是静的",这个文段也未予否认。也许更为重要的是,伏拉斯托斯没有给出任何论证,就假定"分有"意味着"作为一个述谓而拥有"。再一次地,这里没有关于言辞诸成分的讨论,有的恰恰是关于纯粹形相的讨论。既然"变本身"无可争议地是一个原子形相,那它就不可能通过把形相静包含在其自身的形相结构之中,来"分有"原子形相"静"。因为那样做,它不会收获一个"抽象属性"(伏拉斯托斯的术语),反而会丢失它的本性或曰原子单纯性,如此一来(悖谬地),它反倒变成了形相"定本身",或曰静。所以,异乡人并没有说——且我们也不能说他是在暗指——"'动'是'静'的某个特定子集"的主张为假。正如我上文所言,这个主张也可以为真。但不管怎样,关键点无疑在于:以A作B的述谓,是在说以下两件事情中的一件事情,A要么是B的一个偶然属性,要么是B的一个必然属性。(当代语言哲学家不接受偶然述谓与必然述谓的区分,这并无大碍。而我们可以注意到,模态逻辑学家通常是做这个区分的。)然则在纯粹形相之合这个层面上，并不存在任何偶然述谓，因为没有偶然之合。而作必然述谓，在此就是把某种复合的结构归诸已然定义为本性完全单纯者。变无法[38]消化静，除非（作为一个形相的）静已被消解[为某种复合结构]。而伏拉斯托斯所用的子集关系并未执行这种消解。

我不厌其烦地探讨伏拉斯托斯的论文，是要以之作为那些研究法的代表，这类方法把来自逻辑学和集合理论的概念，直接应用于阐述柏拉图学说的任务。① 毫无疑问，若行此途径，将会相当自然地在被改换了面目的希腊文文本中发现某种述谓理论。我不赞同伏拉斯托斯，从原文文本所言推出其英文表述的方式；并因此也不赞同他的假设：在理解柏拉图的教诲时，完全可以置对话的戏剧形式于不顾。其论文所用到的技术工具当然相对简易，但这刚好使我们，能对涉及的步骤进行明辨的近距离解析。另有许多关于柏拉图的研究，它们在研究柏拉图的文本时采用了分量重得多的正规方法，在此，我不能给予此类著作与伏拉斯托斯的文章相当的细致分析。对于它们，我只想直接地顺着我对伏拉斯托斯的论文说过的话笼统地说上几句，然后去分析一部关于"概念实在论"——据说柏拉图、亚里士多德和罗素（何况康托尔和弗雷格）都对此"概念实在论"有所阐发——的大部头著作的关键文段。重点在于，以集合理论和述谓演算的语言来分析异乡人关于纯粹形相的讨论是否合法。我只是不承认对于这项精细的任务而言，集合理论或量化逻辑算得上合适的工具。至于阐述柏拉图对话的其他方面的主题，则这些工具可能有用、也可能无用，当然，首先的一步还是先要阐明——用英文或任何其他自然语言——这些主题是什么。

---

① 参 Cantor (1932)，页 165，注 2。尽管 Cantor 把他的集合与《斐勒布》中的"混合型"集合相类比，但[仍是不足]，可参之下文注 19。

假定当代数学分析乃剖析任何哲学学说的最好的、且又在理论上不偏不倚的方法,其中产生的技术问题,我在别处已经有过一些讨论(参 Rosen 1980)。而在这里,我仅限于讨论直接与目前主题相切的那些重点。首先,我要指出,如若诸形相是述谓,那么存在(being)必然也是。这跟标准解释,即把"存在"解释为"实存"(existence),由此又解释为存在的量化正好相反。①[39]是并非一级述谓这一理论上的结论实际上深植于现代逻辑和集合理论,它并非自明的形而上学真理,柏拉图也没有在任何地方这样主张。因此,诉诸形相理论的逻辑学分析,从最坏处看,促成了明目张胆的自相矛盾;从最好处看,构成了一种需要复杂详尽的理论辩护的方法。

　　且让我们稍微换个角度来看待这个问题。述谓逻辑和集合理论合并了"是/在"的三个主要意义:同一、述谓和存在。形相是/在和我们所谓的"自身—同一"关系不大,后者从形相同而来。"任一存在,皆同一于自身"这个表述,如果到底可以用异乡人的理论来加以表达,则必须被重写为"$\forall x(Bx \rightarrow Sx)$",这里的可变量 x,其范围是形相的诸实例,而不是诸形相。换一种说法,全称量化并不向某个既是 B 也是 S 的 x(如刚刚所举的例子)作出存在性的承诺;但仍为真的是:设若有任何 x 们存在,那么它们将不是,作为原子字母的形相,或者说不是,作为异乡人形相字母表之元素之形相。或许有人忍不住提出相反说法,并以此建立所谓的自我—述谓悖论。但这个悖论无法适用于《智术师》的——不管就别的对话而言情况如何——纯粹形相,因为没有形相可以与自身相结合。再者,若容许形相作为 x 的值,就会导致如"变是存在意

---

① 因为"标准"一词,其意在于传达从弗雷格、罗素到奎因(Quine)的分析哲人及数学哲人所一致同意的那些主要之点,所以我在这个地方不去乎自由逻辑、替位量化以及其他的超出常规者——他们现在更受关注。于此中的争论,我是不站队的。而更多的探讨,请参 Orenstein(1978)以及 Williams(1981)。

味着变是同"这样的荒谬之说竟成了上文通用公式的一个真正的例证。我们不能用某个述谓来述谓一个述谓。一句话,每个形相的独特性使得量化它们成为不可能。不难想象,下面的这个存在公式也是颇有吸引力的:

$$\exists! \, x \, (Fx \, \& \, Bx \, \& \, Ix)$$

或曰"存在着一个独一无二的 x,乃至于 x 就是一个纯粹形相。x 存在,且 x 同一于(= 一样于)自身"。然而我们已经看到,由 x 所代表的客体的存在不可能同于由存在所代表的实存(确切地说,是那存在)。所以,说一个形相取是为述谓,乃是对类型的混淆。总之,如果我们一开始就把 x 界定为诸形相乃不出其范围之内,那么形相要么是述谓,要么不是。是,我们就不能写为 Bx;不是,就不能写为任何东西。

这类思考——可以更多——表明,是/在并非由同一、述谓或存在来代表。另外值得单独指出的是,是/在与同之合不能写为 B $\in$ S,除非用到了述[40]谓学说;还应指出,这样的一种表示法把异乡人的纯粹形相转换成了外延概念。我注意到,一个独一无二的个体不能是另外一个独一无二的个体里的元素。类似地,B $\subseteq$ S 亦超出了异乡人所教导的范围,因为它使得 B 成了 S 的概念构成中的组成元素,这是错误的。换句话说,或许 B 的诸元素(即存在之物,它们不同于形相,它们通过最终与是合而获得其存在)真的也是 S 的元素(即与自身同一之物,原因在于它们最终与同合),B 仍然不是 S 的子集。我说的是"或许真的" B 的元素也是 S 的元素。当然,严格说来,这不可能为真,因为事实上是/在和同作为独一无二的元素,它们本身没有元素。集合理论语言跟量化逻辑的语言一样,用于此处是失当的。

我不至于说,关于形相元素的理论完全不能形式化。或许会

有足智多谋的人设计出一个代数结构,以纯粹形相字母表为基、以级联为运算。譬如,此类代数结构中也许有一个公理像这样:

B * S = B

然则我们应当注意到,*并不能作为一个二目运算符,因为异不单合之一种形相而已。又,也许某一类组合逻辑或无量词逻辑也可以用来把异乡人的理论形式化。只是我无意于对这些可能性进行探索,我的目的是尽可能谨慎地理解异乡人的学说。既然《智术师》中从没有保证说,异乡人认为他的形相"可形式化"(现代意义上的),那么这项研究我就留待他人好了。

毫无疑问,柏拉图在哲学观念的发展中,受到了数学的强烈影响。异乡人关于推理思想的观念,由三个多少有些明确的原则支配着(在言说非—存在之难题的起始表述中列举了出来),它们要么同一于、要么非常类似于数学推理的原则。我称这三个原则为:可数原则(是,就是可数或可名)、相关原则(一个有意义之词,乃某物之名)、无矛盾原则。此处不宜详细查看这些原则的性质,我们只需要提出这些原则,以见出:对于异乡人而言,数学乃是 ἐπιστήμη[知识]意义上的 λόγος[逻各斯]的首要范[41]例。如果不考虑数学对于柏拉图教导而言意味着什么,那么,想要解开《智术师》之讨论线索的任何努力都不可能充分。而此种考虑,绝不可能以作为技术性工具的现代逻辑和集合理论的潜在假设所带来的结论作为起点,也就是说,我们不能从一开始就带着这些假设去阅读柏拉图的文本。

我所说的意思可以举个例子来说明。现代数学把几何学化简为代数,可能会推波助澜地使研究者们往往忽略同作为柏拉图推理范型的几何与算术之间的区别。然几何形相的特殊可见性,非几何中的笛卡尔坐标所能把握。换句话说,逻辑学和集合理论绕过了形相的存在学和现象学本性。而且,一旦这种本性复被解释为集合或者述谓,那么刚才提到的那些数学的分支学科就会允以我们去研究——或使我们以为我们正在研究——元素之间的关系,而非元素本身。借用柏拉图主义的关键用字来说:我们不是在研究元素的自然本性,因为我们不再相信柏拉图之关于自然本性的学说。这种焦点上的改变,以及对于柏拉图而言数学非常重要这一明显事实,促使许多学者忽视了柏拉图的关注点与康托尔(Cantor)、弗雷格以及罗素的关注点之间是有所差别的。人们认为,要么他们关注的东西相同,要么可以根据康托尔、弗雷格以及罗素的关注点来重新表述柏拉图的关注点,从而澄清并理解柏拉图的关注点。这导致思想在两个方向上都散漫了事。比如,"柏拉图主义"这个称呼被过多地用以指称康托尔、弗雷格及罗素的数学哲学——通常用之"康德主义"或许更适合。① 而柏拉图的问题反被这种或那种改头换面了的现代问题所取代。对于此类阐释,我谨以卡尔斯(R. Carls)的大部头著作《形相与量》(Carls,1974)为例。

[42] 就其历史综合以及尝试把古希腊思想化入现代术语方

---

① 思考以下片段,来自Dauben(1979),其中首先转述了康托尔论幂集的话,"它是限定的集合,除单元外一无所有,它作为给定之集合的某种智识摹仿或投射,而存在于我们的头脑之中。"接着又论到了康托尔的思想发展,说:

> 忽略不提有形物体,把集合定义为直觉或思想元素的收集,从而获得了某种同质性的呈现。不再试图区分两样东西:一是集合算子的有形实在,一是集合及其相应的超限数(transfinite numbers)的智识或抽象实在。最后,康托尔给予了集合和超限数同等的地位,二者于智识中交替存在。

还说:

> "如果其集合理论的所有元素皆在同一层面上存在——拥有与头脑中的思想和像一样的实在性——那么就无需依赖任何一类实在物体了。"
> (Dauben, 1979,页171)

面,卡尔斯的著作超越了我所知的任何英文著作。贯穿此书的主要线条,一方面是对柏拉图及亚里士多德的形相学说的详尽分析;另一方面是对罗素的形相学说的详尽分析(对19、20世纪其他的"柏拉图主义者",也多有提及)。依我们的立场所见,卡尔斯的中心目标,是要建立起古希腊学说和现代早期学说之间的某种相似性——卡尔斯统名之曰"概念实在论"或"极端实在论";并研究此种实在论所导致的悖论,以作为某种更有分量的、范畴存在学的基石。因此,卡尔斯所探究的一个中枢命题是:柏拉图的形相是类或抽象客体——与其说它们被定义为一个个"全部"或"总和",不如说它们有意地被定义为一个个"整体"(页62)。不过卡尔斯仍会同意说,此类客体中任意二者相互间的关系要么系集合理论的类包涵,要么系集合理论的类不包涵,因而也就是 ∈ 的关系。故而"存在"(being)和[形相]*存在*(*being*)被无区别地理解为 ∈ 。如此,柏拉图学说之中的两个议题就被他搅浑了。

其一,为了明确与述谓表述对应的抽象物客体的身份,需要一个外延性的标准(页63)。由此,卡尔斯不经意地告诉了我们,他并没有在是或变这类原子形相与"——为等边三角形"(用他自己的例子)这类形相之间做出区分。他甚至推倒了,等边三角形的存在学和现象学本性与"——为等边三角形"这一述谓之间的差别。其二,卡尔斯虽然标示了概念实在论的两个悖论,分别对应于一个形相对另一个形相的分有,以及一个类(=形相)中的一个实例的成员身份。但是,他通过集合语言来处理这两个悖论,把二者又消融为一了。换句话说,上述两种情况中的两个"共有"关系,他都以集合理论的 ∈ 关系来指示(页100–102,108–109,112–114)。

这种做法已经使得卡尔斯不可能区分共有说和分有说,也不可能辨认二者各自特有的疑难。所以他才会指出:具体个体

和抽象实体之间的 ∈ 关系，本身就可以具体化为一个抽象实体，这样，别的抽象实体也就可以通过 ∈ 关系，来遵守这一具体化了的 ∈ 关系。如此之悖论源自卡尔斯的假定：∈ 关系精确地反映了柏拉图那里的两种存在学关系，形相之间的关系以及形相与其实例之间的关系。就我目前所见，卡尔斯并没有考虑到另外的可能，即：不是所有的形相都是——或对[43]应于——述谓，因而也就没有考虑到，两种不同的"存在"关系或两种不同的"存在"意义可能是站不住脚的。在纯粹形相或曰型相的层面上，卡尔斯同样也给柏拉图带来了一个悖论，即：诸型相既不共有其对立面，同时也不共有其本身。因而可以推出以下情形（我简化了卡尔斯的标记法，以便更突出地带出重点）。若分别以 I_1 和 $\neg I_1$ 来代表一个型相和它的对立面，那么根据排中律的原则（页 113 以下），就有：

$$I_1 \notin \neg I_1$$
必然要求
$$I_1 \in I_1$$

很显然，如此表达的悖论，仍不能用之于原子形相，因为原子形相是简单元素，不可能是自己的成员。再者，没有一个原子形相对应于卡尔斯所谓的某个给定的形相的"对立面"。举个最看似有说服力的例子：静并不是变的否定，而是一个完全不同的形相。不错，静并非变的本质结构中的一个元素。然此并未有碍于它们的级联，这种级联是通过与异的结合，而不是通过如否定及几何理论的 ∈ 关系之类的句法运算。异乡人的学说中，的确有一个问题可由卡尔斯的分析推导而出，却不能以他的形式语言标画而出。每个非存在的形相都是通过与存在相合而获得其"存在"，但存在不能与自身相合；类似地，每个非同的形相都是通过与同相合而获得同,但同不能与自身相合。那么我们又该如何去说明存在的"存在"以及同的"同"呢？如果答案是借由自我述谓,那便又往文本中放入了原文未言之说。进一步,如果同的"同"来自于"自我述谓",那为何不说变可以被自我述谓,以便把"变"归诸纯粹形相呢？自我述谓这个命题不能特别地运用于某一个地方,如果它适用于一种形相,那必须适用于所有的形相,而异乡人明显不认为诸形相会变。就算我们争辩说,形相关系乃是通过语法揭示给我们,可在"变变"这个表达中并无不合语法之处。话说回来,该陈述在语法上的健全,有赖于形相之名与指示此形相之能的动词二者之间在种上的差别。所以,我们必须根据语义来决定所谈论的表述是否为真。而[44]这就要求我们去裁定自我述谓这个命题是否为真,亦即裁定它是否被异乡人说过、意指过,或者暗示过。就我所见,是没有什么证据支持这些可能性的。不过,上面所指出的问题,并未冰消。

　　异乡人的学说中存在着另外一个疑难,但我在二手文献中并没有发现有相关的讨论。存在学之合的论点,促使我们有强烈的意向去声言:如果存在(举例而言)是借由形相同而获得它的同,那么,尽管这两个形相与理智觉知截然不同,其存在学条件却不仅是合,而且还要有熔合。在这种情况下,存在作为熔合中的一个组成部分,或许可以通过它对于作为整全的熔合所做出的贡献,而获得其"存在"。(注意,这并不是一个非述谓性的定义,因为我们不是在定义存在,而只是在表明,存在共有其自身之能的方式,乃是通过将此自身之能应用于它被包含于其中的某个熔合之中。)更为看似中理地说,那就是,熔合的"存在"必须以别的途径来理解——或理解为黑格尔意义上的Wirklichkeit[现实性](Sein[存在]乃是它的一个维度或一个要素)。换句话说,这并未把我们引向述谓说,而是引向了辩证逻辑。

　　我无意于说柏拉图是黑格尔的一个先驱,亦不是要模糊通常的柏拉图主义与黑格尔意义上的"辩证法"之间的差别。① 此处的问题乃关乎异乡人所展开的学说中内在的哲学意涵。没有人曾经在脱离所有其他形相元素的情况下,出于自身、止于自身地觉知过或以推论定义过单独的纯粹形相存在,或曰存在意义上的"存在"或存在数量词(existential quantifier)。[所以]且让我们从各种异质的"相"的混溶开始。这些"相"尽管是异质性的,却是通过彼此间的不同,以及通过它们的自身同一或内在的同而获得定义。认知和感觉觉知是这样,语言也是这样。对于个体元素的觉知,经由集中注意力于这一个或那一个"相"而产生。可这个集中注意力的过程本身,却有赖于某个给定的"相"其在一个关系网的内部中的[45]呈现,即:有赖于此"相"之在于,某个"分化其自身的一"的内部的位置。此于语言也完全相同。②

异乡人为他的纯粹形相所举的隐喻是字母表。这个隐喻引发了一些问题,在这里我只提其中之一:一套字母本身就是一个辩证结构,因为它是许多差异的统一体。作为符号的字母表中的诸字母,其离散乃在于音流发出之后,而音流作为声音在其所有的元素中都始终与自身同一,又在其所有的元素中得以被辨别。事实上,字母表中的诸字母的离散已经排除了把"说出"或存在学结合当成述谓来阐释的可能。当我们择取字母 c、a 和 t,合成单词 cat 时,

---

① 关于这层关系,黑格尔的下面一段文字颇为重要:"Wir haben bereits vorläufig bemerkt, dass der Begriff der wakren Dialektik ist, die notwendige Bewegung der reinen Begriffe aufzuzeigen, nicht als ob sie dieselben dadurch in Nichts aufloste, sondern eben das einfach ausgedruckte Resultat ist, dass sie diese Bewegung sind und das Allgemeine eben die Einheit solcher entgegengesetzten Begriffe"。[我们已姑且地说过:真正的辩证法这一概念,必定指向对纯粹概念的必然的激活。并非好像这激活因此就会把这些概念消解于虚无;事实上,简单表达起来的结果就是:这些概念就是这激活,而普遍性事实上就是此类并置着的概念的统一体。]黑格尔还补充道:柏拉图并没有完全意识到,如此意义上的辩证法事实上已然存在于他的对话之中。Hegel(1962),页60-61;另参页81。
② 关于这一点,请参论文 Peck(1953)。

我们并不是在用一个字母来述谓另外两个字母。字母 c 通过如此之合并未获得什么"a 性"(a-ness)。而把 c、a 和 t 思想为在存在学上相互分离的、自存的、自身可理解的存在物,同样也没有道理。在此,暂置任何字母表之约定俗成的方面于不论,事实上:个体字母之作为个体及字母而可见,只能借由它们之在被视为差异统一体的,字母表的内部的机能而得出。

我们并非由离散的形相元素而拼凑出世界,也并非把世界简单地拆分到各自离散的形相元素之中。不管是在日常经验中还是在哲学分析中,我们从未与离散的形相元素面对面过,除了通过某种集中注意力或者抽象(或意向)行为而外;而此行为本身之发挥作用,则唯有归功于形相结合之网的自我保存。形相元素并非"本身"就可理解。既如此,我们为何不可以主张,对于异乡人学说的审慎而细致的分析——不管它对于狂热的柏拉图主义者而言是多么的奇怪甚或令人反感——将引向或指向了某种辩证逻辑的无可避免;而辩证逻辑这个词,此处在某种程度上乃有似于黑格尔意义上的?

这个问题或许轻易就可以回答,即:这类辩证逻辑会摧毁数学,或者说,数学的成功已经斥其为荒谬。可这个答案是错的。数学,作为一种分析方法,或更笼统地说,作为一种推理方法,在不同于辩证逻辑的层面上运作。数学以精确的方式"运行",因为它忽略辩证性的结论,也就是说:它运行,是因为它并不透彻思考自身的存在学本性这一问题。正是在这个意义上、且只有在这个意义上,我们才可以说数学在存在学上是中立的。[46]而依我所见,数学的存在学意涵——即整套形式化程序的存在学意涵,而非仅仅量化行为下的变量的值的存在学意涵——并不定准。这些不同的存在学意涵把我们指向不只一个方向,这是我们拥有不同的"数学哲学"(此词之当代意义)的原因之一。我不认为存在一个严密、全面的推理或者论证——不管是世俗的还是超验的——会使我们心悦诚服地去接受某个辩证的或非辩证的存在学。不过话说回来,这一切并不证明我们就可以忽视数学这个基本问题,尤其是当我们研究像柏拉图的《智术师》这样有名的著作时。

于柏拉图而言数学显然很重要,而当我们去思索这到底意味着什么的时候,我们又被引去思考形相之可理解性的本性所带来的辩证结果。我们不应排除这种可能,即:柏拉图哲学本质上就是要避免在辩证的和非辩证的存在学之间做出抉择。当我们把每一篇对话都当成一个整体,当成一出关于人类的戏剧,而不仅仅是当成一篇关于语义学或者知识论的论文来解读时,我们的思想就可以容纳这种可能性了。

更具体地说,我们切不可错认为数学是柏拉图作品中唯一的合理性的模范。我用"合理性"一词,其目的在于区分 $\epsilon\pi\iota\sigma\tau\eta\mu\eta$ [知识]的理性与 $\varphi\rho\delta\nu\eta\sigma\iota\varsigma$ [明智](甚至在柏拉图那里,这个词也通常被用以指亚里士多德后来所明确定性为"实践智慧"者)的健全判断或曰理智。柏拉图不是莱布尼茨(Leibniz),更不是卡尔纳普(Rudolf Carnap)。下面我举盖瑟尔(K. Gaiser)《柏拉图的未成文学说》(*Platons ungeschriebene Lehre*)(Gaiser, 1963)为例,以说明我此处所否认的命题颇具影响力。此研究著作包含大量有趣且有建设性的材料,但它对于柏拉图哲学之性质的关键假设,在我看来是错误的。盖瑟尔认为,整个柏拉图哲学的基本预设是,实在的总体构造与数学的特殊领地之间存在着类比关系(页22)。依照盖瑟尔,灵魂同数学对象一样都呈现整全,因此,数学结构与灵魂能力($\nu\delta\eta\sigma\iota\varsigma$ [理智]和 $\alpha\ddot{\iota}\sigma\vartheta\eta\sigma\iota\varsigma$ [感知])乃同一事物的两个方面(页25)。由此,盖瑟尔称,在柏拉图而言,不只理想形相之存在的独立界域,还有实在的总体结构(页49-50),都有着某种数学模型。倘若真是如此,那么人类诸现象、因而还有灵魂,就要么是可以数学化的,要么是非理性的——它们不单是非认识性的,而且还不能够以理性的方式被研究。这给盖瑟尔带来了许多问题,我提醒注意一点:

他认为于[47]柏拉图而言,哲学以历史性为特征。那么,他会说历史性的理智结构也是数学性的吗?

柏拉图的对话中写到了多个神话,这清楚表明柏拉图并不认为有可能去构造一个针对整全的数学模型。盖瑟尔的命题取决于——别的且不论——他对柏拉图不成文或曰"秘传"(esoteric)教诲的理解。对于这种看法,我只想说一点:它取决于或落脚于对柏拉图对话的阐释。柏拉图对话是戏剧或曰哲学诗,且这些对话中有一些最重要的讲辞属于神话。据盖瑟尔来说,柏拉图的秘传教诲与对话中所说的无异,只是更为系统和精确(页8)。或许就是如此,可是,对于神话的——事实上就是对戏剧的——系统和精确阐释就是某种数学性的λόγος[逻各斯]吗?当然,盖瑟尔并没有把数学化约为集合理论和述谓运算,但宇宙之全体结构的一个数学模型范式实在不足以说明现象。

在这一部分的结束,我还想说最后一点。正如读者将会看到的那样,我认为《智术师》中的二分,不可以理解为数学或准数学推理的实例,而要理解为,它构成了某种日常生活的现象学。其用处是使得智术师问题变得清晰,而不是要给出关于智术师的科学定义。关于二分的本质,我所见过最值得一读的两篇论文来自于莫劳夫奇克(J.K.E. Moravcsik)(皆发表于1973年)。在此我引用时间上在后的一篇,名为《解释与论证》(*Exegesis and Argument*):

> 二分刚开始给到我们的乃是形相的定义——或至少,独一无二之特性——的某种解剖。此法不仅回答了这个问题,即,定义关乎什么?同时也回答了这个问题,即,怎样的构型使得一个定义为真或充分?另一方面,鉴于我们发现,有的形相同时是其他一些形相的部分,或者说,发现它们作为一个实体,可以以其他形相作为[自己的]诸部分,于是,每一个形相的独一无二性,就可以通过确定它,在一张追溯形相间相互关

系的概念地图上的位置来加以明确。(页326)

《智术师》中唯一出现的二分,乃是用于智术师。因此,莫劳夫奇克必也认为存在着一种与智术师对应——亦即与智术相应、以及与制作术和获取术对应——的形相。我在此不与这个命题争辩。我倒是注意到:对话中的二分是多面性的,它们内在不和且互相排斥。有待澄清的是,这些分出来的属性是异乡人教学修辞的一部分呢——故意为之,以预备[48]泰阿泰德更深刻地理解智术师的本性——还是说,它们乃是智术师的不可定义性的证实。唯有对文本的细致分析才会帮助我们在这些选项中做出抉择。然而有一点可以现在提出:倘若莫劳夫奇克对于二分法的论述是正确的,那么真可疑惑的是,在柏拉图所有的著作之中,唯一两个大量运用了二分法的地方,都是关于人的类型,即智术师和治邦者。尽管柏拉图对话中到处可见之对于二分法的正面提及,但是,就算在《斐勒布》中,我们也没有发现有任何二分促成了对于在中期对话或《智术师》中所描述的那些个无争议的形相的定义。莫劳夫奇克论著的价值在于,它排除了外延式的或集合理论式的二分模式(页338),并得出了可靠的结论:"述谓观念本身在二分中并没有扮演重大角色"(页342)。不过,虽然这篇论著术语使用严密,却不是充分立足于文本。莫劳夫奇克广泛征引不同对话中的细小片段,拼成一幅图画,由此建立了一篇论说,此论说并非关于这篇或那篇对话中的二分法,当然也并非关于《智术师》中的二分法,而是属于他自己的构筑。

形 相 数

现代分析技巧运用于柏拉图文本的这种做法,最终要回溯到亚里士多德的柏拉图批评,或者说,间接地受到了亚里士多德的柏拉图批评的影响。在这一部分,我意在思考20世纪学者的如下尝试,即:根据亚里士多德的这些形相乃形相数这个命题,去理解柏拉图的形相分合说。这种尝试之所以值得我们关注,原因不止一个。首先,它看起来被柏拉图的最伟大的友人的直接证词所证明。其次,如果这个尝试成功了,那么它显然既公允地对待了柏拉图的辩证学说与柏拉图的数学兴趣之间那模糊但确定无疑的关联,同时又没有给柏拉图对话强套上时代的偏见。柏拉图所谓的"给出一个逻各斯"($λόγον\ διδόναι$)的所指,与比例或曰比率这一数学概念之间似乎存在着一种密切关联。在《斐勒布》中(我们将会思考相关文段),苏格拉底将形相分析过程与计数统一起来;在《王制》中(524d2往下),苏格拉底又强调算术、几何和天文作为哲学辩证的预备的重要性。比如,在525c8-e5处,他说,"计数"($λογισμός$)引导[49]灵魂向上,且"迫使灵魂谈论($διαλέγεσθαι$)数本身"($περὶ\ αὐτῶν\ τῶν\ ἀριθμῶν$)。最后,如果这个尝试能表明诸形相在某种意义上就是不同的数,或起码表明它们拥有某种数学属性,那么或许我们就可以解答关于形相之合的性质的疑惑,亦即可以解答形相如何能够相合却又不失其固有的、相互区别的同一性。

通过某种算术范式来理解柏拉图的辩证术,这种尝试是吸引人的,且在某种程度上富有启发。但在我看来,它注定要失败。首先,根据另外的哲人所提供的带有敌意的阐释以去解释柏拉图的学说,这一努力在其深层有难以令人满意的地方。其次,正如这种尝试的支持者本身所承认的那样,亚里士多德形相数的命题在柏拉图对话中并没有直接的证词。而如果我们愿意相信亚里士多德的所述乃是确实的,那就必须把柏拉图的公开对话与据推测为亚里士多德所参用的、从外面看来属于"秘传"或"未成文"性质的教诲区分开来。这种做法产生的疑问恐怕要比其意图解决的还要多。其中不可忽视的是:如果柏拉图是要让这些看法保持隐密,那为什么亚里士多德要公开它们呢?如何区分这些"秘传"看法的真正性质与亚里士多德对它们的阐释呢?这个问题并非无关紧要,从亚里士多德解释前苏格拉底哲人时的哲学分析就可以明显看出。其三,此尝试的内在技术建基也是失败的。

形相数的命题显然要追溯到近代的柯亨(Hermann Cohen);较晚近时,又有一些学者发展了它,其中包括斯登泽尔(Stenzel)、托普利茨(Otto Toepliz)、贝克(Oscar Becker)以及克莱因(Jacob Klein)。接下来,我会以批评克莱因的阐释为基础来展开我的讨论,同时在注脚处广泛论及其他学者。凡引用克莱因的文本,皆来自于他 1934 至 1936 年间的德文专题论文的 1968 年英译本。为了思考形相数命题,我们必须预先考虑在相应的语境中探讨《智术师》的部分内容,当然,我会尽可能地简略。大体上,我们关心的是克莱因如何阐释异乡人所谓的 $μέγιστα\ γένη$[最大的种](《智术师》254d4—6),即"最大"或"最重要"的种(kinds),其中的在、同、异、变、静皆被清晰地定名和讨论。克莱因把这些种当成形相数的原则,或当成形相数本身,换句话说,就是当成了具有某种数字属性的形相。虽然我[50]首要关心的是最大的种,但在这里我要提醒注意:我对于克莱因的批评,在我看来,同样适用于别样版本的形相或型相,不管是《智术师》的,抑或是柏拉图其他对话的。照此,一开始就指出如下这点必然很重要:我们不可能根据(比如)苏格拉底在《斐多》或《王制》中关于型相的探讨,以去理解异乡人关于最大的种所说的那些话。柏拉图的著作中并没有关于形相或型相的普适概念。每一种有关形相的浮于水面的理论必须就其自身而言来研究,而不能化入某种莫须有的综合性学说之中。

接着说克莱因。他认为,柏拉图大概是出于两个关系紧密的原因而发展了形相数一说。原因一,柏拉图相信,唯有全然稳定的东西才可以拥有真正的存在,才可以真正被识知。既然数就是所要求的稳定性的典范,它们必定也会为我们提供出一条线索,以去认识非数领域内的纯粹理智形相的本性(参《王制》卷七,529b3—5)。原因二乃关乎理智结构中诸元素的结合问题。诸如人和马这类形相元素必须能够合之诸如动物这类形相元素,同时又不消解每个元素的完整性。数之合可取为示范。如数 2 和 3(斜体表示"数本身")合起来成为数 5,并没有牺牲它们独立时的同一性,反倒增加了它们独立时或许缺乏的新的属性(譬如偶数或奇数)。现在我们必须确定,是否这个范式也同样适用于非数的形相。

  我们更直接一点,且从克莱因讨论泰阿泰德在《智术师》中承认存在(还不是作为形相的存在,而是关于"诸存在"的某种模糊的概括)既变又静开始。泰阿泰德的这一承认至少有两个方面让人困惑。其一,存在是一、是二还是三,这并非一目了然;其二,他之前曾承认变和静是完全对立的。因此不难看到,这个结论若不加以修正,就会导致矛盾。而对此结论所提出的必要改善的第一步,乃是要引出关于那些最大的种的三种可能性:或者所有这些元素都可与别种合;或者没有一个元素可与别种合;又或者有些元素能与别种合,有些则否。异乡人认为只有第三种可能性可以接受。对此,克莱因说:

> 可是,关于这一可能性的陈述本身就指明了 genē[种]的数结构;因为这不就是把[51]整个 eidē[形相]领域划分为一个个组或集,而每个代表独一无二的明确"单位"($\dot{\varepsilon}\nu\dot{\alpha}\varsigma$)的 eidos[形相],即每一个 monas[单子](《斐勒布》15A-B),都能跟同一集里面的其他型相"集合",但不能与别的集里面的型相"集合"吗?(页 89)

  正如克莱因自己所指出的那样,这个反问句倒是有着某种程度上的误导。把型相—单子集成一个形相的种,与把数性单子集成一个纯粹的数不可能完全一样,因为各自不同种的单子,其本性有着根本的差别。一个数,对于柏拉图而言就是一个确定的(因此就是有限的)单元合或集。而经验或实践中的数,用来计算限定种之个体的数,是以其时正在谈论的种——比如"人"或"水果"——作为计量标准的。因此,单元就是我们据此标准而去数的个体的人或一片片的水果。然而,纯粹数或曰理论数也必须是某个确定数的单元的集,但不能是经验物体的集。据此,理论之数就是纯粹、同质之单元的限定集,只有理智能通达之。作为同质的单元,它们彼此自由相合,毫无限制。数8中的单子和数10中的单子没有区别。① 因此

---

① Klein 的阐释所依据的柏拉图文本文段有《王制》卷七 526a1-7 以及《斐勒布》56d-e;亚里士多德文本文段有《形而上学》M6,1080a20ff。类似地,Becker(1931),页464-465 也同样指出,根据亚里士多德(《形而上学》M6-9,以及等等),形相数在质上、以及在内在结构上皆不同于数学之数。他接受了 Stenzel(1959,重印本)的说法(页117),即:型相—数(idea-numbers)规整着——与它们的相对价值(Stellenwert)相应——二分进展的演变步骤。然而,他也认为 Stenzel 本人的数学基数图表就可以解释 Stenzel 的如下看法,即:二分的最低阶段已经蕴藏着所有的高级阶段。而按照 Becker,型相—数乃"diairetetische Geflechte, deren knoten die 'Monaden' sind..."(二分之网,其结点是单子……)(页469)。这使得他得出了这样的结论(遵循亚里士多德):型相—数的诸单子对应于诸型相(页487)。所以,他这样解释《斐勒布》15a-b:"Das Atomon Eidos ist also, diairetisch gesehen, unzerlegbare Monas...und doch Vieles ($\pi o \lambda \lambda \acute{a}$) und insofern $\acute{a} \rho\iota\vartheta\mu\acute{o}\varsigma$"(从二分的角度看,不可切割的形相就是不可分解的单子,然而它又是多($\pi o \lambda \lambda \acute{a}$),因而就是 $\acute{a}\rho\iota\vartheta\mu\acute{o}\varsigma$[数])(页493)。如此一来,型相—数就是把单子合成某个特殊型相的 $\delta\varepsilon\sigma\mu\acute{o}\varsigma$[连结者]。所有这些看来都要垮在一个根本的困难上:高级或"更大的"(即"连结性的")型相—数之包含它们的次级,乃必须以一种被型相数—单子的不可合性排除在外的方式来进行。而 R. Mohr(1981)最近提出的观念,某种程度上可以说与 Becker 和 Klein 的共同立场刚好相反。他通过对《斐勒布》56d9-e3、59d4-5 及本注开头所引文段的阐释,得出一个说法:于《王制》卷七和《斐勒布》56ff,柏拉图(即苏格拉底)谈及的是数的型相,而不是形相之数或者算术之数(页623-624)。依照 Mohr 对《王制》526a的解读,这个文段告诉我们,有些数,即数的型相,"它们虽然不同种,但就内含而言,这一个和下一个并非不同"。也就是说,"每一个数的型相都没有部分"(页623)。且不管他对柏拉图"数论"的阐释是否准确,清楚的是,提出数的型相无助于解释形相之合。Mohr 这篇论文言简意赅,其中有一个命题值得注意:与其说数的诸型相是基数,不如说是序数(页621)。关于这一点,科耶夫(A. Kejève)在其才华横溢、特立独行、而又完全被忽视的对希腊哲学的"黑格尔主义者"式的解读中,已然预见性地考虑到了,"Mais les nombres ordinaux sont précisé-ment tels que Platon dit être les Nombres idéels"[序数之数恰好如同柏拉图所谓的型相之数](页101)。当然,Mohr 说的是数之型相,而不是数学的或形相的数。在此处的前几行,科耶夫也已然说过:"Et ce point...coupe court à toute la critique aristotélicienne des Idées-nombres"(而这一点……乃是窃取了亚里士多德对型相—数之批判整体的部分)。

[52]，数 8 可以协同数 10 进入共同体数字 18 之中,此时无所谓什么单子数丧失了身份特性,因而也无所谓同质单元间的有什么混淆。更概括地说,任一算术数皆可与其他任一算术数相合而构成一个共同体,其间没有任何成员会丧失其自身同一性(对于经验或实践的数来说则不然)。

正如克莱因所见,形相数的单元是不能构成此类共同体的,它们有别于诸如 8 和 10 这样的理论数单元。它们不能无差别地自由相合:

> 它们的"单子"完全不同种,只能"部分性"地合在"一起",亦即,只在它们恰巧属于同一集合的时候。反之,在它们互相之间"完全分立"的时候……它们则"不能被集合,没有可比性"(《智术师》253d9)。

每一个形相数的单子自己就是一个形相(或曰型相),因而是独一无二的。那么,这些独一无二的单子如何再次合入独一无二的形相数中而不丧失自己的自身同一性呢？又,这些数本身是如何合之其他的这类型的数,同时又保持它们的自身同一性呢？克莱因继续道:

> 型相领域有其"算术"结构的观念使得存在学的 methexis[分有]问题可以有一个解决方案(参《帕默尼德》133A)。构成"形相数"——即,型相之集——的单子不过就是彼此互属之 eidē[形相]的合成物。这些 eidē[形相]彼此互属,因为它们共同属于一个且是同一个更高级的 eidos[形相],名为"种",或曰 genos。但是,只有 genos[种]自己呈现出 arithmos[数目]的存在样态,这些形相才能分有[53]这 genos[种](如"人"、"马"、"狗"等等分有"动物"),而又不把这种切割

在多个(有尽的)eidē[形相]之间、不丧失诸种的不可分割的统一性。(页89-90)

关于这一段话,有两个问题。1.柏拉图真的抱有克莱因归之于他的这种形相数的学说吗?2.克莱因版本的形相数学说,或通常意义上的形相数学说,是存在学之 methexis[分有]问题的真正解决吗?

关于第二个问题,可以毫不迟疑地回答否。亚里士多德在《形而上学》卷M对于形相数学说给出了详尽无遗、令人心悦诚服的辩驳,对此克莱因相当清楚。他说,亚里士多德阐明了"把可数性这一普遍品性转化为 eidē[形相]所必然产生的许多矛盾,每一个矛盾皆有其特殊性"(页92)。另外,克莱因也时常看到,柏拉图并没有严谨而完整的关于形相数的推论性和逻辑性论述。然而,我认为我们不可止步于像克莱因那样承认这一点。细致阅读克莱因所引柏拉图对话的文段表明,其所归之于柏拉图的学说在文段中根本没有明确的表达。安纳斯(J. Annas)从硬币的另外一面来看待这个问题,他谈到亚里士多德《形而上学》中四个相关文段(A6,987b11-25;A9,992b13-17;M7,1081a5-17;N4,1091b26)时说道:"四个文段都只有一个论证结构:鉴定形相与数的身份,并非是在记述柏拉图实际所说为何,而是要以之作为某个论证的结论。形相必须与数等同,乃因为它们都来自相同的原理。"(1967,页67)

篇幅所限,我暂时不能专门验证安纳斯的结论,也无暇对与克莱因说法相关的每一个柏拉图文段作条分缕析。不过,其中有些文段以及所有出自《智术师》的相关文段,还是要接受必要的分析,以证实克莱因的说法于这些文段并不适切。眼下我们可以做两件事情:其一,可以简单地考察一下,亚里士多德对他自己归诸柏拉图的形相数学说,大体上会怎样反对或曰驳斥。其二,我将表明,为何克莱因的阐释的技术性依据并不适用于《智术师》中异乡人所提出的形相。

我认为,亚里士多德对形相数学说的主要驳斥,出现在《形而上学》M7。在那里他说,要么,诸形相数里的各单元皆可相合且彼此没有[54]任何差别($\sigma\upsilon\mu\beta\lambda\eta\tau\alpha\iota\ \varkappa\alpha\iota\ \dot{\alpha}\delta\iota\dot{\alpha}\varphi o\varrho o\iota$),要么,在不同的数里它们不同。在第一种情形下,只能有数学的数,而不可能有形相数。举例来说,理论上只有一个形相数对应于各正整数。为了更详细地说明,且让我们假定,3 就是人的形相数。但"3"有很多,没有理由说这个"3"比那个"3"更应该是人的"型相",或曰形相数 3。如果是第二种情形,即单子在不同的数里不同,那么,举形相数 10 为例,它就有特别属于自己的 10 个单元,且让我们把这些单元称为"10-单元"。可是,10 也包含两个 5,因此也就包含有两组"5-单元"。再扩展一点,假设 5 现在共有 10,且共有时并没有改变二者之中的任何一个的性质,那么 10 的 10 个"10-单元"现在就跟两组"5-单元"连结在起来。如此一来,原来的 10 个单元变成了 20 个单元。亚里士多德自己的观察是,数的单元实际上是一样的,这就等于是给柏拉图的哲学出难题。如果型相是数,那么它们就既不是可相加,又不是不可相加:作为数,它们的元素同质,因而可相加;但作为可相加者,它们就不再是型相了(M7,1081a5-1083a20)。

关于构成单元,即使我们反感亚里士多德的这个倾向,即,把柏拉图的形相解释为好像它们就是他自己所说的意义上的种和属,他所提出的疑难也依然有效。[①] 若我们转向克莱因论证的关键步骤,即转向他的 $\gamma\acute{\varepsilon}\nu o\varsigma$[种]并不因被别的形相分有而被分裂这个论点,那么这一点就会清晰可见。诚然,比如说,算术数"7"在其统一体被分成 7 个构成单元时,并未丧失其作为"7"的统一性

---

① 参《形而上学》Z4,1030a11-14。以及 Ross(1966),卷 2,页 170。

或同一性。但克莱因的说法要求柏拉图相信,"动物"这个 γένος [种]的形相数,尽管被各种属所分裂,也不会丧失它作为"动物"这个 γένος [种]的统一性或同一性。此中的类比是站不住脚的。我们可以同意,"动物"不会仅仅因为狗、马、人等等分有了它,它就少一分是"动物";但是,动物的每一个属("动物"中的每一个形相元素,或按我的表示方法,动物),都是借由这分有而是一个动物;而 7 的每一个"7-单元"本身却不是"7"(或一个 7)。

　　假如我们把"7"设想成一个等价类,这类中所有的集又刚好含有 7 个元素。据此——这对于柏拉图来说当然是陌生的——类中的每个集都和别的集一样好地再现了形相 7,同时又保持了它作为统一体的独立的同一性。但又一次,这与非数形相没有 [55] 可比性,因为在这样的等价类中,成员集之间并没有可以辨别的区分,反之,狗和马却是"动物"这一 γένος [种]里面可以区别的成员。这说明柏拉图的形相并非像等价类中的数或集那样是外延性的实体。数的特性在于(无论是柏拉图的还是现代的看法):即使我们归诸它们客观性的存在,它们的元素或它们本身也可以以多种方式相合,同时又不破坏它们独立的实体。现代集合理论将此表达为定义自然数的集合的"传递性"。而被归诸柏拉图的所谓的形相数却并不是集,它们不是从外延上来定义,乃是从内涵上来定义。形相数表面上的算术特征即它们由单元构成,要从算术层面上获得解释,不可能不在实质上建立起某种外延理论,以干扰单元和形相数本身严格的内涵性质的情况之下。在马、狗、人或其他的非算术的现象中,这种分和合的过程,要元素不蚀变的话,只在思想中可能。

　　因此,如果必须用一个范例来说明 methexis [分有]问题(理解为纯粹形相之合)的话,那么,以日常意义上的思想为例无疑是合适的。然而,假如我们试着再走一步,把思想化为数,那就又走偏了。这样的步子会把我们带离作为相的形相,而走向作为数学意义上的比率或比例的形相。这也是偏离柏拉图对话中的形相、而走向现代数理逻辑的要命的一步。因此，应当认真指出，当我在下文中说到一个λόγος[逻各斯]就是诸形相的一个"比率"时，我只是在打比方的意义上使用"比率"一词。而打比方的根据，在于异乡人精确与不精确之像的区分，此区分的基础在于像是否展现了原物的确切比例。本来此区分只对可度量物体的可见之像有意义，然而又被偷运到了表述身上，即偷运到了语言之像身上；如此一来，"泰阿泰德坐着"这句表述，也就是形相"——坐"(当代之符号表示)与凡对应于"泰阿泰德"的任一形相之间的一个比值。显然，这句表述并没有任何算术意义，并不存在什么比例如 $m:n$ 以传达"泰阿泰德坐着"的深层结构。如果我们深入考虑这一点，那么就会得出这个结论，即："泰阿泰德坐着"这句表述并非任何算术或比例意义上的形相[56]之合的像。我们将会看到，这使得形相彼此相合究竟指的是什么没有得到解释。形相学说并未解释真假表述的形式或语义结构。然而，一个λόγος[逻各斯]，在其众多意义中的一种意义上，的的确确是一个"比率"。此意义似乎能切合精确或不精确地再现原物比例这个重点。

上文说过，即使我们忽视亚里士多德把柏拉图的形相当成他自己所说的种和属这一倾向，克莱因关于γένος[种]没有分裂的观念也不能成立。然而克莱因又有一个缺陷，此中他似乎是在遵循着亚里士多德的旧路。在页93，他说：

> 更高和更低型相间的家"系"关系，对应于形相数的"种"(genetic)差等级。种(genos)的等级"越高"，也就是说，形相数越少被清晰地说出，这个种就越本原、越"综合"。这个序列中的"第一个"形相数是形相"2"，它代表着包含"静"与"变"这两个 eide[形相]在内的种"存在"。

依据这种说法,似乎是就是 summum genus[总属]。这与异乡人的这个说法相冲突,即:同和异也和每一个形相相合。更为严重的是,按照克莱因的说法,在具有一个以静和变为部分的内在结构。这当然跟异乡人认定每一个最重要的种皆是独立的相违。克莱因说,有一个在、变和静构成的种的统一体,它以某种方式从在的本性而来,此话不可能对。① 因为,如他自己所指出的(页 98),综合统一体必然分有——且因此也来自于——本源"一",此"一"并非数序列中的第一个数,显然就是善,并因此超出存在。页 93 和页 98 的矛盾,本该指引克莱因去区分《智术师》中的两种存在:一个是被理解为形相字母或曰 γένος [种]的存在,一个是被理解为整全的"存在"。惜乎实情并非如此。

最后还应说上一句。克莱因跟除此之外的别的方面受他批评的较正统的学者一样,把《智术师》中的(就像把柏拉图其他作品中的)二分看成了是按照种来划分事物的一次训练。克莱因说,这种划分活动对于哲人来说是必须的,"如果他要认识形相数的最初'发生'次序的话"(页 97)。[57]克莱因对于二分的理解,乃是基于把柏拉图不同对话之中的多个文段给嫁接起来。具体而言,他把《斐勒布》中苏格拉底的讨论跟《智术师》中异乡人的手法嫁接起来。也就是说,他没有通过把每一篇柏拉图对话看成一个独立的统一体——这一点是他后期的柏拉图注解所坚持的——来尊重各篇对话作品的独特性。与此缺憾密切相关的结果就是:他没有区分苏格拉底和异乡人的哲学学说。这一失败也存在于他对《智术师》的疏解中。②

序幕至此结束。现在,让我们来面对《智术师》吧。

---

① 参 Lachterman(1979),页 112-113。
② Klein(1977)。

第一幕　二　分

第一场　诸神与哲人

(216a1-218b6)

[61]我们的戏剧或可分为三幕,分别对应着同一故事中的某个主要话题。我会进而把每幕分为多场,其根据仍然是行动或交谈中暗示出来的戏剧转换。开场部分的作用不止是引入此次交谈的主要讲话者,跟柏拉图对话中的通常情况一样,它还微妙地暗示我们将要讨论的问题以及理解这些问题的语境。所谓"语境",我指的是柏拉图的对话世界这个戏剧语境,以及仅仅衍生性地涉及的公元前5世纪雅典的历史世界。把一出戏剧当成历史文献来读会跟不上文学节拍。对话呈现的交谈不是实事的速记,而是柏拉图的创作。这类交谈是否"实然地"(actually)发生,并不是我们关注的问题;就"实然"这个词的最深层意义而言,这篇交谈的确是柏拉图以艺术形式呈现给我们的一次"实然的"(actual)交谈。柏拉图"实然地"选择了对话来向我们言说,我们也必须据此来理解他。

用戏剧的术语来讲,序幕的主题是苏格拉底和爱利亚异乡人之间的相遇。正如白纸黑字所告诉我们的,这次相遇提出了哲人本性的问题。而这个问题的关键是:哲人是直截了当地向普通人展现自己,还是以伪装的形式出现。这反过来也预示出原物与像的区分这一技艺性问题。哲人的可见性问题乃是我们尝试抓获智术师的语境。序幕部分还有另一个主题,虽然没有充分展开,但也清晰可辨,它与苏格拉底的审判这一戏剧性事件直接相关。即爱利亚[62]异乡人的到来是为夸赞苏格拉底呢,还是惩罚苏格拉底?若是后者,那么所为何罪?最后,我们可以注意到,序幕部分的进展有赖于大量的二分,首先是苏格拉底与其友人之分以及——另一方面——苏格拉底与异乡人之分。

异乡人,正如其名所表示的那样,不属于苏格拉底的圈子。忒奥多洛斯一上来就指出了异乡人与苏格拉底的区别:"按照昨日的约定,苏格拉底呀,我们自己来了,规规矩矩地来,还带来了这位异乡人"(216a1-2)。忒奥多洛斯是昔兰尼的公民,因而作了异乡人与雅典公民的中间人。虽然他自己也是个外来者,但因在雅典作数学教师,所以跟苏格拉底的关系密切。我们从未得知异乡人的正式名姓。可以说我们正面临着确认异乡人的身份的挑战——前提是,不要把这挑战曲解为要我们去思考异乡人的"历史"身份。"异乡人是谁?"这个问题没有任何历史性意义。对于柏拉图戏剧的读者而言,这个问题是"异乡人是什么?"这个问题的更好懂的版本。忒奥多洛斯告诉我们,异乡人是哲人且是帕默尼德和芝诺一派的同仁(216a2-4)。而即便我们认为忒奥多洛斯的这一身份认定有效,还是不会明白,"是哲人"是什么意思。当然,倘若我们知道了哲人是什么,也就没有必要再深入研究关于智术师本性的——因此还有关于哲人本性的——交谈了。不可否认,苏格拉底对帕默尼德怀有崇高的敬意,可即便假定我们知道哲人是什么,哲人的同仁自己也未必就是哲人。

苏格拉底的答话一面接受忒奥多洛斯的身份认定,一面又就此身份提出疑问。他的方法是按照惯例征引荷马的诗句(《奥德修斯》XVII,485-487)。忒奥多洛斯(其名字的意思恰巧就是"神的礼物")与其说是带来了一位异乡人,不如说是带来了一位神?

这个彬彬有礼的询问,表面意思是哲人就像普通有死者中间的神一样,但要发掘其深义,则有赖于将异乡人的匿名与刚才所引荷马文段中奥德修斯的行为联系起来。奥德修斯伪装成一个乞丐返回家乡,他被安提诺斯(Antinous)殴打辱骂,后者则被佩涅洛佩(Penelope)的诸"傲慢年轻"的追求者中的一人谴责道:"神往往是从陌域而来的异乡人,他们什么样子的都有,游走于众城邦,监察着人们的肆心与正义。"如果我们认为这位傲慢的年轻人所言不假,那么神就和智术师很像,[63]因为后者将被异乡人描写为披戴着各种各样的伪装。更一般地说,我们可以根据名称甚或本质属性来划分神与有死的异乡人,可当神以伪装游走在有死者中间时,单靠这个划分本身并不足以让我们辨认出神来。可以想见,学术性的二分是一回事,日常生活中的健全判断又是另外一回事。单靠我们关于事物本性的知识,还不足以让我们辨认出原物和像。我们将会看到,这是因为像——即便是那些就技艺而言模仿得并不精确的像——看起来像原物。所以我们也需要关于像的知识,特别是在原物与像并不能直接相符时。再者,如果"神"代表"哲人"的话,那么至少根据苏格拉底所言,他们会分辨肆心与正义。也就是说,他们会分辨好坏,而不仅仅是区分相和"形相"。最后,苏格拉底悄无声息地把自己与高傲的年轻人对比,又把忒奥多洛斯与安提诺斯对比。而泰阿泰德或许就是佩涅洛佩,因为在苏格拉底看来,对天赋异禀之年轻人的追求就是一种求婚,一贯都是如此(216a5-6)。

苏格拉底继续说道:"荷马说,神,特别是外邦人的神,陪伴着那些分有正义之敬畏的有死者,并监察着凡人的肆心或循矩行为。随同你来的这一位,或许就是权能者中的一位,乃某种辩驳之神,来看管和反驳我们这些拙于讨论的人呢"(216a6-b6)。哲人同神一样不好辨认,不过我们可以这样来说哲人:正义之神惩罚有死者的罪过,哲人则通过驳倒他人有缺陷的论证来给对方以恰当的惩罚。由此，苏格拉底对于荷马的文段乃做了一个重要的修正：依照傲慢的年轻人，伪装之神监察凡人的肆心与正义；而依照苏格拉底，神还反驳，或——换句话说——施罚，因而神会区分好坏。毫无疑问，苏格拉底对他同时代的人乃执行着反驳的惩罚。这个行为的直接后果是他被广泛地看作肆心之人——这是阿尔喀比亚德（Alcibiades）在《会饮》（215b4-9）中对他的指责。苏格拉底在《申辩》中至少也间接地暗示，此正是阿努图斯（Anytus）和莫勒图斯（Meletus）指控他的潜在动因。总之，如果异乡人是神，那么他就既会通过外貌或本性来区分有死者，也会执行惩罚或评判功德。希腊词διακρίνω[挑选出来]可以同时代表这两方面的分类活动，它将短暂地在二分中扮演中枢角色。同样应该注意[64]的是，在后面的二分法那一部分，异乡人将会把辩驳确定为高贵智术师的技艺，此高贵智术师其人本性含糊，不过对他的描述会让我们想起苏格拉底。通过提出异乡人是辩驳之神这一可能，苏格拉底可谓先行为自己辩护，或者说把同样的关于高贵智术的指控放置到了异乡人的身上。

这种小动作，严肃的忒奥多洛斯显然没有看出来。他回答说，异乡人比那些专好争辩或曰论辩（τὰς ἔριδας）的人更有分寸。如此一来，他就暴露了自己不能区分论辩（eristics）与诡辩（elenctic）、或者说不能区分无节制的与有节制的辩驳。这是他不大懂得雄辩术的又一个例子（《泰阿泰德》146b1ff）。如果我们再往前展望一下，在即将开始的二分中我们将会看到：忒奥多洛斯自然也不能区分高贵与不高贵的智术师（参226a1-4）。这个区分不单有赖于甄别相似与相似，更有赖于好坏的标准。而像这样缺乏对好坏标准的知觉也会波及区分哲人与非哲人的任务。因此，且不管事情的内在真实究竟如何，起码我们有权去怀疑忒奥多洛斯关于异乡人虽非神却是一位哲人、因而乃神性的这一担保（216b7-c1）。作为一个数学家，忒奥多洛斯并非人类灵魂方面的行家，更不必说精通神的事情了。

苏格拉底的回应比之前的更有玩味,也更谨慎。① 他警示忒奥多洛斯说,辨别(διακϱίνειν)哲人的种类(γένος)并不比辨别神的种类更容易些。把辨别哲人和辨别神看做两件事,暗示着哲人并非像忒奥多洛斯刚才所说的那样就是神。相反,这是在强调,我们需要谨慎地接纳忒奥多洛斯关于异乡人之本性的评定。这又是一个有趣的例子,证明根据名称分类有别于根据直接觉知相关分类的实例来进行的分类。

苏格拉底转入区分真哲人与那些根据哲人的相仿造(πλαστῶς)而成的人,或换言之,区分原物与像。原物"由于他者的不知情","披戴着各种幻像,'游走于众城邦',从高处俯察下方的生灵。对于一些人,他们像是一文不值;对于另外一些人,他们又最值得起一切"(216c4-8)。这是一段极富张力[65]的文字。内引号中的引文还是来自于《奥德修斯》XVII,485-487,苏格拉底也再次引入几个将在后面异乡人的讨论中扮演技艺性角色的术语。我在上文已然提及精确和不精确之像的区分,或曰(用希腊文名称)肖像和幻像的区分。而从异乡人的分析中很自然地得出,智术师乃哲人的幻像。苏格拉底说,真正的(ὄντως)哲人用"幻像"(苏格拉底用的是分词φανταζόμενοι)来伪装自己;但没有说"看似者"——我们或许可以这样来称呼他们——用哪种像来伪装自己。当然,他并非要跟异乡人对于"幻像"一词的技艺性用法扯上关系。尽管如此,我们还是可以留意到:柏拉图把好些个异乡人的技艺性用词都植入了苏格拉底的开场白之中。也许苏格拉底会否认肖像与幻像相区别的可能性。而且,另外一个关键点是,在216a6及以下处第一次引用荷马时,苏格拉底区分了异乡人的神——此神被说成只能监察——与大能的反驳之神,即审判和惩

---

① 216b7可以和《泰阿泰德》145c2相互对照着看,亦可参见 Klein(1977),页7。

罚之神,前者被说成只是监察;他还区分了神与有死者,前者的能力是反驳人,后者分有正义的敬畏(与辩驳可完全是两码事)。而眼下再引用荷马时,则是哲人从高处俯察着人们的生活,城邦居民,即非哲人,乃评判着哲人的像(而非原物)有价值还是无价值。所以,在这里,真正的哲人"向上"同化为异乡人的神,而反驳之神则"向下"同化为非哲人的公民。

此复杂文段中的两个关键点似乎是:(1)至少根据苏格拉底,不仅智术师,还有真正的哲人,都是伪装自己以后才"游走于众城邦"或混迹于非哲人的大众当中的;(2)神反驳人,哲人则否。第二点要比第一点更令人困惑,因为毫无疑问,苏格拉底所从事的技艺就是反驳那些自称知、而实则不知的人。这,难道不是一种形式的反驳吗?还是说,要点是不止存在一种形式的辩驳,且并非所有形式的辩驳都是哲学的?苏格拉底可能是在先发制人地抗拒异乡人对自己的惩罚或反驳。不用说,如果异乡人真是要反驳苏格拉底的话,我们也绝不知道异乡人会反驳苏格拉底的什么。反对我的读者会抗议说,我只是在一个老于世故的玩笑话上小题大做,作过分解读[66],事实上文本证据实在太弱,根本不足以支撑我的观点。对此我的回答是:我所做的不过是解释苏格拉底实际说过的话的含义,并预先提示读者其中潜伏的几个要点,因为正是在这些要点上,这些含义才获得其充分意义。

由于哲人的幻像或曰伪装,他们在城邦居民看来是治邦者、智术师,或者疯子。至此,苏格拉底走出了引出讨论主体的关键一步。苏格拉底想请教异乡人他那个地方的同仁们(οἱ περὶ τὸν ἐκεῖ τόπον,217a1)*怎么想这些事物,又用何名称之。我想提醒读者留意貌似无关痛痒的想(ἡγοῦντο)与名(ὠνόμαζον)之

---

* 异乡人并未明确地把自己或他的友人看作帕默尼德的追随者——尽管此后的文段里确实对此有所暗示。我决定保留习用的称呼"爱利亚异乡人",但要提醒读者注意:"爱利亚"并非必然意味着传统的或彻底的"帕默尼德派"。

间的区分。这一点很快将变得重要。针对苏格拉底的询问,忒奥多洛斯说:"哪些事物?"苏格拉底解释说:"就是智术师、治邦者、哲人。"(216c8-217a3)如此一来,苏格拉底就把刚才所分三种人里的"疯子"一词替换成了"哲人"。至此异乡人还未发一言。或许他的沉默正是对苏格拉底的玩笑的一种评判。当然,这种玩笑并未被忒奥多洛斯所领会,他甚至不大明白关于适才所列的三种本性有什么需要解释的。苏格拉底通过一个问题来告诉他:异乡人和他的同道们认为智术师、治邦者、哲人命名的是一个族类,还是两个或三个族类? 再一次,被理解的本性与被称名的本性之间似乎存在着某种区别。忒奥多洛斯对苏格拉底保证说,异乡人可不会因为嫉妒($\varphi\theta\acute{o}\nu o\varsigma$)而吝惜作答(217a3-10)。① 忒奥多洛斯断定异乡人不会受争辩、惩罚意气以及嫉妒所驱使。我们也可以换个说法:忒奥多洛斯把异乡人归诸他所理解的纯粹理论家的性情。可苏格拉底却认为,哲人的神性与不愿对有死者说话是相符的,他对荷马的引用已经表明了这一点。

现在,异乡人首次开言,不是对苏格拉底,而是对忒奥多洛斯。他肯定自己不会受嫉妒驱使,并说,不难说明这三个名称指的是三种族类,每一族类对应着[67]刚才所提到的名称中的一个。不过,要说清楚每一种情形之中的"是什么"($\tau\acute{\iota}\ \pi o \tau'\ \H{\varepsilon}\sigma\tau\iota\nu$)则非小事或者易事(217b1-3)。对此,忒奥多洛斯说,他和另外几个人(毫无疑问,泰阿泰德和小苏格拉底都在内)在前来赴约的路上就一直在问异乡人一个相似的问题。那时异乡人谢绝回答,尽管"他说他从头到尾聆听过对整个议题[的讨论],而且尚未忘记"(217b4-8)。这一小小的文段表明两点。其一,要么异乡人想要苏格拉底聆听他的言辞,要么苏格拉底拥有别人所没有的劝服能

---

① 参忒奥多洛斯于《治邦者》开头(257a1及以下)所犯下的"数学"错误。关于名与本性的差别,亦可参之 Zadro(1961),页45-54。

力——不限于话语。其二,忒奥多洛斯所转述的异乡人的话清楚表明,我们将要聆听的是对于爱利亚人学说的重复,而不是异乡人自创的什么学说。那些把异乡人看作是柏拉图的"喉舌",而另一方面又表示相信柏拉图是完全诚实的人,在这里着实遇上了麻烦。异乡人如何既是柏拉图的喉舌又是爱利亚人的喉舌呢?如果说此时柏拉图是在利用戏剧的特权,那么这种特权的确切范围是什么?我们如何知道在哪些语境下这个特许适用,哪些语境下这个特许又无效呢?

在我看来,相当明白的是,我们将要聆听的异乡人学说并不能归诸任何已知的爱利亚学派。同样相当明白的还有,我们不知道、也不能确凿地证明,异乡人在何种程度上、或在何种意义上是稍微伪装过的柏拉图。在我们完成分析后,或至少完成足够多的部分以后,或许可以就此达成某些假说,但在此之前,我们并没有权力作任何关于柏拉图把自己等同于异乡人的假设。我们可能会预先假定柏拉图对他所安排的主要人物的言辞抱有赞同态度,可是,这个假设于戏剧阐释并非普遍有效,而且,除非已经加上一百个小心,否则它更不能应用于研究柏拉图的对话。但有一点可以肯定,我们得到的初步印象是异乡人将重复一个他从别人那里听闻的学说。而另一方面,当我们借由异乡人与泰阿泰德的交谈去追踪他时,却会发现他会犹豫、自忖接下来要说些什么,且会承认交谈中有错误或不那么令人信服的步骤。

在217c1-2,苏格拉底第一次直接对异乡人说话。① 他请求异乡人不要拒绝他们的第一个请求,[68]换言之,不要做不领情的客人。然后苏格拉底又补充说:你就告诉我们,你是愿意用长篇独白的形式呢,还是愿意用对某人提问的方式来阐明问题?继而苏格拉底回忆道,他年轻时,曾有一次见证了年迈的帕默尼德绝妙地

---

① 根据Cornford(1935),页166,注1,217c1-2处"细看起来是抑扬格韵文"。

运用提问手法。这显然是在怂恿异乡人效仿其名义上的老师的做法。苏格拉底并没有说他亲自参与了那次帕默尼德的谈论。在《帕默尼德》中,提问的手法被形容为"健身",一种练习,或者说是通向严肃或成年的哲学探究的起步和青年阶段(《帕默尼德》,135c8以下)。帕默尼德的锻炼跟异乡人将会采用的手法大为不同(217c1-7)。

异乡人说,对于不会制造麻烦、耐心或曰易于引导的人,其对话的方法更好用;不然的话,他倒宁愿用独白的方式。这与苏格拉底常常说他偏爱简短的言词(或问答法)迥然有别,并且苏格拉底非常留心其潜在对话者的性情。我们或许还记得,在《帕默尼德》里,苏格拉底跟芝诺以及帕默尼德交谈时就没有耐心,总是制造麻烦,被前者比作斯巴达猎犬(128b7-e4)。而在长长的练习过程本身中,回应者是一位年轻人,有一个有意思的名字,叫亚里士多德,他同样是被挑选出来以便尽量少给帕默尼德制造麻烦的(《帕默尼德》137b6-c3)。看起来好像爱利亚人不喜欢矛盾冲突(217d1-3)。苏格拉底跟异乡人保证说,在场的每一个人都会温顺地回答异乡人的提问,但是,通过区分老年人与年轻人并区分泰阿泰德与其他年轻人,他又是在暗示,他举荐泰阿泰德(217d4-7)。苏格拉底想把关于泰阿泰德的灵魂的审查与关于异乡人的学说的详细阐述结合起来。我们可以通过这个细微之处来推断,苏格拉底是在早先考虑、而不是惧怕着他将要承受的"反驳"的本性。

对于这一切,异乡人回应说,某种羞耻之心($αἰδώς\ τίς$,参216b1)阻止他发表长篇大论,那仿佛是他要炫示自己似的。很明显,他更喜欢的是长篇大论,但他作出让步而选择了问答法。不过他又说,实际上他必须发长议论,因为这个议题的本性不能被这个议题中提出的问题所揭露。换句话说,异乡人是在暗示:尽管他和泰阿泰德的探讨是以问答的形式进行,他还是会把这看作一种独白。这在某种程度上支持了一些人的主张,他们认为在《智术师》

中,柏拉图放弃了[69]早期真正的戏剧对话所特有的活泼的问答互动形式。然而,这并不能证实柏拉图不再写作对话这一类的说法;也不能证明泰阿泰德的诸个作答对于认真的读者没有多大意义。这倒是表明,异乡人只是把自己俯就"羞愧"看作是一件形式上的事情。客人不讨"你和其他人"(又是一个二分)的趣,不但不得体,甚至是粗野的。因此异乡人接受了泰阿泰德作为交谈伙伴,尤其是因为,他自己先前已跟这位年轻人交谈过(因此大概知道他是易于引导的,217d8-218a3)。

泰阿泰德上来的第一句话,尽管表面上温和有礼,却给异乡人造成了一个小小的难题。这位年轻人问,如果异乡人遵从苏格拉底的提议,是不是会令在座的每一位轻松愉悦。① 此问合情合理,与泰阿泰德前一天的节制、保留相一致(《泰阿泰德》144b10-c6)。我不会对下面这一点作出强调,但在异乡人的回复中,我窥见了一丝动怒的迹象:"恐怕对此再没什么可说的了"。如果泰阿泰德因交谈的过程太长而感到难受,那他只能责备他的朋友,而不是责备异乡人。想来讨论的内容不会让泰阿泰德有什么难受,所以泰阿泰德说,如果他累了,那么苏格拉底年轻的同名者会与他分担此事(参《治邦者》257c2 以下)。对此,异乡人的回答还是一个口气:那是你私人的事情,接下来的讨论才是你我共同的事(218a4-b6)。"私人"($i\delta i\alpha$)与"共同"($\kappa o\iota\nu\tilde{\eta}$)之分在紧接下来的部分里将具有相当的重要性。

---

① 伯奈特把这里的疑问改为陈述,从而抹掉了这里的点。这种改法没有文本依据。

题外话 《斐勒布》中的二分

[70]在接下来的一场里,我们将探讨异乡人所引介的二分法。现在这段题外话意在协助读者来评断二分法的本性。假如借助二手文献来达成这个任务,那么我们会得到如下印象:二分法是对纯粹形相结构的某种数学分析,在柏拉图的对话中时常被用以达成有关个体形相的精确定义。① 极为常见的是,这些关于二分法的阐释往往都是根据亚里士多德在《形而上学》中曾提及的所谓的柏拉图派的形相数。无论这些对于二分法的阐释是否以亚里士多德为引路人,也无论它们是把欧几里得几何学、比例论、集合论还是把总分学当成合适的范式,有一点是确实的:对于二分法的阐释,乃是把某种形式化的、准—数学的技艺应用于柏拉图作品的断章片句而得出的。而如果我们发现了这样的一种对于二分法的阐释,那么就只是例外而非常规,即:在此阐释中,对相关文本(更

---

① 关于《智术师》中的二分主题,J. Findlay(1974)针对主流看法提出了一个极端异议:"奇怪,二分这种如此浅薄的手法,有些人竟会认为它代表着柏拉图成熟期之思想的一个重要发展(Entwicklung),以及《王制》中的模糊的方法论的一个巨大进步"(页257)。我不苟同 Findlay 对于二分的贬低,因为我不认为二分法是形相分析的一种准—数学方法。我采取的进路更接近于 E. M. Manasse(1937)和 S. Benardete(1960)、(1963)等人。

不用说对对话整体)的细致分析,先于对阐释本身的技巧、假设以及结构的应用。所以,研究者与其说是在分析柏拉图的文本,不如说是在分析一己阐释的细节。不管[71]阐释者是语文学家、分析哲学家还是现象学流派的成员,这种情况都司空见惯,因此我认为它作为证据证明了这样一个共同的臆断:对话的文学形式对于哲学分析工作而言无关紧要。①

我们主要关心的是《智术师》,接下来也会详尽地研究这篇对话,不过,通过详细分析《斐勒布》的一个文段作为研究《智术师》的引子,我想会有所助益。这一文段眼下之所以对我们很重要,原因如下。首先,这一文段中有一段对于二分法或辩证法的详细描述出自苏格拉底之口,又出自一部被广泛认为是柏拉图最晚期著作的对话。通过对比苏格拉底关于二分法所说的话与异乡人对于二分法的使用,我们便可以来考察这样一个许多人都持有的看法,即:异乡人不仅仅是柏拉图的发言人,更是被特意选来介绍柏拉图新的、最后思想阶段的发言人。理由二与理由一方向相反:鉴于柏拉图在《斐勒布》中重新选择苏格拉底作为他名义上的代言人,我们便可以确定柏拉图晚期的二分学说是否有所变化,以相应乎苏格拉底与爱利亚异乡人之间的不同。理由三,虽然《斐勒布》中苏格拉底描述的二分法相当含糊,可它明显关涉到了数和计数,而《智术师》中有关二分法的文段则无关于数和计数。《斐勒布》中的文段,以及更早期的《王制》中的一些话,为亚里士多德形相数的论述提供了有力支持,因而也为二分法有其数学基础这一看法提供了有力支持。而对于我们而言,首先是要确定,《斐勒布》是否支持二分法就其本性而言是数学的这一看法,或者说,是否支持

---

① 有一本关于柏拉图的研究,虽然是分析学导向,但也严肃对待原文文本,结果提出了很多真知灼见,这就是 K. Sayre 所著的《柏拉图的分析方法》(*Plato's Analytical Method*, Chicago: University of Chicago Press, 1969),我认为这是英文柏拉图研究中的翘楚。

二分法可以被"形式化"——就这个词的当代意义而言。

深入讨论《斐勒布》的戏剧结构和主题恐怕会把我们带得太远，但不这样做，则会使我分析相关文段时立足点跟二手文献中的多数二分法阐释无所区别。我可以这么说：即使是且特别是当我们集中注意力于《斐勒布》中对于二分法的描述，而不考虑这篇对话的总体文艺性质时，二分法的"形式主义"阐释得不到对话本身的支持。现在，我们且从 15a1 以下苏格拉底有关二分法这一严肃问题[72]的主张开始。我们若"设定"(τιϑῆται)一个非生成的统一体如"有死者""牛""美"或"善"为实，关于这些统一体(τούτων τῶν ἑνάδων)的二分就有了严肃的争辩。它们具有真正的存在吗(亦即，"它们真吗"，ἀληϑῶς οὔσας)？若是，那它们如何既可以作为孤立或曰分离的单元保持稳定，同时又散在无限多的被产生的个例中呢(ἐν τοῖς γιγνομένοις αὖ καὶ ἀπείροις εἴτε διεσπασμένην καὶ πολλὰ γεγονυῖαν ϑετέον, εἴϑ' ὅλην αὐτὴν αὑτῆς χωρίς)？它们倍增了吗？还是说，尽管它们仿佛通过个例被"倍增"了，但各自仍是自己？

苏格拉底所设定的孤立单元应该就是形相，它们在某种意义上——如果不是在全部意义上的话——类似于《王制》中的"型相"。没有理由假定这些形相就是《智术师》中形相字母意义上的不可分元素，苏格拉底提到它们有二分的可能便足以提醒我们这一点。在这里，苏格拉底没有区分对应于有生命之物的单元和对应于抽象属性(我们这样称呼)的单元。苏格拉底对这些单元的本性不置一词，尽管后来当他描述这些单元的二分时会用到 ἰδέα 即"型相"或曰"形相"(16d1)一词。我们只知道，每个单元都是一个就"多"而言的"一"(如 βοῦν ἕνα)。普罗塔库斯(Protarchus)(主要的对话参与者)同意苏格拉底应该研究一和多的问题，接着苏格拉底就问，在各种冲突的混战中，他们该从哪里着手。苏格拉底本人提出："我们说，一和多被带到一起(或'成为同一')乃是通过言辞(或通过推理)"(ταὐτὸν ἓν καὶ πολλὰ ὑπο λόγων γιγνόμενα)(15d1以下)。这无疑意味着,诸单元本身都是独特的,并不依赖于理性言说。所以,说什么和如何说并不是一回事。关于单元的言说本身,就已经是诸单元"汇聚"成一个相互勾连的多的过程。

有待考察的是,此多的构造是否同于诸独特单元的本性,换言之,是否能够以不失真的方式使诸独特单元的本性为我们所认识。苏格拉底只是声称,一和多在我们所说的每一个事物里都总是"游走"或"散布"。还说,语言的这一面相会给年轻人带来愉悦,但同时,也会给他们带来某种技艺上的狂热,或对于分析性疑难的嗜好(15e1以下)。普罗塔库斯请求苏格拉底教导他,像他这样的年轻人如何才能够避免这些困扰。他请苏格拉底指给他一条"更好"或曰"更美"的道路(ὁδὸν δέ τινα καλλίω),苏格拉底答应向他描绘自己所知的最美的道路——他也是这路的情人(ἐράστης),尽管这路常常离弃他(16a4以下)。最后[73]我注意到,苏格拉底说的是"一和多",而不是作为形相的一和多,无论在这里还是在我们所研究的文段的别处都是如此。苏格拉底似乎指的是可数这一共通属性,而不是存在学原理。不过,在14c8处,他的确也提到了作为形相的一和多。

那条被苏格拉底青睐的道路不难指出,却极难遵从。尽管如此,对某种技艺之本性的每一个发现仍然是在这条道路上显露出来的(πάντα γὰρ ὅσα τέχνης ἐχόμενα,16b4以下)。苏格拉底提出的第一个主要观点是:我们通过谈论一和多而把一和多统一起来。显然,言说多头牛并不就把多个牛与单元"牛"统一起来,因此苏格拉底的意思必定是:通过关于多个牛的本性的言说,我们可以把握单元(或曰形相)"牛"与个体的、生灭的多个牛之间的关系。这跟说单元"牛"首先是通过言说而为我们所把握不是一回事,事实上苏格拉底也从来没有这样说过。相反,他总是说到我们对于形相单元的"视见"和"把握"。只不过,一旦我们视见了单元,对它进行推论性分析,以及因而对它本身与它的实例的关系进行推论性分析,也就成了必要。因此,推论结构与形相结构并不同一——就算二者最后的比例一样。此处我是在引申或隐喻的意义上使用"比例"一词,用以指诸元素分别在上述两种结构之中的结合或曰样式。接下来关于这些元素的计数的讨论,跟半毕达哥拉斯(Pythagoras)派把数归诸元素本身毫不相干。言说的比例是否就是形相比例的像,苏格拉底未予讨论,而这乃是本《智术师》研究中最重要的议题之一。

我们还可以观察到,诸单词本身也是被产生的个体,可单词"牛"的多次出现却并非形相"牛"的实例。实存的多个牛、而不是其共同的名,才是牛这个形相的实例。此外,经验牛的可辨别的诸属性(如哺乳动物、四条腿)本身按理应是——不是形相单元"牛"的实例,而是该单元的元素的实例。因而这些属性自身也是形相:"哺乳动物""四条腿"等等。如此一来,我们对形相"牛"的二分,就是要清清楚楚地说明此形相中的诸元素成分。这些元素本身也是形相。这大概就是如下这种理论——我之前的想法——的根据:诸元素与复合单元的关系,就好像小自然数与大自然数的关系。

罗列[事物的]本质属性或曰规定性属性当然是 λόγος [解说]的一个功能,因而也是推论性理智和计算性理智的一个功能。所以, λόγος [逻各斯][74]就是对一和多的关联的解说,同时它也要解说该关联如何从理智觉知化为知识或曰理解。语言本身为了连贯而必须具有统一性,为了可理解性,又必须具有杂多性。言辞的结构必须与 ox 和 oxen 这样的单元和复数有所衔接,若没有这种衔接,关于这些东西的言辞就不可能存在。可是,言辞的结构又不可能与诸单元之自身范围之内的构造同一,更遑论与诸单元及其经验实例的结构同了。言辞不是由那"牛"、那"有死者"等等编织而成的网。它是另外一张网,在某种意义上与单元之网相同、又在某种意义上与单元之网相异(《智术师》中原物和像问题);当我们把这网叠放在单元构成的网上面时,它就使后者以某种方式为我们的推论理智所理解。今天我们所说的"形相逻辑",指的就是言辞结构,无论我们相不相信该结构中的诸单元的独立存在。我们还认为,形式逻辑在"存在学上是中立的",换言之,我们相信它是一张拥有绝妙能力的网,能够阐明任何存在学上的多中的一。然而,此信念乃基于一个区分,即:我们正在研究其结构的诸单元的本性与这些单元的"比例"或曰形相关联二者之间的区分。"形相"对于我们而言并非现象学意义上的形相———"牛"、"有死者"等等——而是我们选择来谈论的任何事物之间所达成的诸般关联。

我们说"形相逻辑",事实上也常常指出"形相"这个词乃是多余,因为逻辑本来就是专门处理形相问题的。然而,苏格拉底似乎是把形相与逻辑分离开来。事实上,苏格拉底从未提及"逻辑",却是提到了两种不同的现象:一个是 λόγος [逻各斯] 或曰推论理性,一个是 ὁδός,或曰"道路";关于后者,我们都太容易把它翻译为"方法",它也是推论理性若想理解一和多的问题所必须利用的东西。苏格拉底说,所有关于技艺的发现都是在这条道路上显露出来的。τέχνη [技艺] 通常是一套由规则把控的程序,或曰一种各个步骤都可以被描绘、因而可以传授他人的东西。利用技艺,我们对事先存在的原料加以改造,而把某种没有我们的工作便不存在的东西带入存在。这些被带入存在的东西被称为"人工制品"。但是,τέχνη [技艺] 也被柏拉图用作 ἐπιστήμη [知识]——或曰区别于信念及意见的推理知识——的模范,甚至同义词。这类知识 διὰ λόγου [借由逻各斯][达到],或曰依赖于推论性、计算性的理智。ἐπιστήμη [知识] 具有技艺品性,是否必然要求它亦具有某种"构造性"或人为的维度呢,这一点不得而知。同样不得而知的是,在眼下分析的文段里,苏格拉底采用 πάντα γὰρ ὅσα τέχνης ἐχόμενα[所有关于技艺的发现都在这条道路上显露出来]这一表达,究竟所指何意。苏格拉底还没有回答,他所设想的单元[75]是否"真存在",亦即,它们究竟是永恒的存在者还是技艺性的概念。如果我们所遵循以离析形相单元的道路本身就是一种τέχνη[技艺],如果我们于其中获得了接近一和多的通道的语言结构并非完全易于了然,那么,二分得出的结果就跟别的技艺产品一样,也可以由人的作为来修正,即便它们并非完全属于人为。①

苏格拉底关于二分的解说把这一最困难的议题留在了悬而未决之中,实际上,它甚至没有明确谈论该议题。但该议题已经内含在他用以解说二分法的用语中。我们也可以有把握地说,把苏格拉底的这条道路说成"逻辑分析"犯了时代错误,而从一开始就把它描绘为"概念分析"则是回避正题。另外,尽管我们或可对二分的结果予以形式化的表达,但二分本身并不是当代意义上的"逻辑结构"的展示。让我们谨记这些结论,然后回归文本。

在苏格拉底看来,这条道路是神赠予有死者的礼物,了不起的普罗米修斯(Prometheus)"连同最明亮的火光一起"赠予我们(16c5以下)。换句话说,这条道路沿途的可见性跟道路本身并不是一回事。即便把道路说成是一种"方法"并没有错,那我们也还得明白如何运用这个方法,我们不能仅仅通过运用这个方法来明白这个方法如何运用。但我们完全看不出这里是在指某种确定的方法以及它的整套确定的规则。之所以提及火光,或许是对《王制》中善的探讨的一个补充甚或修正。有一件事情至少是肯定的:提及火光与谈及"更美的道路"一样,都不是"文学修饰"。它是苏格拉底解说中的一个构成要素,跟其他每个构成要素一样,都必须得到理解,不可以被忽略或转译为当代的术语。

与神相近的古人传下来一个说法:"那些据说永远存在的事

---

① 参序幕,注19。

物是由一和多构成的"(ὡς ἐξ ἑνὸς μὲν καὶ πολλῶν ὄντων τῶν ἀεὶ λεγομένων εἶναι),"且在某个[与一和多]同性质的界限及无限中拥有一和多"(πέρας δὲ καὶ ἀπειρίαν ἐν αὑτοῖς ξύμφυτον ἐχόντων, 16c8 以下)。这里需要指出两点。其一,"由"一和多而构成的事物,被说成是"永远存在"的。苏格拉底不是说,他所指的那些存在者是被产生和形成、因而才"存在"的,而是说它们拥有一种内在结构,即一种一和多的结构。这些存在者是复合的多面体,每一个多面体皆由众多单元构成。如果每一个这样[76]的在多面体内部相区别的单元只是"一个有死者"、"一头牛",诸如此类,那么就没有一个单元是像《智术师》中的是、同、异、变、静这样的纯粹形相元素了。这些纯粹形相元素是"不可切分的"或曰原子的形相,①它们内部不包含任何元素。苏格拉底并没有提到它们,无论是作为复合单元还是作为元素都没有提及。但是,不管苏格拉底所想的是不是这些纯粹形相元素,他的"计数"方法都无法适用于不可切分的元素——尽管该方法大有可能终止于这类元素。而在异乡人的探讨中,则与其说我们是终止于形相原子,倒不如说我们是开始于形相原子。

其二,这里引入"界限和无限",似乎是要区别于"一和多"。界限和无限与一和多属同一性质,或者毋宁说,与由一和多构成的存在者属同一性质。然而,此处的"无限"完全不清楚指什么。至于界限,一个复合体的统一性,就像复合体内各元素的统一性一样,都是一种界限,或起着界限的作用。但如果该复合体又是无限的,对它的分析大概就永远没有尽头了,如此一来,我们也就永远无法得出关于复合体的 λόγος[言说]或者 ἐπιστήμη[知识]了。既然我们是在谈论形相而非有生灭的实例,那么就不能把"无限"解释

---

① 我不是在与 J. Stenzel 互通有无的意义上用之"不可切分的"或"原子的"形相,也就是说,不是在二分达至的最后(且最少广延)种类这个意义上用之。我的用法是:如果一个形相不能被分析为诸构成形相元素,那么,它就是一个原子。

为是指质料("质料"在柏拉图那里从来都不是一个完全清晰的观念)。

既然这些[永远存在的]事物是如此安排的,那么,"我们总是必须为每个事物设定一个单一的相(look),且去寻找这个相——我们会发现一个相就在那儿——"（δεῖν...ἀεὶ μίαν ἰδέαν περὶ παντὸς ἑκάστοτε θεμένους ζητεῖν——εὑρήσειν γὰρ ἐνοῦσαν——, 16c10 以下)。苏格拉底并非从公理或原理"推演"出复合体,并因此"推演"出其他的形相单元的有限和无限性质;他只是接受它们,其依据是一个"说法"或曰神的赠予。这无疑是隐喻性的言语,可恰恰也是要点所在。隐喻必须被理解,而不可被忽略,也不可用某个带有时代偏见的、不精确的术语来替换它。这个隐喻的含义是,复合形相是作为可见的东西被给予我们的。这就是我们的起点。这个起点不是从超验的形而上学原理开始,而是从我们周遭事物的自然的"相"开始:有死者、牛、美、善。然而不清楚的是,是什么使我们需要为所有的事物"设定"或"假定"（θεμένους;参 15a2 以下,τιθῆται, τίθεσθαι)一个单独的相或形相。我们千万不要把德国观念论的学说强加给原文。也许苏格拉底的意思不过是,我们对各种各样的相的直接经验,就足以让我们正当地假定:有那么一个相,为所有看起来相似的事物所共有。那些"看起来相似"(我的表达)的事物不仅仅作为多而彼此[77]"相像",还一起"相像"于使我们能够以之把这些事物归拢到一起的共相。

即便上述猜测是正确的,有一点却更为真实:二分法,以及对诸复合形相统一体的期待,都植根于神的赠予、火光,或者说植根于日常生活的前技艺的多样性之中。同样,对于数学和近代的各种形式运算也可以这样说,但绝不能由此得出,二分法也是一种形式运算。

在此且让我们停下来稍作回顾。要么出于我们的理智无法以别的途径来谈论问题,要么出于神性的火光,我们设想,第一,多个牛看起来像形相单元"牛",如此等等。第二,我们设想每个形相单元本身如"牛"、"有死者"、"美"、"善"等,既是一又是多。不单每个单元是一,而且每个单元有多个构成元素,这每个元素也是一。第三,我们设想,在永远存在的事物中,界限和无限跟一和多是同一性质的东西。最后,我们设想,在一切情况下——即,凡是诸相向我们呈现其自身的地方,以及凡可理解性已然(即,先于我们的"技艺性"分析)开始之处——都有某一个单一的形相。由此,"一切情况下"这个表达指的就是整个可见世界。凡可见之物之所以可见,皆因每个看起来相似之物的集合都有一个单一形相。

现在继续往下走:我们可以设想单独的形相就在那里,但这并不能保证我们会发现它。对此,至少苏格拉底是有所暗示的,他说,"如果我们抓获了它"(16d4 以下)。让我们进一步设想单一的形相确已被抓获,此时苏格拉底从视觉语言转向触觉语言。但是,我们不应当把它解读作现代意义上的"概念化"活动。"概念"一词的词源的确可以回溯到"抓获"这一范式,但我们不能反过来推论,逮住苏格拉底对触觉比喻的运用,就把某种概念论归到他头上。苏格拉底的意思可能是,既然我们已经仔仔细细地审视了——在这个意义上,也就是保障了——我们出发点的视野,我们就可以沿着二分的道路去追寻我们自己的路途。之后苏格拉底迅速回到了视觉比喻:"此后,我们就必须寻找二,如若真有这么一个二的话;如若没有这么一个二,我们就寻找三或别的什么数。"换言之,我们必须看到每个复合单元里包含多少个形相元素。苏格拉底只字未提演绎或任何类型的推论性(更别提形式化的)方法。这里没有提及 λόγος[言辞],只提到看和抓。苏格拉底的描述不是什么数学分析式的描述,而是以觉知作类比的描述,计数只是"看"的附属方面。

还有另一类型的难题[78]出在段落的接续部分。我们必须以相同的方式再次审视适才所辨认出的每个元素。换句话说,诸复合单元所包含的诸元素自身也有其构成元素。然而,文中并未谈及每一层级元素的本性,也未举例加以说明。因此,文本没有为"类型论"提供什么辩护,也没有为在这里套用集合论的术语提供什么依据,因为我们并没有任何借以构筑集合——遑论鉴别诸元素——的自明的公理。苏格拉底没有提及诸本性的什么等级之分。我们所知道的刚好与此相反:在此是某元素的元素,在彼则是元素,甚至是原始的复合统一体。苏格拉底仅仅命我们去审视每一个元素,"直到我们不仅能够看到我们以之开始的每一个单元 (τὸ κατ' ἀρχὰς ἕν) 既是一又是多和无限,而且还能看到该单元是如何的多法"(ἀλλὰ καὶ ὁπόσα)。

原始单元一定是复合体:"牛"、"有死者",诸如此类。如果它既是无限的又是多,那只能是因为它拥有有限多的元素,其中每个元素又包含某个有限多的元素,如此等等,以至无穷。然此处有一个无法解决的问题。复合单元的"一级"(相对于我们的出发点而言)元素数目必须有限,否则复合体就没有可以看见的统一性了,就成了无限的了,因而就不再作为一个给定的单元可见。但是,假如形相元素有无限多系列的层级,那就没有了 λόγος [言说] 或 ἐπιστήμη [知识],也没有了原始复合体的"最后计数"或"总结"了。另一方面,假如我们把所说的无限归予有生灭之个体的质料(某种类柏拉图意义上的"质料"),那样就混淆了——事实上是消解了——起初的区分,即"单一形相"的一和多与由"单一形相"所产生的看起来相似之物的一和多。有人可能会称,他在我们所谈的文段里看到了亚里士多德所述的一和不定之二这两个原则,但我已经指出,苏格拉底在我们所谈的文段中并没有谈及那一和那无限(但请参 23a9 以及 24a2-3 τὸ ἄπειρον 的用法)。还有另一个理由也可以用来驳斥此人的提议。如果真有两个原则——一和不定之二,那么多样性就是通过 一 的影响,由不定之二的"接合"或"分化"而产生。但这丝毫没有解释形相的杂多(plurality)与其有生灭之实例的多样(multiplicity)之间的不同;用亚里士多德的话说,就是没有解释形相与质料之间的不同。

接着苏格拉底警示普罗塔库斯:"我们不可以将'无限'这一形相应用在'杂多'(plurality)上,直到我们看出杂多的全部数目——即那个介于无限和一之间的数目"[79]($τὴν\ δὲ\ τοῦ\ ἀπείρου\ ἰδέαν\ πρὸς\ τὸ\ πλῆθος\ μὴ\ προσφέρειν\ πρὶν\ ἄν\ τις\ τὸν\ ἀριθμὸν\ αὐτοῦ\ πάντα\ κατίδῃ\ τὸν\ μεταξὺ\ τοῦ\ ἀπείρου\ τε\ καὶ\ τοῦ\ ἑνός$,16d7 以下)。此处提到无限这一"形相",如果按照字面理解,那就排除了无限是不定之二的看法;因为在这种情形下,诸形相乃是通过一对不定之二产生了作用而产生的。再者,如果每一个原始复合体(这大概就是 $τὸ\ πλῆθος$ 所指的意思)都有一个介于无限和一之间的形相数,那么,这个复合体本身在何种意义上是"一和多又是无限的"呢?解决这个困难的唯一途径是假设存在着两种不同种类的无限,一种是形相数的,一种则是代表我们确定了任一给定复合体的形相数之后所剩下的"材料"或残余之物。可这是解决了原来的困难呢,还是把原来的困难加倍了?

我所研究的这一句话最后是这样结束的:一旦我们固定了"杂多"的明确数目,"我们就可以把杂多之中的每一个一都归于无限,并且跟它们道别"。我们要丢弃"所有这些一之中"的哪些个一,又把它们归入何种无限之中呢?这不是我能回答的问题,况且这也不是我的任务所在。我已经带读者一步步走过了对苏格拉底所谓的、区别于"诡辩"的"辩证"的描述(16e4–17a5),现在则要来请教他,是否文本中有一丝对形相结构作数学分析的迹象。人当然尽可以去想如何修订苏格拉底的论述,以使其跟当代的形式主义兼容;但是,人不能随意强加给文本它所没有说的东西,或者随意从文本推出它绝不会引出的结论。

很自然地,普罗塔库斯不能理解苏格拉底对辩证法的说明。苏格拉底接着给他提供了两个例子:拼读和音乐写作。这些例子也为爱利亚异乡人所用,以说明他的形相字母表。我们最好来看一看苏格拉底如何解释他的例子。

第一个例子是字母表字母,我们小孩时就学过。"语音,从我们所有人和每一个人嘴里发出的语音,它既是某种单元($ἐστί\ που\ μία$),也数目不定"(17a6以下)。语音是一个一和多,但它并不是前一文段之中的复合形相单元("一头牛",诸如此类)的比喻;毋宁说它是所有字母都共有的"东西"(此处,苏格拉底的说法似乎近乎亚里士多德后来所谓的"理智质料"的另一版本);但更一般地说,它乃是嘴巴作用于音流而产生的、不定数目的声响所共有的东西。如此说来,是人类的作为把"一"区分成了"多"[80](假如"无限"此处同义于"多"的话)。在某种意义上,这个作为是出于自然而然,可既然不同的"口形"会使音流发声成为不同的字母,那么这个作为又是技艺性的。字母是人工造物。此处苏格拉底并没有说拼读是一种 $τέχνη$[技艺],他只是简单地说,它"是语法上的"($τὸ\ γραμματικόν$)——后者于18d1-2处被说成是一种 $τέχνη$[技艺]。音乐则很快被称为 $τέχνη$[技艺],其嘴巴的作为或许在某种方面就类似于从现象之网中择取形相单元的理智觉知行为;但这看起来是被迫的,因为我们是用耳朵感觉音乐,而不是用嘴巴。无论如何,我们并没有被告知,被觉知的元素是否也是人工制品;以及如果是,又是在何种程度上是。

苏格拉底如下总结了他关于拼读例子的初步说明:"我们谁也不会因为知晓它的无限或统一,就在这些事上比他人智慧。相反,是因为知道它属于如此这样的种、有如此这样的数目,才使得我们每一个人成了文法家。"因此,就算此处提及了一和不定之二的原理,我们也不会因为知晓了它们而变得智慧。我们所当知晓的是单词的拼读;故而是单词而非字母,才类似于先前讨论的复合形相单元。因此,字母必是复合物的构成元素。这样的叙述远不透彻。我们或许可以基于别的对话而认为(例如《泰阿泰德》203

以下）：音节是单词的"第一级"元素，字母则是元素的元素。就此而言，我们的分析在走出一定的步骤之后就终止了，可实则它开始于、也结束于，对相关实体的觉知。

尽管当我们辨析每一个单词的拼读时会数字母的数量，但我们不会从单词来"推断"字母，也不以一个字母来"述谓"另一个字母。一定程度上，苏格拉底关于二分的描述类似于笛卡尔在《指导心灵的规则》(*Regulae*) 中对其普遍方法的说明。于笛卡尔，人的意向或曰意志在决定何者应算作意义的复合体上扮演着决定性的角色。而我们眼下系心要解决的问题至少给了我们选择什么作为一个"元素"来计数的语境。拼读的例子没有提及意志或曰人的意向，但字母喻把某种偶在性的领域带入了复合体及元素二者的分析。拼读所遵从的规则不是自然性的，而是人作为说话动物之本性的、约定俗成的、人为性质的表达。

苏格拉底与笛卡尔的类比，恰恰是在数学化或形式化这一点上不再站得住脚。在笛卡尔的方法论中，我们把关注点从元素的"相"或现象学[81]本性转移到它们的比例或比率上。此方法符号化的是这些比率，而不是其元素的相——当然如果诸元素被示意性的字母或常数所替代，那么它们也就成了不可见的。计数，或曰 ordo et mensura[秩序与度量]，于笛卡尔乃是一种广义的数学；于苏格拉底的辩证法，则是一种普通的算术运算，服从于第一要务即"看事物的相"，必要时用于确保我们在每种情形之中已经完成了觉知任务。换一种说法，将拼读规则形式化即便可能，也没有意义，因为这些规则不仅是约定俗成的，还是偶在的、可修正的。旧的规则常常更换，在语言发展的过程中必须设计出新的规则。但这还不是问题的中心。我们得看见我们在计什么的数，而视见是不可能被形式化的。因此，苏格拉底数次提及计数这一事实本身，并不能证明把形相复合体理解成形相数是正当的。有待考察的是，比如说，"有死者"与其所意味的元素——如"理性的"、"两条腿的"等等——之间的关系是否等同于自然数之间的关系。

我们接着说音乐的 τέχνη [技艺]。就音乐而言,声音也是一(17b11 以下)。音乐的情形比拼读的情形复杂得多,因为乐音受音高、音阶、音律、音量等调协。此外在舞者的躯体内也存在着"诸般调协"(πάϑη),以应和乐音的"音阶"(συστήματα, 17d2)。乐具有更大的复杂性,这使得计数法较之在拼读中还要重要得多——如果我们要区分每个"体系"或曰每个音阶中的诸元素的话。因而,眼下的文段较先前讨论拼读时要更频繁、也更强调性地提及数。但也如常地提及"视见"或内在"领会"(例如 καὶ ἅμα ἐννοεῖν, 17d6)。或有人认为,声音可以用符号来代替,这些符号可以引导乐师领会本来的声音(如在乐谱中那般),然这话就事物的相而言并不成立。我们可以凭借拼读规则从字母进展到单词,但没有规则会把我们从单词带到存在,除非我们从单词所代表的那种存在的知识开始。不管如何,乐的情形也是一样,我们若不事先学会如何将声音符号化,就绝不能阅读乐谱。但是,我们却可以完全不明白我们的符号代表什么而成为数学家。①

[82] 音乐的例子和拼读的例子归于一理,即我们必须内在地把握一和多的体系,换言之,必须把握元素据以相结合的规则(这是我自己的术语)。如果我们不能在杂多中的每个不定实例中达到一个定数,我们的思想就仍是不确定的。普罗塔库斯和斐勒布都喜欢这段漂亮的文字(17e7),但斐勒布仍然没有看到辩证法在快乐和好生活问题上的应用。然而苏格拉底并未完结关于这条道路本身的论述。他重申先前的结论:"若要把握任何一个单元,人

---

① 当然,柏拉图关于音乐的概念具有根本的数学本性,这意味着音乐分析的规则并非如拼读规则那般意义上的约定俗成。音乐中的比率是自然的,拼读的比率(字母的结合)则是非自然的。可参《王制》卷七对乐的探讨以及 Cornford 对《蒂迈欧》(Timaeus) 35b-36b 的评注,后者见于 Cornford (1937),页 66-73。我将在本研究后面的阶段里,颇为详细地讨论音乐在《智术师》中的角色。

不可以直截了当地去看无限本性，而是先去看某个数"（οὐκ ἐπ' ἀπείρου φύσιν δεῖ βλέπειν εὐθὺς ἀλλ' ἐπί τινα ἀριθμόν）;"反之也一样，若有人必须先把握无限，他就不可以直截了当地去看单元，而是先要思考在各种情形之中都拥有某种杂多的某个数，然后从所有中总结出一"（τελευτᾶν τε ἐκ πάντων εἰς ἕν,18a6 以下）。

　　这次重申出现了下列要点。（1）我们不是凭借计数开始，而是凭借"看"或"思考"开始，凭借对相关形相复合体的初步觉知开始;（2）一旦我们觉知了相关的复合体，就必须开始数算它的元素。这里没有提供什么计数的规则，也没有提供确定哪个复合体为相关复合体的规则;（3）只有在必要时我们才从无限开始;不过，既然我们需要时还是能从无限开始的，那就说明无限有一个本性，亦即它可由计算理智通达，因而无限也是有限的或曰一定的，鉴于"不定"的不可数性，那么这个意义上的"一定"有没有可能就是数目上的一定呢，除非无限的"形相"或"本性"自身是有限的，或者说是可数的——尽管无限本身并非有限和可数的。此处我们区分了"形相"和"内容"。而这个区分对于别的形相都是不管用的。别的形相拥有诸形相元素，而此处形相的"内容"、或曰无限的本性自身并不是一个形相;（4）无限看来有别于杂多，或换句话说，我们似乎有"一、多、无限"三者;（5）在所有情形中，我们都要从某个作为一与无限之中介的恰当的数或曰杂多开始。我把这话理解为，我们要先不管给定的复合体的统一性及其元素的（可能）不定的数，而从首先可见的元素的"表面结构"开始。我们凭借现象判明自己的方位。

　　[83]是时候结束对于《斐勒布》的讨论了。苏格拉底接下去，重新思考字母的例子，他把字母的发明归诸某位神或类似神的人，也许如埃及人说的那样乃是忒伍特（Theuth）。他还把字母分为元音、半元音、不发音，不过这些都无关紧要，本质上并没有新的观点提出。我们已经认真分析了关于二分的一种解说，由柏拉图借诸

苏格拉底之口说出,并出现在一篇与《智术师》同期的对话中。事实上,一般的共识是《斐勒布》晚于《智术师》。我们的分析告诉我们,《斐勒布》中关于二分的解说并不支持通常对它的阐释。至于《智术师》中二分扮演何种角色,以及这种角色与《斐勒布》中苏格拉底关于辩证的描述是否相同或兼容,这些都有待于考察。

第二场　追猎智术师

(218b6–219a3)

[84] 现在我们已经预备好回到《智术师》,去研究对中心问题的引论性陈述。异乡人答应要告诉东道主,关于智术师、治邦者、哲人这三个不同的人的类型,爱利亚人的教诲是什么。我想从一开始便要强调一点:我们要进行的工作不仅仅是定义一个纯粹形相,甚或一种τέχνη[技艺]。我们是猎人,要追猎活的猎物。一般而言我们可以这么说:在所谓的哲学论著里,是类型代表个人;而在柏拉图的对话里,却是个人代表类型。柏拉图的言辞,恰如苏格拉底在《斐德若》中就完美写作所言的那样,乃是鲜活的(《斐德若》,264c2–5)。当代学者之所以倾向于无视对话的形式,一个原因就在于他们把哲学与灵魂学加以区别。这个区别植根于现代科学,即便正确,也不能作为理解柏拉图的向导。对于柏拉图而言,哲学教育的一个基本维度就在于呈现运行中的灵魂。一部戏剧的要旨,在于向我们显示言与行的相互作用。《智术师》中人物的行为,若与《俄狄浦斯》(*Oedipus*)三部曲相比要微妙得多,但我们的迟钝当然不能成为我们[从戏剧角度]阐释柏拉图的限制,而就对智术师的追捕而言,还有一个更具体的理由。《智术师》中关于智术师的说法与其他对话所说的相反,它归予智术师一种τέχνη[技

艺]。对此,我们在二分上前进几步之后,会再转过头来多说几句。此时只需指出,智术师的技艺极其含糊,其主要特点是制造假像。如果不能界定像的本性,那么不管我们有多么高超的二分技巧,也不会成功地得出一个关于智术师的技艺性的定义。二分法就算具有再大的能耐,也必须辅以对[85]智术师行为的描绘:智术师如何诡计多端,狡猾难抓。而描绘智术师的部分目的(与对智术师的特别定义相反),则在于让人看到他如何粉碎了我们追捕他的企图,即使我们为此动用了重型机械也是枉然。通过研究关于智术师的这种描绘,我们也会对哲学的本性有所领悟。

异乡人告诉泰阿泰德:"在我看来",他们二人的共同研究,必须从智术师出发。他直接接受了苏格拉底对于人的三种类型的排序,但没有给出接受的理由;不过从异乡人在这次对话的续篇《治邦者》中所说的话,或许可以推出他的理由。在《治邦者》284c6处,他说,理解政治理智的"尺度"($τὸ\ μέτριον$)比起理解非存在来,是一件更大的工作。异乡人的意思或许如下:他所提供的对非存在的分析有赖于某种技艺手段,理论上,该技艺手段相当于一套有效程序,用以界定某个否定陈述的含义。而政治理智的性质,如《治邦者》末尾处所强调的那样,却不是技艺性的。并没有什么技艺性的程序,供人在各种情形中确定何为对事情的"有尺度的"或健全的回应。作为对异乡人之观察的一个确认虽细微但并非无足轻重,我们可以指出,称职的技匠远远多于称职的治邦者。

不管怎样,或许还可以给出从智术师开始的另外一个理由。既然他会装出各种不同的相,那我们首先就得确定他的身份并把他单独分离出来,以免以后受蒙蔽,把他错当成了治邦者或哲人。换个说法,智术师的本性带有某种综合性,柏拉图的作品中有时会以漫画的笔法描写智者宣称自己知晓一切(如《大希琵阿斯》[Hippias Major]和《小希琵阿斯》[Hippias Minor]中所说的)。在某种程度上,智术师的这一宣称已暗示我们为何需要研究智术师的灵魂:因为该宣称象征着某种品行上的缺陷,而不是τέχνη[技艺]上的缺陷。① 异乡人会为品行和技艺之间的这种关联提供不少证据,但我们将会看到,他并非直接谈论这种关联。毋宁说,异乡人自己关于二分的说明反倒模糊了这一关联的核心地位。异乡人关于二分所说的话,会让我们以为它是某种万能的类数学程序,但这些话语必须对照二分法在异乡人手中的实际效能来加以衡量。也许二分法跟那宣称"知晓"一切的智术师一样呢。

[86]继续往下。我们必须借言说来显明智术师的本性(καὶ ἐμφανίζοντι λόγῳ τί ποτ' ἔστι, 218c1)。我们从如下假设开始: 智术师不仅是一个"谁",还是一个"什么"。这是运用二分法所必须的前设,用前文题外话中的话说,智术师必须是一个由形相元素构成的复合单元,其中每个元素都可以由一个数来加以确定。如果这些元素"是游荡的",或者本身诡异难捉,那我们就无法数它们;每个元素不仅仅是一个多中之一,还是一个多面体,当我们设法确定它时它却变换其数目。我们会看到此情形是如何形成的。

异乡人接着在言辞和思想之间作出重要区分。具体而言,这个区分就是名与此名所名之事物的区分。首先指出一点,是关于术语使用的:在现在这个文段里,异乡人先用ἔργον[物事]指名的承载者,然后又用πρᾶγμα[事]指名的承载者(218c2-4)。这两个词都首先有一种主动的意味,可译为"事迹"(deed)、"作为"(work),甚至"活动"(event),以显示出来。它们表达出日常生活现象的动态的互动关系,这是分词ὄν[存在]的抽象动力论所表达不了的。现象的动态特性将在之后247d8以下关于存在的探讨中占有一席之地。事迹和活动并不仅仅是被动地被觉知,并不只是认识论的"感觉材料"。它们将自己印在感觉和理智之上,它们既塑型我们的认识能力、也被我们的认识能力所塑型,而这便造成了

---

① 参亚里士多德《形而上学》Γ2,1004b17及以下。

两个不同的、甚至互相冲突的结果:其一,认识能力披上了事迹和活动的型态,这就是后来产生的知识的基础;其二,觉知和认识本身也是行动、作为和活动。至少就日常生活现象而言,我们所知道的东西并非"中立"的,或曰并非独立于我们所由知之的活动。这种主动与被动的互动并不被"定义"所超越;毋宁说,定义是将此互动的结果证实、或固定为可为众人所接受的当下所讨论的"事物"(暂且如此称呼)之"本性"。当且仅当我们得以进入"事迹""事业""活动"之其是其自身中去,从而摆脱它对我们的作用时,我们才超越了这种互动。但这如何可能呢?"作为""事迹""活动"难道不已经是"认识"与"事物"之互动的结果吗?科学所定义的"事物"并不是"事物自身",而是对日常"事迹"和"活动"的抽象。看来只有一条道路可以规避这个难题:我们必须拥有某种认识能力,某种理智觉知,通过它,纯粹形相,即"是什么"这一问题[87]的真正答案,可以作为自身、而不是作为其自身在现象中的显现为我们所理解。

在所谓的中期对话里边,苏格拉底明确探讨过这样的认识能力,他名之为 νόησις [理智]。普遍认为,柏拉图在晚期对话中放弃了理智觉知学说,也放弃了孤立的形相论或曰型相论。异乡人从没有提及过此类理智觉知,另一方面,他也从没有解释过我们是如何认识纯粹形相的。异乡人提到纯粹形相时,就仿佛它们可以直接被人理解,而且他在讨论它们时仍继续使用主要来自视觉语言方面的认识上的词汇。异乡人对于形相何以被人理解的方式沉默不语,这绝非构成比先前之 νόησις [理智] 学说的在理论上的一种进步。不过眼下文段里的问题毋宁是:真的存在一个智术的——更不用说智术师的——形相吗?真的存在这样一个存在的形相,其本性就是不断更换其形相吗?还是说,智术师不断变更的本性,应归因于我们觉知他的方式在不断变更?智术是一 πρᾶγμα [事] 还是一 ὄν [存在] 呢?

回到文本,异乡人说,我们拥有某个事物的共同名称,是由于语言的公共本性,而这个名称所代表的内容,我们每一个人则是"凭己意把握"的($ἰδίᾳ...ἔχομεν$,218c3)。接着他又说:"我们必须总是借助 $λόγος$[逻各斯]来就 $πρᾶγμα$[事]本身达成共识,而不是单凭不带 $λόγος$[逻各斯]的名称"(218c4-5)。名称不是 $λόγος$[逻各斯], $λόγος$[逻各斯]此处可以译为"陈述"或"名称"的结合(柏拉图所说的"名称"既指名词也指动词)。不过核心问题不在这里。我们每个人"凭己意把握"的只能是 $πρᾶγμα$[事]。$πρᾶγμα$[事]不是一个 $εἶδος$ 或形相。$πρᾶγμα$[事]已经包含了"陈述",因为我们日常对"事物"(在这个词的所有意义上)的觉知以我们的自然语言为条件;更根本地说,以我们作为说话动物的本性为条件。二分法若是从 $πρᾶγματα$[事]出发,完全有可能达至对该事的某些定义或众所承认的解说。但定义并不是纯粹形相。在《智术师》的中间部分,我们从纯粹形相出发,我们并非经由二分而达至纯粹形相。这与《斐勒布》中的解说毫无差别:我们从某个复合统一体开始,然后去数点它的形相元素。[《智术师》中]并没有关于异乡人原子形相的元素的数点,鉴于此可以说,两部对话的初始步骤都不是二分。

我们对于"事物"——在此指智术师或[88]智术师族类——凭己意的把握,乃是追捕或曰界定智术师本性这一公开任务的基础平台。正如异乡人所说,把握我们脑海中($ἐπινοοῦμεν$)的这个族类的本性并非一项简单的任务(218c5-7)。可以说难题由两方面构成。一方面,我们各人凭己意把握的东西虽是属己的,但除非通过公共性的语言,否则不能传与任何其他人。如果我们凭己意把握的东西并非已经是语言性的,那么我们又如何能够说它呢?如果它就是语言性的,那么我们又怎能达至其纯粹形相呢?因此,另一方面的难题是:我们如何从己意的或理智的把握走向公共言说。由于我们不能确定凭己意认知的东西是否就是事物本身,而我们试图去确认这一点的途径又是借由推理分析,这就把凭己意把握的东西,转化成了语言制品。这个问题当然影响到我们关于形相以及ἔργον[物事]或曰πρᾶγματα[事]的探究,尤其是在对后者的研究中,这个问题尤为迫切,因为我们似乎并不能提出这一声称:即我们已然从理智上觉知到了智术师的形相。不用说,这一切并不能阻止我们去言说智术,或者说,不能阻止我们达至某些关于智术师本性的"定义"。真正的困难涉及到我们的言说及定义其地位和价值如何。言说和定义是以抽象——事实上是忽略——智术师自身的不断变更本性为代价,而获得了稳定性和固定性吗?假如并没有形相智术师,那么我们的定义又与何者相对应呢?定义都是像,那么何者为原物呢?我们又如何去觉知原物,以判定我们的定义是肖像还是幻像呢?对话后面将引出一个比喻,说到我们需要用双手去捉智术师或使出摔跤手的一切擒拿法(231c5-6),由此,我们可以推出,推论性的思想乃是某种作为;而对"事物"、名及陈述的讨论则表明,此作为亦乃制作性的作为。①

  针对抓获智术师这一艰巨任务,异乡人提了一个建议。他说,长久以来人人都同意,当我们要漂亮地完成一件困难的任务时,首先应当在小的、容易的事情上练练手(218c7-d2)。正是在这里,他引入一个关于二分的指导性比喻:智术师极其难以捕猎(χαλεπὸν καὶ δυσθήρευτον, 218d2-4)。让我们在此稍作停留,并依据上文关于ἔργον[物事]和πρᾶγματα[事][89]的说法来考察一下这个比喻。捕猎是一种工作,它运用技艺手段和方法,去抓捕某种本身不可及之物。现在不妨大致考虑一下我们即将详以探究的捕猎形式:猎鱼。自然产出鱼,但通过捕鱼的技艺,鱼变成了某种半

---

① 可参苏格拉底把ὄνομα[名]称为διδασκαλικόν τι ὄργανον[某种教育术的产品](《克拉底鲁》(Cratylus)388b10-c1)。亦可参Derbolav(1972),页80-87。然而,正如David Lachterman所指出的那样,《克拉底鲁》435b2处所说到的δήλωμα[指明] 词(及《智术师》261e1处的δηλοῦντα[指明]一词),可能带有"揭示"某个自然形相的意味。

人工制品,以满足各种各样属人的目的。我们猎鱼或许只是为了运动;或许会出于美感或赚钱的目的,而将捕获的鱼展示在鱼缸里;又或者会将鱼解剖开来,以满足我们科学上的好奇心;就算是食用它,我们也会用火、烹饪工具、调味汁等等来改造它。最后,或许我们的生计全靠货鱼之利,这样,鱼又转化成了商品。单纯的捕鱼技艺改变了鱼,而与此相关联,也把我们改变成了运动员、科学家、买卖人、美食家等等。

关于猎鱼这个小例子,有以下两个要点。其一,猎者和被猎者都被捕猎行为所改变;其二,它们以多种不同的方式被改变。毫无疑问,我们可以达到某个关于捕鱼的"科学"定义,它足够普遍,能够覆盖捕鱼的大多数甚至所有目的或用途。但是,这样一个定义再怎么出色,关于捕鱼的具体多样的目的,它终究不会告诉我们什么,或不会告诉我们足够充分的信息。我们为什么捕鱼取决于日常情境。当然,我们也可以拟一张表,列出所有捕鱼的"种类",但是这样一张图表还是将捕鱼是什么的问题丢给了我们。一个罗列出各种捕鱼种类的定义,与一个关于捕鱼"本质"的定义,完全是两回事。但不论是关于捕鱼本质的定义,还是对捕鱼种类的罗列,都不能使我们准确地解释由不同目的所引导的渔人在其不同行为中所做的事。

同是捕猎,对于运动员和对于科学家的意味大不相同,但也不必因此就拒绝科学的定义。这些对猎鱼活动的不同看法是否能涵括于某一个单一的科学定义之中,这一点绝非显而易见。然而,也并非所有情况下都是如此,因为我们当然可以去"猎捕"某些很可以作科学定义的活动。问题是,智术是不是这样一种活动呢?下面一点与此相关。捕猎的方式方法随猎物的性质不同而不同。例如,我们猎取黄金的方式就跟猎鱼的方式迥然有别。倘若把"猎取"这个术语限定于猎取活物,那么猎鱼的方式与现代科学实验室里追踪病菌或细菌的方式[90]也迥然有别。① 不过,异乡人马上又想当然地认为,存在着一种所有类型的捕猎都共用的"方法"(μέϑοδον),它也因此独立于所有类型的捕猎。也正是这个想当然引导异乡人建议先做一下预备练习(218a4-6)。被想当然者或许又可以重述如下:"存在"(to be)即是某个族类的成员,因而也是可捕猎、可抓获的。

泰阿泰德提不出更简易的办法,他接受了异乡人用小事(与智术师相比)作为大事的范型(παράδειγμα)的提议(218d7-e1)。他们将先来练习定义钓鱼者,钓鱼者人所周知而又微不足道的,但又跟大事物一样具有某种定义(λόγος)。② 异乡人这样论到钓鱼者,他说:"我希望,他有某种并非不相称于我们所渴求的方法和 λόγος[言辞]可以给到我们"(219a1-2)。这个愿望能否实现,还有待于将来。

---

① Manasse(1973),页29指出了《斐德若》及《斐勒布》之推崇二分的实践动机。而这一点在《智术师》中又尤其为真。
② 参《斐德若》263c 及 Wiehl(1967),页171,注10。

第三场 钓 者

(219a4–221c4)

[91]为了让泰阿泰德熟悉他的方法,异乡人将先把这方法应用于一个简单的例子。希腊语"例子"($παράδειγμα$)一词也可以译为"范型"。既然钓鱼者和智术师都是猎人,那么钓鱼者这个例子的题材作为智术师的一个范型就并非不可能。而当考虑到哲学自身也是某种猎取、因而二分也是一种猎取时,情况变得更为复杂。因此,钓鱼者的范型说明了智术师的含糊性,或曰说明了我们试图区分原物与像时所面对的困难。我们要仔仔细细地来考察范型里的每一步,也要同样仔仔细细地来研究智术师的二分。同时我们也要强调一点:异乡人并未介绍其方法的名称。这是因为,泰阿泰德还没有关于这种方法的的"凭己意"的认知。

第一步:钓鱼者践行某种技艺,或者说,他是一个 $τεχνίτης$[技匠],而非一个拥有其他能力($ἄλλην\ δὲ\ δύναμιν$)而没有技艺的人($ἄτεχνον$)(219a4–7)。这个初步的表述中包含两个要点。其一,根据这个范例,智术被看成一种 $τέχνη$[技艺]。我在序幕中对这样做所产生的困难已经有所讨论。这里异乡人的学说与苏格拉底通常的、或者说明确的教诲之间有一个显然的区分。苏格拉底通常否认智术是一种 $τέχνη$[技艺],而异乡人则赋予智术一种技艺性的地位，这使他不得不承认智术包含着某种真正的知识。异乡人（起码）是不情愿这样做的。同样这个问题还有另外一面。在《治邦者》(258a7 以下)中，异乡人把算术作为认知(非制作性的)技艺的范型，换句话说，作为诸对话之中通常所谓的 $\dot{\epsilon}\pi\iota\sigma\tau\dot{\eta}\mu\eta$[知识]的范型。而在同一个文段里，还把木工活和手工艺说成是[92]实践(制作性的)技艺的范型。智术，作为制作性的技艺(即制作不精确的像)，由此就被异乡人与算术分开了。而苏格拉底在所谓的中期和晚期里，却分别把算术当成了所有 $\tau\acute{\epsilon}\chi\nu\eta$[技艺]、以及所有 $\dot{\epsilon}\pi\iota\sigma\tau\dot{\eta}\mu\eta$[知识]的君王或曰统治性要素——前者以《王制》(卷七,522a3 以下)为代表，后者以《斐勒布》(55d10-e3)为代表。我们还可以加上苏格拉底在《高尔吉亚》中所说的话："任何不带理性的事"($\ddot{\alpha}\lambda o\gamma o\nu\ \pi\rho\tilde{\alpha}\gamma\mu\alpha$)都不是一种 $\tau\acute{\epsilon}\chi\nu\eta$[技艺](465a5-6)。

适才所引文段表明：苏格拉底和异乡人在算术与制作的关系上存在分歧。虽然苏格拉底后来在《斐勒布》(56d4 以下)中又区分了多数人的算术与哲人的算术，但这一分歧并没有因此而得到缓解。普通算术所数的是感觉觉知对象；普通逻辑学和度量学考虑的则是感觉觉知对象间存在的诸般关联，此乃基于这些对象的数字属性。而哲人的算术，正如我们在关于《斐勒布》的题外话中所看到的那样，数点的则是纯粹单子或曰理智上可见的单元。哲人的逻辑学和度量学乃与几何形相及"运算练习"(57a1)打交道——我在后文中将用这个词来指诸如数点形相的练习之类的。哲人的算术及其相关的技艺必然与某种辩证的"能力"($\delta\acute{\upsilon}\nu\alpha\mu\iota\varsigma$)相关，这种辩证"能力"思考的是存在、真以及天生始终同一者(57e6 以下)。这种"能力"是最精确的 $\dot{\epsilon}\pi\iota\sigma\tau\dot{\eta}\mu\eta$[知识]，甚至比哲人的算术更为精确。哲人的算术不仅不是制作性的，而且，正如我们前文所说的那样，当它用于辩证的时候，它甚至不是"逻辑推论性的"(我用这个措辞来区别数点人所见之物与证明某些数学公理这两件事)。换言之，苏格拉底的二分是获取性的，而不是制作性的。它不是一种创造性的或曰手工性的 $\tau\acute{\epsilon}\chi\nu\eta$[技艺];当然,它也并不扎根于如钓鱼者、智术师及人的其他类型这些事物的日常的型之中。异乡人对二分的运用则仅限于阐明人对人之类型的看法。正因如此,从苏格拉底的立场来看,它免不了会与感觉觉知纠缠在一起。所以,就算异乡人要把某类算术跟制作性技艺联合起来,也改变不了这一事实:[他的]二分,因与不纯粹的或曰觉知的对象打交道,所以是运用普通算术来实现制作性的目的。

也许我们可以将以上的思考总结如下。如果在异乡人看来,制作性的技艺并不是真正"认识性的",那么制作精确的像——例如,真陈述——也就不是真正认识性的了。而这也太不合常理,且不说[93]自相矛盾。反之,如果制作性技艺是真正认识性的,那么(暂不管《治邦者》中的二分)智术师本身就并非某个拥有真正知识的人的"幻像"或曰不精确的摹仿了。这一两难问题在下文将扮演重要角色。对于眼下所谈的几段原文,我再最后说一句。异乡人对于"最大的种"($\mu\acute{\epsilon}\gamma\iota\sigma\tau\alpha$ $\gamma\acute{\epsilon}\nu\eta$)的探讨——这成为他解决非存在和假这两个问题的基础——其中并没有运用二分的痕迹;他的讨论明白无误地把我们对最大的种的觉知当作"获取性的",这在某种意义上适应于——至少表面上——《斐勒布》中苏格拉底关于辩证及哲人算术(某种程度上这一点更成问题)的概念。异乡人和苏格拉底在二分法或曰辩证法方面又一次地有了明显差别。

现在来说说关于219a4-7的另外一点:最先的二分并不是关于$\tau\acute{\epsilon}\chi\nu\eta$[技艺]的,而是关于$\delta\acute{\nu}\nu\alpha\mu\iota\varsigma$[能力]的。① 异乡人后来在247d8以下的主张(尽管不是明白以他自己的名义说出)很可能受

---

① 参 Zadro(1961),页 65:"$\tau\acute{\epsilon}\chi\nu\eta$, si è visto, è una certa determinazione di $\delta\acute{\nu}\nu\alpha\mu\iota\varsigma$, cioè avere la $\tau\acute{\epsilon}\chi\nu\eta$, relativamente ad un certo ogetto, è un certo modo di essere *capaci* in relazione a quell'oggerro."[$\tau\acute{\epsilon}\chi\nu\eta$(技艺),被看作是$\delta\acute{\nu}\nu\alpha\mu\iota\varsigma$(能力)的某种确定,因而事实上,相关于某个对象的$\tau\acute{\epsilon}\chi\nu\eta$(技艺),就是相关于该对象的某种能力模式。]

此影响,亦即:存在即能力。回到眼下的区分:那些没有技艺性之艺的人并不因此就是无能的。我们也可能自然而然或偶然地成就某事,比如借由灵光闪现以及其他并不遵循什么规则的方式(见《斐勒布》28d6 以下)。值得注意的是,在《治邦者》中,异乡人说:在先前的讨论中我们已经对知识($τὰς\ ἐπιστήμας$)进行了划分。然这并不能抵消《智术师》219a4-7 这处文本。异乡人没有理由在《治邦者》的那个文段中提到"能力",该文段于他而言只是为了说明$τέχνη$[技艺]和$ἐπιστήμη$[知识]是可以互换的。

　　第二步:现在异乡人把视线从"能力"转向技艺之能,并从拥有技艺的人转向技艺本身。技艺本身可以划分为两种"形相"($εἴδη$)或种。这些用词自然令人想起《斐勒布》中的那个文段,那里说,辩证法家会析取初步挑选出来的复合单元的形相元素。而眼下,所谓的复合单元要么是"技艺",要么是"能力"。既然$εἶδος$[形相]一词并不适合用来说$δύναμις$[能力],那么就让我们假定,二分法可适用的、我们第一步要去划分的,就是"技艺"。换句话说,"能力"并不是一个相,正如"存在"不是一个述谓。没有[94]什么可见的属性叫做"能力"或者"存在"。能力或者存在之可见,首先是作为这个或那个能力或事物而可见。① 二分法不可能从一个尚未确定的东西开始,即它必须从一个已经是单元、因而有别于别的单元的东西开始。而技艺的确拥有,想要的规定性,且依异乡人所言,它们的"表层结构"由两种"相"构成,即制作和获取。

　　因而就有两种技艺,一为制作($ποιητικαί$),一为获取($κτητικαί$)。钓鱼者归于获取技艺:他向我们表明他自己(见218c1)是操习获取鱼的能力的那种人。制作性的技艺则有三种:

---

① 参《王制》卷五,477c9-d2: $δυνάμεως\ δ'\ εἰς\ ἐκεῖνο\ μόνον\ βλέπω\ ἐφ'\ ᾧ\ τε\ ἔστι\ καὶ\ ὃ\ ἀπεργάζεται.$ [对于能力,我只注意一件事情,即它的相关者和效果]换句话说,$δυνάμεις$[能力]自身是不可见的。

照料生物(植物和动物)、制作工具、摹仿。此三种技艺都是把若不然就不存在的东西带入存在；同时它们制作的事物与制作者不属同一族类。有两种可能的例外。其一，摹仿也许可以包括人类的有性生殖(尽管没有直接说)；其二，照料"有死者的身体"的技艺可以包括医药术和助产这一类技艺(也没有直接说)。三种技艺中，制作者都是从某种先存的东西开始，此中没有 ex nihilo[从无到有]的创造。农场主以及别的活物的照料者从与将被制出者同类的事物开始，而摹仿者所摹仿出来的东西与所摹仿的原物不属于同一类(如，一幅人物画并不是一个人)。工具制作者的所为更为不同：他所取的原料是先存的，而制出的东西既不与原料同类，也并非原物的翻版。如果说二分本身属于制作性技艺，那么它看起来更像是摹仿技艺，而不是农事或工具制作技艺。然而，概念也是获取知识的工具(219a8-c1)。

回到获取技艺，它们是"可学习之物($τὸ\ μαθηματικόν$)和认识($τὸ\ τῆς\ γνωρίσεως$)，以及赚钱、争斗、捕猎这整个$εἶδος$[形相]。它们不制造($δημιουργεῖ$)任何东西，而是通过言辞和行为来强取或征服($χειροῦται$)实存者或曾经实存者；如若不然，它们便阻止其他人强取这些东西"(219c2-c7)。我们注意到，被获取的东西可想而知是别的某种技艺制作出来的——对话者从未说什么来排除这种可能。另外值得注意的一点：在《王制》中(卷四，440e8 以下)，[95]苏格拉底归诸灵魂三部分的鹄的是热爱知识、热爱财富和热爱光荣，而获取知识、获取金钱和获取胜利则正与此对应。然而，捕猎无法套入这一结构之中，原因或许在于它比其他三者都更具综合性。

异乡人把知识归于获取一类，而不是制作一类。然而，我们有理由疑惑，是否"强取"并不包含一种暴力，若包含，则它便可能使我们所强取的东西变样。同样令人感到奇怪的是，知识与实存者或曾经实存者相关，而非与将要实存者相关。这与《泰阿泰德》

178a5-8 文段形成相比,在那里苏格拉底说,普遍为人所同意,"有利"应当归入未来事物这一标题之下。最后,赚钱、争斗以及捕猎明显都会用到各种各样的工具。即便是几何学,也会用到直尺和一根线。当然,几何学是制作性的还是获取性的这个问题,远比此类工具被运用的那个层面要深得多;然而,这些工具至少对"数学构造"这个更深层次的问题,有着某种指向。不那么清楚的是,言辞和行为被用作获取及阻碍获取的工具这个事实;但是,人在哪里运用工具,也就在哪里改变了自然。

我们对诸技艺这一"复合单元"的初步划分,并没有产生清晰的计数行为。鉴于诸技艺的表层结构乃由制作和获取构成,那么制作和获取就已然是复合的了。它们是复合的,这从我们需要举例说明就可以看出。比如获取技艺,就包含了学习、赚钱、争斗以及捕猎。那么,在何种明确的意义上,这些技艺相类似,同时又与其作为获取术的、一表层元素的、诸代表性属性相兼容呢?难道异乡人对获取的二分,跟仅用以把获取独立出来的二分,并非走在同一步调内?他难道不是明确归纳了独特的诸型,即我们在表层结构这一层面会不可避免地进行区分的诸相吗?然而二分本该是具体化,而不是普遍化。我们本该一直往下走,直到某个"不可切分的形相"。以上这类关于二分的问题接下来还会层出不穷。

第三步:异乡人和泰阿泰德都同意钓鱼者所操的技艺属于获取性的。换句话说,他们事先就知道,要去哪里找到钓鱼者。而如果钓鱼者是一个"不可切分的原子",那么他就不是经由二分法被定位。相反,我们之所以能够对钓鱼者运用二分,乃是因为我们已经知道如何对他进行定位。我们所要做的,就是要把获取一相切分成两半。由此产生的诸相中,一个是通过赠礼、报酬、[96]买卖进行的自愿交换。又有第二种相,是通过行为或语言来进行"强取"(χειρούμενον) (219d4-8)。这有点出乎意料,因为在219c5处,同是这个希腊文词语,被用以描述整个获取一类:它要么是"强取"要么是"阻止[他人]强取"。假如获取这一族类中的非自愿部分是"强取",那我们岂不是得假设,自愿部分不是强取,而是仅仅阻止强取吗? 而这样划分就会把自愿部分排除在获取功能之外了。然而,似乎又不存在非自愿地阻止他者强取这样的技艺。所以,在这个族类的表达中,存在着某种程度的混乱。泰阿泰德的回答可以反映这种混论。在此之前,他总是无条件地赞同异乡人的结论,而在这里,他却说:"依上所言,似乎如此。"(219d8)

我们还可以问,是否自愿交换总是要从物质方面来考虑。比如,赠礼能否包含知识在内? 而异乡人的意思似乎是:当交换自由地发生且无关乎金钱时,自然就属于赠礼的性质。假设强取或征服是整个获取族类的定义性标志,那么,礼物赠予也应该是某种形式的强取了。再者,如果知识是一种赠礼,那么,异乡人为何又用言辞和行为来区别赠礼和强取呢? 如果仔细些选择用辞,不是就能避免混淆吗? 总之,与二分所实行的步骤相对应的数,无论如何不符合属于最初复合单元的诸确定的元素——形相。

第四步:在前面几步中,异乡人让泰阿泰德去选择钓鱼者属于哪个部分,而现在(219d9),异乡人则自主建议他们继续沿着强取术或曰控制术(τὴν χειρωτικήν)一路往下走。强取又分为二:公开的(ἀναφανδόν)争取和隐蔽的猎取(219d9-e3)。如若我们稍微思想一下智术师,那么似乎很明显地,他兴许不能划归这里的任何一个分支。智术师们聚集在健身房和其他公共集会的场合;同时根据普罗泰戈拉所说,他们也在暗中、即披戴着伪装来猎取人,普罗塔戈拉还称他是第一位拒绝这样做的智术师(《普罗塔戈拉》316d3 以下,参《泰阿泰德》152c8 以下)。在《智术师》的开场白处,苏格拉底说哲人也披上伪装,尽管他没有把哲人描述为捕猎者。哲人也要到公开场合去找,不过,披戴伪装与公开宣称某是哲人并非明显不能兼容。

第五步:异乡人继续引领前行。"不把猎取一类对半分,那是不合理的。"如此就有了两种猎取：对有灵魂之物的猎取和对无灵魂之物的猎取(219e4-7)。我们要再一次[97]提醒自己：目前的二分乃是作为定义智术师的一个范型。智术师之间或哲人与智术师之间的公开竞争又如何呢？这些竞争实际上是隐蔽的捕猎吗？如果是，其确切含义又是什么？还有一个更加明显的困难。我们可以认为所有的猎取都是隐蔽的，因为捕猎者必须对猎物隐藏自己，但智术师的猎物，雅典的富家子弟，却是去寻求捕猎者。这与其他种类的秘密猎取不可能是一回事。又，对无灵魂之物的捕猎何种意义上是行在秘密中的呢？泰阿泰德也感到困惑，他对这两种捕猎实际存在与否有了疑问，异乡人则对他保证说："怎会不存在？"(219e8-220a1)

到目前为止，有灵魂之物已经在二分中出现了两次，一次是在制作类下面，一次是在获取类下面。这是相当自然的，因为所有种类的技艺，其实践所向都是关于人类。换句话说，清晰地阐明诸技艺便是清晰地阐明人类灵魂。然而远未清楚的是，是否灵魂也可以明确区分成诸形相，正如技艺可以区分成诸形相。如果技艺直指灵魂，而灵魂的诸形相又彼此相互熔合，那么对技艺的划分就会作为一种纯粹的技艺性练习而变得次要了。

第六步：异乡人略过了没有名称的、或许也无关紧要的对无生命之物的猎取，比如潜水术。这表明对定义的猎取也可以归入我们所谈的架构之中。对有生命之物的猎取有"双重的相"($διπλοῦν\ εἶδος$)；换句话说，生命的复杂性可以由其表层结构清楚地看出。异乡人的分析实际上略过了其中一"相"。他说，第一相，即对行走的或曰陆上的动物的猎取，自有很多相和很多名称。第二相则是对游行的或曰水中的动物的猎取(220a1-11)。① 这个划分忽略了天上飞的动物，它在下一步将被不动声色地化入陆上动

---

① 参 Benardete(1963)，页 193-195。

物一类中。然而,这是把人引入歧途,因为有些鸟类也游泳,虽然另一些鸟类并不游泳。《治邦者》(261e5 以下)中有一个缠夹的文段也涉及鸟类的归类,那段的中心议题是:如何划分人类一族。① 且不论这个关于人的传统定义——人是无羽的两足动物——可能包含着什么怪诞的回响,这里还有另一个更容易看出的重点,即:异乡人划分技艺不仅仅是从其功能着手(如对有生命之物的猎取),他也根据技艺的对象来划分(如[98]陆上动物、水中动物)。而这两种划分是不一样的。功能的普遍性被对象的形形色色的相所遮蔽,而每一个相又都要求对其功能的详细说明。假如我们要给予猎取有生命之物这个相的元素以一个数,那么,按照苏格拉底在《斐勒布》中的教诲,我们如何选到合适的数呢?"双重的相"似乎要求两个数,而单一的元素又要求一个数。

第七步:异乡人把对水里游的东西的猎取划分为猎禽术和捕鱼术。恰如适才所指出的那样,此举忽略了并非所有的鸟都会在水里游这个事实。异乡人没有提及陆上动物的猎取,这导致二分的对称中出现了微小的瑕疵(220b1-8)。

第八步:有些捕鱼是用网或围,有些捕鱼则是用击打。故捕猎者使用了工具,不管这工具是不是自己制作的。另外,所选的工具将负责对鱼作某种具体变更。某种工具更适于某一类型的鱼,其他工具则更适于其他类型的鱼,了解这一点也是捕鱼术的一部分;不过同样为真的是,我们也会使用不同的工具来捕同一种鱼,取决于我们是要把捕来的鱼吃掉还是要保存起来。即使在捕鱼的二分中存在着一些"自然的结合"(《斐德若》266b3-c9),属人的意愿也会使我们忽略它们。远未清楚的是,是否像钓鱼者或智术师这样的存在者也拥有"自然的结合",且这些结合容许作某种止于 λόγος[逻各斯]的严密表达。因为,当我们说"钓鱼者"或"智术

---

① 参 Rose(1979)对《治邦者》中的二分的探讨。

师"时,指的是人的意图的一种机能,而非仅仅是自然形相的一种机能(220b9-d4)。

第九步:如若网就像健全的定义那样保持着我们所定义者的自然,那么,击打也许就像智术师的说服性、歪曲性的言辞了。异乡人引导泰阿泰德往那些用击打捕鱼的人中去寻找钓鱼者。而这个类型的捕鱼,不论用钩还是用叉,又分为借助火光的夜渔和借助日光并使用特别配有倒钩的钩或叉而进行的日渔(220d5-e1)。① 我们要指出,隐蔽的猎取可以发生在白天也可以发生在夜晚。

第十步:钓鱼者属于那些借助日光而用倒钩捕鱼的人。有一种钩渔,捕者用三叉戟从上往下出击,击打鱼身上的任意部位。还有一种钩渔,曰钓,钓鱼者从下往上出击,只钩住鱼的头和嘴(220e2-221a6)。此处我们看到了[99]赫拉克利特的名言——上行之路和下行之路是同一条路——在人类活动的层面上不能适用的一个有趣的例子。

总结部分:总结是精确的,不过我们可以注意到它以暗地里的方式来包含——而不是明确地提及——借助火光捕猎与借助日光捕猎之间的区别(221a7-c4)。钓鱼者所操的技艺乃是某种获取术中的强取一类,强取中的猎取,猎取中的猎取水中动物的鱼族一类,方法是从下用倒钩来钩取鱼。总结自然要比二分本身给我们的信息少些,比如它没有提及公共和隐蔽,也没有提及日光和火光。因此,这段总结乃由对猎鱼而言所特有的可见方式[为何]这一问题摘录要点而来,这是对它本身次于先前讨论的一个有趣的注解。一种方法若止于罗列特征,且这些特征本身或多或少看起来有些道理,但绝非必要的或规定性属性的无可争议的候选项,那么它当然就是某种绝对算不上科学的东西。我毫不怀疑异乡人是绷着脸在引介并表现这个方法的。许多谐剧中的人物也采用这种手法,例如苏格拉底。

---

① 思考《王制》卷七 514a7 及以下处之日光和火光的区别。

第四场　对智术师的划分和多重定义

（221c5-226a8）

[100] 如果存在物（entity）的形相乃是一个由确定数目的元素构成的复合统一体，其中每一个元素又可以分为确定数目的子元素，并可以继续往下，直至完全数点出原来复合体的形相成分，那么这个存在物的形相就不可能有一次以上的二分。对相同数目的元素任意进行两次数点，数出来的数必定相同，假如我们对某个独一形相的元素作两次数点时，点出来的数竟然不相同，那么该形相便不可能呈现给我们任何确定的型。又，假如有可能多次数点，得出的数目全都相同，却性质各异，那么，计数活动比之对多组可数属性的觉知活动而言，就成了次要的，尽管它也许有意义。异乡人将要对智术师进行多轮二分，而我们将看到，这些二分的确切数目不大明确，也许是六，也许是七。如此一来，对智术师这一型的划分，便导致了智术师的多重"定义"。之后，在一段反常的离题话之后，对话却又最终提出，如何分才是对智术师的"决定性"的二分。既然如此，我们也许可以忽略之前的多重定义，将其归因于运用这一方法时缺乏经验，或在运用方法的过程中逐步纠正了一些技艺上的错误。但若要上述假设成立，不但必须证明最初的那些二分有缺陷，还要证明最终的二分不仅校正了最初的缺陷，且自

身完全没有这些缺陷。而在我的分析中,我将用证据表明,上述两个条件,并没有一条得到满足。从准数学或算术的立场看,所有二分都有缺陷,不过从现象学的意义上看,它们又都是确实的。在这一场中,我们将逐一研究头四轮(也许是五轮,见 231c8-e7)二分。这些二分接续之前的范型而来,与第五轮(或曰第六轮)二分截然有别,后者也是全篇对话中最长、最重要的一轮二分。

[101] 到目前为止,我们已经在开始猎取智术师的一系列尝试中构建了所将要遵循的范型(221a5)。当"范型"一词在 218d9 处被引入时,我曾指出,这个词既关乎初步练习的内容,也关乎初步练习的形式,现在异乡人也证实了这个说法。钓鱼者跟智术师属于一个族类($ξυγγενῆ$):皆是捕猎者。而我们自己现在也正在捕猎,因此,似乎我们也与智术师有了关联。在这个阶段,异乡人若能提出一个比最初的范型部分更为精细的对猎取的二分,那将是合宜之举。在将要开始的对智术师的二分里,异乡人的确这样做了。在我们转向这个二分之前,对文本的两个简要注解必须就绪。其一,异乡人似乎惊奇于智术师与捕猎者之间的关联,他用起誓来表达这种惊奇,此为对话中的第一次起誓(221d8-11)。而我认为,真正的惊奇更在于如下这一未被说出的事实:异乡人和泰阿泰德两人本身作为捕猎者,同样也跟智术师有了关联。这一点让我们想起之前的一个观察,即异乡人令人迷惑地把某种$τέχνη$[技艺]归给了智术师。为何异乡人不能把智术归为非技艺性的能力呢?那些认为二分是从技艺开始的人甚至都没有机会问这个问题,尽管换一个角度他们是正确的,因为"能力"是一个太"透明"的词,无法用于最初的划分。与能力相对的是什么呢?是能力的缺乏吗?但如此一来,就等于给了作为无的"非存在"以形相的地位。在《智术师》中,$δύναμις$[能力]一词并非"可能"之意,而是指作用于、或受作用于某个实在事物——比如说,某可数事物——的这样一种"现实性"。要想从事划分,我们必须从一个确定的形相开

始,因此,试图通过二分来抓获智术师,要求我们从某种可分的事物开始。虽然如此,异乡人未必就必须得从技艺开始,他这样做,必然已是将某种知识归给了智术师。这就领我们转入了第二点。

异乡人自己也发现了某种困难,从他拒绝把智术师列入真正智慧之人(221c8-d2),以及他断言智术师拥有"某种技艺"(221d5),可以见出这一困难。智术师拥有何种技艺呢?异乡人说,钓鱼者和智术师"显然在我看来都是某种捕猎者"(θηρευτά τινε καταφαίνεσθον ἄμφω μοι,221d13)。人或许可以说:既然哲人也是捕猎者,若假设哲学知识是一种τέχνη[技艺],那么,至少有部分猎取就肯定是τέχνη[技艺]。可是所有的猎取都必须是技艺吗?智术师就不能是一个非技艺性的捕猎者吗?然而,进一步的思索会显示出这种可能性同样必须排除。对话的中心系于区分智术师和哲人的困难[102]。这是个政治问题,而不仅仅是个理论问题,我们知道,苏格拉底就被广泛认为是个智术师。苏格拉底践行的技艺并不比智术师践行的技艺更容易看清。苏格拉底说他只知道爱的技艺,但这个说法是那么含混,以至于已经相对无效——不管就政治层面还是就分析层面而言。倘若只要说一个是非技艺性的捕猎者、一个是技艺性的捕猎者就可以把智术师和哲人分开,那就完全没有必要借助六轮或七轮二分来定位智术师了,更为根本性的是,作为哲人的假像或曰幻像的智术师这一问题也就消失了。因为,"无某种技艺"绝对没有资格作"有该种技艺"的幻像。如果有人反驳说,智术师只是"装作"拥有某种技艺,那么答案一目了然,智术师的假装如此成功,因此他必定拥有伪装的技艺,而这实际上就是对话所归给他的技艺。智术师拥有制作幻像的技艺。这就是那些二分的基本背景,否则它们将显得非常可笑。

仍然,泰阿泰德还是没能看出智术师在何种意义上是捕猎者,而且你几乎没法指望他对这一点作必要思考。异乡人提醒他回想之前的二分(第六步),在那里,猎取被分为对水里游的动物的猎取和对陆上走的动物的猎取。现在是时候继续对猎取陆上走的动物进行划分了,因为正是在这一点上,钓鱼者和智术师分道扬镳(221e1-222a8)。智术师在另一种江湖,即芸芸富家子弟中捕猎(222a9-b1),他的如此作为可能让我们想起苏格拉底。由此看来,关于智术师的好几轮二分并不是开始于论证或推演,而是开始于一个对日常生活的喻指。我们事先已经"知道"智术师是什么,并非通过二分才知道。之后所需要做的,似乎只是对直接作为一个 ἔργον[物事]或 πρᾶγμα[事]为我们所见的存在的确切本性作某种分析性的说明。

第一轮二分:222b2-223b8

第一步:有两种陆猎:猎取驯养的和猎取野生的。在《治邦者》中,"陆上动物"乃是"群集动物"中的一个种(264d1-3),而"群集"又被当作与"温驯"同义(263e6-264b5)。那里排除了人类要么是驯养动物、要么是野生动物的这一可能性,而在这里,异乡人则说,有一种对驯养动物的猎取,"如果人类确实是驯养动物的话"(222b6-7)。关于人是[103]驯养动物,这里至少投下了一片怀疑的阴影,而这个怀疑很快就会得到证实。同时我们还注意到另外一点。在钓鱼者范型中,驯养动物出现在农场主的制作性照料那一部分。那里自然也有提到兽,有些兽是驯养的,其他的则是野生的。农场主自身是驯养动物,而非野兽,他们已被政治生活所"驯化"。然而,在讨论人类这种动物时,我们正在抽掉这种或那种政治修饰语。异乡人给泰阿泰德一个选择:人类动物这个族类是驯养的还是野生的?这一非此即彼的选择中包含着什么?正如适才所言,在《智术师》和《治邦者》中,"驯养的"一般意义就是指"群集动物"。但这个说法本身就含糊,因为动物可能群集而居但仍是野生的,想想野马。如果群集动物被理解为家养动物,那么,群居这个属性就不是自然的,而是人强加给动物的。若就此再延伸一下,那驯养动物就是政治化动物。以人类而论,此问题最尖锐的形式是:人天生是否就是政治动物。这个关于人的亚里士多德式的定义从未出现在柏拉图对话中,可以想见,人或许可从《王制》中的命题"城邦是大写的灵魂"推出这个定义来。若要审视苏格拉底用以支撑这个命题的论据,未免会走得太远,在此我只对这个关于人的定义的精确性提出两点反驳。其一,当谈到个体灵魂时,苏格拉底并没有归予 epithymetic 或者说欲望部分以任何特有的德性,欲望部分必须受 thymos 或者说血气的强力所控制或"节制"。然而在城邦中,节制则是显然对应于个体灵魂中的欲望部分的手工业阶层的特有德性。其二,城邦不可能是哲人,个体灵魂却可以。① 无论如何,苏格拉底的比喻不干异乡人什么事。异乡人接受了泰阿泰德人是驯养的这个"驯服的"的回答(226b6-c2)。这一回答大概是指人可以进入政治生活这个事实,但这不能让我们认为所有公民都是温驯的,甚至也不能让我们认为所有的人本质上皆由他们的政治性存在来定义。眼下且让我们对这个问题存而不论。

第二步:驯养的动物可以用两种方式中的一种来猎取:一种是强力,比如在海盗抢劫、掳奴、僭政以及战争中;另一种是说服(比如在法庭),利用公开演说及彼此交谈(222c3-d2)。[104]第一组例子加深了我们对于人类是"驯养的"这一点的怀疑。罪犯和僭主不消说已经僭越了法律;《王制》甚至向我们表明,在某种非常类似于现代政治哲人所谓的"自然状态"的事情上,诸城

---

① 《王制》卷四 430e11-431b3 告诉我们,在以自制为特点的人类灵魂中,较好的部分控制较坏的部分。参《王制》卷四,442c10-d3:"较坏"乃灵魂的欲望部分,它没有内在的美德,因为它在本性上就不节制。节制自己从外来、借助强力进入欲望要素之中。

邦会相互支持。① 也许会有人反对说,唯有政治性的存在才有可能去"僭越"法律;或甚至反对说,零星个人"非自然的"偏离并不改变关乎人类本性的普遍法则。只是我所追究的问题并非有没有一些无需任何政治接触仍能生存下去的人,相反,值得关注的问题乃是"驯养的"这一用词的不同含义,以及猎取人这一活动的意涵——不论这猎取者是哲人、智术师还是劫匪。简单地说,如果智术师是驯养的,那么这将影响到智术师的政治学说的可靠性。类似的问题在哲人身上也成立。如果驯养的意味着是群集动物,那么我们又该如何理解苏格拉底对雅典法律及习俗的完全否弃呢——比如在《王制》中?说他其实始终遵守法律,甚至于接受了对他的死刑判决,这是个天真的回答。革命、叛逆始于言辞,而非行动。另外,畜生没有能力煽动同伴从此牧群转入彼牧群,而人类动物有能力做这事,这表明他们在某种不适用于畜生的意义上是"野生的"。

第三步:异乡人把强力捕猎丢在一边,从而用一块沉默的幕布把我们刚才提出的那类问题给掩盖起来。我们来划分说服:说服要么是私下进行,要么是公开进行(222d3-6)。在现在的情况下,这些词汇大概意在描述对人群的言说。

第四步:异乡人掠过公开说服,不予置评,而把私下说服划分为两种猎取,一种是赚钱的,一种是送礼的。泰阿泰德表示不理解这个区分。异乡人认为那是因为泰阿泰德没有留意过恋爱中的猎取,因而不知道恋爱中的人除开别事之外还赠与礼物。我已经谈到过这一点与《智术师》中普遍忽略爱欲之间的关联,虽然如此,我们仍然可以从这个划分中看出某种所谓的爱欲的独特性。

---

① 参《王制》卷三,398a1 及以下:那些能变成所有事物以及摹仿所有事物的诗人,谨尊之为国王,涂上没药树脂,献上羊毛装饰,遣到别的城邦去,我们只保留那些讲述有益传说并只摹仿正派人物的诗人。这很明显,被正义城邦驱除的诗人与智术师乃是很相像的。

[105] 异乡人不动声色地暗示,以赚钱为目的的说服跟卖淫类似(222d7-e4)。

第五步:以赚钱为目的的猎取分为两个部分。一个是操此技艺的人为取悦人而从事交谈,在这里,快乐只是诱饵,唯一的目的则是说服者的生计或柴米油盐。另一流人,如他们所宣称的那样,则是为了德性而交谈,但他们也接受金钱为报。这两流人分别是奉承者和智术师(222e5-223a10)。①

总结:陈述这段总结文字时,我几乎不会考虑现代学者对抄本文字所做的任何校勘。依我之见,诸抄本没有引出任何内在问题,不管是在语法方面还是在实质方面——只有一点除外。这段总结当然是特别的,在于它并没有准确叙述之前的诸多二分,但我们必须来理解此事,而不是将其从文本中拭除。(1)在命名获取性技艺时,这段总结用 οἰκειωτική[亲善]一词代替了原来的 κτητική[获取],然后下一个词又用了 κτητική[获取],从而把 κτητική[获取]变成了"使事物变得亲善或成为自己所有的技艺"的一个分支。如果必须对这一用词上的转换作出解释,那也不难。异乡人实是在暗示我们:人类通过运用他们的说服能力,使自己在周遭的环境中"如在家中"(at home)。这一说法在下一点中将得到进一步的支持。(2)最好的抄本中并没有强取或曰征服(χειρωτική,见 219d4-8),这给强力与说服之间的区分带来了一些疑问,并重新引出了人的驯养性这一问题。(3)总结中表达"陆上动物"时用到两个词,我认为这或许是抄写的错误。②(4)总结区分了对驯养动物的

---

① 要是智术师所教者乃是美德和愉悦的同一,那又会怎样呢?参《普罗泰戈拉》358a1-b6。
② 可参 Benardete(1960)对此文段的天才解释。较之 Benardete 自己提供的分析,对文本作更直接的分析也可以证实 Benardete 的主要观点。他的观点是,"智术师已经神不知鬼不觉地溜走,潜入了某种制作术中",因此,"对话的剩余部分试图把 ἐριστική[诡辩]与 δημιουργική[制作]结合起来,而这一点只有通过思考模仿才能做到"(页139)。

猎取和对人类的猎取，这跟之前的二分不太一样，前文的二分并未做此区分(222d7)。人现在变成了"驯养的动物"的子集，因此被作了更精确的归类。(5)总结增加了"宣称要提供教育"并把它作为一个独立的部分，又用"拥有好名声的"来修饰二分中用到的"富家子弟"这一表达。在这里，总结又比之前的二分更为精确。这些改动并未对泰阿泰德形成困扰[106]，这无疑是因为他根本没有指望非数学性的研究是精确的。

在此且容我暂停，简单地说一说有关方法论的问题。对于我试图从总结与之前二分之间的改变中寻找意义，有些读者会感到不解，并因此而认为一些学者对于文本所作的校订(可见于伯奈特(Burnet)的校勘本)是合理的。于我之对于《智术师》的疏解而言，我关于这些改变所说的话，并没有什么要紧的内容，因而读者如果愿意，大可以忽略。但这里还有更深刻的一点，它具有决定性的意义。《智术师》与几乎所有的柏拉图对话一样，充满了出人意外的转折，其中大多数转折不能直接解释为传抄之误。诉诸意外乃是柏拉图文体的一个基本特征。剔除原文中这些"粗糙"的瑕疵，跟剔除埃斯库罗斯或者莎士比亚作品中所有古怪的、或初看之下不可逻辑的文段一样，都是不可以的。如果我们将要阅读一篇柏拉图对话，那么，学者的礼节要求我们仔仔细细地阅读，同时思想我们所读到的东西。一个人认真对待他正在解读的作者的原文，反倒需要为此而辩护，这可真是一种古怪的颠倒。那些认为"文学性花边"跟"论证"不相干的人，仍然有责任指出原文的论证到底是怎样的，而除了尽可能详尽地研究柏拉图所写的东西，我看不到还有什么别的办法能做到这一点。现在的语境中，对"论证"作集合理论的分析是毫无价值的——如果论证本身都没有在对话中显现的话。总而言之，总结部分的那些改变，本身并不是很重要，然而却是这个考验的一部分；我们能否如实地阅读？

第二轮二分：223c1-224d3

"让我们也从这个方面来看看问题",异乡人说,我们需要种种不同方式的看,因为智术师的技艺"色彩斑斓"或曰"错综复杂"(ποικίλης)。一种看和另一种看之间并没有什么逻辑联系。我们四面环顾,此时看到一相,彼时又看到另一相。当然,我们不只是随随便便地向前走。我们的范型继续给予我们指引,但它自身并不是一个推理性的结构。对话完全不解释为何我们要从范型的这一步而不是另外一步开始,也只字不提我们要按怎样的顺序来思考这些步骤。就算我们能够指出异乡人为何以他所选择的那种顺序前行,那我们所据以指出的理由也不会是数学意义上的推演。我们[107]将从对日常生活中的某个复杂现象作这种审视走向作那种审视。譬如,第一轮二分取道猎取,那是因为从我们的范型中将浮现出一个最显眼的奇特之处,即一方面是智术师与钓鱼者的关联,另一方面又是他与哲人的关联。异乡人从猎取开始并没有什么严格意义上的原因,相反,他的动机的可见性取决于我们能够将捕猎之喻跟他在 221a8 及以下处的起誓联系起来。不难想象,有些读者不承认,从我所引的这个原文证据出发,可以推想出一个动机来,但我的重点就在这里。如果我们不思考异乡人正在做的事,具体而言,如果我们不考虑异乡人所进行二分时的顺序,那么,他的外在陈述也不会告诉我们任何关于那个潜在顺序的事。我所要强调的是:思考原文说的是什么,与拿原文完全没有说的东西来辩论可不是一回事。而从异乡人的方法出发以推论出某种类—数学的方法,此正是拿原文完全没有说的东西来辩论的一个典型案例(223c1-5)。

第一步:依照异乡人所说,我们先前曾把获取技艺分为猎取和交换(此处 ἀλλακτικόν 一词代替了 219d5 处用来说"交换"的

μεταβλητικόν一词),而实际上,如果我们回过头去查看一下,就会发现,获取术本来是被分为自愿交换和强取式或者说强迫式的交换(219d1以下)。以我之鄙陋,从未看到过有人提议更改此处的原文以便与前文相符,但我们同样不能放过这里的不一致。我想再次强调,我所推荐的阅读文本的方法就是尽力理解柏拉图所写下的东西。首先,笼统地说,既然智术师在不停改换其形相,那么范型也必须不停改换,以便成为智术师的准确模型。然而我们也可以说得更具体一些:在先前的二分中,强猎(强迫)是在猎取驯养动物这个专门的部分内部,与说服区分开来的(221c3以下)。如此,第二轮二分完全不再提到强取,也完全不再提公开争取与隐蔽地猎取之间的区分。其实,第一轮二分的总结部分在回头概述其主要划分步骤时,就剔除了"强取",从而已经为第二轮中的这一转换做好了铺垫。智术师的"形相"本身就在不停转变,甚至当我们试图去描述他时也在转变。这就是柏拉图本人的绝妙笔法,可它却整个地被文本校勘者们抹除了。眼下的要点是:智术师乃是由猎物付与他酬金的猎取者。这一次我们从钓鱼者范型的第三步开始,把交换分为送礼和买卖(223c6-11)。

第二步:送礼在之前曾跟爱欲相联,在此略而不提。至于买卖,如果不把它与卖淫[108]联系起来的话,至少它也成了爱欲的替代。我们把贩卖分为两种:自产自销和倒卖他人的产品(223c12-d4)。

第三步:这里又一次发生了用词上的转换,原先用来表示一般"交换"的μεταβλητικόν一词,现在却被异乡人用来特指倒卖他人的产品。这种用词上的转换也从另一个方面说明了关于智术师的二分的非数学特质。倒卖他人产品,一部分是在城邦内进行(即καπηλική),一部分则是往来各城邦之间进行(即έμποgική,223d5-11)。

第四步:异乡人直接把我们带向在各城之间进行的行商术,因为他事先就知道在哪里可以找到智术师。二分,就我们从目前对它的运用所见,并不比亚里士多德的三段论更成其为一种发现事物的方法。无论二分还是三段论,都是某个事先已知的东西在某个设计好的格局中现身。较难理解的一点是:异乡人也从这城去到那城(从爱利亚来到雅典),不是去贩卖,而是去把他人的学说当成礼物送给人(如他所表明的,他送来的乃是爱利亚学派的学说)。这不是要表明异乡人乃一商人,而是要与苏格拉底作对比:苏格拉底不去别的任何城邦(作为哲人这个角色而言),也不送人礼物(因为他并没有什么学说)。苏格拉底在其哲学行为与政治行为之间,画上了一条至少是修辞性的或曰公开性的连线。他只想"启蒙"(暂且认为这个词是贴切的)同胞公民,而异乡人则对公民问题漠不关心。

现在,城与城之间发生的行商又被分为两种,一种是交易身体上的营养品和需用品,一种是交易灵魂上的营养品和需用品(223e1-3)。强取的缺席,以及伴随而来的对实用的强调,暗示出买卖在驯服人类动物中扮演着至关重要的角色。

第五步:从交易身体方面的商品,转向比较少为人所知的灵魂商品的交易。泰阿泰德对这里的划分表示不理解(223e4-7)。他不大了解灵魂商品的交易。异乡人则举出如下例子加以说明:音乐、绘画、变戏法或曰玩魔术($\vartheta\alpha\upsilon\mu\alpha\tau\sigma\pi\sigma\iota\iota\kappa\eta$)。这个一开始看起来很奇怪的编组,可能包含着对精美艺术的能力的反思——某种绝非赞成的反思。在这些灵魂商品中,有的是用于消遣,有的则是用于严肃的目的。然后,异乡人将文化方面的交易(我们或许如此称呼)跟饮食方面的交易并提而论。于此,泰阿泰德则表示强烈赞同,至于原因是出于反感专业艺人,还是出于对艺术不感兴趣,[109]不得而知(224a1-8)。灵魂上的行商术转而分为两个同样可笑的部分:炫耀或表演性的演说以及贩卖知识(224b1-8)。这一划分将智术师的知识跟其他人的产品联系到了一起。它似乎排除了智术师自己生产知识的可能,但也排除了他贩卖"获取"的而非制作的知识的可能。可我们正在做的事就是在划分"获取";当然了,智术在其索取酬金的意义上还是获取术,恰如商人获取利润一样。

第六步:表演性的言说被搁置一旁(参217e2),与其并列者被分为τέχνη[技艺]的贩卖和德性(ἀρετή)的贩卖。最后一种就是智术——泰阿泰德轻而易举地指出(224b9-c8)。贩卖技艺的无疑就是专家或者匠人,他们训练门下的学徒。更确切地说,异乡人在德性跟"其他技艺"间作了区分。因此,按理说德性也是一种技艺,只是有些特殊。

总结:异乡人说,第二轮二分表明智术是获取术中的交换术,交换术中的买卖部分,买卖中从这城到那城的行商部分,行商中以言辞和知识交易灵魂货物的部分,交易灵魂货物中专门贩卖德性的部分(224c9-d3)。而事实上之前二分时的步骤依序是:获取、买卖、对他人东西的贩卖、行商、对灵魂商品的行商、贩卖知识、贩卖德性。这里最大的不同或许在于,总结部分漏过了自己产品的贩卖与他人产品的贩卖之间的区别。我们将会看到,此次改动又一次为下一轮二分做好了铺垫;而智术师也又一次地改换了他的形相。

第三轮二分:224d4-e5

根据第一轮二分,智术师是为了德性与人交谈并收费的捕猎者。通常情况下,捕猎者的猎物并不会为了被捕获这一特权而付钱。而在现在的情况中,这个怪异之处肯定与捕猎的隐蔽性或曰智术师的伪装有关。智术师不可以捕猎者的形象出现,反之,他必须由他的客户把他找出来。那么,智术师是靠着什么样的伪装,把非自愿性的猎物变成了自愿而来的顾客呢?只可能有一种答案:

智术师伪装成了哲人或者智慧之人。他宣称他之所以有用于人，恰恰是因为他传授关于人类事务的真理；或换句话说，他宣称真理即有用。

在第二轮二分中，注意力则从捕猎转到了交换。交换产品的来源问题被搁置一旁，中心点又是有用性。[110]第三轮二分继续集中注意力于有用性，同时也在智术师是否自己制作产品这一问题上作了一点修正。然而，此次二分明显有两个奇怪之点，其中一点对于作为整体的本二分之场（即第四场）来说相当重要。第一点没有那么特别，就是异乡人不靠泰阿泰德的协助，只以两篇简短的讲词就搞定了所有的事情，泰阿泰德只要对异乡人的陈述表示认同即可。第二点则要等到我们达至所有二分的总结时才能见出，不过，预先展望一下那段总结将是有必要的：在这里被明确说成是第三轮二分的（224d4），在那段总结中却又被一分为二（231d8-10）。

第一步：我谨列出异乡人两篇讲词中第一篇的全文："假如有人在这城里定居，他通过出售这类涉及灵魂的知识以维持生计，有些是买的，有些是自产的，你不会用和刚才你所用的那个名称不一样的名称来称呼他吧"（224d4-8）。泰阿泰德回答说："怎么可能？"（224d4-8）这一步划分把前一轮二分中所抛弃的两个要素统一起来：在城邦里贩卖和贩卖自己的产品。我们或许期待会出现"于城邦之间贩卖自己的产品"，以跟第二轮二分对称。这一部分应该区别于城邦内的两种贩卖，即在城邦内贩卖自己的产品以及在城邦内贩卖他人的产品。那么果真如此吗，我们且拭目以待。

第二步：异乡人在此二分中的第二篇讲词是："获取术之从事交换和贩卖的部分，不管交换和贩卖的是自己的商品还是他人的商品，只要行之交换和贩卖的人属于贩卖知识者一类，那么在这两种情形中，你似乎都将称之为智术。"泰阿泰德回答说："这是必然的，因为我们必须遵从 $\lambda\acute{o}\gamma o\varsigma$ [论证]"（224e1-5）。我们且扼要地重述一下。在第二轮二分中,智术师在一个地方购买商品,然后到另外一个城邦去出售;而在第三轮二分的第一部分,智术师却是在城邦内出售他的商品,有的商品是他自产的,另外一些则是他买来的。而在第三轮二分的第二个部分,有关智术师是在城邦内贩卖、还是在城邦之间贩卖的这一问题则完全被压了下来。这两步都属于同一轮二分的一部分。接下来我们将会看到,异乡人和泰阿泰德在归纳智术师之诸定义时,又将这里的第三个定义分解成两个单独的定义,其一是:智术师是在城邦内贩卖灵魂所用的学问商品的 $\varkappa\acute{\alpha}\pi\eta\lambda o\varsigma$ [零售者]或曰贩卖者。此定义并未涉及智术师是生产产品还是购买产品,但我们从与它并置的第二个定义中可以推导得出,他乃是购买产品。[111]"第四个"定义是:智术师是出售自己产品的人。用来说"出售者"的词是 $\alpha\dot{\upsilon}\tau o\pi\acute{\omega}\lambda\eta\varsigma$ (231d8 以下),意为"自销者",此词完全没有告诉我们贩卖发生的地点。

令人疑惑的情况纷至沓来,其中是否存在着某种可识别的模式呢?从某种程度上说,我认为答案是肯定的。且让我们先来作出两点评论。在第三轮划分中,从第一步到第二步的转变的最后结果是,整个封闭了智术师可能在本城出售某种东西这一情况。最后总结定义四中的 $\alpha\dot{\upsilon}\tau o\pi\acute{\omega}\lambda\eta\varsigma$ [自销者]也是如此。此刻我看不出这里面有任何所谓的历史意义;我们无疑不是要说什么雅典城邦不出产它自己的、向同胞公民兜售东西的智术师。另一方面,苏格拉底虽然的确属于呆在自己城邦之内这类情形之中的人,但不论我们如何描述这类人的行为,总归他们不从事任何种类的买卖。而异乡人,我们曾经有机会指出,他从这城到那城,将他人的产品送给人,但不贩卖。从《治邦者》中(262c10 以下)我们又得知,异乡人反对由城邦来区分人,或更笼统地说,他反对区分希腊人与野蛮人。他把这个区分比作对数的不精确区分,由此突出他已从政治忠诚抽离。我谨提供以下意见。按照苏格拉底的标准,异乡人没有成功地避开操弄智术的指控,这首先因为他教授的是一种明确的学说,为误解和滥用大开了方便之门。然而按照异乡人的标准,苏格拉底就是一个智术师,因为他调整了自己的哲学实践以适应雅典人,而又不教授任何属于自己的明确学说。在这个意义上,苏格拉底犯了败坏青年的罪,他把他们变为怀疑主义者和犬儒主义者,这是暗指柏拉图学园的衰退这一现实后果。异乡人或许会这样来回应苏格拉底的指控:既然他教导的东西是理论而不是实践,那就跟政治不相干,因此也就不包含什么智术。但这无异于是在说,没有"政治哲学"(或曰 τέχνη πολιτική[政治之艺])这回事情。说得更尖刻些,异乡人这似乎是要哲学离弃政治,听凭政治受智术师摆布。

研究柏拉图对话往往需要求助于猜想,无论就抄本状况而言,还是在设法确定某个含糊和有争议文段的意义之时。猜想要显得有理,必须有文本证据的支持;而需要何种原文证据支持,[112]则取决于猜想的性质。有些情况下,只需对某几行文字作细致把握就能解决问题;但有些情况下,猜想要使人信服,只有本着我们把对话理解为一个整体来思考才行。我在这里所探讨的问题乃是以上两种情况的混合。我们面临着二分结构中的明明白白的问题,我们注意到,二分的次数与总结中诸定义的数不对等。我窃以为,这个不对等至少为我们指出了两个思考方向。其一关系到二分法是否足以确定智术师的本性。对此方法的数次应用,形式一直在改变,甚至其"数"也在改变,恰如智术师的本性一样。由此,从"形相论者"的立场看来是些前后矛盾的东西,其实却是某种"隐喻式"呈现正该具备的特性。从这个角度看,二分正是智术师的一个精确的像;但作为为了确立某复合单元的形相结构而采用的一种普遍方法的例子,二分又是一个幻像。第二个方向,是引导我们去思考苏格拉底与爱利亚异乡人的区别;就此而言,我的猜想只有本着对话乃是一个整体才是合理的。也就是说,苏格拉底和异乡人有区别,这一点毫无疑问,但合理的疑问在于,二分法是否阐明或涉及到了这一区别。读者必须自己去判断我的猜想是否说明了这个问题。不过绝无疑问的是,柏拉图要让我们去思考异乡人在何种意义上是来"审判"苏格拉底的;或者说,此事关系到,即将到来的、发生在雅典法庭内的对苏格拉底的审判。

第四轮二分：224e6-226a8

讲了这么多采用和平手段的获取性技艺以后,异乡人接下来转向通过争斗而获取。从某种程度上说,此次的转向,乃是从有用性向荣誉的转变。我说"从某种程度上",是因为智术师还是会收钱的。异乡人在此没有再说争取是强制或强取的一个分支。在219e1处,争取被称为"公开的",以与"隐蔽的"猎取相区别。这个公开与隐蔽的区分也被回避了。我们还应该指出,虽然智术师的猎物是自愿被捕获,但参与争斗的人却不会希望自己输。争斗就是要赢,或赢得荣誉,或赢得金钱,或两者都赢得。总之,从争赢而来的快乐不能完全理解为因为获得了金钱,哪怕和金钱有关时也一样。对此,只需想象一场奖金将颁给[113]输家的争斗就够了;当然,这样做会减少获奖者所感受到的快乐的量。所幸存在一条更直接的道路,荣誉可以和金钱相关。对此,我们只需想想柏拉图对话中关于那些大演说家和大智术师的人物描写就足够了,特别是想想以普罗塔戈拉之名来命名的那篇对话怎样去描述大会中那些普罗塔戈拉的追随者们。智术师的收费取决于他的名声,即他是不是一名有说服力的演说者(224e6-225a3)。

第一步:争斗分为和平对抗和战争时的对抗(225a4-7)。战争作为猎取驯养的陆行动物的一个分支,曾在226c6出现。由此,战争与和平的区分在"强取"或者说强制的两个分支[即争取和猎取]里都出现了,但在交换的讨论中未被提及。

第二步:战争似的对抗可以分为两种争斗:身体方面的或曰暴

力的,以及口头的或曰争论的(225a8-b2)。和平争斗由此被扔掉。而颇值得注意的是,异乡人以 λόγος[言辞]作为身体的对立面,而非"灵魂"(ψυχή)。

第三步:接下来,我们要对半分的是言词与言词的争斗。在公众场合以长篇大论对长篇大论,且内容关乎正义与不义的,乃是法庭辩驳;言辞分为你问我答,且在私下进行,则称之为争论(ἀντιλογικόν,225b3-11)。我发现,在由强取或曰强制而来的两个分支中,私下的争论和对陆行动物的强猎处于平行位置。这说明私人性与隐蔽性之间存在着某种天然的联系。同时我们也应该指出,苏格拉底通常用争论,异乡人则否。同样令人感觉奇怪的是,异乡人把所有私人性问答的例子都归在"争论"这一名目之下。我认为,可以想象,此处异乡人是区分了他自己的手法——更像是长篇大论——与苏格拉底的手法。如果此说不错,那么我们又多有了一点如下推想的证据,即:异乡人在这里乃是要审判苏格拉底。①

第四步:有一种私下的争论是"随意地且不带技艺地"(εἰκῇ δὲ καὶ ἀτέχνως)进行的。它涉及商业性契约,没有名称,也不值得我们注意。然而,我们也许会感到困惑:一个没有技艺的活动,又怎能归在一个关于诸技艺的二分下呢?私下争论的另外一部分是技艺性的[114]争论,"它针对正义之事本身、不正义之事以及一般意义上的其他事情"(225b12-c10),[此即诡辩术]。

第五步:诡辩术有两种。其一为"年轻人的闲聊"(ἀδολεσχικός),它使一个人不理会他的财产,为谈话的快乐赔上金钱。但是,这种谈话模式令大多数旁听者感觉不到什么快乐。另外一种诡辩术是赚钱的,毫无疑问,这是因为它给听众带来快乐。

---

① 我的推想,还有一个小小的证据:动词 κατακερματίζω[判决]往往出现在模棱两可的语境之中。参本书第15场。

这种技艺被泰阿泰德正确地认定为属于智术师的技艺(225d1-e5)。对于泰阿泰德的回应,读者可要仔细留意了:"我们正在追踪的那个奇妙的存在,我们已经第四次达至他了,除了说他是智术师,我们还能说什么而不犯错?"在此,泰阿泰德强调要正确地计数,并说,224d4-e5在我们的一系列定义中乃是第三个定义。提及"年轻人的闲聊"通常是用来挖苦苏格拉底的,我同意这一看法。①

总结:这段总结在这一场的所有总结段落中显得非常独特。之前二分中与泰阿泰德所议定的同样那些步骤被定名,只是在顺序上与前面的总结相反。我们要不要这样认为——虽然看似有点玩笑的意味,即:在这种情况下,上行的路乃就是下行的路?换句话说,这是否表示从智术师开始分与从技艺开始分并没有区别——因为在任一情况下,其结果都是主观决定了的?不管这么说对不对,异乡人无疑在他的每次总结中给自己留下了相当大的回旋余地,以便对所提出的某个种进行改变。标准罗列并不适用于理解智术师这么一类复杂而精致的造物的任务,正如异乡人所言:他只手难擒。"那我们必须用双手",泰阿泰德回应说(226a11-8,参223c2)。这个比喻来自摔跤。用我们当代人的说法,它是要告诉我们:这不仅需要强力,还需要用上"我们内行人的所有诀窍"。单单计数可算不得什么诀窍。在一次决定最后战果的表述中,我们必须同时利用二分的左右两个支系,而不仅仅是右手边的部分——根据异乡人,利用右边部分是一般常用的方法(264e1)。最后但也是极其重要的一点:异乡人把智术师称作野兽($\vartheta\eta\rho\iota\text{ó}\nu$)。这是一个公认的比喻性表达,但却关系到了人类这一族的驯服性问题。

---

① Cornford(1935),页176否认这里指的是苏格拉底,可他所引的来自欧波利斯(Eupolis)和阿里斯托芬的文段实际上却支持这里和指苏格拉底的。

第五场　自然与作品

（226b1–231b8）

[115]我们现在来到了最初几轮二分中最后、最长、最有趣的一轮；而在这篇对话的结尾，还会有对于[智术师]领域范围的最后一次划分。因此，从231b9延伸到264b9这一大段的对话是离题话，它偏离了二分操习。不过这个偏离也是必须的，原因是，依照异乡人，单靠二分并不足以抓获智术师。相似的情形也在《治邦者》268b4以下发生，在那里，异乡人说他必须从二分转到神话，因为前者未能区分治邦者与那些同样宣称[是在养育人类]的人，如商人、农场主、加工食物的人、运动教练以及医师。这些自称也[养育人类]的人在某些突出的方面"看起来像"政治家，恰如治邦者颇具混淆性地"看起来像"哲人。二分似乎未能区分原物与像，至少就目前这些例子而言的确如此。假如我没有弄错，这是因为：智术师、商人之流都不是形相，但也不是哲人或者治邦者。大有可能，在我们关于这些人类类型所能做的任何真实的定义性陈述之下都存在着某个形相结构，但并不能由此推出，每一种人类类型下面都有一个确定的形相结构。顺便提醒注意，在我们马上就要考察的二分中，加工食物的人、运动教练以及医师都有它们自己的角色位置。

异乡人同意泰阿泰德的说法:为了抓获智术师,双手都要用到(226b1,参231c5-6)。之后,他突然在一条全新的线索上重新开始,这条线索完全独立于钓鱼者的范型,也完全独立于智术师的前四个定义。异乡人既没有要人来注意这一事实,也不解释何以必要要有此转变。因此,我们必须尝试自己去找答案。且让我们以[116]范型的主要缺陷及其结果来搞清我们所处的形势。对于获取和制作之间的主要区别,范型最终没有给出令人满意的分析。我们业已在论证的不同阶段看到,关于人类的知识与关于纯粹形相结构的知识并非同一回事。我们姑且可以认为后一种知识是被获取的而不是制作出来的,但我们不能说关于人类的知识,或更一般的说,关于日常经验的知识,是被获取的,因为这种知识似乎是我们的语言和认知视角带出的结果。假如没有语言"工具"为中介,我们不可能将私已所拥有的 $\pi\tilde{\alpha}\gamma\mu\alpha$ [事]"转译"为可得到公共承认的知识。而即便有诸纯粹形相对应于语言诸元素,也绝推不出,我们通过语言元素的编织所描述的经验性"事物"和事件,也有纯粹形相与之对应。我们已经揭示出,智术师以多相向我们呈现,这些相中有的还互不一致,但是,这种不一致并非形式上的矛盾,它跟我们的问题风马牛不相及,因为我们并不处身形式逻辑的范畴之内。举一个能够说明问题的例子:智术师被说成既制作又获取,但这已把他置于两个并无交集的 $\tau\acute{\epsilon}\chi\nu\eta$ [技艺]的分支之中。或许有人会反对说:他在两种情况下都获取酬金。但这个反对无异于引火烧身,因为这是道德上的反对,而非技艺上的。智术师向所教学生索取酬金跟他知识的真假能有多大关系呢?这方面的考虑本身跟知识的真假实在毫不相干,就如哲人的道德品格跟他论点的合法性不相干一样。

如果索取酬金是智术师的决定性标志,那么整个技艺分析看来就是多余的,至少整个过程是拉得太长了。撇开酬金不谈,在我们对于智术师的追捕中,实际上是有着某个技艺性的问题在起作用。我们所说的似是而非或者说非真的知识究竟指什么呢？在何种意义上可以说，智术师是在宣称知而非实际知呢？对此，异乡人所采取的路线是，智术师制作知识的虚假摹本。比起指控智术师索取酬金，此对智术的分析显然要深刻些。深刻是深刻，但深刻的指控是不是就能站得住脚，却完全不清楚。目前的指控是，智术师制作、而非获取知识。可我们已经部分地看到，而且将要被异乡人对言说的分析所证实的是：真知识，就其为推论性的而言（它在何种意义上又不是推论性的呢？），也是制作性的。真陈述就被说成是肖像或曰精确的像。[117]为了区分智术师与哲人，或更宽泛地说，为了区分智术师与真正的智者，我们需要对认知的或者说知识的制作提出令人满意的分析。这个分析，非常宽泛地讲，将取决于对诸纯粹形相的前—推理式理解这样一种学说。如果连纯粹形相也是用推理的方式制作出来的，那么解决异乡人的问题显然就无望了。在我们目前的分析层面上，可以不考虑形相是不是述谓的问题，因为它们即便是述谓，也不会就因此而更少些是纯粹形相，并且也就会区别于我们用来构造语言陈述并称之为"述谓"的语言实体。换句话说，语言上的述谓还是需要前—推理可及的、因而也是非制作性的形相的支持。但这还不够。即便承认了纯粹形相可以获取这一说法，我们仍然需要区分真制作与似是而非的制作；也就是说，我们需要说明像的问题，说明精确的像与不精确的像的区别。到目前为止，我们从二分的所得并未对解决这一连串本质性的问题投下任何实际的亮光。我们一直在划分、因而也是在多重化智术师的像，但是，关于所划分、所多重化的东西的本性，这样的划分和多重化并没有告诉我们什么。我把以上提到的这一串问题谨归纳为：它们提出了自然与人类作品的关系这一问题的各种不同面相。

异乡人提了一个让泰阿泰德感到困惑但让我们乍一想却觉得很切题的问题：对仆人所干的一些活计，我们也给予其名称吗？柏拉图对话中通常都是这样,我们必须借由日常生活中的例子来探索非常深刻的问题。我不会太多费唇舌,但异乡人的例子跟苏格拉底喜欢用的那些例子之间似乎有点不同。苏格拉底若非总是,那也是常常从制鞋、木工、航船、体操、医药等日常技艺中择取范型作为开始,而异乡人对于人类作品的研究则是从一组非常特定的例子始:家务。于此,仆人和主人的关系乃是核心。我们无需费心思把这里的主仆关系跟主—仆关系的一些现代论述——如黑格尔《精神现象学》中的论述——联系起来。柏拉图自己的《王制》中也存在同样这种区别,即城邦护卫者和统治者与手工艺者的区别。在《王制》中,技匠是不践行哲学的,哲学用很大程度上属于数学的术语来描述,因而被描述成一种纯粹的获取。而在眼下的二分中,其外在[118]的主题是划分,它在某种意义上明显包含二分。二分是对定义的语言性制作。而我们想要知道的是,这种制作是否是对于所获取的自然形相的一种修改。在《治邦者》中,异乡人明确把二分比作纺织这种家庭技艺,而在《智术师》中,他又含蓄地(或者说几乎是明确地)把二分比作制作面包和衣服。在所有这些技艺中,自然产物按照人类的需要被改变;其各自的结果都是某种人工制品,但该人工制品都指向一个自然的目的,即保存和照料活着的身体。最后一点:是仆人而非主人制作了这些人工制品。如果说,这类人工制品与诸如智术师的本性这类知识之间有着某种类似,那么,这种类似就是在告诉我们,这类知识并不是数学性的。数学似乎是主人们的活动。数学对于我们可思是仅就纯粹形相而言。哪里没有纯粹形相哪里就必须由仆人来工作。我们现在就来细致地考察第五轮二分的每个细节,以证实或者反驳这个普遍命题。

第五轮二分:226b1–231b8

如上文所言,我们将要从事对分或者分类的研究。异乡人从一组实例开始,他说,所有这些例子都"可以说是二分性的"（διαιρετικά που, 226c3-4）。包括滤、筛、簸和分（甚至可以翻译成"鉴别"：διακρίνειν）之类的工作,但也包括诸如刷、梳、织等工作（226b5-10）。这些工作都从自然中获取原材料（谷物、羊毛）,以制作满足身体基本需求的物品。与219a以下所征引的对生命体的照料相比,这属于不同的形式。

再重复一遍,泰阿泰德对这次路线改动感到困惑。中途抛弃之前的范型,可以说是极度的不数学。他问异乡人通过这些（新的）例子（παραδείγματα）是想说明什么（226c1-2,以及参226b4）,异乡人回答说,上述"以二分为特征"的家务,我们可以把它们归纳为διακριτική[划分]技艺,这个词可以有多种不同译法,如分开、辨别、抉择,或者鉴别等（226c5-9）。值得注意的是,这是第一次,二分从把例子归纳为一个将要去分的类型开始。

第一步：异乡人问泰阿泰德,是否能从中看到两种形相的διακριτική[划分]；我把此词的一般用法译为"分"[119]。对此,泰阿泰德抱怨道："对于像我这样的人来说,您要求了一个太快的眼力"（226c10-12）。原来异乡人是把"分"分为两种：把好和坏分开（滤、筛、簸）,以及把相似与相似分开（刷、梳、织）。他没有为后一种"分"命名,而前一种,他称之为"某种净化"（καθαρμός τις, 226d1-11）。我们很快会看到,异乡人乃是把二分思想为把相似与相似分开。

第二步：异乡人撇开了没有命名的那部分"分",转向净化。净化又分为两种,一种是身体的净化,不管是有生命的或者是无生命的；另一种则是灵魂的净化（226e1-227c9）。这一步划分被详细展开,并且意义重大地附加了一个关于方法论的说明。在转向灵魂净化以前,异乡人先从身体净化的两个子部分的讨论开始。对将要作废的部分花那么多笔墨,在别处是见不着的,因此,对于异乡人而言,这必定是提出了某个特别的问题。

我们从有生命的身体开始。身体的净化,从内发生,则由之体操和医药,从外发生,则由之沐浴术(226e8-227a2)。诸如沐浴术之类的工作,提起来都是鄙陋粗俗(227a1)。异乡人这么说,明显是采用了好坏标准。在这里我们要小心。我们从事的二分实践,如异乡人将会告知我们的那样,必须不予考虑好坏问题。我们正在用这种"中立"方法,研究那种实际上取决于好坏之别的"分"。异乡人马上也会警示我们,作为二分的主人,我们必须放下通常对于鄙陋或粗俗的鄙夷。因此,异乡人这是在对自己的方法给出明确评价。此外,还有照料无生命身体的鄙陋技艺,有着许多卑微而可笑的名称(227a2-6)。① 可对于卑微、可笑以及丑陋,我们必须抑制对它们的觉知,以便把注意力集中在相似和不似上。甚至(或许特别是)在那些否则便要求我们加之谴责或者嗤之以鼻的情况下,我们也必须这么做。②

[120] 异乡人用了很长的一段话来精确地说明这一点(227a7-c6)。λόγος[逻各斯]的方法关注医药并不比关注海绵浴多,它也不关心何者对于人类最为有用这种问题。功用在此不是考虑的问题。我们想要了解的是哪些技艺有关联,哪些技艺没有

---

① 参《帕默尼德》130e1-3。然而,帕默尼德说,当苏格拉底不鄙夷卑微事物(οὐδὲν αὐτῶν ἀτιμάσεις)的时候,他就会是一个哲人。这跟一股脑儿撇弃高贵的事物并非一回事。亦参苏格拉底给到泰阿泰德的建议,位于《泰阿泰德》184c1ff。避开语言的精确性 τὰ μὲν πολλὰ οὐκ ἀγεννές, ἀλλὰ μᾶλλον τὸ τούτου ἐναντίον ἀνελεύθερον, ἔστι δὲ ὅτε ἀναγκαῖον[未必就是孤陋鄙俚,咬嚼吹求反而失之纤巧琐碎]。在这里也是一样:偶尔放下高贵是一回事,完全抽掉高贵又是另外一回事。

② 关于这种二分,Sayre(1969)所说的话值得注意。他认为这种二分是某种 τέχνη[技艺]的表达,此技艺区别于像哲学这样的 ἐπιστήμη[知识]。但若看《治邦者》的258b6,则该处表明,异乡人并没有明确区分开《智术师》中的 τέχνη[技艺]和 ἐπιστήμη[知识]。亦可对照 Sayre(页 152 以下)关于这种二分功能的探讨,他认为,这种二分是在批评苏格拉底没有明确的辩证法,或者说,没有一种追寻由辩驳所揭示出来的共同形相的方法。我接受 Sayre 的前半段阐释,而后一种阐释在内里看来乃是不可靠的,并且,在异乡人那里,也没有一种截然不同的对共同形相(在该词的纯粹意义上)的划分来支持这种阐释。

关联(τὸ ξυγγενὲς καὶ τὸ μὴ ξυγγενὲς κατανοεῖν),而且仅仅是为了思想或知道(ἕνεκα νοῦν)而已。由此,关联性的原则便是相似,这就向我们表明,何以二分自身不可能解决原物与像之间的差异问题。像不仅类似于原物,还彼此类似——若它们是同一个事物的像。更为糟糕的是,幻像会看起来像是肖像,在某些特定的情况下(异乡人在后面会加以说明),它们"看起来"甚至比肖像更像原物。只要我们是通过"看"来分,就不可能区分原物与像。说二分是对诸形相的划分,因而也是最卓越的对诸原物的划分,这都很好,可是,二分如何确立其所分之物的"原生性"呢?在"逻辑"分析的情况下,二分法实际上鼓励我们忽略纯粹形相与摹本之间的"存在学"区分,因为在摹本之中,纯粹形相以确定的"相"成为可见;这样的可见使得纯粹形相与原物已无法区分,且使得任何对原物的提及皆成多余。二分之道实际上鼓励我们采纳唯名论,或求助奥卡姆剃刀来剔除多余的理论性实体。看来似乎如此。

可异乡人没有说技艺中间不存在好坏关联;相反,他提到鄙陋、粗俗技艺,这表明好坏关联是明显存在的。他的重点是,作为二分者的我们要把这些好坏关联置于考虑之外。由此,他强烈地暗示,一种技艺的"相",可以跟我们对其属人价值的评估区分开来。异乡人方法论的要旨让我们想起了"事实"与"价值"的区分,这个区分在经验主义者中间一直流行到大约十年前,现在它已被广泛认为是模棱两可的——虽说不是非法的。我们必须判定,是否有可能纯粹基于智术师的相而不理会其价值,来觉知、进而定义智术师。现在已经很明显了,[121]这虽然说不上不可能,但会非常困难。把智术师划归于教授智慧并索取酬金的一类人,那是暗中站在道德的立场上对其进行谴责,这一点我已经指出过。严格地说,即便纯粹根据智术师教授"假"智慧,而把他归在与知者不同的某个范畴中,同样也不充分,因为知识的诸幻像看起来与知识相似。撇开以上这一点暂时不论,我们目前明确需要的是对

"真"、"假"知识(更别说"真"、"假"智慧了)的明确的、技艺性的区分。由此可以看出,论证的这一阶段已然事先指向假陈述的问题。只不过假陈述的问题,在此就是精确的与不精确的像的区别问题。

公平地说,异乡人忽略净化而偏向相似与相似之间的区分这一决定,本身就是好坏区分的一次应用。尽管二分法一视同仁地尊重所有的技艺,可选择这一方法的人本身已经赋予了它比净化法更高的尊荣。若有人反驳说,二分法只是更适合于从事纯粹的理论事业,那么这一反驳不但没有减弱这一点,反而使这一点更为突出,"更合适"就意味着"更好"。而且这不单纯是"技艺上"的"更好",因为它包含着一个裁定:二分知识比日常技艺或者政治技艺(容我们用这个词吧)更好。它包含着哲人比智术师更好,而非仅仅"属于不同的相"这一基本裁定。假如一个人不能看不出哪个相比另一相好,那又怎能说他理解智术师、进而也理解哲人呢?当然,说这些绝不是要贬低相似与相似的"中立"区分,在相似与相似的区分中,二分法实际上就是"更好"于好坏区分。容我再加上一句笼统的说法吧:我并没有说异乡人意识到了这两种方法之间的差异的模糊性。到目前为止,我只是停留在指出这种模糊性。但有一点很快就会完全清楚,即异乡人已认识到了二分法没能捕捉到造像的技艺。最后,尽管或许并非完全明了,但我认为已经有理由看得出:眼前的二分是异乡人对他自身方法的一个评注。至于异乡人是否意识得到下面这一事实,则必须留待读者自己去判断,即:从属人的或曰日常的立场上看,一种把捉虱子的人跟将军归为同类的方法不仅是可笑的,就现象而言也是不正确的。[1]

---

[1] 在《高尔吉业》(464b2甘)中,体操和医药也都被归于身体的照料,和立法以及正义刚好相反,立法以及正义照料灵魂。

[122]第三步:当泰阿泰德同意去划分净化时,异乡人夸赞他"棒极了";自218b5处以来这还是第一次,同时也是在整个的二分部分里第一次夸赞他。泰阿泰德答应在下一次切分时会协助异乡人。看来泰阿泰德是做了急速的调整,以便适应"看"或曰探讨的步伐(227c10-d3)。第一次区别是区别灵魂中的恶或曰缺陷(πονηρία)与德性或曰卓越(ἀρετή)。接着我们被提醒说,净化就是从灵魂中除去恶(227d4-12)。如此,场地就被清理出来了,可以往里边填上某个更为实质性的要点。异乡人又区分了灵魂中的两种恶,以及相关联的两种净化。一种恶类似于身体上的疾病(νόσος),另一种则类似于身体上的丑或畸形(αἶσχος)。泰阿泰德不明白了(227d13-228a3)。他可能因227d4处的πονηρία[缺陷]转变成了227d9处的κακία[恶]而感到困扰。说疾病和畸形是缺陷,他或许理解,可说它们就像道德性的恶,他就不明白了。从此词到彼词的转变就其本身而言并没有什么要紧,因为两个词常常作为同义词而通用,但我们需要跟着文中的探讨走,以确定异乡人对这两个词的用法是否不同。疾病和畸形这两种"非自然"之间的确似乎存在着差别;顺便提一句,这个差别建立在"自然更好"与"自然更坏"的差别这一心照不宣的假定之上。换句话说,二分者必须作这个心照不宣的区分,以便在划分净化技艺时把似与似分开。虽然疾病和畸形都是非自然的,在此意义上都是作为缺陷的"恶",但道德的恶和身体的丑陋之间当然是有所差别的,这一点虽未曾言明,但似乎在异乡人的用词中已反映出来。

接着异乡人把疾病等同于紊乱或曰不和(στάσις),泰阿泰德则继续感到困惑。紊乱或不和是由自然相关联的东西不和引起的败坏。① 而丑或畸形则是比例失调而非不和(228a4-b1)。异乡人并没有明说合乎比例就是自然相关联的东西之间的相合,但他大

----

① 对此,我认同MSS之B和T。

概是这个意思。因为丑和畸形跟紊乱一样不自然；反过来说，政治上的相合也不比合乎比例更自然。政治上的相合及身体的合乎比例皆由练习而来，或者说，皆由凭借技艺改善自然而来。另一方面，自然优美的[123]身体要获得美的比例的成全乃通过练习，而身体要享有健康，则只需要保持它的自然体格就行。或许恰合比例比健康更难，但我并不认为事情已经清楚到容许我们对此作出明确的裁决的地步。在疾病与比例失调之间还有另外一个更可见的差别。疾病需要摄入药物以疗理内在，比例失调则更多是外形的缺陷，由体操来调理。从这个意义上讲，体操与海绵浴或沐浴术又有相通。

这里还需提到另外一点。异乡人把丑和"比例失调"(ἀμετρία)联系到一起，从而暗示美跟"比例"(συμμετρία)相关。而在后文，他也会说到精确的像的συμμετρία[比例]，从而暗示不精确的像乃是以ἀμετρία[比例失调]为标志。不管"匀称"有着怎样的数学色彩，人体之美都不能单纯由几何比例来规定。由此，我们在这里看到了，作为比例的λόγος[逻各斯]之含义的一个至少部分非算术性的典型。

现在我们的任务是鉴定两种灵魂净化技艺。异乡人从疾病或不和开始，他的阐释如下。在卑贱者(τῶν φλαυρῶς ἐχόντων)的灵魂之中，意见(δόξας)与欲望(ἐπιθυμίαις)对抗，血气(θυμόν)与快乐对抗，理性(λόγος)与痛苦抵抗，等等(228b2-5)。这里的用词让我们想起了《王制》中苏格拉底关于灵魂的讨论，但两处的文本并非完全对应。在《王制》中，比如，理性通过血气对欲望进行控制，这暗示出血气与意见之间、欲望与快乐之间的某种亲缘关系。至此，《智术师》和《王制》的两段文本大体相符，但理性与痛苦之间的对抗，在《王制》苏格拉底的分析中并没有完全类似的说法。无论如何，我想此类对比并非我们的主要任务。重点是，πονηρία[缺陷]现在被等同于灵魂的疾病，或者换句话说，被等同于道德上的恶，并被比作紊乱。因此,如果说身体上的丑陋或比例失调是一种κακία〔恶〕,那么κακία〔恶〕这个词必须跟道德上的恶区别开来。(228b6-10)

接着异乡人转向比例失调(ἀμετρία),即某运动之物总是不能击中它所对准的目标(228c1-6)。在228a4-b1,异乡人并未明说,比例是自然的,但我认为他是这样暗示的,理由如上所言。可现在疑窦又起来了,因为"对准目标"常常是一个〔124〕通用的比喻,比喻意图和意愿,而异乡人对此类错过目标却只举了一个例子:无知。他把无知称为非自愿(ἄκουσαν)的"错过"(παραφροσύνη),理解力在此时没有击中目标(228c7-d3)。无知的人意欲击中他的目标,但没有击中。然而,假如此事与意志自由完全没有联系,那么,无知的人永远不可能被教导、或者说服而改变那些引致他错过目标的做法——无论他多么地不情愿错过。总之,我不可能瞄准一个目标,除非这个目标是我有意识地瞄准的。我可能非自愿地瞄向了错误的目标,又或者不正确地持弓等等,但这些都无关要旨。另外,身体朝向健康的运动乃是非自愿的,或者说是自然成长的范畴。身体瞄准健康或错过健康皆是非自愿地;至少这是一般情况,先于人的意志所引发的复杂情况。总之,如果我们用"非自愿地错过目标"来指称身体上的比例失调,从而完全不涉及意向性,那么我们如何理解"知"这个例子呢? 不能击中目标被说成是"总是"(καθ' ἑκάστην ὁρμήν),但认为无知的人总是错过目标看来是没道理的,因为没有人会是完全地无知。我们至少可以说:异乡人的意图在这一点上绝不是清楚明了的。他大概是想说,没有什么——无论是身体抑或是理智性的存在——会自愿错过它的目标。这实际上是归给身体上的放纵一个作为目的的"意向性",除此之外,它似乎也是一个太过笼统的说法。那些故意通过身体的放纵来毁坏自己身体比例的人呢? 也能解释为一种非自愿的错过目标吗?

遗憾的是,还会有进一步的困难出现。如果说无知是某种畸形的话,那么,真正的教师——我们或许可以把哲人也包括其中——必定是像体操师,而不是像医师。这就令人不解了,因为恰恰相反,在柏拉图作品和常识中,往往把医师看得高于体操师,且往往把哲学跟医药加以类比。教师和体操师类似,此在某种程度上可以得到如下事实的支持,即:医药在《王制》中被贬低,而城邦护卫者的初级教育则包含音乐和体操。以下是第二方面的思考。在《高尔吉亚》中,苏格拉底区分了通过体操来消除丑与通过化妆来掩盖丑这二者,这个区分的一个结果是,某人可以既丑又恰合比例,因为我们通常用"丑"来说脸,而用"恰合比例"来说身体的其他部分 [125]。但异乡人忽略了这个分别,他把缺乏理智的 (ἀνόητον) 灵魂称为 "丑而不合比例" (αἰσχρὰν καὶ ἄμετρον),从而把丑和不合比例合起来(228d4)。异乡人说,目前为止所区分的两种恶(κακῶν)中,一种被多数人称为"邪恶"(πονηρία),它明显是一种病;另一种被多数人称为"无知"(ἄγνοια),但并不承认它是灵魂的一种恶(κακία)。

异乡人一开始是用 πονηρία 作为身体缺陷的通用词语(227d4 以下),可之后他又改用 κακία 作为通用词语,而 πονηρία 则是在邪恶或者说道德恶的意义上被使用,以对比丑或无知。如我之前所言,这种用词转换很可能一开始给泰阿泰德造成了某种混淆,但在往后区分的展开中似乎并没有起什么实质性的作用。一个更重要的事实是:异乡人区分了自己的观点和多数人的观点。多数人并不反驳无知的非自愿性质,只反对称无知为一种恶。如果无知不是恶,那它就无需规避或消除。再有,值得注意的是,异乡人虽接受苏格拉底无知是非自愿的这个命题,但他区分了无知与恶,后者被比作一种疾病。这不仅是用词的问题,关键点在于,对于异乡人而言,道德德性乃是医药的产物,而非教育(或体操)的产物。因此,恶尽管是非自愿的,但却与无知不同(228d5-11)。因而,德性似乎并不是一种技艺——就像224b9-c8所意味的那样——而是某种技艺的结果。我们将会学习到,这种技艺包括惩罚。我们不要忘了,异乡人可以说是一位"惩罚"或曰辩驳之神。

泰阿泰德先是两边观点都同意(或者说跟多数人一起彷徨无计),而后认同了异乡人的所言:怯弱、不节制以及不正义乃是疾病(228e1-5)。经过这段艰难的准备后,我们最终来到了实际的划分阶段。就身体而言,体操治疗丑,医药治疗疾病(228e6-229a2)。接着异乡人问:"就肆心、不义以及怯弱而言,惩罚技艺不是自然上最合乎正义的一种技艺吗?"①顺便指出,此处肆心代替了不节制。关键在于,我们来到了施罚技艺,它包含两种,一为体操术,一为医药术。如此一来,正义就成为了一种惩罚性的医药术,[126]直接针对恶或者说灵魂疾病。泰阿泰德对此表示有条件的认同:"依照人们的看法,很可能是这样"(229a3-7)。对于医药与正义的类比,泰阿泰德不那么确定。异乡人之前就说过,多数人称之为邪恶的东西,实际上是一种疾病;泰阿泰德表示,多数人也同意正义对付邪恶,但他本人对正义是疾病的良药似乎持怀疑态度。

对付所有形式无知的技艺,则是教导术($διδασκαλική$,229a8-10)。对此泰阿泰德表示完全同意。最终,并非一帆风顺的,我们将灵魂净化术划分为惩罚术($κολαστική$)——它在本性上最接近于正义——和教导术。如此一来,惩罚就像医药,②但异乡人没有解释教育在何种意义上像体操。异乡人也许是想指明,请教体操师是自愿的,请教医师则不然。如果是这样的话,就为如下看法提供了证据,即:无知是非自愿的,求知则不然。但它没有回答:既然疾病是非自愿的,我们为何还要因它受处罚呢?答案或许可以从

---

① Cobet本在这里有$Δίκη$。不过$δίκη$[正义](B和T)并未改变这个文段的含义。
② 参《高尔吉亚》464b。

如下看法中找到：惩罚是正义的要求——从政治生活有赖于我们为自己的行为负责这个意义上讲。不论以何种方式看，异乡人的二分都展现了人类经验纠缠不清、非数学的本性。也正是靠着这一特性，诸二分才精确地说出了，关于智术的本性的某些东西。智术师的吸引力根植于其学说的说服力，此说服力并非仅仅产生自人的卑贱。智术师的学说之所以有说服力（虽然不是令人信服），是因为，人类生活委实就是一系列不断变换着的视角，而不是一个其"自然结合"可由二分所理解的数学结构。

在异乡人运用区分法的流变中，有一点却保持着稳定性，现在我就来思考它。暂且不管对错，毫无疑问的是，异乡人把对邪恶的惩罚与医药相连，把无知的去除与体操相连。似乎可以公允地说，在如下的意义上，医药比体操的治疗要更深入。正如比例糟糕的身体可以是完全健康的，比例美妙的身体也可能遭受致命的疾病或有着残疾的器官。疾病可以引起死亡，或者说它单独就能致死，丑则不能。如果教导术就像体操，那么它似乎比惩罚性的药或曰正义更流于表面。对此我们可以持两种不同态度。我们可以假设异乡人[127]只是一时糊涂；不然，就假设他知道自己在做什么。如果后一种假设正确（对每一个乍一看显得很奇怪的文段，如果我们不把它当作对话人的一时糊涂而弃之不顾，那么我们肯定有更大的几率来弄清《智术师》这篇对话的意义），那么异乡人就是在说：无知比起邪恶而言，只是灵魂的一种较为表层的残疾。

这个推理会让很多读者惊讶，觉得它纯属推测。但我并未声称这是文本自明的结果，我只是说，它自然地循着文本的纹理得出，而且，如果联系对话开头苏格拉底对异乡人的描述，这一推测也是合理的。如果这个推理错了，那么读者必会拒绝我的猜测，因为我的猜测涉及到异乡人和苏格拉底之间的关联。不过读者的拒绝完全不会影响到我对于文中"技艺性"讨论的分析。就二分而言，已经有太多绝非猜测的观点自动出现。其中一个这样的观点就是,二分并不是一种像数点形相元素这样的方法。还有,异乡人对于惩罚和医药的看法,不同于苏格拉底对于作为无知的恶的看法。如果我们完全不解释二分对于所讨论的主题的影响,那么,决不能说我们已经理解了《智术师》。我将给出两种解释。其一为狭义"技艺性的"解释;其二戏剧的或者说广义"技艺性的"解释。狭义技艺性的解释简单总结如下:二分法不能说明制作与获取的区别;或者换句话说,不能解释原物与像的区别。广义技艺性的解释是:二分说出了异乡人对苏格拉底的态度中的某种关键性的东西。两种解释互不依赖、彼此独立。

记住这一点后,我恳请读者来考虑我所提出的解释:异乡人意在指控苏格拉底犯了并不宣扬某种明确学说的"罪行"。不管引进新神这一指控真相如何,苏格拉底的确犯了败坏青年的罪。他的罪在于消解了年轻人对雅典法律的忠诚,又没有用任何东西来代替这种忠诚的空白——除了某种技艺性的聪敏之外;但这种聪敏很快会退化成独断论和怀疑论。

第四步:接着异乡人确立了多种教导术,其中有两种最重要。但异乡人又说,鉴于教导术有很多种,不如先把无知对半分,会前进得更快一些。这又是一段难解的文字。照理说,我们会节省时间,因为我们习惯于[128]给多种不同的教导命名,而不是给无知的种类命名(229b1-10)。异乡人表示想要节省时间,这唤起了我们的疑问(参 226c10-12)。既然许多种类的无知并没有一个共名,那它们又怎能构成一个单独的族类呢?泰阿泰德也疑惑该如何对半分开无知。异乡人稍为有信心一些,但他的表达也相当拐弯抹角:"我相信自己看到了无知的一个巨大的、棘手的形相,它抵得上所有其他无知部分的总合"。他指的是一个人认为自己知而实际上不知。异乡人说,这是所有推论上的错谬发生的原因,泰阿泰德表示同意(229b11-c7)。这一无知的形相的庞大性,指引异乡人来到了他的划分的正确位置。他问泰阿泰德,哪种形式的

第五场 自然与作品　　*147*

教导术可消除"知的缺席"(ἀμαθία),即那种庞大的无知种类。泰阿泰德回答说:"其他的教导可称为手艺上的教导;而这一种,在雅典这个地方,纵观我们的用法乃以教育(παιδεῖα)称之"(229c8-d3)。泰阿泰德看来已经克服了他的疑惑,其给出的回答比异乡人问的还多,并且还表明了他的爱邦之心。注意,这个最后的区分暗示着παιδεῖα[教育]乃是非制作性的。

　　第五步:异乡人纠正了泰阿泰德的这个不科学的陈述,说:几乎所有希腊人都称之为παιδεῖα[教育](参《治邦者》262c10以下)。现在就来对παιδεῖα[教育]进行划分。"借由讨论(τοῖς λόγοις)来进行的教育中,有一条路似乎较为崎岖,另外一部分则要平坦些"(229d4-e2)。异乡人悄然略过了借由行为的教育。崎岖的路子就是父亲对儿子的传统式的劝诫。有时父亲是会以严厉来回应儿子的过错,可有时也会温和以对(229e3-230a3)。因而崎岖同时包含严厉和温和作为它的子类。温和与平坦有别。这或许是因为温和结出了宠坏小孩这样崎岖的果。那些采纳平坦路子的人"似乎已劝说自己相信,所有无知都是非自愿的"。他们认为,对于自以为聪明的人,劝诫是无济于事的。泰阿泰德表示同意(229e3-230a10)。遵循平坦路子的人之一就是苏格拉底。那么异乡人自己呢?在228c7以下,他把无知定义为非自愿地偏离目标。他的意思大概是说,鉴于在人自然会追求知识这个意义上,无知乃是非自愿的,因此,教育的任务不过是要纠正无知之人的目标所向,并因此改变无知之人的"意向"或曰意志。异乡人对于无知和教育的讨论显示,他以类似卢梭的方式区分了理智上的净化和道德[129]上的净化:我们可以通过向人提出一种明确的理论,而在理智上"启蒙"他们(苏格拉底则不会这样做);但对待邪恶,则必须施以惩罚之药。

　　异乡人颇为详细地解释了平坦的路子。采取这种路子的人运用的是反驳,他引导貌似聪明的人就同一主题说出相互矛盾的言辞,从而表明此人的话乃是"游移不定"的。那人受到这样的惩戒后,就会变得严于待己而宽于待人(230b1-9)。由此看来,平坦的路子在内里也有一个与崎岖一路相对应的划分。只不过平坦一路的分是从学生一面出发,而崎岖一路的分则是从老师出发。我们可以拿这个文段与苏格拉底在《斐德若》中对哲学修辞的探讨作一比较。苏格拉底首先将哲学修辞和辩证(或二分)联系起来看,然后说辩证类似于医药术(270b 以下),因为二者都剖析本性。此种剖析的一个结果是,哲学修辞家对于不同本性的人会说不同的话。而我们还记得,异乡人的教育则是某种体操。可是,我们可以反驳说,就算是体操师,也必须改变他的操练以适应不同学生的体质。① 这样,异乡人关于教育的分析,就证实了我们从他初时关于交谈者和言辞所说的那些话中所得的推理:异乡人并不像苏格拉底那样,会在建构自己的教学言辞时把人之类型的多样性给考虑进去。若欲提出一个明确的学说,似乎就要求从这种苏格拉底意义上的哲学修辞抽身而出。

那些从旁聆听反驳之教育的人从中获得极大的快乐,经受了反驳的人也变得无比坚定或曰可靠($\beta\varepsilon\beta\alpha\iota\acute{o}\tau\alpha\tau\alpha$)。他们的言词不再游移不定(230c1-3,参《泰阿泰德》150a8 以下)。异乡人并没有说,接受反驳的人也从这个教育过程获得了快乐。通过辩驳或者说盘诘(elenctic,参 230d1 以及 230d7)来审察[别人的意见],必须与 225d10 处称为"年轻人的闲聊"的那一部分诡辩区别开来。后者不会给听者带来任何快乐。我们还记得,在 216a6-b6 处苏格拉底曾经问到是否异乡人是一位辩驳之神;而在《治邦者》的开头部分(257a1-2)苏格拉底又说,结识这位异乡人使他感到快乐。因此,苏格拉底[130]是看到泰阿泰德居于盘问之下,感到很

---

① 参《治邦者》294d7-e3。如果异乡人对于体操之教导的普遍本性的说明是合理的,那么这更突出了《智术师》中拿体操与教育作比较,是不恰当的。

愉快;他显然并不相信,他自己因着对这次盘问的观看,也以一种辩驳的方式受了盘问。

最后,异乡人把盘诘比作医生对人身体的净化,以结束这一段长篇大论(230c8以下)。既然盘诘是一种教育,这就跟前文把教导与体操作类比相矛盾。关于矛盾教育的讨论中产生了矛盾。在盘诘中,是学生而非教师遭到反驳。我们该考虑如下可能性——虽然只是顺带着考虑一下——即:异乡人(或许也是柏拉图)此处乃是在考验我们。且让我们暂且花点时间来察看这一点。异乡人试图教导我们的会是些什么呢?我们在这一部分遇到两大难点,分别是医药与体操的区分,以及自愿与非自愿的区分。依照苏格拉底的看法,教导就像医药术,无知是非自愿的。从异乡人的立场上看,苏格拉底的观点再明显不过地意味着:教育,跟改变自身以迎就不同人的类型的修辞之间,可以确立某种联系。另一方面也可以说,如果教育类似于医药,且尤其类似于泻药/净化,那么,它必然针对人类本性中的某种普遍性说话。泻药虽非用于所有疾病,却是用于某种攻击人体的普遍类型的疾病——不管各人"血气"的本性如何不同。还可从另一途径来提出这段文字可能是在批评苏格拉底:按照异乡人的说法,净化先于教育,或者说,泻药用在实际施用某种明确的药物之先(230c8以下)。一旦我们已经通过辩驳或矛盾法净化了病人,就有必要给予他某种药物以更积极地治疗他的疾病。而苏格拉底,并没有这么做。

泰阿泰德夸赞说,经过净化的品性最好,最有节制。异乡人对他这个节制的对谈者表示赞许,同时强调,盘诘是最伟大和最有权柄的净化。凡是没有经受过盘诘的人,就算他是伟大的君王,他在于那些真正有福之人所该有的最纯、最美的品质方面,也是未受教育的、丑的(230d5-e4)。通过言及丑与美,异乡人继续在抹去他本人对于医药与体操,以及由此而对惩罚与教导的区分。那么谁是践行这种权威盘诘术的人呢?异乡人担心若把智术师跟这种技艺联系起来,会把他尊得太高(值得注意的是,这里涉及到了好与坏),可泰阿泰德却认为此番描述酷似智术师。我们注意到,若试图定义智术师,就不可能[131]只考虑似与似之间的分别:"狼看起来和也狗相像,最凶野的像那最驯服的。"(230e5-231a6)

为了区分"狼"和"狗",我们必须思考更多东西,而不只是考虑形相意义上的诸型。在某几个地方,异乡人提出,狼看起来太像狗了,以致于我们无法单单根据型来辨认它们。所以我们又区分了"驯服的"和"野性的"。然而在目前的语境下,这个问题涉及到哲人和智术师,或曰涉及到原物与摹本之间的区别。顺便说一句,如果智术师是狼的话,那么人类就不可能整个是驯服的。但是,我们如何得知哲人不是狼呢?在《王制》中(卷二,376a5),苏格拉底说狗是最哲学性的动物,因为狗对陌生人狂吠,对朋友却温和。这一说法显而易见是反讽。首先,这话要解释的是玻勒马霍斯(Polemarchus)的正义定义,而不是苏格拉底的。其次,从兽类行为作出关于人类本性的推论,这是荒谬的。最后,狗是战士的范型,而不是统治者的典范,它们展现的是血气,而不是理性。但是,如果一个人认为狗和狼的差别问题已经解决了,或无关紧要,那他必定个是极为驯服的人。

狗狼之别毫无疑问是一个比喻或者说"相似性"。正是出于这个理由,它才适合放在异乡人下面这句话的前面:"不想失足的人永远必须特别地对相似($\tau\grave{\alpha}\varsigma\ \dot{o}\mu o\iota\acute{o}\tau\eta\tau\alpha\varsigma$)保持警惕;这个种类最滑溜了"(231a6-8)。这是对《智术师》读者的根本性劝告,尤其是对于那些希望避免因看重论证而忽视比喻以至于滑倒的读者而言。异乡人同意把辩驳者称为智术师,然他这轮二分的结束语却是:我们必须足够地警惕(231a8-b2)。

总结:这次总结的确是依循之前二分的步骤,但意义重大地添上了一个东西。它告诉我们说:"我们定义的是高贵智术的族类($\dot{\eta}\ \gamma\acute{\epsilon}\nu\epsilon\iota\ \gamma\epsilon\nu\nu\alpha\tilde{\iota}\alpha\ \sigma o\varphi\iota\sigma\tau\iota\kappa\acute{\eta}$),而不是其他任何东西。"如此说来,好坏

准则已浸入了对于二分的二分之中,具体而言,浸入到了对净化的二分之中,划分净化的过程本身就是借助好坏标准来进行的。这里首次没有提及索取酬金(231b3-8),因此,正如我上文所指出的那样,这个秉性并不是智术师本性的一个必要属性。然而,这次二分的结果是二分法的倒塌。我们并没有通过这次二分产生出一个关于智术师的定义,反而得出了一个智术师和哲人的混合体。

第六场　二分总结
（231b9-e7）

[132]泰阿泰德赞同第五轮二分的总结，但也向异乡人抱怨他们目前的研究成果太不如人意。智术师"制造出了那么多的形象"（διὰ τὸ πολλὰ πεφάνθαι），或者说，他显得拥有那么多不同的相，以至于泰阿泰德对于如何哪怕稍微正确地言说智术师感到茫然。异乡人承认困惑情有可原（εἰκότως），换句话说，二分并非如同数学证明那样行进，而是像一个肖像（而我相信，这里其实应该说幻像）。我们必须相信，智术师也在困惑如何才能继续逃脱λόγος[言辞]的追踪，因为谚语说得没错：逃开摔跤手的每一次抓捕可不容易。"现在我们必须真的上心了"（231b9-c7）。这末尾一句暗示，我们还没有使出真正的"抓"。

且让我们驻足，以对诸二分做一个总括的观察。泰阿泰德把他的困惑归因于定义的多重性，而不是定义的前后矛盾或者它们各自的不合理性。为何此时多样性是一个问题呢？想想数学的类似情形。一个定理通常有多个不同的证明，但被证明的总还是同一个定理，若然不是这样，我们就不会把多种证明称为对同一个定理的证明了。例如，维特根斯坦后期数学哲学的一个最大的奇怪之处，就在于他的如下命题：定理一旦被证明就已改变了。被证明

第六场　二分总结

了的定理与未被证明时意义不再相同。因此,我们似乎可以合理地把维特根斯坦的理论加以引申,从而认为:同一个定理不可能以多种方式被证明;每一次不同的证明都必然把我们带向某个不同的定理。按照维特根斯坦的理论,数学结构作为一种变化函数,在我们观看它们的方式之中改变着它们的型,尽管不是在不断地改变。这跟[133]发生于二分之中的情形非常相似。但泰阿泰德跟异乡人一样,绝非晚期维特根斯坦主义者。二人都是"柏拉图主义者"——如若我可以这么说的话。对于这两个人而言,数学结构都是稳固的、自我同一的,同时它也独立于我们所用以证明它具有这般那般属性的过程。就此而言,"柏拉图主义者"眼里的证明是一个发现的过程,而不是一个构造或发明的过程。它是获取,而非制作。

如果异乡人所践行的二分法是一种类数学性质的、对形相结构的剖分,那么剖分所由开始的复杂统一体就必须像纯粹数学的对象那样稳固、自我同一,且独立于我们所用来证明它拥有这般那般属性的进程。然而在这个问题上,如果我们接受苏格拉底在《斐勒布》中关于二分的解说,那么二分与数学证明之间所做的类比就站不住脚了。证明同一个定理的途径可以不止一种,但是,对于我们所由开始的复杂统一体,无论在哪个分析"层次"上,对其形相属性的"计数"都不可能多于一种。不过还是有许多不同的途径,以去分析智术师这个复杂的相。对此,有人或许会反对说:之所以如此,是因为对二分法的应用还不如之后的最后一次二分那样精密。对此我想作出两点回答。首先,姑且假设这个反对有理。如果是这样,那么异乡人就是在用一个复杂的修辞来呈现他所宣称在爱利亚完全掌握了的教诲。那么,除非我们能够解释异乡人的教学法,否则绝不能说我们理解了这篇对话。然而这个反对是不合理的,这也把我带到了我要以之作为回答的第二点。在某种根本的意义上,对二分法的运用其实是精密的:它会产生出精密的结果。智术师确实看起来像我们所得出的每一个定义。不论是泰阿泰德还是异乡人,都没有不承认任何一个定义的精确性;相反,他们总是一致认为,那每一个定义都是精确的。因此,那些二分既精确又不精确;合起来看,它们既是肖像也是幻像。

二分法在适才所指出的那种意义上的基本合理性,并不因每轮二分内部的前后矛盾而作废。智术师在范型的所有主要分支里都出现这一事实,也并不作废这一基本的合理性。当然,那些定义在如下这一严格意义上是相互矛盾的:异乡人曾公开声明,二分的目的是要把智术师跟其他所有操某种技艺性能力的人分别开来。此目的就是要把智术师圈定在一个单独的分支里,再圈定在一个单独的子分支里,如此往下,直至我们的二分进程到达终点。[134]顺带问一句,我们如何可以知晓自己,已经实际抵达寻找定义这一任务的终点呢?若论对诸纯粹形相的二分,当再没有什么可计数的东西时,我们的任务便完成了;但是,若论对人的某个类型进行二分,我们首先指的是智术师们,却总是有更多的东西可以去计数。回过头来谈前后一致这个问题,依照异乡人,智术师的技艺恰恰在于他可以看起来完全像任何东西;也就是说,他可以看起来完全像任何技艺的践行者。通过表明他在每一个分支、每一个子分支、每一个子子分支等等中都可以现身,我们已然描画了一幅智术师的精确肖像——至少就目前我们已经达到的程度而言。我们也可以再往下走;但如果异乡人认为,智术师能够披戴所有的相这一看法是对的,那么,我们如何进行我们的二分就无关紧要。可能我们在每一个族类中都会发现智术师。

这些二分往往会违反不矛盾律,因而产生出一系列前后不一致的定义。智术师索取酬金又不索取酬金;他自己制作产品又不自己制作产品;他既是制作者(制作知识或虚假知识)又是获取者(不仅获取报酬,还通过交换来获取他人的知识);他既是驯服的又是野生的,等等。我再重复一遍:智术师可以看起来像任何族类的成员。所以我们不可能揭示他的真实族类(假如他有的话),直到我们能够区分"是"某族类的成员与"看似"某族类的成员。我们必须区分"是"与"看似",或者说必须区分原物与像,而二分完全没有能力提供我们这类知识。我再一次补充说明,数学证明也没有能力产生关于数学对象的这类知识。正因为如此,哥德尔(Kurt Gödel)这位 20 世纪最伟大的"柏拉图主义者"却是个拥护数学直观的人。① 当然,我们能够证明的东西,或者说我们算作证明的东西,必会受到我们所宣称已直观到的东西的影响,而直观本身却并非通过证明而有效。不可能有一个"柏拉图主义"式的学说——不管是在哥德尔的意义上还是在异乡人的意义上——不同时包含着纯粹形相的直观这一学说。如果我没有弄错的话,正是由于这个缘故,那些不能在《智术师》中读出形相直观这一学说的人,才觉得他们把异乡人所说的形相降到语言实体的地位是正当的。反过来,这样做又怂恿他们忽略了一点:形相字母表的诸纯粹形相,与关于真假陈述[135]的讨论中的"述谓"之间,是有区别的。然而,没有任何文本根据支持我们把形相字母表当成一种语言实体,字母表中的字母是一些纯粹形相,它们并非经由二分达到;异乡人把这些形相引入讨论中时,也从来没有提及这种二分的方法(尽管他紧接着有一段简短且极其模糊的关于"辩证"的说明,对此,我们在合适的地方将会考虑)。就算有些纯粹形相可以通过二分法的协助,与别的纯粹形相区别开来,这也只是一种分类方法,它运用于理智直观的结果。换句话说,二分法适用于或不适用于数点形相构造中的元素,无关乎形相结构的存在学身份这一问题。既然异乡人所说的形相并非语言实体,那么这些形相必定已被理智直观所觉知,不管异乡人是否明确提及此类说法。

---

① 哥德尔(1964),页 262,271-272。哥德尔首要关心——但未必只关心——的问题是对超限集合的理智直觉。

回到二分部分。还有另一个途径,可以揭示二分作为定义智术师的一种方法的短板。二分大概仅仅基于似与似的区分;换句话说,它忽略了好坏的区分。但实际上,正如我们已经看到的那样,异乡人真正从事划分时已经同时用到了这两种区分。实情是:除非用到"好—坏"区分,否则有些东西无法被筛选出来归入互补的诸相。假设我们要对形相上的诸相——不同于我们正在对其进行分类的、人们称之为现象的东西——分类,这时候我们是不可能区分比如说暴君与君主的,除非我们对暴君与君主这两个相作出判断。大体上,柏拉图的形相——在形相这个词之可能用之于人类生活的任何一个意义上而言——是按照等级排序的。对话中包含着对人类生活的许多"等级",哲人的生活固定在等级的顶端,而智术师的生活则固定在底端或者底端附近。两种生活的等级如此悬殊,根据何在?肯定不在智术师收费而哲人不收费这一事实。毕竟,苏格拉底大概也得到他的有钱朋友的支持。一般而言,没有人能够没有钱而从事哲学。也许,两种人更说得过去的区别在于:哲人仅收取足以支撑自己和家人生活的钱财,智术师则试图尽可能多地捞钱。然而甚至这个标准,我也没有发觉它有多么令人信服。毕竟柏拉图是个极其富有的人,这些财富使他在阿卡德摩(Academy)建立自己的学园得以可能,更不消说去资助苏格拉底了。

[136]留心以下事实会使我们更接近于问题的要害:智术师对任何付得起钱的人贩卖他们的智慧,哲人则对学生精挑细选。不过还有进一步的问题要问:为何对学生精挑细选就更好?答案无疑取决于老师的学说的性质。比如,当代大学确实会用一些价值标准来筛选学生;然而同样为真的是,尤其是在本科阶段,哲学教授的确是把智慧卖给那些付得起钱、且愿意付钱的人。我相信多数当代哲学教授都不愿意人称他们为智术师。他们可能会以各种各样的方式来为自己辩护,其中有一条无疑是政治性的:柏拉图

关于少数人和多数人的区分在一个主张平等的社会里，不再被人接受。此外，作为居住在现代启蒙之光中的人，我们通常认为，尽可能广泛地传播知识成果，不仅是正当的也是人们所想要的。总之，我们与柏拉图的区别不单纯在于历史时代的不同和经济条件的改变；我们跟他的区别在于原则，进而也在于对哲学意味着什么的理解不同。那些自称"柏拉图派"（Platonist）的人（有别于"学习柏拉图的人"［platonist］）不妨慎而思之。

异乡人用以呈现智术本性的途径绝不是直截了当的。我们频频得到一种印象：智术师是这种或那种技艺的拥有者——比如鞋匠或木匠——的虚假摹本。但这话当然毫无意义，我们必须要作出的一个根本的区分，还是在于智术师与哲人之间。一般而言，在柏拉图作品中，尤其是在《智术师》中，智术被呈现为哲学的一个替代品。注意到如下事实非常重要：异乡人（我们此刻仅限于谈《智术师》里面的异乡人）并没有这个现代观念，即存在着各种关于哲学的哲学"立场"或者"概念"。从他对其前辈（包括帕默尼德在内）的全面批判，便可见之一二。有哲学，但没有"诸哲学"。哲学是爱真理并且教导真理，是真正自由人的生活。并没有各种版本的真理、各种版本的自由生活，有的只是真理和自由的各种虚假摹本；换句话说，有智术。读者或许想要坚持说：犯了错的哲人在品质或动机上与智术师是有某种区别的。这我同意。但请注意，做了这样的区分，我们就把哲人与智术师的区别从"技艺"方面转到了道德层面。［137］我们用上了好坏标准。这不可能仅靠运用二分法而得出。

如果我们直插异乡人对智术的呈现的核心处，就会看到，定义哲人和智术师时所涉及的两者的技艺差异与道德差异之间关系很模糊。此时让我们把注意力收紧到技艺问题上。智术不仅是哲学的一个代替品，还是哲学的敌人，因为智术师否认原物与像的区别，因而也否认假的存在。在此我们可要小心。智术师并非主张犯错是不可能的,也不是主张说出一个错误的主张是不可能的;他的主张是,真就是有用,假则是无用。所以,一个陈述是否精确地反映了连接其所言说之物的那些形相关联,在他无关紧要。智术师无疑会否认形相的"实存",但对他更恰当的描述是,他对形相毫不关心。一个表述,如果有用,它就是真的;至于该表述是否在别的什么意义上为真,则没什么相干。苏格拉底通常用来阐明用途等级的手法,其本身在反驳智术方面并没有什么用,因为这种手法回避了问题的实质,它假设我们有高贵的灵魂,或者说,假设我们认识到哲学层级的价值。若要探究这一问题的所有复杂性,会让我离题太远,我只要说下面一句就足够了:一个人既可以是个节制的智术师,也可以是个节制的哲人。苏格拉底的德性甚至对智术师也是有用的,只要一个人"有节制地"有德性。换句话说,这里的关键在于我们把什么看为重要。但是,我们把什么看为重要取决于我们的天性,就是说,取决于我们的天性是哲人还是智术师。因此,对智术的"道德"分析只会让那些天性是哲人的人信服。

这最后的结果又给了我们一个根据,我们可以据此去理解异乡人对苏格拉底的批评。我们需要的是对智术的技艺性分析,而不是道德分析。在《泰阿泰德》里边,苏格拉底尝试去展开对智术的技艺性反驳,但尝试失败了,因为苏格拉底没能确立知识的本性;也因此,他就不能确立真技艺与伪技艺的差别。在这里,我们不可能去剖析《泰阿泰德》的论证,我只想作一个笼统的评述。智术师主张,觉知的对象会被觉知这一行为所改变,这一点实际上已被《智术师》里的二分所证实。要想驳倒这一主张,唯有基于对如下二者的区分:一边是稳固的、自我同一的、独立的形相;另一边是不稳固的、变化着的摹本。我们或许可以如下开始我们对智术师的反驳。[138] 为了区分有用和有害,我们首先必须接受有"自然"这么一个东西。某物对我有用,是因为我就是如此这般的一个构造。假如人是不停改变的——不管就自身而言还是就互相比较而言——那么,一个人就不可能基于任何类型的教育,包括智术师的教育,去寻求有用。再者,说某物有用就是说它持续有用,在我追求它时有用,在我获得它以后还是有用。简而言之,必定存在着某种自然的常性。对此智术师可能会回应说,就人作为一个族类以及就自然作为一个整体而言,的确存在着某种这样的常性,但这个城邦的人们和那个城邦的人们,这个时代的人们和那个时代的人们看什么为有用,却没有一定。甚至在同一个城邦的公民中也可以见到这样的多变性。所以自然的常性乃是这样:一旦我们确定了何者有用,就可以去把它弄到手——如果我们足够聪明(参《泰阿泰德》172a1-c11)。但绝不能说,这个或那个东西比其他东西更值得欲求;独有一个例外:说服的技艺。

换句话说,苏格拉底在《泰阿泰德》中对觉知的分析并没有跟智术师的实际主张交上火。智术师并没有主张我们认事物为什么它就是什么;他说的是,事物并没有其固有的价值,只有我们赋予它的价值。考虑到智术师承认自然的常性,这或许可能使他承认某种形相说,但不能使他承认有一个形相的自然等级,或承认某个形相自然就内在地就比别的形相更有价值。苏格拉底或许会反驳智术师说,智术师赋予说服技艺以最高价值,实际上已经是自相矛盾,或者说,实际上是将智术尊为生活层级的顶端。对此智术师的回答是,他是靠着他的聪明才智,如此看待智术并坚持对智术作此估价,至于其他人,就不能这么说了。这个回应实际跟苏格拉底的反驳交上火了吗? 智术师刚刚不是主张,说服技艺因为是最有用的技艺,所以内在地、因而也自然地就是最高级的技艺吗? 在就此进行回答以前,请允许我强调,智术师并没有声称他能说服我们相信一棵树实际上是一个人,或者他本人虽然不会做鞋,实则是一个鞋匠。这一点在后文会相当重要。智术师声称,他能够教会我们如何说服他人去做我们所欲求的事;他并没有声称要教我们智术。

从某种程度上说,这相当于是在声称要教他人制鞋,但又不教他们制鞋的知识。但这里有一个能感觉到的差别。[139]不说别的,知道如何构造说服性的言辞跟知道如何教人去构造说服性的言辞之间就不同。

现在让我们回到智术师对其自身技艺的称赞。在某种意义上,智术师的确已经自相矛盾。但这在他而言无关紧要。是苏格拉底或曰哲人而非智术师才看重一贯性。论到说服,不一贯远比一贯性更有力量。智术师的伟大声名就是实证。在柏拉图的对话中,以我们所能见出的而言,当苏格拉底多次采取行动使智术师陷入自相矛盾中时,深受触动的只是他自己的学生和朋友。顺便说一句,我的意思不是说,智术师完全不懂"形相逻辑"而苏格拉底是这门技艺的大师。严格说来,在亚里士多德以前并不存在"形相逻辑"的技艺,不过这些都无关紧要。我毫不怀疑苏格拉底比智术师更巧于组织他的论证,就此而言,且让我们说,他也是一位技艺更精妙的"逻辑学家"。可是,要就带有属人欲望的日常问题进行前后一贯的论证,所需要的逻辑上的精妙程度也算不上太大。而且,就算智术师们容易犯一些低级的推理性错误,就如柏拉图在对他们的不同肖像画中所现出的那样,他们还是可以一贯性地主张:在说服技艺中,一贯性只是次要问题。

换句话说,智术并非被定义为:关于形式逻辑或健全论证的残缺的知识。为什么智术师不能一面是数理逻辑的高手,一面却又恰恰以我们刚才所指出的那种方式故意自相矛盾呢?并没有什么内在的理由来证明他不能。数理逻辑的价值并不在于它有什么说服的能力,除非牵涉到别的逻辑数学家。如果有非逻辑学家大大看重逻辑和数学,那不是因为数学的一贯性(顺及,这个一贯性从没有被证明过),而是因为它们之中的一个或者二者都有用于他们获取他们所想要的东西。而他们想要的东西并不是形式的一贯性。不难想象这样一位数理逻辑学大师:他看重他的技艺不是因为这技艺本身,而是因为这技艺为他赢得了学术权力。我们难道不会把这人称为智术师吗?

所以,苏格拉底或曰哲人所必须做的不仅仅是表明智术师自相矛盾。在说服技艺中,矛盾反而往往是派得上用场的工具。甚至哲人也不是非得要智术师招认说服技艺于他而言是最高的技艺。哲人必须证明[140]的毋宁是:智术师对说服技艺的高度评价已经是哲学高于智术的一个标志。甚至这还不够,哲人还必须能够证明:不仅对于智术师,也对于既不是哲人、也不是智术师的中立的观察者而言,智术师的说服技艺都是无用的。照我的看法,这后一项任务是不可能完成的,原因非常简单。智术师的说服技艺是有用的,不管它包含着多少逻辑上的不连贯。若我们尝试向非哲人证明哲学比智术更有用,倒是更有可能达到目的。科学哲学中现今正流行关于科学发现的方法论争论,就表明甚至这种证明也并非小事一桩。但事实是:就哲人向非哲人讲出他对智术的辩驳而言,他自己也会用到修辞、不一贯,甚至用到"高贵的谎言"——援引苏格拉底在一个完全类似的情况下所用的词。如我上文所指出的,诉诸一贯性并揭发逻辑谬误只对别的哲学家有意义。因此,假如我们根据不一贯性和逻辑谬误而把智术定义为伪说服技艺,那么我们作为哲学家就再没有什么事可以做了,我们已经用定义反驳了智术;至少,我们已然通过公开支持一贯性并规避逻辑谬误而反驳了智术。

然而这不是爱利亚异乡人所采用的手法。有一个哲学问题至关重要,其要害在于到这场对话为止,还没有哪个哲人包括苏格拉底在内完美解释过假陈述的本性。没有人跟我们解释过我们何以能够说"不存在的事物"(引用《格列弗游记》中慧骃的话);从来没有人解决过非存在问题,因而也就从来没有人解决过纯粹的无或曰(用另一个后来的表述)nihil absolutum[绝对虚无]的问题。这一点的意味比智术尚未受到辩驳要根本得多。严格说来,这意味着,到目前为止,除了智术以外无物存在。在爱利亚异乡人之前不曾有真正的哲人,有的只是哲人的种种幻像。在后面一个文段里,异乡人将弃绝他所有前辈的观点,从而使这一点达到我们或许想要的清晰。

让我扼要地重述一遍。哲人与智术师的差别要么是道德方面的,要么是技艺方面的。要想认出前一方面的差别,我们自己必须拥有高贵的灵魂。但是,如果"高贵"意味着"最高",且最高的灵魂就是哲学性的灵魂,那么,我们就不可能认出他们的道德之别而不同时认出他们的技艺之别。在异乡人以前[141],从来没有人认出过两者的技艺之别:从来没有人恰切地对其作出解释。换句话说,若没有关于二者的技艺之别的知识,我们从德性上对智术的否弃便是不稳靠的。我们也许会被说服而相信我们自己错了,或相信我们并没有理解智术的德性;我们也许还会被说服而相信智术是美德,例如在尼采对这一点所作的表述中就说,"技艺比真理更有价值"。这话的意思是说,说服比真理更有用,真理本身就是说服的一种形态。毫无疑问尼采的表述是自相矛盾的。可面对这种指责,尼采也许会引用惠特曼(Walt Whitman)的话来回答:"我自相矛盾了吗?好吧,我是自相矛盾。我容纳多重性。"如果像苏格拉底所说的那样,德性就是知识,那么,那些像苏格拉底一样不能制作知识的人就是邪恶的,就是智术师了。这就是爱利亚异乡人对苏格拉底发动的没有言明的指控。

在有些读者看来,也许离题的东西实际上一点都不离题,反而是对我们之前所研究的二分的意义的一个必要反思。这篇对话的标题是《智术师》,对话中的交谈所宣称的目的也是定义智术师。二分法被异乡人引入,作为用于这个目的的恰当工具。然而,二分法是一个失败,尽管它成功地得出了关于智术师的多种精确描述。它为何失败?又为何被异乡人选中?现在我已经回答了这两个核心问题中的前一个,至于第二个问题,我们还没有准备好去回答,因为对这篇对话的研究还没有完成。不过,基于我们到目前已经完成的研究,一个初步的回答自动跳了出来。二分的使用跟异乡人对智术的严肃分析毫无关系,对智术的严肃分析不论好坏将在接下来貌似从二分进程岔开了的"离题"部分里进行。① 异乡人是在出于教学的目的使用二分法,这一目的只是从属于对智术师的严肃分析。而在教学的目的中,必定有一部分是要显明二分的局限性,具体而言,就是要显明,试图通过二分法来定义一个像智术师这样的人,乃是不恰当的。以我之见,这个推论是显而易见的。但我也很清楚,许多读者会觉得这样说过于牵强,甚至是不能容忍。他们下此判断的依据是什么呢?一旦我们放下对二分的想象重构,不把它当成一种[142]阐明纯粹形相结构的类数学技艺,而去仔细研究异乡人的实际手法,那么结果会如何?——要么,异乡人是个笨蛋;要么,他是在间接教育泰阿泰德(以及我们)。

现在我们回到异乡人。他建议我们停一下,歇口气,数一数到目前为止智术师已经显出过多少种形象。由于钓鱼者的范型不算在内,那么就应该有五个智术师的定义(231c8-d2)。以下就是此处总结里泰阿泰德和异乡人共同认可的定义。

(1) 索取酬金的、富家子弟的捕猎者(231d2-4)。如果我们拿这次总结跟第一轮二分结束后的总结相比较,就会看到,异乡人在这里没有像之前那样提及"意见教导术"($δοξοπαιδευτικῆς$)(223b1-7)。

(2) 一种来往于城邦之间,并经营灵魂学问的商人(231d5-7)。如果我们回看一下第二轮二分(224c9-d2),就会看到,这里的小结不再谈及交易言辞和德性。

(3) 在本城内、但仍是经营灵魂学问的商人。异乡人问泰阿

---

① 我想重申:我认为离题部分的讨论是严肃的,尽管我不怀疑,柏拉图并不认为这一部分成功地辩驳了智术。参本书第16场末尾部分的评论。

泰德,这是否已经不是智术师的第三个形象了。泰阿泰德回答说"是的",并且补充说"第四个了",从而引出了下一个定义。

（4）自产自销的学问商(231d8-e10)。我已经指出二分本身里边的计数跟此处小结的差池。于224d4-e5,贩卖由自己或他人制作的灵魂商品的人是单独一类,这一类在224d4处曾被泰阿泰德明确标记为"第三"次[发现智术师]。如此一来,本来的第三轮二分——最短的一个系列——现在被一分为二:贩卖自己的产品和贩卖他人的产品,而我们本来是不作这一区分的。这个问题非同小可,它引出了这样一个话题:智术究竟是一种"原创性的理论"(用一个稍显落伍的表述),还是说,智术师仅仅是在贩卖别的思想者的观点。无论属于两种情况中的哪一种,造像术问题都呈现了出来。二分次数的混淆,暗示出智术教导的本原问题是模糊的。同时,也以戏剧的方式表现出智术师的形象是如何令人混淆、滑溜难捉,并且表明,二分法"计数"并不适用于定义智术师这一任务。就算才华横溢的数学家如泰阿泰德者,也在试图数点智术师形象时犯了简单的算术错误。而异乡人自己也认可泰阿泰德的不精确的数点:"你[143]回想得没有错。我来试着回想第五个"(231b11-e1)。

我们该怎么理解异乡人的犯错呢？毕竟,这是他自己的理论,他应该明了各个步骤。他不是说过他完全记得吗？要么,异乡人自己并不记得之前的数算;要么,他故意同意泰阿泰德的新划分。无论两个回答之中哪一个正确,实际结果如上文所概述的都一样。如果异乡人有意接受新的分法,他就是在心照不宣地承认,他最初的陈述是错的或者不完整的。原来二分进程中对于计数的小题大做,加上此处关于泰阿泰德的记忆是否准确的交流,共同构成了一个确据,那就是:至少柏拉图要我们留意这里的前后不符。

（5）以诡辩术为自己的专属技艺、从事言辞之争斗的运动员(231e1-2)。异乡人于此的记忆是错的。在原先的二分中,赚钱术属于争论术的诡辩部分(226a1-4)。这里异乡人遗漏了(或刻意取消了)赚钱术,或者说,遗漏了年轻人的闲聊与智术的差别。这么一来酬金就不重要了,关键在于所教的内容。

(6)异乡人说,第六种情形还有争论余地。他指的是这样一类智术师的高贵性问题:他们净化灵魂中阻碍学问的成见(231e4-7)。异乡人在此完全略掉了之前关于崎岖与平坦的两种教育之路的区分(231b3-8)。

像柏拉图这样细心的作家,完全有可能故意通过最后和起初两次总结的每一处变化,来表明他微妙而又具有本质性的观点。但我不会试图论证这一点,不然会被带走得过远,甚至陷入猜测。自明的是,那种种变化,无论是在诸二分中的还是在总结中的变化都反映了智术师本性的错综复杂以及着实的流变不定。无论我们在哪里找他,他都会现身。对话接下来的诸部分所说的任何东西,都不会抹消这一结论。不过,让我们先不要去想余下的部分会怎样进展。只就目前而言,把智术师固定在某个单独族类中的尝试,已成为一出喜剧。

第二幕　像

第七场　像的问题

(232a1-235c7)

[147]我们就要转向异乡人对造像术的分析。我们会看到异乡人引入一个新的范型，领我们与他一同进入下一段分析。我们在前面看到的两个范型是钓者和家仆，第三个范型将是画像师。在我们深入细节之前，先说说这一范型的最一般特征以及由此提出的问题将大有助益。首先我要说的是，画家可以勾勒出对象——可以称之为像的原物——的精确或不精确的素描。然后，在接下来的讨论中我将论证，精确的素描或肖像对应于某个拥有真知识的人的说出来的真陈述，不精确的素描对应于假陈述，称作幻像。不精确的素描是有意误导人还是因为画家不能胜任（比较234b5-10, 235e3-236a2），这一点并不清楚，但异乡人把作为智术师的"画家"视为要诡计者和玩杂耍的，表明智术师乃是有意骗我们。另一方面，异乡人还归给智术师这样一个理论：没有原物；或者不如说，只有原物，此外一无所有；这无异于说，人类"制作"出了他们的知识。如果这的确是智术师的学说，指控他欺骗似乎就不公平，因为，异乡人称为"不精确的"像的东西，从智术师的立场来看本是一个原物；换言之，根据异乡人归到智术师头上的学说，画像师这个范型本身，只是不精确地呈现了智术师的技艺，即智术

师本人所理解、并将为之辩护的技艺。因此,画像师的范型原是基于异乡人对智术师的解释是精确的这一假设,但意图对无知的问题没有解决。

[148]考虑这个范型时,我们可以远离画像去观看原物,从而判定画像是精确的或不精确的。这传达出两个要点:第一,范型所代表的真理论就是我们今天所说的"符合论";第二,判定画像(或陈述)是否与原物相符的根据,本质上是视觉性的或感知的。我们要区分两种情形,为了方便起见,我将它们称作形相的和经验的。经验方面的例子是"雪是白的"这句陈述。异乡人似乎主张,当且仅当雪是白的时,"雪是白的"这句陈述才为真。根据这一范型,我们通过观看雪来确定雪是否是白的。雪可以为我们所理解,并不依赖于旨在真实描述它的陈述。形相方面的例子是"*动异于静*"这一陈述(一般情况下,本书用斜体表示纯粹形相的名称)。①同样,当且仅当动异于静时,该陈述才为真。我们同样是通过观看形相来确定这一点,这些形相可以为我们理解,而并不依赖于这句旨在说出关于动和静的某种真理的陈述。

假如说,原物若不依赖于它的画像或像就不可以为我们所理解,我们就永远不可能知道某个给定的像是肖像还是幻像。另一方面,异乡人的范型并未向我们保证某种纯粹视觉性或感知性的关于真(和假)的学说。真和假仍然是陈述的属性,也就是说,知识是推论性的。例如,在经验方面的例子中,光是观看雪还不够,要拥有关于雪的知识,我还必须能够说出"雪是白的"这句陈述。而反过来,为了确认我的陈述为真,我必须能够观雪并见其色。显而易见,在此交互的两端都可能出错。雪可能在我看起来是灰色的,我也可能在构造关于雪的颜色的陈述时出错——无论是由于对我所说的语言不精通、粗心或是其他原因。就纯粹形相而言,类

---

① [译注]原书用斜体英文代表纯粹形相的名称,中译则用楷体表示。

似的情况同样存在:如果有几个陈述,我事先并不知道其内容讲的就是异乡人意义上的纯粹形相,那么,通过分析这几个陈述,将大大有助于我渐渐看到某个纯粹形相。不过,经验与形相方面的情形有一个关键差别。观看雪的时候,我的确看到了雪,一种可感知的、广延的、有色的物质;我并非在字面上看到雪的本性或定义,"雪是白的"这句陈述也没有以大而醒目的字母闪过我的理智。然而,就雪的颜色[149]是其(现象的)本性的一部分而言,我还是能够得出我的陈述,并根据我能看到雪本身这一事实来证实我的陈述。

纯粹形相的情况则不同。没有什么感性的、或实在可见的事物或活动——如白雪——与存在这一形相对应。有些事物通过与存在这一形相的结合获得其"存在",我们可以称这些事物为"存在者",但这些存在者并非存在的精确或不精确的画像。因此,要把握异乡人的范型在纯粹形相上的应用,是极其困难的。有些人倾向于把关于某个纯粹形相的特定陈述看作该形相的体现,我指的是这样一种看法:形相,比如存在,并没有一个独立的本体,脱离于我们用以定义我们用"存在"这个词所指的那个东西的陈述。另外一些人部分同意这一点,但他们主张,由于所讨论的陈述可以重复作出,所以,我们必须把每个恰当陈述所描述的存在"概念"与陈述本身区别开来。如果一个概念不只是另一句陈述而已,或者换一种说法,如果把用来定义此概念的陈述理解为指一个独立的实体,我们就比较接近异乡人的学说了。在这里,重要的是被归给独立实体的本性。该本性是人类理智"制造"出来的抽象物吗?这当然不是异乡人所说的纯粹形相的涵义。概念,即便被理解为一个永恒的、独立持存的实体,它通常也还是我们可以描述的东西,我们可以详细说明其属性;而异乡人的纯粹形相则是没有属性的,假如有,它们也就不再是纯粹,或者说不再是原子性的了。纯粹形相进入了各种各样的连结关系中,这是一定的;但是,每个纯粹形相单独而言都完全是其所是，如存在、动、静，而不是别的东西。

即使我们欲把纯粹形相思想成述谓，上述特殊性依然存在。纯粹形相若是述谓，那就是纯粹形式化的述谓；或用更精确的术语说，它们是某些特殊述谓所对应的纯粹形相。因此，我们可以用一个形相来述谓本身并非形相的某"物"。但是，基于我已经说明的原因，我们不能用一个形相来述谓另一个形相。严格而言，一个陈述若是描述了一连串的纯粹形相，它就不是一个述谓陈述。一个串联性的陈述——假如我可以这样称呼——区别于其他陈述的地方就在于，它且唯有它才是那个原初的形相串的肖像，或者说精确的像；像我现在用来描述异乡人形相学说的那些陈述，[150]并不是纯粹的或严格意义上的串联性陈述。不过，这些串联性陈述最终的证实或证伪，还是要通过我们对纯粹形相本身的感知；从这一意义上来说，任何关于纯粹形相的陈述，无论是串联性陈述或间接陈述，都与"雪是白的"这一陈述相类似。为了证实或证伪这些陈述，我们必须能够直接通达原物，而不依赖于我们关于它的陈述。一个形相不是一个人、或一个事件，但就像人和事件截然有别于关于人和事件的陈述一样，它也截然有别于关于它的陈述。

以上这些初步的、非常笼统的思考还不够，我们必须回来，更为详细地讨论《智术师》中关于像的主题，以作为上述思考的补充。异乡人展开像这一主题的方式对他的论证有着根本性的意义，但也极为神秘晦涩。我们必须相当详细地剖析异乡人讨论的各个阶段，并剖析其他人在此阶段、以及在后面的场景中是如何理解核心主题的。接下来的简明分析旨在为随后更小章节的详细研究提供一个概览。我在概览中几乎完全不考虑诸形相的结合这一虽然相关、但又截然有别的问题，且因此不考虑异乡人关于存在和非存在的论述中"是"的意义问题。除了起到概览或引导作用外，以下简明分析也意在确立前面曾提及的真陈述与精确的像之间的联系,将它作为假陈述与不精确的像之间虽然明确、但却不无含糊的联系的必要配合。我将表明的主张是:异乡人继续使用苏格拉底在关于有意义之言说的论述中所用到的原物与像的范型,但异乡人使用该范型的方式使原物与像的区别失去了其内在的一贯性。紧接着是支持这一主张的第一步,这一步到第十场还会加以更详尽的论证。

精确与不精确的像(肖像和幻像)的区别在 235c8 以后引入,作为之前的结论,即智术师属于魔术师和哄骗者($τῶν\ θαυματοποιῶν$;235b5-6)族类所带出的结果。这些人因此也是某种玩杂耍的,或者说"存在的模仿者"($μιμητὴς\ ὤν\ τῶν\ ὄντων$;235a1. 比较:264d3-5)。那么,初步可以提出的问题是:作为这样的模仿者,智术师制作的存在的摹本(或者说,事物本身的摹本)是精确的呢,还是不精确的? 不过,接下来的困难危及到我们的探究。一般的像(因此也就包括肖像和幻像)有显得像、看似像存在但又不是存在(即它所模仿的东西;$τὸ\ γὰρ\ φαίνεσθαι\ τοῦτο\ καὶ\ τὸ\ δοκεῖν,\ εἶναι\ δὲ\ μή$)的特性。[151]为了确立像的实存(或它们的存在方式),进而定义智术师的技艺,我们必须证明,言说并思考虚假同时又不自相矛盾是可能的(236e1-5)。我们注意到,在这里,异乡人坚信这样一个观点:所有的像都包含假。假的就是不真的;由此,假显然是存在与非存在自相矛盾的结合。而这一困惑则要求我们阐明"非存在存在"($τὸ\ μὴ\ ὂν\ εἶναι$;237a1-2)是就何种意义而言的。

概括了试图阐明上述这句话必须面对的悖论之后,异乡人宣称,除非这些悖论得到解决,否则我们无法定义智术师。因为若不然,智术师就会利用我们的困惑,而否定像的实存(239c6-d4)。换句话说,智术师会借助帕默尼德反对我们说(或推论式地思考)"非存在存在"这一训谕,进而否定假存在。我们又一次注意到,智术师在此想否认所有像的实存(或存在)。这里就像其他地方一样,起初肖像与幻像的区分在一些关键点上被模糊掉了。不过此区分并没有被抛弃,异乡人在他的最后一轮二分中又明确地回到了这一点。让我们继续往下分析。下一步,智术师便迫使我们从视觉像转向随我们的言辞而来的($ἐκ\ τῶν\ λόγων$; 239e5–240a6) 多种意义的"像"。这里再次确立起一点:所有的像,虽然都真地是像,但也真地并不是它们的原物(240a9-b13)。因此,它们存在又不存在;于是,我们再一次面临着解释非存在究竟是如何与存在结合的这一需要。

如果我们说智术师欺骗我们,那么我们就是在说,他的技艺诱使我们作出错误判断($ψευδῆ\ δοξάζειν$; 240d1–4)。我们就是在说,他诱导我们把"不存在的事物"($τὰ\ μὴ\ ὄντα$)思为"在某种意义上存在着"($Εἶναί\ πως\ τὰ\ μὴ\ ὄντα\ δεῖ\ γε$; 240e3)。这就使我们相信这样一个命题:虚假,非存在的另一种表达,"实存"于判断和陈述中 (241a8-b1)。异乡人在表达这个问题时,又一次将假与像、肖像、模仿和幻像相连(241e1-5)。既然精确的像不可能歪曲其原物的比例,那么它的假必定是由于如下事实:它像,但却不是原物。这里,相关的问题是合乎比例;稍微有点过分简单化地说,即,精确的像包含与原物相同的比例。因此,在有关比例的方面,它看起来完全就像原物,然而,它仍然异于原物。就像我将要主张的那样,一个真陈述,与陈述所"传达"或描绘的东西之间的关系,情况就是如此。遗憾的是,异乡人从未解释[152]我们应当如何区分原物比例与它的精确的像。(注意,借以实现比例的媒介并不直接相关于比例本身的存在问题。)

我们现在跳到260c6及以后,在那里,像的话题再次出现。异乡人论证如下。倘若假"实存",那么,欺骗也实存;而假如欺骗实存,所有事物就都充满了像、肖像和幻像(260c8-9)。异乡人未解释何以假实存就能保证欺骗也实存,不过,之后他将认出,假是一个比欺骗更大的族类。首先,他提醒我们回想智术师早前的主张:

假如非存在既不能被推论式地思想也不能被言说(就像帕默尼德所坚持的),那就根本不可能有假存在(260c11-d3),当然,也就没有像。不过我们已解决了非存在的问题(在插入部分,但我现在不会对此加以概述),因此,我们现在可以将智术师归于这样一类人:实践"造像术中的幻像术"的人(260d8-9)。这一表达似乎预示了需要被证明的东西,即,智术师属于造像术中的哪一族类。然而,智术师仍然可以反抗说,言说($λόγος$)和判断($δόξα$)①并不分有非存在,所以假不可能存在(260e1-3)。因此,我们必须进一步表明,言说、判断和想象的确都可与非存在结合,从而得出结论,即假存在(260e3-261a1)。

这是关于假陈述的讨论的背景。从我们目前的回顾中,我得出如下一般结论:

1. 一般意义上的像"存在,又不存在",因而全都与非存在和假相连。不过,在与不精确的像同样的意义上,精确的像则不是假的。就原物的比例而言,后者带有欺骗性,前者没有欺骗性。
2. 智术是某种形式的欺骗,因此,也是与不精确的像相连的、某种形式的假。但假比智术意义更宽泛,并不是所有的假陈述都是智术的,因为并不是所有假陈述的言说都是出于假装或欺骗(比较 268a5-7)。顺及,此点表明,智术实际上是一个品格问题。
3. 对于异乡人来说,一般意义上的假陈述就是造像,即在此陈述中,语词与语词关联起来,从而不精确地模仿出某一原物。语词之间的诸"关联"(比较早期维特根斯坦的逻

---

① [译注]$δόξα$一般译为"意见",但本书作者罗森以英文 judgement 而不是 opinion 来翻译这个希腊词。为了保留该词意义的多个面向,本书自此处下将该词按罗森的英译译为"判断"。

辑形相学说)乃是对原物比例的一种不精确的再现。(这将导向与维特根斯坦后来意识到的同样的问题:任何陈述何以可能是假的,或者说,任何陈述可以错误地展示逻辑形相。)

4. [153]通过完全否认像,智术师也完全否认了假;亦即,他断言,或他希望断言,所有的陈述,包括他自己的陈述,都为真。

5. 因此,智术师也内在地否认了真陈述是某一原物的精确的像。

6. 异乡人将所有的像与假相连的事实,并不排除这样一个命题:真陈述是原物的精确像。原因在于前面所提到的事实:精确的像为"假",仅仅是就它与它看起来像的事物并不同一而言。

7. 正是由于精确的像与它所描述的事物不同一,才使我们能够——甚或要求我们——将真陈述认定为精确的像。或许有人想说,异乡人暗示了像(其中包括假陈述)与真陈述之间的某种分离。然而这样说将导致诸多无法克服的麻烦。真陈述若不是像,必然在某种意义上是"原物",但在何种意义上是原物呢?要么,真陈述本身就是原物,就是它们所言说之物,这样的话,存在与言说就没有区别了。但没有人会这样主张,就算那些从异乡人对形相结构的解释中看出某种述谓学说的人,也不会接受这样的谬说。那就只剩下另一种可能:真陈述是**另**外某种原物,这样的话,它们就要么像、要么不像它们所言说之物。然而,这并不是说真陈述就是精确的或不精确的像。

现在,我要转向关于假陈述的讨论。这里让我们感兴趣的有下面几点。异乡人给我们举了一个真陈述的例子:"泰阿泰德坐着";一个假陈述的例子:"跟我说话的泰阿泰德在飞"(263a2-b1)。真陈述陈述的是"关于你的、存在的事"(τὰ ὄντα ὡς ἔστι περὶ σοῦ),假陈述陈述的是"并不作为存在而存在的事物"(或不要那么生硬吧,译成"作为实有的东西";τὰ μὴ ὄντ' ἄρα ὡς ὄντα λέγει;263b4-9)。从前面的讨论我们知道,该假陈述是泰阿泰德的情况的一个不精确的像。此点很快会得到再一次确认。但异乡人首先区分了肯定和否定,并简要论及假言辞跟推论性思想、判断、感觉以及幻想(263d1-264a7)的关联。在这一段里,真正的假陈述(ὄντως τε καὶ ἀληϑῶς...λόγος ψευδῆς)实质上被描述成263b4-9中一样,即被描述成动词和名词的某种结合(σύνϑεσις),通过这种结合,"事物被关于你而说",但异的(亦即,不是你的那些特点)被说成同的(亦即,那些属于你的特点),[154]不存在的被说成存在的或实有的(καὶ μὴ ὄντα ὡς ὄντα)。

在这里,异乡人并没有将假陈述描述为一个像,虽然我们知道这是他的观点。事实上,他接着说,某些λόγος[言辞]、也因此某些διάνοια[思想]和δόξα[判断]是假的(264a8-b3)。这反过来也引导他去再次建立早前关于肖像术和幻像术的区分(264b9-c6)。然后,他驳斥了智术师在前面的主张,即:肖像、像(εἴδωλον)和幻像都是根本不存在的,因为(如智术师所说)根本没有假这东西(264c10-d1)。不过,既然假λόγος[言辞]和假δόξα[判断]已经被证明是存在的(πέφανται δ'οὖσα),那么,"对诸存在的模仿就可能存在"(ἐγχωρεῖ δὴ μιμήματα τῶν ὄντων εἶναι),也因此,欺骗的技艺就可能存在(264d3-5)。总之,假陈述是对存在的模仿,或换一种说法,是存在的像,它要么基于言说者的无知,要么是言说者有意欺骗(267b7-9,267d4-e2)。言说者的意图无损于如下这一事实:假显然会在整个造像术这一族类中找到(266d8-e1),但它更会肯定地、明明白白地在幻像制造术找到。异乡人到最后在这一点上都是含糊的。从上述小结可以再次得出如下结论:

1. 假如肖像(或非幻像性的 εἴδωλα [像])也包含假,那么它们的假(就像我们所看到的一样)必定不同于幻像,无论这些幻像的假是出于有意还是无意。假 λόγος [言辞],从这个术语的严格意义上说,乃是把不存在的说成存在的。假言辞必定是一个不精确的像,或更准确地说,是对原物比例的不精确的言语再现。反过来,"比例"则是陈述对象的活动或情况的形相实例(逻辑形相)与形相的连结。

2. 异乡人对假 λόγος [言辞]的讨论远多于对真 λόγος [言辞]的讨论,因为他首先关注的是假陈述。他从未明确地将真 λόγος [言辞]与肖像或精确的像相联系,除了在如下超语言学的意义上:对假陈述的正确分析,依赖于对假陈述中所包含的假像的辨认能力,因而也依赖于区分精确与不精确的像的能力。我们似乎必然由此得出,对一个假陈述的某种正确分析本身,也"包含着"(或"是")所讨论的原物的一个精确的像。然而,以此类推,我们就可以从异乡人关于假陈述的分析中,推断出真陈述与精确的像之间完全总体性的联系。

3. [155]也可以通过反证法推出真陈述与精确的像之间的总体联系,如此推论是基于对真 λόγος [言辞]是一个像的否定(参见前面一系列结论的第七条)。言说存在之物,或言说不存在之物,就是精确或不精确地去复制存在之物;但不是在严格的"画"或"拍照"的意义上复制,而是通过自然语言的语词和句法,去再现(或尝试去再现)存在之物($τὰ$ $ὄντα$)的理智性、或曰结构性元素的"比例"或"比率"(逻辑形相)。

4. 言说与理智结构的区分,来自异乡人对非存在在何种意义上"存在"的分析。假陈述也是关于某个"存在"或"实有"的东西,并非关于某个"不存在"的或"不实有"的东西的。

假如言说与理智"比率"之间完全没有区别,那就没有可能在比率上犯错了:作为陈述的 λόγος 与作为"比例"或"比率"的 λόγος 就会同一了。因此,一个真陈述必须"展示"或"揭示"(参 261e1; δηλοῦντά)原物的"比例"或"比率",但又不实际成为那个比例或比率。也就是说,真陈述必须是精确的像或原物的肖像。但我们会看到,维持真陈述与原物结构之间的这种区分是不可能的。部分由于这个缘故,才使得有些学者主张,在柏拉图后期对话中根本没有什么原物和像的学说,因而《智术师》中也没有这样的学说。我们当然可以否认异乡人明确地将真陈述确认为精确的像,但不能否定的是,他的确将假陈述确认为不精确的像。我已经陈述我的理由以得出如下结论:我们推出"真陈述也是一种像"这么一个相应的命题,乃是正当的。倘要否定这一命题,则将面临一个困难,即如何解释真陈述与其言说对象之间的关系。因此,对像论的打压,会直接导致这样的观点:真陈述是述谓或曰精确的同一性陈述。但,这一方面使得与述谓词对应的形相或"属性"并未得到解释,另一方面,真述谓在哪些方面区别于假述谓也未得到解释。何以真述谓就比假述谓要少一些是像呢?

在这一初步概述中,我想强调从异乡人的画像范型引出的另一个问题。问题出在像表面有缺陷的本性上。异乡人区分了精确与不精确的像,除了别的以外,二者还对应于真陈述和假陈述。我们应该[156]注意,任何形成于像本身的缺陷,也必可以用来说真假陈述。举一个佐证吧:异乡人主张,一个像,由于它"看起来像"、但却不是原物,所以是我们称作"存在论缺陷"的东西。不难看清,一个关于雪的陈述,或一个关于纯粹形相存在的陈述,也一样不是雪,不是纯粹形相存在。你也可以说,如果纯粹形相是宇宙的终极组成元素,是形相"字母",其他一切都由它们"拼写"而成,那么也许,将其他一切异于这些形相字母的东西看作带有存在论缺陷便是合理。我们甚至还可以把这一观点从形相字母引申到更宽泛意义上的"柏拉图的"的形相,而说这些形相就是原物,至于其他一切,亦即它们的实例,则全都是有缺陷的摹本。但就算我们承认这一点,何以我们就该说,一个关于雪的真陈述在存在论意义上低于雪呢? 这不等于对 λόγος [言辞] 和 ἐπιστήμη [知识] 的贬低吗? 或者说,这不就等于对一般意义上的知识——与我们对其拥有知识的(非推论出来的)事物对照而言——的贬低吗?

  问题还有另外一面。鉴于异乡人的学说要求肖像(精确的像)无论如何要与其原物相似,我们是否也可以说,原物与其肖像相似呢? 如果这种相似关系并非对称性的,那就是说,某物与其原物"相似",然而,此原物与相似于它的那个东西并不相似,你这么说又是什么意思呢? 假如肖像的作用就在于直接引出或"呈现"原物——因而也就是说,假如我们正在看的就是原物,而不是其相似之物——那么,把肖像说成与原物相似,又有什么意义呢? 如此一来,我们将怎样才能区分原物与肖像呢? 在思考这一问题时,我们很快注意到,关键的例子就是我上面所说的形相方面的例子,而不是经验方面的例子。雪根本就不像关于雪的陈述,就如泰阿泰德根本不像关于泰阿泰德的陈述一样。假如画像师的范型有任何切题性,那必定是因为,关于经验事物或事件的肖像或真陈述,捕捉住、或展示出了事物或事件本身的内在形相结构。无论就形相方面还是经验方面而言,形相的光芒都必须"穿透"陈述照耀出来。假如陈述是形相的一个太过残缺的版本,那么,它至多会是一个不精确的摹本,一个幻像或曰假陈述,而不是真陈述。如果陈述足够精确,以至于让形相的光芒穿透它而照耀出来,那么,该图画或像就呈现了形相本身,且形相就在陈述中在场。但是,坐着让别人给画肖像的人,本身并没有在肖像中在场;换句话说,想象中的形相的独立持存性,本身并没有解释[157]形相在肖像或真陈述里面持存的方式。假定形相的确在陈述里面持存,那么,陈述为何是残缺的这一问题也就不再明了。可能我们会说,陈述比形相更丰富,因为它包含了语言学的材料,但这似乎跟问题的重点风马牛不相及。作为精确的像,陈述呈现或包含形相,因此就是形相。

最后还有一种方式,可以表达形相在像中的持存方式这一问题。就像我前面讨论过的,形相 F 的一个尽管不精确的像,也必定仍是 F 的像。拿破仑的一副不精确的画像,事实上不可能成为亚历山大大帝的画像。在异乡人的范型中,他通过对幻像的说明,以令人混淆的方式展开了这一观点。如他所言,幻像歪曲原物的比例以就透视律,然而其结果是,不精确的像为我们提供了原物的精确的像!显而易见,对不精确的像的这一说明无法涵盖所有情况。我们还得看异乡人是否以一种技术上令人满意的方式拓展了他的范型。

对于这出哲学戏剧的第二幕中将要面临的诸多问题,我们就先概述到这里,现在让我们返回文本。现在智术师已经有了六个定义,异乡人在总结完这六个定义之后,紧接着就对他们到目前为止对二分法的使用做了似乎彻底的谴责。他明确地将二分比作"幻像",这种幻像是不健全的,因为它使智术师显得是一个懂得太多事情的人。任何人若"在任何一门技艺上"患上了这种病,就无法看到所有类型知识的旨归。泰阿泰德承认,这就是我们用许多而不是一个名称来称呼这样的人的原因(232a1-7)。① 疾病之喻提醒我们在第五轮二分中医药术和体操术之间的含混关系。但无论我们需要的是一名医生还是体操教练,显然,二分在定义智术师的技艺这一任务上已告失败。但另一方面,就像我们以前注意

---

① 参 F. M. Cornford,《柏拉图知识论》(*Plato's Theory of Knowledge*, New York: Liberal Arts Press, 1957),页189。关于 κατιδεῖν,请参看 232a4。

到的,关于智术师,这些二分又好像并没有说错什么;因此,若把它们看作对智术的局部的、现象学的描述,则它们大概又是"健康的"。

为什么将很多名称赋予智术师是不健康的?原因似乎是,二分的科学功能在于确定智术师的本质性"名称",或者说确定智术师的定义。除了方法的能力之外,当且仅当智术师[158]的确拥有一种本质性的技艺时,我们才能做到这一点。而到目前为止,他竟有能力披上种种不同形相,这就使我们不可能准确界定那种技艺到底会是什么。但与此同时,我们的失败本身,或我们失败的理由,也暗示出这样一个候选答案:智术师是伪装或假像的制作者。我们可能注意到,异乡人从未否定一个人可能拥有很多技艺;他说的是,在这类情况下,不同技艺会有一个唯一的核心,即所有技艺的旨归。这个旨归,也必定是技艺上的多面手致力于他的多种技艺的最终目标或目的。此陈述留有阐释的空间。异乡人没有告诉我们,这唯一的核心(如我对它的称呼)究竟是多种技艺中的一个呢,还是一个实际层面的目标。让我们考虑一下哲人的情况。哲人也可能懂得许多技艺,如几何学、和声学、天文学、诗学,等等,但何以我们优先用"哲人"而不是"几何学家"、"天文学家"等来称呼他呢,尽管这些名称也都适用于所谈之人?表层原因是,哲人不通过教授如几何学这样的东西谋生,他不是"职业"几何学家。深层的原因则是,哲人在他所懂得的各种技艺中,通常并没有重要的发现或推进。不过,在有些情况下,哲人也有发现和推进(想一想笛卡尔和莱布尼茨的例子)。但至少,就柏拉图对话中而言,我想问题的答案是:哲人为了哲学的缘故而从事其他技艺。但是,哲学与其他技艺的区别到底是什么?

在《王制》中(卷四,428a11及以后),苏格拉底用政治术语回答我们的问题。他说,智慧($\sigma o \phi i \alpha$)与技艺($\tau \acute{\epsilon} \chi \nu \eta$)有别的原因是,

智慧的目标在于整个城邦的福祉。① 我们可以将这一答案概括为:哲学关注整全,而不仅仅是这种或那种技艺。这种表达方式与异乡人将辩证法(即二分法)确认为哲人的技艺不谋而合,也跟他确认这种技艺能够捕捉到任何事物不谋而合。但另一方面,我们一直没有证据表明二分法实际上能够实现异乡人的宣称。再者,很显然,无论在苏格拉底还是异乡人看来,哲学都是一种道德的或曰实践性的、同时也是一种理论性的活动:它是一种生活方式。而二分法,若把它理解为根据种类、并通过区分相似与相似来对事物进行分类和集合,则它本身是一种严格意义上的"技术性"或理论性的方法。它既然抽空了好与坏,就无法涵盖哲学活动的全部范畴。

[159]这一初步的反思向我们表明,我们并不知道如何定义哲人,就像不知道如何定义智术师一样。但是,正如在哲人的例子中,并不是技艺的多样性让我们困惑一样,在智术师的例子中同样也可以这样说。问题不在多样性,而在统一性。我可以用稍稍有点不同的方式阐明这一点。智术师也可能懂几何学、和声学、天文学和诗学,等等,但他知道这些并不妨碍我们称他为智术师;我们之所以称呼某人为智术师,是因着他投入全部精力所追求的那个目的。换句话说,几何学,以及其他技艺,似乎的确与哲学这一综合性技艺有某种具体联系,但与智术这一综合性技艺却似没有任何本质的联系。只在这个程度上,智术师的综合性技艺或"核心"技艺与哲人的综合性或"核心"技艺,在这一程度上相类似:如果某人拥有恰当的"核心"技艺,我们就称他为哲人或智术师。然而,在我们能够界定这一"核心"技艺究竟为何之前,我们关于一个人是哲人还是智术师的判定很可能出错。假如智术师是自以为知、其实不知的人,那么,表面上是哲人的就可能是智术师,而表面

---

① 请对比《泰阿泰德》145d11-e6 苏格拉底的话。

上是智术师的就可能是哲人,端端取决于哪一个知道真理。生死攸关的真理并非几何学、天文学等真理,那么,是哪一种真理呢?其他技艺与哲学的"核心"技艺[比起与智术的核心技艺]具有更大关联性,这只对下面这样的人才会有触动:他同意哲人声称所知道的、有关各种技艺和智慧之间的联系的事。但智术师可能比哲人更有智慧,亦即他对整全的解释可能比哲人的解释更真。这一点有待进一步探究。智术师可能战胜哲人而又不否认几何学、天文学及其他技艺的完整性,这恰恰是因为,他明确区分了他的"核心"技艺和其他技艺,而哲人则不作此区分。

对于哲人与智术师就整全而言的差异,我们今天往往把它描述成哲学立场之别。这是异乡人所无法接受的。在异乡人看来,哲学是一种适合自由人的生活方式,自由人在这种生活中看到纯粹形相,并建立起它们的联系,作为随后所有知识的基础。在智术师看来则没有形相,也因此,异乡人所说的自由人的生活,无疑会被智术师称为奴隶的生活。这一理论分歧能否得到[160]解决,以至于证明哲学的正当,还有待考察。但是,哲人与智术师在实践方面的差异又如何呢?如果哲人关于德性即知识的主张是正确的,那么,在我们断定他知识的真伪之前,又怎能确定他有德性呢?又,如果我们并不知道智术师所特有的知识是伪知识——这些知识体现在他的"核心"技艺中——那我们就还不能说,他在所有二分分支及子分支中的显现乃是智术缺陷的标志。换句话说,他这种无所不在的显现,也可能并非二分之"疾病"的标志,除非智术师之有能力在每一族类中现身是(基于这一假设)其真智慧的标志。无论我们怎样看待这一问题,我们都还不能说,拥有多种知识使一个人成为智术师。但我们也没有理由说,智术师之能够看起来像多种技匠是一种缺陷。

到这里,异乡人丢开了之前的多个结论,只挑出一种属性来描述智术师,即,反驳或争论($ἀντιλογικόν$;232b1–7),这是言辞论争术中的一部分(参第四轮二分)。诸二分中从未将这一属性区别出来,作为定义智术师的决定性因素。异乡人通过赋予争论术在智术师定义中的关键性地位,暗示他同意苏格拉底的观点,即智术非常接近言说术、甚至与演说术是一回事。① 在《王制》(卷六,493a6及以下)中,苏格拉底说,智术师教授的是公众的意见,他们被私营赚钱者视为技艺上的对头;他们收集所了解到的野兽般的民众的意见,"将它组织成一种技艺($ὡς\ τέχνην\ συστησάμενος$),并名之为智慧"。

这是一段意味深长的文字。就像我们在上面看到的,根据苏格拉底所说,智慧关注整个城邦的福祉,它跟技艺不一样。因此,智术是哲学的对手,因为它也声称谋求整个城邦的福祉。这一声称的基础是,智术师将意见置于知识的地位,换句话说,智术的至关重要的命题是:意见高于知识。智术师并不否认有技艺性的知识,无论是制鞋的知识还是几何学的知识;事实上他的观点是:没有关于善的意见的技艺性知识,但有如何劝说他人接受我们关于善的意见的技艺性知识。智术师是[161]私营者的对手,并非因为他假装是一名鞋匠、木匠或其他技匠,而是因为他也出售他的"技艺",并声称他的技艺比他们的更重要。苏格拉底怀疑智术师的"智慧",他说,这种"智慧"其实是意见,被组织得仿佛是一种技艺;但这一说法不但对智术、也对哲学提出了一个问题。虽然苏格拉底经常用技艺作为他通向知识的基础,且有时(就像上面引自《泰阿泰德》的段落)将智慧等同于知识,但他有时却(就像上面《王制》中引用的段落)区分智慧与技艺。

智慧与技艺的区分暗示着,某些知识不是技艺性的;这正应和于如下事实:异乡人首先划分的不是 $τέχνη$[技艺],而是 $δύναμις$[能力]。苏格拉底对智术批评的关键之处似乎就在于此:智术师并

---

① 参看《高尔吉亚》520a6,以及《尼各马可伦理学》卷十,9,1181a12—17。

非拥有真智慧,他拥有的是在共同善的意见方面说服公众的能力,并且这种说服还是基于公众自己关于共同善的意见。由此苏格拉底宣称,哲人才拥有共同善的知识。这种知识不是"技艺性的",就是说它不是"数学性的",也不是从相似与相似的划分中派生出来的。它是关于人的本性的知识,最终,它是关于灵魂本性的知识。苏格拉底代表哲学宣称它拥有关于何种生活对人最好的知识:即,哲学生活对人最好。他进而宣称能安排好其余的人类生活,从而根据哲学生活的优越性来界定共同善。然而,即使我们承认为了获得我们所欲求的任何东西就必须拥有知识,那也并不就能推导出,我们应当欲求哲人告诉我们是好的东西。关于什么值得欲求或什么是善,苏格拉底否认公众意见的有效性。智术师则接受公众意见。重要的是看到,二分法或技艺性知识并不能解决这一问题。哲人仍然必须说服一般民众相信他对善的"感知"(无论是作为型相的善还是其他意义上的善)是正确的,而民众的感知则是错误的。

  哲人怎样劝说民众接受他的智慧,而不是智术师的呢?他不能求助于二分法,二分法对民众用既不恰当,也不能为民众所理解。说哲人会陈述他的论点,那倒是好,但这种陈述就要求他利用修辞术或演说术,因为他不是在跟其他哲人打交道;即便是,他也不是在讨论一些技术性的问题。在《王制》中,苏格拉底使用说服力和广博的修辞来强化哲人关于公共善的意见。[162] 不说别的,这表明非哲学性情的公众不会自愿接受哲人的意见,而更愿接受他们自己的意见(当然,是被智术师改造过的)。如果我们本身不愿意接受哲人的动机,我们很可能就会说:哲学与智术的公开论争用的就是智术师的武器。当然,这不完全等同于说智术师不到场就已赢得这场论争,但也足以表明哲人必须:要么,诉诸私人的道德觉知;要么,向公众解释他的智慧何以是知识,而智术师的智慧则不是。

第七场　像的问题

总而言之,苏格拉底经常强调智术的实践或政治本性,甚至当他讨论一种貌似技艺性的主题,像普罗塔戈拉"人是万物的尺度"这一学说时亦如此。苏格拉底将这一学说转化成了《泰阿泰德》中的感知学说,以表明它将导致支离破碎的不连贯性、并因此导致公共世界的消解。因此,普罗塔戈拉学说的结果是,没有谁比别人更有智慧,特别是在政治和立法领域(《泰阿泰德》179a-b)。现在,让我们回到异乡人,看看他如何论述智术师的争论术。

异乡人挑选了智术师教别人争论的五类话题(232b8-12):

1. 智术师据说教人争论关于多数人看不见的神性事物的事(232b12-c3)。此处用语暗示这些事物对少数人并非不可见。换句话说,智术师把关于神性事物的讨论公开化了。
2. 他们也讨论天上地下的可见事物(232c4-6)。在后世的术语中,不可见与可见的神性事物之间区别,对应着形而上学与物理学之间的区别。
3. 接下来,异乡人提到关于一般生成和本在(οὐσία;232c7-11)的"私人对话"。既然智术师们否定属天存在的永恒性,或者说,既然他们把变化作为万事万物的原则,那么话题 2 和 3 似乎就是关于同一主题的。差异可能在于,这些私人对话是关于事物的原则的,普通大众对此并无兴趣。
4. 然后,异乡人问,智术师是否也教人们争论关于法律和整个政治领域(συμπάντων τῶν πολιτικῶν)的问题。泰阿泰德回答说,假如他们不承诺也教这个,[163]可以说,就没人愿意跟他们对话了(232d1-4)。异乡人没有表示反对。不过,他自己对智术的分析更多属于理论性的而非实践性的,原因是,如我前面提到的,如果知识就是德性,那么,我们需要先评估智术师的声称,即他声称知道关于意见的真理,然后我们才能断定智术师是有德性的还是邪恶的。

5. 智术师把技艺高超的技匠可能就技艺——既包括个别技艺,也包括集合性的技艺——回答每个人的话写了下来,供所有人阅读(232d5-e2)。因此,智术师从事的是我们称作"技术启蒙"的工作。

总而言之,智术似乎是就万事万物进行争论的"一种能力"(τις δύναμις;参 219a6)。泰阿泰德承认,异乡人的以上列举似乎没有多少遗漏(232e2-5)。从异乡人的分析可得出以下推断:智术通过关注整全来模仿哲学,但智术师所关注的问题低于政治。因此,异乡人或多或少会同意苏格拉底对智术的解释,虽然他试图下到更深层次去分析智术师的"能力"。"诸神啊",异乡人对天发誓:一个凡人怎么可能知道这一切的事呢?异乡人对泰阿泰德猜测,也许是他们年轻人眼睛尖,可以看出老年人因眼睛昏花而看不见的东西。但事实证明并非如此,泰阿泰德竟还需要异乡人把问题重新陈述一遍。然后泰阿泰德说,假如无所不包的知识是可能的(232e6-233a4),那我们人类可就是有福的族类了。

然后,异乡人问了另一个问题:既然没人能无所不知,当智术师跟某个知道的人争论时,又怎么可能说出"任何得体的话"呢(233a5-7)?在这一段中,异乡人似乎主张,如果智术师并非无所不知,那么他就是一无所知。这是一个不合逻辑的推断,为随后提及的"智术师的卓越的能力"(233a8-9)敷上了一层朦胧之色。当然,也没有哪个别人是无所不知的。假如智术师在与某个"知道的人"争论,而这知又与争论相关,那么,他们一定是在争论某个具体的事情。但,异乡人又提出一个问题:智术师如何能用这样的意见,即他在所有事情上都是一切人中最有智慧的人(233a10-b2),来造就和灌输年轻人呢?这一问题不言而喻与异乡人前面的主张相矛盾,异乡人在前面主张,论到辨认智术师,年轻人比老年人眼力更敏锐。异乡人重申这一问题,使得泰阿泰德同意,年轻人追求智术师,是因他们假定智术师无所不知。这就把年轻人[164]描绘成希望能够争论所有的事,而不仅仅是争论政治(233b3-8)。

智术师在学生眼里显得在所有的事情上都很有智慧,他们的学生也同样希望在所有的事情上有智慧。但,表象是假的,学生们的愿望也是不可能的(233b9-c11)。虽然异乡人没有明说,然而,这里学生们对智慧的追求已经表明智术师的对手是哲人。但与此同时,哲人也跟智术师一样,不可能无所不知。如果智慧即是对所有事情的知识,那么,哲人在这一点上并不比智术师处境更好。你可能会反对说:但人知道的越多,就越是接近智慧哦。但我们已经看到,智术师也可以像哲人一样谙熟各种技艺。其实在这里,重要的不是制鞋术或几何学,而是"核心"技艺,苏格拉底在《王制》中把它称作对整全的"全局性的"看见(第七卷,536c2);因而,这也是某种超越于——尽管并非截然不同于——技艺性的知识的"智慧"。我们也看到,只有在确定了核心技艺本身之后,个别技艺与核心技艺之间的关系问题才能得到解答。更糟的是,我们对技艺性知识与善之间的差异的简短考察——异乡人自己对哲学二分法的定义更强化了这一考察的结论——似乎支持智术师的论点,即个别技艺与核心技艺之间并没有本质的联系。因此,通过确认智术师的知识只是以意见为基础,异乡人仍没有驳倒智术师的宣称。

泰阿泰德说,异乡人主张智术师乃是伪称自己无所不知,这可能是他们目前做出的最精确的陈述了。不过,异乡人认为还需要说得更清晰些。他建议他们采用"一种更清晰的范型"来说明假设的或意见性的知识。范型尽管表面上看很清晰,但必定包含一些困难;或者,从异乡人警告泰阿泰德"要尽可能特别专注并且认真回答"(231d1-8),我们也可以想到这一点。然后,异乡人问:假如某个人声称他知道如何通过一种单独的技艺——不是知道如何去肯定或否定,而是知道如何去制作和做所有事情,你怎么看?第一次,在他们的对话中,泰阿泰德中途打断了异乡人的谈话:"你所说的'所有'是什么意思?"(233d3-e1)在对话早期,泰阿泰德对这个词并不感到困惑,现在他却困惑了,原因可能是现在他们从谈论一切转到了制作和做一切。①

[165] 异乡人说,泰阿泰德不能理解"所有的事情",表明他甚至还没有理解他们"所说东西的开端"。他解释说,"我指的是你和我都在这所有事情之中,除了我们,还有其他动物和植物"(233e2-6)。异乡人所举的例子并非关于所有事情的例子,而是一个子类,即生命物一类。泰阿泰德还是不理解。异乡人重新表述说:"假如某人声称要制作我、你和其他有生命的东西……"泰阿泰德第二次插话道:"'制作'是什么意思?"显而易见,这比异乡人谈及数点所有的事物时要难理解得多。泰阿泰德猜异乡人可能指的是农场主,因为农场主在起初的二分中被界定为动物的"制造者"(233e7-234a2)。异乡人断言,他所说的确包括制作动物,但也包括制作"海、地、天、诸神和其他所有一切"(234a3-4);而且,这制作者做东西很快,还廉价出售他的产品。"你说的是一种儿戏吧,"泰阿泰德回答说。(234a4-6)

异乡人很快就要引入画像的范型了:"制造"一切就是复制或画出一切。假如我们按字面理解这一范型,那么,智术师就是伪称他是他以一套恰当的言辞所"画"出来的每一种技艺的大师。但这其实根本就不是他所做的事。智术师制造的假像并不是一双鞋子,或一个几何证明的一种不精确的摹本。它是一种言辞,此言辞关乎各种技匠所制作之物或所行之事的目的或者说政治上的实用性。甚至这一点也是以间接的方式完成的,因为智术言说的首要主题是城邦的成文和未成文的法律。假如智术师伪称他是一名鞋匠或几何学家,但又不能做这些技艺的工作,我们就可以轻易揭露他是个假像制造者;我们不需

---

① 比较《泰阿泰德》204a1 及以后。

要关于像的——无论假像的还是真像的——"存在论"本性的知识，也能做到这一点。通过提出某种绘画型的智术，异乡人隐匿了——无论有心还是无意——智术师作为争论家的本性。

智术的"核心"技艺的目的在于，使我们能够劝说别人满足我们的欲求。而这又指向某种对善的生活的理解。假如说智术师的言辞是关于任何事物的"图画"，它就必定带有某种关于善的生活的观念；然而，这种情况下，若就善的本性没有达成一致，就无法作出精确的与不精确的图画的区分。我在上面曾指出，这种一致意见不可能通过纯粹的技术手段达到。当然，我们或许[166]会逮住智术师的矛盾。智术师声称，他的"核心"技艺并不赖乎τέχνη[技艺]，或者说，没有什么关于善的技艺性定义；但他又声称，他真正懂得说服的技艺，还可以将这种技艺传授他人，所以，他自己就是技艺人。不过，这个矛盾在更细致的考察中将会消解。没有善的技艺性定义，并不排除一个人可以拥有如何满足其欲求的技术知识这一可能性。除此之外，矛盾只对哲人有意义，对智术师或他们所预期的客户并没有意义。实情是，人们就是可以被说服去做我们所希望的事。从智术师及其客户的立场出发，唯一严肃的问题是，智术师能不能教人去说服人。总而言之，仅当我们能够阐明就相关的原物而言，制造精确的像到底是怎么一回事情时，才可能证明智术师乃是制造不精确的像。如果做不到这一点，那么，玩笑就开在哲人身上了。

让我们接下去分析。泰阿泰德刚刚指责了异乡人是在开玩笑，异乡人对此回应说，"有比模仿种更技术化（τεχνικώτερον），或更迷人的玩笑吗？"这个提问是一把双刃剑，因为，假如智术乃是制作不精确的像，那么，哲学很可能就是制作精确的像。从异乡人对言说的分析中也可以得出同样的结论，甚至承认现在这一问题的反讽性。泰阿泰德对异乡人的问题作出了肯定的回答。关于模仿术，异乡人是正确的，他把模仿术"集合成了一相（或形相）"、

"一个所有"(πάντα),亦即,一种处处发生的、最复杂精致的玩笑(234b1-4)。这一替换暗示着,智术与模仿术尽管并非共存共在,也必定属于同一族类。然而它也暗示着,哲人,或更宽泛地说,拥有真知识的人,不在这一族类。但这与即将作出的精确与不精确像之间的基本区分相冲突。

现在,异乡人解释说,绘画术使一个人能够模仿所有事物,并从远处把这些画示之于人,从而欺骗无理智的年轻人错将摹本当成原物(234b5-c1)。然后,异乡人明确地对如下二者加以比较:一种是绘画术,一种是那种通过关于所有事物的言语、或者说言辞之像来引诱年轻人的技艺。他没有说,这种技艺仅仅局限于对无理智之人的"能力";它影响年轻人,是因为他们缺乏经验,他们与"真理之事"(234c2-7)还隔着一段距离。在辨认智术方面,事实上年轻人的眼力并不比老年人的更敏锐(参 232e6 及以后)。[167]然而,更重要的是,把绘画与智术师的修辞相类比有一种误导性。我已经强调过下面的论点,但此点具有足够的重要性,值得我们忍受一下对它的重复。智术师并没有通过不精确地复制哲人的言辞,来假装自己是一名哲人,相反,他给出不同的言辞,亦即他自己的言辞。哲人和智术师都在"复制"(假如这实际上是一个正确表达的话)的,根据哲人的观点,乃是善的生活,而根据智术师的观点,甚至这一点也只在稀释了的意义上才是真的。善的生活是快乐生活,它来自于我们欲求的满足。然而,我们每一个人都是自己给自己供应所欲求的东西。我们从智术师那里得到的是说服的技艺,因此,这个说服技艺就其所指向的目的而言,跟其他技艺一样是"中性的"。若从哲人的立场出发,这里再次出现了矛盾:一方面,智术师说,没有一种独一的善的生活,一方面他又说,善是快乐。这个矛盾可以如下来化解。智术师只能回答哲人说,哲人追求知识,以及其伴随意义上的美德,是因为他发现知识让他快乐。假如哲人反驳说,甚至智术师也必须承认有些快乐是不好的,那么,回答仍然很简单:"善"意味着"尽可能使人快乐"。由此,我们滤掉了那样一些快乐:就它们往往适得其反而言,它们是"相互矛盾"的。毫无疑问,实行这样的快乐会有些实际的困难,但是,与获得知识的障碍相比,困难并不是更大,可能还更小。

根据异乡人的观点,随着年轻人长大成熟,他们多数人都会离事物更近一些。生活的改变作用使他们开始集中注意力去——坦然地或直截了当地——把握如其所是的事物,而不是事物在言辞摹本中看起来的样子(234d2-6)。这样做的人会一改他们年轻时的意见:以前认为大的东西,现在显得小了,以前容易的,现在好像变难了。总而言之,以前极具说服力的言辞幻像,将被他们亲身经历的事情所颠覆($\dot{\upsilon}\pi\grave{o}$ $\tau\tilde{\omega}\nu$ $\dot{\varepsilon}\nu$ $\tau\alpha\tilde{\iota}\varsigma$ $\pi\rho\acute{\alpha}\xi\varepsilon\sigma\iota\nu$ $\check{\varepsilon}\rho\gamma\omega\nu$;234d6-e2)。就像异乡人的术语所表明的,是生活的忙碌、事务($\pi\rho\tilde{\alpha}\xi\iota\varsigma$)以及与事物的实际遭遇,而不是抽象的言辞,治愈了我们的智术病。由此,异乡人的这段话虽然合情合理,却不符合这场讨论所处的方法论语境。

以泰阿泰德目前距离事物远近的程度所能看到的,异乡人是正确的(234e3-4)。异乡人补充道,现在所有的长者都试图带泰阿泰德贴近事物,带到"没有经验"($\check{\alpha}\nu\varepsilon\upsilon$ $\tau\tilde{\omega}\nu$ $\pi\alpha\vartheta\eta\mu\acute{\alpha}\tau\omega\nu$)的条件下所可能接近的程度。[168]此处的暗示是,异乡人的哲学方法将会像那些数学方法一样起作用,使年轻人能够看到真实的原物。换句话说,他声称自己有一些技术方法来揭露智术师是个骗子或玩杂耍的,是事物的模仿者。泰阿泰德立刻同意,智术师并不知道他所争论的事情,他属于逗乐者的族类(234e5-235a4)。

将二分法搁置一边以后,异乡人现在开始尽情地使用修辞,以及使用他在探寻智术师的过程中谈到的好坏区分。至少我们可以说的是,就教育泰阿泰德这一任务而言,或更为宽泛地说,就呈现异乡人的总体教导而言,这些并非多余的工具。作为玩杂耍的和模仿者(235a8-9),因此也是作为逗乐者或戏耍者,智术师明显被划入了人的一个低级类别中:他是一个收费的表演者。智术师为我们提供了一种低级的快乐。现在,我们的任务就是不让这只兽逃掉了:"我们几乎将他围在了一个由推论性工具所织的网中,他必不会逃脱接下来的事了。"(235a10-b4)

这句话阐明了制作在追寻智术师的定义中所扮演的角色,同时也引入了对智术师本人的制作方式的另一种描述:他属于变戏法的一类(235b4-7)。这在 233a8 已有预示。可能,变戏法的组成了一个种,为逗乐而模仿的杂耍者就是一个类型。接下来,异乡人没有采用刚才引入的与智术师相关的一连串名称,而是赶着要泰阿泰德和他尽快来划分造像术,从而开始了一段相当长的讲论(235b8-9)。为何需要如此不体面地匆忙行事呢(比较 229b1 及以后)?似乎与从二分法转向智术的新范型,以及转向随之而来的大肆使用修辞和好坏区分有关。用同样的急迫口气,异乡人又引进一个政治性的比喻:

> 假如智术师先站在他的立场反对我们,我们就奉 λόγος[言辞]、我们王的命令捉住他,并向他献俘告捷。但是,假如他试图隐匿于模仿术中的任何部分,我们都要紧追不舍,不住对接受他的部分进行划分,直到他被捕获。无论是这一族类还是其他任何族类,都绝不会吹嘘说,他曾逃过那些在每个点以及所有点上都贯彻此法的人(235b9-c6)。

异乡人就要开始最后一轮划分,而我们将看到,这一轮划分很快会崩溃。毫无疑问,[169]在前面应用这种方法而令人沮丧地产生出了关于智术师的多重定义之后,异乡人试图鼓励泰阿泰德。假如方法只要应用得正确就不会失效这话是真的,那么,异乡人——按照他自己的理解——显而易见还没有正确地使用二分法。当然,只有当我们接受异乡人的说法,即接受必须有一个单一的技术性定义时,此话才算说对了。

第八场　又一轮二分

(235c8-236c7)

[170]没有取自任何来自二分法的明显证据,异乡人就判定智术师是模仿术中的逗乐者或变戏法的人。二分法无法告诉我们就什么进行划分,在这一点上,我们根据接下来的讨论并不能看清楚我们应该划分的是模仿术、逗乐术还是变戏法。异乡人选择了模仿术,并回归二分法,不过这次二分比起起初的二分更具尝试性意义。"我似乎看到模仿的两种形相,但是,我想我还不能辨识,我们所探寻的型相恰好属于两种形相中的哪一种。"(235c8-d6)译作"型相"的古希腊语是 ἰδέαν,至今为止它在对话中是第一次出现,但跟之前的希腊词 εἶδος[形相]一样,它并不带有后来作为纯粹形相的这一专门含义。由于不涉及任何纯粹形相,异乡人对模仿中诸相的区分即将遭遇麻烦。

关于所谈的两种像,异乡人对泰阿泰德作了如下解释。他看到的第一种技艺是肖像术(eikastics)。这种技艺完全按照原物长、宽、高的比例(τὰς τοῦ παραδείγματος συμμετρίας)制作摹本,并给每个摹本涂上合适的颜色。泰阿泰德问:难道不是所有的模仿者都设法这么干吗?异乡人答道,那些制作巨幅绘画和雕塑的人,并不遵守原物的比例(他没有进一步提及颜色)。就这些活动而言,在复制美的事物时,符合比例的精确摹本反而会使上部看起来比应该的小,下部则看起来比应有的大(比较234d6–e2)。异乡人说,"美的事物的真实比例可不能通过精确的摹本感觉到"(235e5–236a3)。此陈述以及随后的表达,将制作不精确摹本的人定位为关注呈现美的技艺人。[171]泰阿泰德同意,这些匠人的确是"罔顾真实情形"来制作他们的摹本,"不是按照原物的实际比例",而是按照"看起来美的比例"(236a4–7)。所以,对于美的像,跟228a4–b1所告诉我们的正相反,可以把它的特点概括为不对称。但这里绝无暗示说,凡对称的像就是美的。

这"是另一个……但却很像"(ἕτερον...εἰκός γε ὄν)的像,我们可以合理地称其为"肖像"(icons),制造肖像的模仿技艺则称其为"肖像术"。而与之相对照的模仿术所造的像之所以"显得很像美的事物,是因为不是从美的视角看到的;但是,假如某个人有可能充分地感知到原物,那些像就不会看起来像它们所声称要像的东西了"。我们可以正确地称这种技艺为"幻像术",因为它制作的像是"幻像"(236a8–c4)。概括地说,有两类对比鲜明的模仿技艺,一类旨在制作出美的像,一类旨在制作出"真"的像——就其精确再现了原物的"比例"而言。再一次,这里潜在的范型采用了视觉对象。假如考虑到异乡人这里是在暗指智术,那么,他似乎在表达如下这样的意思:智术师首先(如果不是单单只)关注的是感觉,智术师的言辞就是要调整其模仿对象,以适应听者的视角。这一点与《泰阿泰德》中苏格拉底对普罗塔戈拉感觉理论的解释极为接近。但是,异乡人补充说,比起真,智术师的听众更会因美而快乐;或者,也可以换一种说法,比起λόγος[论证],他们更会因修辞而快乐。我们应该再次注意到异乡人陈述中的一个难点。幻像矫正了人类感觉中的某种自然缺陷,而在当下的语境中,异乡人将这种矫正与营造美的景象这一目的相连,因此也就表达了我们在别的对话中也可见到的对"创造"技艺(我们现在这么称呼)同样的批判。然而,我们很容易设想,在某些情况下,制作幻像也许有助于追求真呢。我们只需回忆,在《王制》中,苏格拉底就推荐了各种高贵的或有用的谎言,他将这些谎言归在医药术一类下。①但异乡人闭口不谈这一点及与此相关的诸多问题。

异乡人的阐述引出了另一点值得注意的地方。[172]正如苏格拉底在前面所引《王制》(卷六,493a6及以后)的文段中所暗示的,智术师并非仅仅重复公众的意见。为了使这些公众意见显得很美,他们"改变其比例"。换言之,智术师为大多数人自然欲求的东西提供了理论上的合法证明,虽然法律谴责这些自然欲求并视之为可耻。智术使可耻的看起来很美。由此,智术师制作的"巨幅摹本",就是一种对善的生活的解释;依据这种解释,善即快乐,快乐即我们所欲求之物。但另一方面,我们从这种解释中还是不清楚,哲人如何能够制作出一个既精确又"美"——就其政治功效而言——的巨像。进而言之,异乡人所举的例子似乎排除了为大"体"(我在此将大的"物体"读解为作为人类政治生活的全面阐述的这种意义上的"大")制作精确摹本的可能。由此,新范型中关于美与比例上精确的区分,就具有了至关重大的意义。假如智术师在呈现大体时,是单纯为了迎合人类的视角而作出矫正,那就没有理由谴责他的技艺,因为此技艺的结果是有用的:一个看起来像原物的像。但另一方面,美与真的区分又使精确的像的制作者处境尴尬:他在用一些看起来并不像原物(鉴于诸感觉定律)、因而也并不美的摹本误导听众。

幻像看起来并不像原物,因为它改变了原物的比例,但对于观众来说,它的确又像原物。德勒兹(Gilles Deleuze)对此段文字有如下评注:"在柏拉图对话中,某种模糊的争论在事物的深层完成

---

① 比较《王制》卷二376d9及以后,特别是381e8-383c7,以及卷六459c2-d2。就城邦卫士的教育而言,特别是出于管制性关系的目的,谎言对于建立正义的城邦是必要的。在所有这些情况下,谎言都被归为医药术一类。

了,这一辩论发生在服从型相的作用与逃避此作用这二者之间(摹本和幻像[simulacra])。"①我们研究的文本并未明确提及型相,但异乡人提及"美的视角",从那里我们会看到显得美的摹本并不精确,我们可以把异乡人这话理解为暗指对真实和真正的原物、即未被感觉所扭曲的原物的感知。这就与德勒兹提及"型相的作用"时表达了相同的观点。不过,德勒兹说"摹本是有相似性的像,幻像则是没有相似性的像",②这有点过于简化了。[173]一个不像 X 的像不可能是 X 的像,而幻像尽管"不对称",对于观者来说总还是像原物的。

对肖像的"是另一个但却很像"这一描述,显然已预示了非存在的问题。但是,对幻像的描述在某种意义上更让人困惑。幻像显得美,是因为我们观看它时所站的"位置",而假如我们可以直接看到原物,我们还会看出,幻像并不像原物。我们很容易想像这样一种工具:工具本身虽然与它所模仿的东西并不相似,却可以制作出与原物相似的摹本。言辞就是这样一种工具。关于一棵树的陈述,向我们传达出树的某种"像",尽管这陈述本身跟一棵树毫无相似之处。不过,这话对于真陈述和假陈述都为真,因此,我们必须区分两样东西:一个是像的"具体体现",一个是作为被感知到的相的像本身。在这一点上,异乡人的范型是前后矛盾的。一方面,被感知到的相(通过幻像的具体体现传达出来)的确与美的原物相似。重复一遍,"美的事物的真实比例可不能通过精确的摹本感知到",但是,一幅为了适应现实视角而作出了改变的巨幅画作,的确传达出了与原物的相似性。

但另一方面,异乡人又说,幻像"看起来像"但事实上并不与原物相似。这可能是什么意思呢? 我们或许是要区分像的物理体

---

① G. Deleuze,《感觉的逻辑》(*Logique du sens*),Paris: Les editions du Minuit, 1969,页 15。
② 同上,352。

现——如画布、刻石之类——与作为被感知到的相的像。的确,人类完全不像画布或大块的刻石;但是,我们难以根据这一区分看出,任何的像,包括一个陈述在内,怎么可能不够资格被称为幻像——毕竟人类也不像单词或句子。因此在这里,异乡人必定首先关注的是作为被感知到的相的像。如果某些情况下需要改变比例,以便提供一个正确的被感知的相,那么,幻像就承担起了某种写实的任务。而假如比例的改变已经足以隐藏摹本与原物的相似性,我们又是怎么得到我们正在观看原物这么一种印象的呢?既然我们所看到的并非原物(就是说,我们所获取到的乃是某个与原物相似的相),那么,某个既定原物的幻像又怎能是该原物的像呢?它岂不必定是某个别的东西的像?这恰恰就是异乡人随后分析假陈述时的问题所在。

我们不妨把异乡人的范型转换成关于善的生活的用语,来作一小结。他暗示,依赖幻像会使我们获得一种印象,似乎我们正在过良善的生活,[174]而实际上我们并没有在过善的生活。此暗示之意还有赖于进一步的假设,即的确有一种真正善的生活,其精确的摹本大概就现成地在哲人的言辞中。而如果真正善的生活是美的,那么,根据异乡人范型的部分意味,它在肖像或曰精确的摹本中则是不可通达的。在这种情况下,为了教导非哲人过善的生活,哲人不得不同时使用幻像,就像苏格拉底在《王制》中所做的那样。但哲人自己又怎样获得对真正善的生活的精确感知呢?如果说哲人的真陈述是精确的像,那么,此像的原物是什么呢?不可能是另一个、或另一套陈述,因为这些陈述皆是摹本。因此,哲人也不可能仅仅通过谈论善的生活而感知到善的生活。他必定可以从"美的视角"通达原物,而此视角本身首先、或从根本上就不是推论性质的。然而,即使我们承认这一点,哲人从美的视角会"看"到什么依然并不清晰。善的生活肯定不是某种形相或形相结构,这特别是因为,形相和形相结构应该可以通过二分法通达,二分法的看是已经抛开了好坏的。但视觉范型引领我们去寻求形相,因而也去寻求绘画或照片一类的摹本——无论是智术师制作的摹本还是哲人制作的摹本。我们可以公允地把这称为一种物化"善"的倾向。然而,这一倾向妨碍了我们对善的生活的理解,因而也妨碍了我们对智术师本性的理解。①

---

① 异乡人在《治邦者》(285e4 及以下)中的教导则大不相同。

第九场 非存在问题

（236c8–239d5）

　　[175]最初的一系列划分未能将智术师定位于一个独特的族类中，异乡人现在提出，这是因为智术师是一位模仿者。他因此而可能看起来好像各种各样的技艺人，但又并非实际相似。这一断言，除了得到一个模糊范型的支持这一事实外，本身并未终止我们对智术师的追捕。换句话说，我们不能将智术师定义为模仿者，因为有模仿各种不同的类型。因此，异乡人开始对模仿进行新的二分，并把模仿默认为一种造像的技艺。异乡人刚才总结了二分的第一步，亦即肖像术与幻像术的划分。然而，他没有继续往下划分，而是承认他现在跟以前一样，仍无法确定智术师归属模仿的哪一部分。鉴于异乡人看清智术师的能力减弱了，那个"神奇之人的"——的能力则大大增强了，他悄悄溜入某个"无路可达的（aporetic）相"——或者说某个令他无迹可寻的地方。泰阿泰德同意说"似乎如此"。异乡人接下来询问，泰阿泰德表示同意是基于他真的弄懂了这一点呢，还是说他只是习惯性地很快表示赞同（236c9-d7）。

　　如果说泰阿泰德此刻太着急，那么异乡人应该承担部分责任，因为是他自己吩咐这个年轻人，要他尽快划分造像术的（235b8）。

然而,在这一点的探究上,我们有必要放慢速度。

> 显得是、似乎是但又不是,说了一些事,但又不是真事,这一切过去一直充满疑难,现在依然如此。人要如何言说或思考假拥有真实的存在(ὄντως εἶναι)而又不说得自相矛盾:这极其困难。(236e3-237a2)

这段文字中有几点需要解释,也许最具综合性的一点,在于"似乎是"与说(或思想)假陈述之间的联系。[176]异乡人提及的一直以来的困惑,是否本身就是他转述给听众的"爱利亚人的"学说的一部分呢——这个问题与技术讨论没多大关系,但有戏剧性的意义。

就智术师的情形而言,"似乎是"与假陈述之间的联系明白无疑。智术师的技艺——从异乡人的立场来看——是推论性的;智术师声称他知道,但事实上不知道,因此,他的陈述复制真理,或"看起来像"真陈述。但另一方面,它们并不是伪装成陈述,而就是陈述。根据以前的讨论,它们是像,进一步说,是不精确的像。因此,异乡人提到的问题,最显而易见的层面就是像的存在论地位问题。我们之前已经看到,这个问题对真陈述或曰精确的像同样存在,但异乡人只是基于假陈述或曰不精确的像这一方面表达了他的困惑。考虑到他事实上正在探究智术师,这样做也许很自然,不过读者还是必须牢记这一要点。

值得注意的是,异乡人将智术师称作骗子,或者如他在最后一次二分的最后阶段所明示的,称作说反话者(或装假的说话者。由此,智术师的假陈述乃是有意为之。这一点很重要,因为这意味着,智术师可以足够清楚地看到"原物"或曰看到内在实情,从而知道他声称的知是假的。换句话说,除非我们能自辟蹊径通达陈述所表达的东西,否则我们不会称该陈述为"假"。因此,我们至少可以作出如下的真陈述：我们正在探究的这一陈述是假的。然而，到了适当的时候有一点会显露出来：智术师否认原物与像的区分，也就是说，就其"核心"技艺而言，他否认真陈述与假陈述的区分。智术师主张所有关于善的生活的陈述都是真的。这会不会使他深陷矛盾之中？他会试图避开这种指控的锋芒，解释说，各人相信善是什么，善就是什么。进一步说，人的本性就是如此，它引我们把使我们快乐的事情断言为善。智术师的内在主张是，通常的陈述"善即快乐"是真的，只是使人快乐的东西因人而异。用略显不同的语词来表达：即使人类往往可以就那善一致认可某个有限数的候选项，或者说，即使人们通常会因一些同样的事物而快乐，实际情况依然是：这些事物的善性源自个体的人觉得它们令人快乐这一事实，而不是源于事物内在的卓越。

[177] 我并非说，上面所勾勒出的智术师的自我辩护能够使他免于自相矛盾。但可以这么说：就智术师认真对待人关于他自相矛盾的指控而言，他向异乡人提出了一个严肃的问题。在一个矛盾的对立中，一个陈述为真，另一个陈述就为假。按异乡人的说法，陈述就是像，因此他必须回答这样的问题：假陈述是什么的像？异乡人如此表述："这 λόγος [言辞] 大胆假定非存在存在 (τὸ μὴ ὂν εἶναι)；因为假不可能以别的方式生成 (οὐκ ἂν ἄλλως ἐγίγνετο ὄν)"(237a3-4)。对异乡人的论述做出精确的分析为时尚早，这要到我们聆听了他的学说后才能做到。我们可以观察到，他区分了两样东西：一个是非存在的貌似"存在"，一个是假的"生成"或"实存"。如下说法可能粗略，但方向不会错：假陈述是非存在的像。在某种意义上，异乡人是在暗示，所有假陈述都指向同一个"抽象的对象"(我的术语)，亦即 λόγος [言辞] 所大胆假设的非存在。一个真陈述乃是间接指涉存在，而直接指涉它所描述的情境，一个假陈述则不能直接指涉它所描述的情境，因为它是假的，它没能描述出它试图传达的情境。它扭曲了比例，因

此,它没有展现出原物的形相结构。

有一点值得提醒读者:就形相的诸般结合的言语摹本而言——无论这些结合是纯粹的还是深植于可感事物中——语词"比例"必须在比喻的意义上使用。某种程度上说,这个比喻是由所归给精确的像的 συμμετρία [比例] 支撑的。当面对这些言语摹本时,若试图从字面上理解"精确比例"这一观念的意义(进而试图在推论语境中维持异乡人起初关于肖像与幻像的区分),就会使我们偏离作为相的形相,而转向诸形相之间的"可形式化"的关联——在"可形相化"于现代数学所使用的意义上。那些认为形相的"深层结构"(我的表达)为算术性的人,在此理路上推进了一步。但在对话中我没有发现任何证据能支持这种理论——或可称之为"新毕达哥拉斯主义"。甚至在《斐勒布》中,就像我们已经详细考察过的那样,对复杂形相结构中的单子式单元的"数点",也使我们的注意力聚焦于"被感知到的"或"现象学的"形相上。它并没有"解释"说,这些被感知的形相事实上是量上的准数字结构或比率。关于这一点的深入讨论,可参见"序言"第五节。我只想补充,异乡人最终将转向拼写和编织的比喻,以图解释 [178] 推论性肖像中所展示出来的原物的"比例"。但这两个都无法以知识的精确性来解释被感知到的、属于存在学之结合的诸般事实。

我们再回到假陈述。一个幻像作为幻像实存(exist),并因此而拥有存在(being)。但是,作为幻像——亦即作为被感知到的相、而非作为体现该相的言语或物质材料——它并不是作为它所显得是的那个东西实存。因此,它并不能直接指涉它所显得是的那个东西,或者说,它的实存不可能仅仅得自那个东西、并因此而间接地得自(纯粹形相)存在。所以,幻像好像指涉的是(纯粹形相)非存在,并由非存在获得它的实存。然而,如果非存在是一个纯粹形相,那么它就是从与纯粹形相存在的结合中获得其存在。

如果非存在的确是一个纯粹形相,那么,"非存在存在"这句话便是在我们刚才解释的意义上而言的。这个陈述包含着自相矛盾,因为它可以分解成两个陈述:"'非存在'意味着'存在的完全缺席'",和"'非存在'意味着'存在的在场'",或诸如此类。实际上,问题比这还要麻烦,因为,按照异乡人的分析,否定非存在拥有存在当且仅当语词"非存在"指涉某个东西时才是有意义的。如果不用异乡人的术语,我们可以用更尖锐的表达:对异乡人来说,"非"或"不"不能完全解释为句法成分或句法功能。

这就引出我认为在此值得一提的另一点初步意见。我们不应该假设,异乡人所说的"矛盾"($ἐναντιολογία$),其意义是自明的。为了阐明这一点,我想引用鲁特利(Richard Routley)的一篇未发表论文中的论述。鲁特利区分了三个类型或曰三种意义上的"矛盾"。(1)一个陈述可以取消另一个。在这种情况下,"A 且非 A"结果等于什么也没说或无。(2)陈述"A"与陈述"非 A"的碰撞,结果是鲁特利所说的,"A""爆炸"开来而进入每一个、无论什么陈述中。换句话说,万事万物都是矛盾碰撞的结果。(3)陈述"非A"限制了、但并没有完全控制"A"。鲁特利在此所考虑的是相干逻辑(relevance logic),在此逻辑中,当且仅当"A"和"非 A"互为对立面时,提出非"A"即"非 A"的选择才是合理的。因此,评估否定性相干的语义学规则是:当且仅当"A"在 $a*$ 世界中成立时,"非A"才能在 a 世界——$a*$ 世界的反面——中成立。接下来是第三种情况:"非 A"是"A"的反面,而所谓反面,就是一种相关性受到限制的"异";或者说,它看起来像是异乡人最后对非存在的解释。总结一下:在相干逻辑中,[179]"A"与"非 A"之间若要有任何有意义的(因此也是真实起作用的)联系成立,则"A"与"非 A"之间必须有某种实质性的联系。若把这一点应用于异乡人的学说,那么我们可以将这种联系理解为语义上的联系;既然异乡人并没有什么关于可能性世界的学说,那么"A"与"非 A"之间的联系必定是在这个世界上成立。不过,这个世界有两个不同的方面。一些陈述直接指涉纯粹形相,另一些陈述如"泰阿泰德在飞"则不是。所以,当且仅当我们知道某个叫泰阿泰德的人要么在飞要么在坐时,"泰阿泰德在飞"与"泰阿泰德坐着"才算是矛盾。

那么,在上述意义上,我们可以称异乡人为相干逻辑的专家。"非存在存在"和"非存在不存在"这两句命题并未逼得他偃旗息鼓,至少他没有打算如此,他后续的分析可以表明这一点。类似地,异乡人也不可能接受对矛盾的"爆炸"论解释,因为,在此解释中,陈述"非存在存在"将跟"非存在不存在"分庭抗礼,继续成立。换一种说法,异乡人的根本旨趣是存在论的,而不是"形相的"——就当代逻辑演算中所用该词的意义而言。假如异乡人的兴趣仅仅是形相的,他可以轻易地通过规定条件来避开矛盾。这种看待实际情境的方式当然犯了时代错误,但这正是我的观点。一个人若能说出下面的话,那么他就更接近真理了:异乡人在探究逻辑规则的语义学基础,在他看来,"语义学"在最终的分析中就是一种存在学或曰纯粹形相学。

正因如此,用"A"和"非A"这样的术语来分析异乡人偏好相干逻辑已经是一种方向错误。只要考虑一下鲁特利把相干性联系描述为,"A"和"非A"至少有一个共同变量,就可以看出这一方向性错误:我们关注的两个表达是"存在"和"非存在",它们还可能有什么共同变量吗?既然"存在"所指涉的存在是一个原子形相,那么显而易见,两个表达并无任何共同之处——除了"存在"这个措辞及其指定的所指外。但这只是把问题陈述了出来,并没有提供对该问题的分析,更不用说解决方案了。再说了,尽管异乡人的确将"非存在"解释为"异",我们也远未理解"异"这个语词的意义。目前,我们只能说的是,"异"只是"并非如何如何"的一种隐蔽的说法。

回到文本。异乡人借助伟大的帕默尼德的权威,来反对 [180] 这句大胆的 λόγος[言辞]。他从小接受的教育,就是服从帕默尼德诗歌中所记录的命令——这符合他作为爱利亚学派一员的身份:"切勿屈从于这个——非存在存在(εἶναι μὴ ἐόντα);在探索时,你可要让思想远离这条路"(237a4—9)。① 按照异乡人所说,对这一命令作适当详细的分析将会使帕默尼德的意图变得完全明了,不过,他本人没有发起这样一种分析。相反,他说,假如对泰阿泰德来说完全一样,那么他们先来"看"(θεασώμεθα)另一点好了。年轻人完全同意:"我随你的意,听凭你吩咐。只看怎样才对继续讨论最好"(237b1—6)。这种彬彬有礼的对话表明,我们即将进入讨论的一个新阶段。此外它还带出一个实情:要想作中肯的分析,我们必须看到应选择哪个方向。

异乡人以这样一个问题开始讨论:我们是否有足够的勇气使用"绝对不存在之物"这个表达——这是我对希腊词 τὸ μηδαμῶς ὄν 的翻译。μηδαμῶς 的意思是"在哪一方面都不";而 τὸ ὄν 这个表达,柏拉图要么用它指"存在"(例如,纯粹形相存在),要么指实存个体意义上的"事物"。因此,单独看 τὸ μηδαμῶς ὄν,它要么指绝对的无(nihil absolutum),要么指某个完全不具实存的东西的确定实例。但异乡人使用这个语词与任何一种意义都不相同,而是把每种意义中的要素结合起来。让我们看一看他是如何表明这一点的。

首先,他区分了两样东西:一边是争执与玩笑,另一边则是严肃而自觉的思考(σοννοήσαντά τινα)。当被严肃地问到,我们必须将名称"非存在"应用于什么的时候,学生必须回答他将这个术语应用于"什么事物和何种事物"(εἰς τί καὶ ἐπὶ ποῖον)(237b7—c4)。一个名称就是某个东西的名称,它有所指涉,这一原则早在

---

① 拉赫特曼(David Lachterman)指出,在此处和 258d2—3,异乡人共两次引用了克兰茨(Diels-Kranz)的《前苏格拉底著作残篇》第七篇,其中 μὴ ἐόντα 毫无疑问都是复数。异乡人从未引用帕默尼德将 μὴ ἐόν 用作单数的段落(如克兰茨,《前苏格拉底著作残篇》第二篇)。我将在内文中提及此点。

218c1–5 中就已引入。在现在的段落中,异乡人也表明,是"事物"就不是空泛的,而是属于这样那样的种类;是一个事物就意味着是某确定的事物。最后,在现在的段落中,异乡人通过我们是如何说话的来确定他的方位。如果我们说,存在学属性在异乡人看来是通过掌管着我们如何谈论一个实体的诸语言规则推断出来的,那未免扯得太远了。但异乡人相信,我们谈论事物的方式为揭示这些事物的本性提供了最重要的线索,这却是毫无疑义的。[181] 且不论对或错,总之他相信,我们的交谈表明"非存在"在一定程度上是指涉某事物的。换句话说,我们不可能是用"非存在"指涉绝对的无,因为"非存在"这个表达当且仅当它指涉这个或那个事物时才有意义。前后一贯地说明这一点很困难(异乡人自己也将指出这一点),因为语言是"以事物为指向的"。但异乡人的意思有点像是这样:我们甚至无法否认"非存在"是指称一个形相、或一个实存事物的名称——除非它的确是某个限定的、因此(在引申的意义上)也是实存的事物的名称。此点将在后续部分展开。

泰阿泰德说,异乡人提出的问题对他来说实在太难,他可答不出。于是就由异乡人前头带路。他说,显而易见,"非存在"(τὸ μὴ ὄν)不能应用于任何存在者(τῶν ὄντων ἐτί⟨τι⟩),因此也就不能应用于"某个事物"(τὸ τί),因为"某个事物"这个词总是在说一个存在或一个事物(ἐπ' ὄντι)。我们不可能言说某个东西"本身"全无一丝、或者说被剥夺了一切存在(237c5-d5)。假如可能,"非存在"就是指"不是一个事物"了。但是,这样一个名称似乎在宣告它自身没有任何指涉,因此,它就不是一个名称。这样一来,试图言说"非存在"的某个人其实什么也没说。泰阿泰德觉得这一切简直就是困惑的顶点(237d6-e7)。

请允许我插一段简短的评论。对于当代读者而言,"不是一个事物"这个表达并不成问题;当且仅当我们想要把这一表达用作名称——不是某个概念的名称、而是某个事物的名称时,才会出问题。然而,异乡人并不区分概念与事物——顺便说一下,甚至连形相——顺及,它不是概念——也是一个"事物"或曰确定的实体。但是,假如我们允许来谈论概念,或者说——同一回事——假如我们区分两个述谓:"……是一个事物"和"……不是一个事物"。述谓"……不是一个事物"所限定的集本身并不是一个事物,因此它只归属于自身。这就引出集或者说述谓的"存在"问题。一个是"非事物"的"事物",其身份是什么?这可以归结为一个问题:"非"是何意?无论如何,一个"非事物"都不可能是绝对的无。它一定拥有某一种类的存在,这就要求我们把此存在方式与"事物"所特有的存在方式区分开来。无论我们如何看待这个问题(在此我无意深究),让我们回来看异乡人提出的困难。仅仅称"非"为一种句法功能,并不能回避关于"非"的意义的追问,因为句法功能本身就是"事物",或曰某种有别于无的东西。在陈述一个主导"非"或"否"如何使用的语法规则时,我们已经在使用"非"或"否"的"概念"了。这个概念的存在论地位是什么?

接下来,关于非存在的第一个困惑是,它表面的名称"非存在"并不指涉什么。说它指涉一个概念,那只是将关于"非"的困惑升高了一个层级。前面我们看到,泰阿泰德将此视为最大的困惑。异乡人警告泰阿泰德,"别说大话","最大的,也是最初的困惑还在呢"。这一困惑促成了探寻的开端,所以可能比关于指涉的困惑更为根本(238a1-3)。异乡人已完全抓住了泰阿泰德的注意力。"别犹豫,请直说",年轻人恳求他,随后,年轻人接受了随后的一番论证。异乡人声称,我们可以把某个存在($\tau\iota\ \tau\tilde{\omega}\nu\ \check{\alpha}\nu\tau\omega\nu$)附加到一个明确的存在上,却不可能在不存在的东西上附加什么(238a4-9);换句话说,如果我们以无开始,然后我们又引出某个东西,那么,我们所引出的这个东西并不是无的属性,而是作为随后言说的起点。泰阿泰德强调异乡人的主张说,全部的数都应包含在存在者之中(238a10-b1)。然后,异乡人详细展开了如下观点。说"非存在"或"诸非存在"就是将一或多(即数)应用在"无物可数"意义上的非存在上面。这是试图去数不可数,所以是又一次将存在用于非存在,因此既不正当也不正确。"你说得再真实不过了",年轻数学家肯定地说(238a4-c7)。让我们把以上这些称作可数性的困惑。

假如说迄今为止有一点还不够明显的话,那么上述困惑则已使这一点变得毫无疑义:在异乡人看来,只有当我们试图把"非存在"的指涉考虑成一个事物或者明确的存在(就讨论的整体语境而言,即考虑成一个形相)时,才会出现悖论。名称"非存在"或该名称所指涉的概念(假如有一个这样的概念的话)是可以被数的,至少在我们承认"一"是一个数的情况下。有一点可能不那么明显,就是异乡人已经偏离了帕默尼德表达问题的方式。帕默尼德告诉我们不可被思想"非存在存在"($εἶναι\ μὴ\ ἐόντα$)这件事所驯服。诚然,在异乡人引用的段落中,帕默尼德使用了复数的$ἐόντα$[诸存在];但在异乡人没有引用的其他残篇中,帕默尼德也使用定冠词来修饰"存在"(如,$τό\ γε\ μὴ\ ἐόν$;克兰茨编,《前苏格拉底著作残篇》第二篇),这也是事实。然而,帕默尼德并未要我们去注意这些难题——我们可能会把这些难题称为指涉难题,它们表面上由定冠词和使用单数或复数的句法需要所引起。[183]我认为,帕默尼德自己在术语上的变化,完全可与某种对语法的漠视相容,因此也与如下解释相容:即他在阻止我们思考无或曰绝对的无。他可能同意、也可能不同意异乡人的一个论点,即:语言支持如此思想乃是不可能的;但是,他绝不可能同意异乡人关于陈述这一困惑时的基本原则:非存在,假如它存在,那么它就是一个事物。在帕默尼德看来,非存在不可能存在,所以,它当然不是一个事物。但这并没有解决这样一个问题:我们说"非存在"或"无"时到底是什么意思?我并不是在暗示这个问题有一个解决办法——如果我们用"解决办法"指某种推论式说明的话。异乡人提出的难题当然表明不可能有一个这样的推论式说明,但另一方面,这些难题也把更深层的问题转换成了一个更局限的、因而也可以理解的困难。异乡人的分析从未考虑过纯粹的无,从一开始,异乡人就是"以事物为指向的",这从他转而使用 τὸ μηδαμῶς 可明显看出;这个词,尽管有其语法形式,也可能指"纯粹的无",但异乡人是把它当作"伪事物"对待的。

异乡人没有直接去讨论第三个困惑,而是插入一个一般性结论:

> 那么你明白(συννοεῖς)了吗?对于单独的不存在本身(τὸ μὴ ὂν αὐτὸ καθ' αὑτό),妥当地(ὀρθῶς)说它、讲它、推论式地思想(διανοηθῆναι)它都是不可能的;它不可推论式地思想、不可说、不可讲,也没有 λόγος[言辞]①。

泰阿泰德回答道:"一点不差"(238c8-11)。在此我们清晰地看到,异乡人如何将纯粹的无排除在考虑之外。我们不妨暂且搁置他自己表述中那些悖论性的方面,而尝试抓住他的要点。单独的非存在本身(αὐτὸ καθ' αὑτό),或曰被看作"伪形相"的非存在,完全不可由推论式思维所理解;但是,我们可以理解,或者说,我们可以从理智上觉知到(συννοεῖν)这是实情。推论式思维对可数的元素才起作用,在此意义上,它完全像数学;而在其"计算"过程中的某个点上,推论式思维绊倒在了"无"这个问题上。而这个无的问题——如果我可以用点比喻来表达的话——乃是通过"理解"或曰某种前计算的感知"呈现"给推论式思维的。假如这个问题不曾出现,就不会有"非"或"无物"是何意义这些问题了。计算性思维坚决认为,我们这里所谓的"理解"错解了这个问题,亦即,它没

---

① 这里"没有 λόγος[言辞]",意思就是"不可谈"。

有"正确地"(ὀρθῶς)计算,或者说,它犯了一个[184]"数学性"错误。计算性思维就像一个好的分析式哲人那样,重新陈述了这个问题,进而发明出一个技术性的解决方法。但是,原初的问题并未被触及。这就是《智术师》中所发生的事情。

我们现在可以讨论第三个困惑了。首先,这个困惑好像注意到了"无"这个更深层的问题。不过,就像我们所看到的,该问题被掩盖了,关键原因就在于,异乡人之前将 αὐτὸ καθ' αὐτό [本身]这一表达附加给了"非存在"。异乡人理所当然地认为,只要他能够以该词指涉某个确定的东西,如型相或纯粹形相,他试图提及"纯粹的无"的尝试就算大功告成了。现在,异乡人请泰阿泰德再次"思考"(ἐννοεῖς)这个困惑。[异乡人说,]把计数的问题看成最大困惑是错误的,比这更大的困惑是,企图"诘问"非存在(亦即,禁止使用"非存在"这个伪名称)迫使我们陷入自相矛盾(238d1-7)。

泰阿泰德恳请异乡人说得更清楚些,异乡人却郑重地说,他没有能力做到这一点。为了证明自己没有能力,他以重述前两个困惑的方式呈现了这一自相矛盾的困惑。他起初曾说,非存在既不能分有一也不能分有多,然而,那时和现在他又都把它称作一,因为他说了并不存在的(τὸ μὴ ὄν;238d8-e4)"这个"、"那个"。再有,在说到它不可说、不可讲和无 λόγος[言辞]时,异乡人已经将动词"是"附着在了非存在上,因而也就将它说成了一(亦即,说成了一个不具存在的元素;238e5-239a12)。换句话说,这里的矛盾在于一面归给非存在以统一性,一面又否定了这种同一性。异乡人实际上在说"非存在是一,又不是一"。矛盾对推论或计算思维而言是一种缺陷,其错误就在于,在同一步骤中已经认可的东西,又把它收回来。谨慎些说:一个人,只要他没有试图提供一番推论性分析,那么,他在思考纯粹无时是否产生了矛盾这一点就绝不明了。对一个既定的矛盾,我们可以通过压制其元素中一个或另一个来解决它。道路是向异乡人敞开的,他可以说非存在是一、或不是一,然而,正如他所呈现出来的情况,当你断言"它"不是一时,你已经自相矛盾了,因为,"它"所指的必定是"一",即某事物。

异乡人狠狠责备自己说,在尝试盘诘非存在的过程中,现在跟以前一样,他都显然被击败了。"我们不可再指望我说出关于非存在的正确言辞了,让我们来看你的吧"(239b1-5)。我要提醒读者[185]注意如下戏剧性的谜题。[异乡人所讲的]这些不可能属于异乡人所记得的爱利亚学派的公开教诲,我们完全可以说,异乡人事实上就是柏拉图,但柏拉图为什么一开始就将自己呈现为爱利亚学派的信徒呢?除此之外,异乡人现在开始求助于泰阿泰德,其理由是——再一次提及——泰阿泰德的年轻,年轻将使泰阿泰德能够使出浑身解数,说出关于非存在的某些正确的东西(κατὰ τὸ ὀρθόν),同时又不把本在、一或复数附加到非存在上(μήτε οὐσίαν μήτε τὸ ἓν μήτε πλῆθος ἀριθμοῦ;239b6-10)。贯穿这个段落,都有强调需要"正确"思维——即数学家所从事的那种正确计算——的意味。显而易见,假如正确是计算性言说的一种属性,且这种言说处理的是可名、可数的单元,那么,无论是泰阿泰德还是其他人,都必不能够满足异乡人的请求。可以说,更深层的关于无的问题在此虽然可见,却是以错误的发题提出来的。这些发问掩盖了、而不是说明了问题;这些发问——如果我们认真对待它们——迫使我们去寻找对另一个不同问题的解决。计算性思维把困惑当作挑战去寻找解决方法。这是异乡人的"数学"遗产,因此也是柏拉图主义在数学方面的遗产。在这种深层意义上说,把异乡人说成是一位"分析"哲人也是准确的。

泰阿泰德得体地回答说,要试图解决这个困惑,那他也太热情过头了吧,特别是在他看到异乡人的遭遇以后(239b6-10)。异乡人原谅了他:"那咱们就放下你、也放下我吧。"不过,在我们能够找出某个可以正确言说非存在的人之前,我们必须承认,智术师已经溜进了某个无路可达之处。如果我们试图把他定义为从事幻像术的人,他就会歪曲我们的话来反驳我们,并把幻像术解释成某种颠倒的意义。换句话说,假如我们称他造像师,他就会问我们,我们说的"像"是什么意思。当然,这是因为像里面包含着非存在;或毋宁说,这是因为,我们不可能解释我们说的"像"是什么意思,而不先解释我们说的"非存在"是什么意思。我要顺便指出,其实对所有的像而言都是如此,并不仅仅对幻像而言。异乡人再次请求泰阿泰德去为这个"年轻人的"问题(239c4-d5)寻找某种答案。异乡人以如此奇怪的方式提及智术师,大概是对他特点的一种评论,不过我们不可能完全确定异乡人是什么意思。无论是什么意思,异乡人的用词有一点告诉我们,当我们遇到困惑时,必须四面环顾以寻找解决之道。问题是,异乡人似乎没有给我们留下任何可看的东西。

第十场 重审像的问题

(239d6–241c6)

[186] 肖像是保存了原物精确比例的摹本。因此,我们设法精确地描述非存在,也就是设法建构一个推论性肖像。然而,除非首先看到原物,否则我们不可能构建该物的肖像。异乡人引入的困惑显然已确立一点,我们不可能看到非存在"单独本身",因为它没有"自我"或曰物性。实际上,异乡人所表明的是,我们不可能对"非存在"进行正确的推论式分析,即,遵循指涉、计数以及不矛盾等规则的分析。我们不具备对纯粹无的智性理解这一点并未被确立,也不清楚这一点如何可以确立。因此也就看不出,肖像必须是刚才所限定的意义上的推论性肖像。

第二个初步论点与对纯粹无的理解和对纯粹形相的感知有关。我们需要对两个关于"相"的问题作出区分。第一个问题:"X看起来像什么?"第二个问题:"X的相是什么?"这种区分并非吹毛求疵。假如我问X看起来像什么,那我显然已假定它与某个东西相似,这个东西我自己先看见过,我问他问题的那个人也见过。这样就得出,先前被感知到的那个相本身看起来像X。但假如我问"X的相是什么",那么我就给这样的情况留了余地:X看起来不像任何其他东西。当然,除非有现成的表达来传达所讨论的这个相,否则,这个问题也无法回答;但是,这并不必然要求 X 要与一个不同的 Y 之间具有相似性。所讨论的相可以是独一无二,同时又弥漫一切或者说是共通的,并且或多或少是直接可见的。至少,纯粹的无是不是这样一个"相"乃是可争议的。无论在实存或逻辑的意义上,[187]许多人(假如不是所有人)都是直接把握到"纯粹无"这一表达的"意义",该意义可以解释为:一切规定性的彻底缺席。然而,如果我们接受这一主张,那么有一点又成真的了:即纯粹无并不"看起来像"其他任何东西。

就纯粹形相或柏拉图的型相而言,相似的论点也成立。我们怎么能理解一个形相,它看起来不像它的实例,而它的实例却像它?对于这个问题,有人可能会给出很简单的答案:形相 X 并不"看起来像"它的实例 x,因为,当我们把握到 x 是什么的时候,我们看到的只是 X。① 这个答案本身很简单,却提出了其他一些问题。如果我们看到的是形相 X,那么,在什么意义上,x"看起来像"X 呢?或许可以继续循着以上路线来回答:实例是作为普通感知或认知的对象与其形相"相似"。因此,我们首先看到的是作为一种"相"的原物,它指引我们朝向(即,能使我们"回忆起")x 的本性(即形相)。我不认为这个回答解决了所有困难。相反,我正在论证的是,我们不可能提供关于像的本性的准确或"正确的"的分析,且因而也不可能提供关于原物与像的关联的准确或"正确的"的分析。如果说前面的一般性建议有什么帮助,那它也只能作为一条途径,使我们去思考原物—像的区分而又不产生逻辑上的二律背反。一旦我们强调那些显然是比喻性的解释,或试图把这些解释硬套入机械化的形相分析中,二律背反就出现了。柏拉图的形相(纯粹的或复合的)学说,就算有,其合理性也不是通过逻辑分析确立的,而是基于柏拉图学说是假的这一假定来设法

---

① 参看考斯曼(Kosman)的两篇很有价值的文章;1973,页 390;1976,页 67。

解释形相结构而确立的。换句话说,我们必须做的事情是思考逻辑现象,而不将异乡人的(或苏格拉底的)话转换成第一级别的述谓演算。问题在演算本身已经可以看出。这些演算符号仅仅是人为发明出来的、甚至是"[演算]纸上的记号"呢,还是说,它们之间的可联系性是稳定且普遍的,因而展示出了一种不依赖于我们偶然性的符号化行为的形相结构呢?

背景就介绍到这里。假如纯粹形相是发光点,那么,纯粹的无可能只是点与点之间的空白。(不用说,在这里我不是指一条线上的点,而是指形相元素的必然有限的"字母表",可见世界由这些元素"拼写"或组合而成。)然而,异乡人即将采取一条完全不同的进路去理解[188]非存在问题。在前面一场中,"年轻人"(可能就是智术师)用"像是什么"这样一个问题,回避了我们将他定义为造像师的努力。他之所以能够这样做,若按异乡人自己的解释,是因为像"存在,又不存在",以及我们还未解释"不存在"到底是什么意思。

现在,我们必须重新审视像问题,并试图回答智术师的问题。泰阿泰德用举例子的方法回答了异乡人,就像他前一天回答苏格拉底一样。他说,显然,谈到"像",我们是指水中的像和镜中的像,还有画像、雕像等等(239d6-8)。我们注意到,异乡人跟泰阿泰德讨论的是一般意义上的像($εἴδωλα$),而不仅仅是幻像。进而言之,不像苏格拉底前一天的所为,异乡人并没有指责泰阿泰德要他给定义时他却只是举例子。相反,他提醒泰阿泰德要记得自己缺乏经验:"显然,你从未见过智术师。"当然,这是一句反讽的话,因为前面的对话已经显明,泰阿泰德遇到过智术师。不过,泰阿泰德并不理解智术师的本性。更准确地说,异乡人即将否定视觉像跟智术师的本性有何相干。接着他说,智术师在泰阿泰德看上去是闭着眼睛的,甚或根本就没有眼睛,因为他对于泰阿泰德谈到镜子或塑像只会加以嘲笑。他会否定他认得出任何与视觉相关的东西，他会单单就那年轻人所说的话来问泰阿泰德其结果当如何（239e1-240a3）。

事件在此出现了令人困惑的转折点。是异乡人而不是泰阿泰德引入了智术在视觉上的范型，即造像，他还举绘画、画像及雕刻为例来加以说明。假定智术师制作了言辞而不是图画，这个范型是合适的，因为，除非我们能感知到独立于我们关于它的陈述的原物，否则我们没法区分肖像与幻像。但另一方面，这个范型也会误导人，因为，根据异乡人的观点，智术师所指涉的原物是没有图画或视觉像的。对此，我们应该补充说，像存在这样的纯粹形相，是没有图画的，当然，非存在也没有什么图画。让我们尽可能充分使用这一范型。智术师闭着眼睛，实际上是否定了原物与像的区别；更具体地说，智术师暗示，是言说制作了"原物"。有人可能要问，智术师会如何能够区分真陈述与假陈述。在某种程度上，我们已经表明了他在这一点上所采取的路线。智术师，作为智术师，乃是制作关于善的生活[189]（亦即，关于善的生活中那些能在政治上实施的方面）的言辞，因此，关于善的生活，我们说的任何话、我们持有的任何意见都是对的。基于此番辩护，也就没有什么关于善的生活的假言辞了。事实上，异乡人并没有为智术师提出这一辩护，不过，从他随后将哲学（智术师所模仿的对象）描述为自由人的生活，可以间接地推出这一点。

根据异乡人的观点，智术是一种争论的技艺。智术师的争论术目的在于说服，并不管事物看起来像什么。或换一种表达：智术师并不"模仿"事物，而是宣传某种关于事物的属人意义的解释。智术师并不试图说服我们他做的是科学家、诗人或工匠所做的特色工作，相反，智术的说服是朝向我们从事这一特色工作的目的或目标。智术并不要说服我们相信一双假鞋实际上是一双鞋，但它可能说服我们相信鞋在善的生活中起着这样那样的作用，或者毫无作用。试图定义智术师会遇到很多问题，其中一个问题是，我们必须在他的技艺与这种技艺的理论正当性之间作出区分。作为一种技艺,智术只管说服;但作为一种理论,智术则要证明其技艺为正当,因此也就会提出某种人性论。异乡人没有明确区分智术的这两个方面,多数情况下,他关注的是这种技艺,因而也就关注的是这种技艺提出的逻辑和存在论问题。然而,就像我们不能仅仅凭借二分法或辩证法的定义来理解哲学一样,我们也不能仅仅凭借争论术的定义来理解智术。通过闭上眼睛,智术师在相关的逻辑的和存在论议题上表明了立场,然而,这些议题跟好坏两种生活类型的问题是不可分离的。

异乡人将泰阿泰德的注意力从我们如何感知像转向了我们如何谈论像。作为一种预备,应当指出,虽然这促使我们从原物—像模式转向逻辑述谓模式,但它并非这一转换的一种合法性证明,异乡人以后会对此展开论述。无论就像的本性而言有些什么问题,关于形相结合、事实或事件的陈述总归都是其原物的像,不是肖像,就是幻像。但另一方面,我们也将看到,有些人认为在《智术师》一类的对话中,柏拉图否弃了原物—像的范型,这也并不完全错。更准确地说,柏拉图并不是否弃这种范型,而是以一种使其失去其内在一致性的方式重新陈述了它。这种不一致性的一个方面是,[190]该范型压制了像的角色,但这恰恰是它所意欲解释的问题。

《智术师》中关于像本性的至关重要的讨论见于239e5至240b11。此段广受评论。我们第一步是要尽可能确切地看清文本到底说了什么,然后,我们要通过检审二手文献的代表性作品来得出我们的结论。此段一开始,异乡人代表智术师向泰阿泰德提出一个请求。他请泰阿泰德从带有"像"之名的许多事物的实例中,"制作出"一个言辞上的或曰推论上的($\dot{\epsilon}\kappa$ $\tau\tilde{\omega}\nu$ $\lambda\acute{o}\gamma\omega\nu$,240a1-2)统一体。泰阿泰德既然将同一名称(即 $\varepsilon\check{\iota}\delta\omega\lambda o\nu$[像])用于所有这些事物,就是将它们说成了"是一"($\dot{\omega}\varsigma$ $\dot{\varepsilon}\nu$ $\check{o}\nu$;240a4-6);换句话说,泰阿泰德不但把统一性、也把存在归给了"像"这一族类。因此，说异乡人在要求泰阿泰德定义名称"像"（并以此方式来统摄该名称的各种实例），这是不够的。我们可以定义不存在的东西。如后文将要直接显明的，异乡人是在质疑像的存在。"是一个像"之含义的可定义性或曰可理解性，与像的存在、或曰像的实存方式之间的这一区别，在随后的讨论以及二手文献中都扮演着重要的角色。但很遗憾，我们将看到，这是一个让人非常混淆的区分。

泰阿泰德回答："我们能说'像'是什么呢，除了说它是做得像真东西的另一个这种东西(τὸ πρὸς τἀληθινὸν ἀφωμοιωμένον ἕτερον τοιοῦτον; 240a7-8)？"在这个准定义中，τἀληθινὸν，即"真正"意义上的"真"，是指原物说的；而ἕτερον τοιοῦτον，即"另一个这种"，就是像，则不具备这种真正性或曰真实性。无论我们如何分析"另一个这种"的意义，其意义显然都依赖于原物。是"这种"（无论在希腊文中还是在英文中）一般都意味着是某个给定种类的一个实例。既然讨论中的"种"(kind)是原物，那么就可以假定，原物和这"另一个"都属于同一个种。但是，这种分析直接引出了更深层次的解释问题。摹本的"异"(otherness)源自它与原物属于同一个种吗？若是，"种"就成了原物和摹本之上的又一个形相，我们似乎也就正走在无限倒退的路上。或者，这"异"是由于，存在于原物和摹本中的同一个种（或"相"），与像所借以呈现的媒介之间的差异吗？若是第二种情况，我将设法详尽地证明，这样虽然避免了无限倒退的危险，代价却是摧毁了原物与像之间的本质差异。

[191]这一问题让我们暂时不做判断。我相信说这么多就已经清楚了。作为真正原物的一个肖似物，像的确不具备真理或真实性。它不是真正的原物。但是，就像泰阿泰德很快要说的，它却真(ἀληθῶς)是一个像（或者说，"除了在它真是一个像的意义上"[πλὴν γ' εἰκὼν ὄντως]之外，它并不具备真实性）。通过这样的表达，泰阿泰德纠正了异乡人的如下反驳。"另一个这种""当然不真"，

它不是原物,"只是像原物"(οὐδαμῶς ἀληθινόν γε, ἀλλ' ἔοικος μέν)。然而,泰阿泰德也同意,"真"(τὸ ἀληθινόν)真地存在着(ὄντως ὄν),"不真"(τὸ μὴ ἀληθινόν)则是"真"(true; ἀληθοῦς)的反面。因此,泰阿泰德是在说,[与原物]肖似之物(τὸ ἐοικός)并非真地存在着(οὐκ ὄντως ὄν)。

  异乡人巧妙利用了如下二者之间的模糊关系,一面是τἀληθινόν[真的东西]和ὄντως ὄν[真地存在的东西],一面是ὄν[在]或εἶναι[在着],但泰阿泰德至少部分看穿了这种模糊性。一个像根本就不是无(我们可以说的,它不是τὸ μηδαμῶς[无])。作为像,它有一种本体论的地位:真地(ἀληθῶς)是一个像(或一个肖像。注意从εἴδωλον[像]到εἰκώς[肖像]的转换)。即使某个东西除了依赖于原物外便不可能是一个像,"是一个像"仍是某个族类的所有实例的一个独特的相、一个定义性的标志,并在这一实质性意义上拥有其存在学意义上的独立性。一个东西依赖于另一个东西可以有多种方式,例如因果关系就是其中之一,这种因果关系所包含的依赖性,与相似关系所包含的依赖性不同。相似的方式,或者说成像的方式,只是多种方式中的一种,且它不可简化成像所借以实现的"物质"。我们得出下列令人困惑的结论:一个给定原物的(精确的)像,就相同的方面、而非就两个不同的方面而言"是,又不是"原物。某个相的精确的摹本仍是同一个相;然而,正是作为摹本(换句话说,不是作为摹出来的相的某种独特的物质实现),它并非、也不可能与原物同一。总结来说:假如它与原物同一,它就不是摹本;假如它是摹本,它就不与原物同一。假如你和我的脸上有同一个相,那么,仅仅因为你的脸不是我的脸,所以,我脸上的相就并非你脸上的相的摹本。就算你是第一个拥有你脸上那种相的人,依然如此。我们各人拥有同一个相,此相除了在我们各自的脸上以外,并没有任何实存——无论"真实的"(genuine)实存还是不真实的实存。这一点极其重要。从已说过的内容可以得出结论,像的"存在论的"与"知识论的"地位之间,无法做出截然的区分。像在认识上可靠(或不可靠),恰恰因为它真地(genuinely)是一个像。又,其存在[192]则"真地"(truely)是"是一个像",是一个像即是在同一方面而言既是、又不是原物。

要理解像的本性的含混性,关键是不能混淆作为肖似之物的像与像所借以实现的媒介。媒介(如镜面、画布,或某个有血有肉的生物)与原物不同一(无论是时—空中的事物或一个"单独的"形相),但这一事实跟像本性内在的含混性毫不相干。有人也许会凭直觉说,作为一个像,与原物肖似之物显然并不是原物的相(再强调一次,我不考虑各自的相所借以实现的物质或曰媒介)。但作为一个肖像,或曰作为对原物的相的精确再现,与原物肖似之物则必定与原物同相。就"画像"而言,由于再现媒介的差异,这种相同的程度当然有限,画中人不可能是对真人的相的精确复制,因为真人的相乃是有血有肉的相。然而,在从画像的范型转向推论[即言辞]范型时,异乡人使这种与中介的相关性成了无效。从他把肖像定义为对原物比例的精确再现——换句话说,是对原物比率、而非对原物图像的呈现——即可看出这一点;不过,对比例的这种强调的意义,在讨论的第一阶段被绘画范型掩盖了。由此,一个推论性的[即言辞的]像,就是一个两种意义上的 λόγος [陈述]:它是比率的言语表达;或者,今天的我们可能表达为,它是对某种形相结构的言语表达。也因此,对原物比率的再—现,也必定是对原物比率的呈现。如果它偏离了原物,它就不再精确,因而就不是肖像,而是幻像。然而,当把幻像当作图画时,它就不再是原物比率的像了。它现在,假如还是任何东西的像的话,那也是某个别的比率的像,它最终准确反映的是这个"别的比率"。

从绘画范型到推论[即言辞]范型的转换,本质上是扬弃肖似说,而偏向了——我们或许可称之为——"复制说"。然而,一个比率的复本并不是该比率的像,也绝非在任何方面——无论在存在论上或知识论上——地位低于该比率。就两方(或无数方复本)而言,比率都是同一个比率。因此,异乡人的上述转换,等于离开了我们或可名之为"古典柏拉图主义"的立场,而转向了亚里士多德主义。下面我还会再回到这一点。在此,必须指出,异乡人并未给出这种理论变化的任何记号。在整篇对话中,他继续使用原物与像的语言模式。另外再补充一句:当我说异乡人本质上转向了亚里士多德主义时,我的意思并不是说异乡人采纳了一种[193]就纯粹形相结构而言的逻辑述谓论。他的原始亚里士多德主义相当于已经使他开始致力于"形式"与"质料"的区分(可能并未实现),在这种区分中,一个给定的种、或曰一个族类的诸实例,其形相在所有实现方式中都相同,因此,称哪一个为"像"都不正确。

关于240a4-b11就讨论到这里。下一部分,240b12-13,呈现了不同抄本存在的异文问题,但总意是足够清晰的。我们曾说,肖像存在,但不是"真地"($ὄντως$)存在,这似乎很奇怪地将存在和非存在编织到了一起(240c1及以后)。因此,这一阶段是向非存在分析的过渡阶段,只是,我们尚未准备好离开像的话题。现在是时候来看看从刚才我们所研究的文段中产生出的二手文献了。让我最后一次总结以下我们的要点:真地是像的东西,并不真地是原物;但真地是像的东西,真地像原物。假如我们谨慎地不以"复制"或"相同于"来代替"像"(is like),而是希望保留原物与像的区分,那么(我主张),我们最接近对"像"(is like)的分析的说法是:作为相似性,像是、但又不是原物。假如我们不谨慎地保留原物与像的区分,而用"相同于"代替"像"(is like),那么,相同的相就会贯穿显示于每一族类的相似之物中。所讨论的"相"就没有了独立的实存,除了在如下意义上:我们通过思考或言说它,将它从它的多种显现中"抽象"出来。这是亚里士多德哲学,而不是柏拉图哲学。

在接下来的讨论中,我将如常只讨论关于像这一问题的具有代表性的解释。有两种主流观点对当代学术研究产生了深远影响,我尽力择其代表加以分析。我所说的是如下两种主流观点:一种观点认为,不存在什么所谓的柏拉图"晚"期抛弃了范型—相似模式一说;另一种观点认为,"后期"柏拉图抛弃了范型—相似模式,而更倾向于某种逻辑或语言学的分析,这种分析很像当代的分析哲学,不过是在更简陋的水平上。根据这第二种观点,我们在《智术师》中不会找到这种范型—相似模式。

在此,先对两个话题初步说几句话可能会有所助益,这两个话题,柏拉图研究者经常将其与像的本性联系起来。第一个话题是同一性与述谓的区分。我在序言中已经谈过这一话题,后面还会讨论,[194]因此在此只是一带而过。同一性与述谓的区分跟相似性的本性这一问题毫不相干。像是一个原物的摹本,或图画的摹本或言语的摹本;但二者谁也不是谁的述谓。坐在那里被别人画肖像的人,不是该肖像的述谓。但是,即便把柏拉图的形相理解成逻辑述谓,某个形相结构的实例也不会以那个结构为一组谓项。作为该形相结构的一个实例(或一个像),它就是同一个结构。

第二个话题是"分级存在论"。就 ὄντως ὄν [真地在的东西] 和 τἀληϑινόν [真的东西] 这类术语而言,就像我们以上所见到的,柏拉图笔下的人物似乎会区分存在的不同程度(degree)。事实上,有两个问题,在此融为了一个问题。如果我们区分"存在"与"实存",并仅仅以前者指纯粹形相,而把后者应用于时空中形相的实例,我们就不会荒谬到竟还主张有不同程度的实存。在《柏拉图作品中"真"的诸程度》一文中①,弗拉斯托斯(Gregory Vlastos)正确指出,"如我们通常对'实存'这个词的使用,说什么实存的程度(区别于实存事物的完美程度)是毫无意义的。一个个体比另一

---

① 弗拉斯托斯(1965)。

个实存更多——或更少——这样的观念将是极端荒谬的"(页65)。不过,弗拉斯托斯随后的分析表明,他本人并没有区分床的形相的存在与个别床的实存这两件事(举《王制》卷十中他自己所举的一个例子):"需要强有力和毫不含糊的证据,才能证实当柏拉图谈到一些事物比其他事物更多或更少存在时,他脑海里抱有任何这样的思想。"足以引起注意的是,弗拉斯托斯并没有将形相学说本身看成这样的证据。在我看来,弗拉斯托斯是因为将 ὄντως ὄν 翻译成"真"(real),才制造出了他自己的难题。无论该希腊语词在英语中正确的对等词是哪个词,柏拉图肯定都是将该词与形相相联系,从而在形相与其实例之间作出存在论的区分。略微提前指出一点:我当然不会否认弗拉斯托斯后来的论点,即与时空中的实例相比,形相是用来让认识变得更可靠的。但是,这种可靠性是上述存在论区分的结果,不可以、也不可能取缔这种区分而不同时取缔认识论上的区分。弗拉斯托斯论文的同一段落中,接下来两句话是这样说的:"但不存在这样的证据。难道任何人会严肃地以为,[195]当柏拉图[在《王制》卷十中]以贬抑口气把床的'存在'与床的形相的存在相比较时,他是想要毁灭我们对我们所睡在其上、且又买又卖的床的实存的信念吗?"(页65)问题的答案是:非也。然而,实存床的"存在"与床的形相的"存在"之间这种带有贬抑意味的比较,恰恰是弗拉斯托斯所要求的那种证据。他自己提供了这种证据而没有注意到它,这可能是因为,他接受了现代的、后—弗雷格式的做法,即取缔存在与实存之间的差异。

除此之外,弗拉斯托斯关于实在(reality)与实存(existence)之间的区分(事实上就是存在与实存之间的区分),在《智术师》中也未起到作用,其原因已陈明。泰阿泰德和异乡人都接受,原物和像都是 ὄντως ὄν [真地存在]。在弗拉斯托斯的术语中,一个像"真地"是一个像,其意义同于一个原物"真地"是一个原物。因此,在我们所讨论的段落中,对 ὄντως ὄν 或 τὰ ληθινόν 这类术语的应用,似乎带有不同的意义,不同于《王制》卷十中对这些词的应用所带出的意义。与此相似,在《智术师》236e7-237a2,由异乡人所设、貌似在对话的随后部分得到了解决的问题是:我们如何言说虚假 ὄντως εἶναι[真地在着]而又不自相矛盾?与弗拉斯托斯的观点相反,从认识论的立场来看不可靠的东西,也以跟认识论立场来看完全可靠的东西没有任何明显可见的不同的意义上是"真的"(real)或"真实的"(genuine)(参弗拉斯托斯,1965,页69)。最后,在弗拉斯托斯的分析中,否认认识上的可靠性——因而也是否认最高阶段的真地存在(ὄντως ὄν)——的基础,或者言说某物是"F 又是非—F 的基础,都牵涉到比较相同事物的不同方面,或比较一个事物与其他几个事物之间的几种不同关系(页67)。但是,一个像却是在相同的方面(亦即,展示了相同的比率)"是、又不是"原物。

现在,我回到当代学者关于像这一问题的两种占主导地位的观点。在一篇首次发表于1953年的论文中,欧文(G. E. L. Owen)实际上主张,柏拉图首要的关注点始终都是解释述谓问题。① 在他的早期阶段(如欧文所说),柏拉图为此目的使用了范型—相似模式,而在《帕默尼德》中,欧文认为,柏拉图正式抛弃了这一模式。因此,欧文将《蒂迈欧》视为早期对话,其中这一模式起着至为关键(但模糊的)作用。"事实上,柏拉图并没有再次引进这样的 παραδείγματα[范例]来解释述谓问题"(页322)。特别为了反驳切尼斯(Harold Cherniss),欧文主张,《帕默尼德》132c12-133a7中对分有的批评是有效的,它表明柏拉图抛弃了[196]ὁμοιώματα[相似]和παραδείγματα[范型]。既然相似关系是对称的,结果就是无限倒退:"假如分有某一符号 A 被理解为与关于 A 的某一 παράδειγμα[范型]相似,那么,由于相似是对称的,所以 παράδειγμα

---

① 欧文(1953)。G. E. L. Owen,《柏拉图形而上学研究》中的《柏拉图对话中蒂迈欧的地位》,G. Vlastos 编辑,页 223-67。

[范型]和ὁμοίωμα[相似]都必须展示 A,进而根据此假设,它们也必须在那方面相似与某个进一步的παράδειγμα[范型]。"(318 页及以后)

欧文用这段话结束了他的论文:"我确信,是时候摆脱这类古老的困惑了——例如把诸范型强插入《斐勒布》中更加精致的形而上学中;是时候让长远看来大为重要的晚期对话自行展现了"(页 338)。① 无论柏拉图的真实情况如何,在早期和晚期欧文之间有一条线索一以贯之,此线索终结于他 1971 年关于《智术师》中的非存在的论文——在随后一幕中,我们将研究非存在的问题。在弗雷格式分析的古老故事中,柏拉图的"形而上学"是一个逐渐走向成熟的事件。

早期欧文断言,范型—摹本模式在柏拉图"晚期"对话中不再出现,或者说,事实上在"早期"作品《蒂迈欧》之后就不再出现;在我看来,这一断言站不住脚,已被切尼斯彻底驳倒。② 然而,欧文的相似性关系是对称的这一论点,不仅有理可据,而且无可辩驳。严肃的问题是,在柏拉图思想中,具体地说,在《智术师》中,对称扮演着何种角色。换句话说,问题是,柏拉图是否通篇都采用"相似性"的直接意义——若是,他当然可能陷入老帕默尼德所指出的那种无限倒退的危险之中;还是说,柏拉图关于像的观念有一个从"相似"到"复制"的转换、然后再返回的过程,只是他并未让泰

---

① 切尼斯(1957)对这段话回应如下:"若有人曾追寻那迷人而令人困惑的柏拉图阐释史,欧文这些话对他自有意义。这场阐释史由西方哲人及其追随者的一系列坚持不懈的善意努力写成,而他们每个给柏拉图施洗,使其进入自己的教门——当然,他们首先已通过解释把异端学说扫出柏拉图的著作之外,以此赦免了柏拉图的罪。现在,牛津分析家们为了令自己满意,已经成功地把他们所谓的那些'批评性的'对话读解成了他们自己的哲学方法的开山之作"(347 页)。类似的观点参拉弗兰斯(Lafrance)(1979),33-34 页。
② 切尼斯(1957)。布兰伍德(Brandwood)(1976),15-16 页,在义体学的基础上肯定切尼斯。

阿泰德(或读者)注意这一转换。

我已经表明,在上述两种可能性中我接受后者。如此我们就面临着如下奇怪的情况。异乡人将像称作相似物——无论他说的是图画还是陈述,但是,如此说法仅当原物是时空中的事物(比如坐着被别人画肖像的人)时才有意义,而[197]就纯粹形相(如存在或同)、事实(像雪是白的——即使一幅关于雪的精确的画会将它涂成白色)或事件(像泰阿泰德飞、走或坐)而言,这么说则毫无意义。甚至在这么说的确有意义的时候,也没有关于"相似"的非循环论证。由此,对智术师也就没有在认识论上可靠的反驳。我们要么看到一个东西像另一个,要么看不到;而假如我们看不到,我们就绝不能通过 λόγοι[言辞]展示两种事物的相似性。再换一种说法:泰阿泰德坚持赋予作为像的像某种独立的存在论的地位,异乡人同意了。一个像真实地或真地是一个像,但它并不真地、或真实地是原物。然而,无论泰阿泰德、还是异乡人,都无法维持这一区分,因为,真实地或真地是比率 A 的一个像,就等于真实地、或真地是比率 A。异乡人的 λόγος[言辞]并没有"拯救"我们对原物与摹本之区分的直接和直觉的经验,反而没有解释出其中的任何道理。分析似乎表明直觉的内容自相矛盾,因为它将必须区分开的东西混在了一起,亦即,把同和异混在了一起。

欧文的论点首先遭到切尼斯的反驳,后者本人对像的解释由李(E. N. Lee)得到继承和发展。现在,我们看看他们的两篇论文。针对欧文关于《帕默尼德》132d1-4 的解释,切尼斯作了如下批评:

> 苏格拉底只是提出,事物(亦即,现象上的特殊性)与型相的关系、而不是型相与型相的关系,才是像或相似物与原物的关系;即使一个型相相似于那与它相似的现象,从他的假设,我们仍然不能得出结论说两者都是单一原物的相似物,因为它们不都是"异于型相"的,而且按照假设,一个本身就是

原物,另一个则是原物的相似物。①

切尼斯补充说,虽然帕默尼德假设,任意两个相似之物必定分有同一个事物",有一点仍然是真实的,就像亚里士多德《论型相》(*De Ideis*)中亚历山大所述:"诸相似事物是单一原物的相似物这一推断,其有效性依赖于排除掉这样一种可能性:即它们中可能有一个本身是原物,其他则是原物的相似物"(1957,页365)。

切尼斯继续用旨在防止无限倒退的术语重述他对柏拉图的辩护(页366及以后),但主要论点[198]已很明了。因此,整个这篇文章是切尼斯在《亚里士多德对柏拉图和学园的批评》中首先提出的论点的发展。② 原物和像的关系不是"相互的",它是不对称的。③ 切尼斯关于《蒂迈欧》52c 提出了这种主张,但关于《智术师》240a-b,他也同样有此一说。在比较早期的作品中,切尼斯从原物与像的存在差异推出他的这一论点,但同时,该推断也说建立这一基础上(他在论《蒂迈欧》的文章中重申了这一基础),"型相是具体物作为一种属性所拥有的东西"(页298)。在论《蒂迈欧》的文章中,切尼斯以相似的方式——但并不完全相同——反驳了弗拉斯托斯关于"第三人"的文章,他说:弗拉斯托斯显然接受,"诸型相本身就是具体物的属性或特征,然而这是完全错误的理解。"正如亚里士多德在《形而上学》1079b3-11 中指出的,$\overset{\text{\tiny{ó}}}{\text{\tiny{é}}}\sigma\tau\iota$ [存在]附着于指示诸型相的术语之上,这使得诸型相不可能就是属性。所以,"就像《蒂迈欧》中所说,看起来作为特征'散'在具体化过程中的东西,实际上是一个不可具体化的实体,不可分,与自

---

① 弗拉斯托斯曾提出相似的论点,见其《〈帕默尼德〉中的第三人论证》("The Third Man Argument in the *Parmenides*")一文原版(1954)(艾伦,1967,页260)。
② 切尼斯,《亚里士多德对柏拉图及学园的批评》(*Aristotle's Criticism of Plato and the Academy*),New York:Russell and Russell,1962,页297-299。
③ 同上,见页297。比较页283注释191。

身同一,因此不是任何东西的特征"(1957,页373)。

假如我们比较早期和晚期文本,切尼斯的观点似乎从型相是一种属性转向了型相不是属性。但我不认为真的如此。照我的理解,切尼斯较早期的文本中的意思是,一般所言的具体事物的诸属性的"现象学"结构,与诸型相在该具体物的形而上学结构中的角色,二者之间是有区分的。在切尼斯看来,就形而上学的层面而言,柏拉图作品中没有什么述谓学说。

无论如何,切尼斯似乎没有注意到,他的观点中包含两个不相容的要素:如果原物和像的关系是不对称的,型相就不可能是具体物所拥有的作为一种属性的东西。但切尼斯也许会回答说:不对称性在于原物"存在",而相似物则没有"实存"。① 但我已经表明,而且切尼斯的论证也必然要求,相似物"真的"是一个相似物:它不"真"是原物,但它"真是"与原物相似。相似物的确拥有"实存",这样一种实存需要我们将"相似"既理解成同又理解成异。切尼斯把像的同和异分离开,以至于使上述两难之境隐匿不显。他也忽视了作为像的像的"实存",以及[199]该实存之内涵的"实存"。再一次,这里的问题不是无限倒退,而是切尼斯(或者不如说柏拉图)采取的步骤阻碍了这种倒退。型相与具体物的同,使它们之间的任何区别成为不可能;这摧毁了范型—相似模式。但是,与欧文相比,切尼斯是正确的,他认为该模型在《智术师》中仍然存在。

李在他论《蒂迈欧》的文章中很精妙地发展了切尼斯的解释,但没有消解切尼斯的论述所必然带来的困难。② 李主要关注的是《蒂迈欧》48e-52d。他也主张,这个(晚期)文段解决了针对《帕默尼德》132d-133a 中像(imaging)的隐喻所提出的诸多难题。李一开始就区分了两种像。一种是实体性的像,"即使它代表的原

---

① 切尼斯(1962),页298。
② E. N. Lee,《论柏拉图蒂迈欧中像的形而上学》("On the Metaphysics of the Image in Plato's Timaeus", *in The Monist 50: 341-68*)。

物毁掉了,它也依然存在"。一种说非实体性的像,这类像的实存依赖于"与[它的原物]的持续性关系,假如原物被移走或毁掉,像也必定消失不见"(1966,页353)。根据李的观点,《蒂迈欧》48e-52d 仅限于谈非实体性的像,它说"一种居间本性"(50d3-4),与形相和接受者"相对立"(页346)。更具体地说,它是一个镜像,"产生于原物与镜子的相互作用",镜子是李发明的比喻,对应于柏拉图本人提出的接受者的比喻。李说,"严格地说,关于'像本身',我们在此根本无可言说"(页356)。再一次,关于现象性的具体物,"严格地说,它根本没有自己的'本性'"(页349),而形相和接受者是有的。

因此,李跟随切尼斯否定非实体性的像的"实存"。"就'实体性的像'而言,像与其原物的相关性可以说对于像的单纯存在无关紧要。一个作为他物的像的物体所拥有的存在论地位,完全不依靠于任何形相或原物,因此可以恰当地认为,它'就是我们所看到的东西'"(页360)。因此,像切尼斯一样,李实际上接受了弗拉斯托斯关于实存(存在)与实在(真实或真)所作的区分。我们已经看到,这是一个错误,而这个错误是由于没有充分认识到柏拉图本人的存在论特征。结果,三个人都不能够解释,一个像何以能缺乏"实存"而又并不完全停止存在。实际上,三个人都接受了实存等级的观念,无论愿意与否。[①] 他们谁也没有看到,作为像的像的真实性,导致了"相似性"的本性变得自相矛盾这一两难困境,[200]尽管事实上像并不真地就是原物。具体地说,李没有看到,假如像根本没有自己的本性,那它也不可能有像的本性了。其结果是,存在论和认识论的区别就不存在了。李还忽视了这样一个事实,镜像也可以被画下来或拍摄成照片,所以,他区分实体性的

[①] 比较 W. Leszl,,《业里士多德的逻辑学与形而上学》(*Logic and Metaphysics in Aristotle*. Padua: Editrice Antenore),页278-79。

像与非实体性的像的方法并不充分。

这就将我们引向问题的核心。根据李的观点,这个借助镜喻(此是一个像的像的像)来解释的《蒂迈欧》文段,解决了《帕默尼德》提出的问题。"回到我们的类比,情况就像从观看一个事物的镜像转向观看事物本身:其实这不是观看两种不同事物(即不是同时观看'两者',无论说分开看或一起看),而是观看同一事物的两种不同方式"(页362)。李当然不是说,作为镜中的"反射",镜像是原物;相反,根据他自己的解释,反射本身什么也不"是"。尽管如此,它却是一个相,与其原物相同的相。正因为如此,物质实现或曰镜子本身便型的本性问题毫不相干。

莱索(Walter Leszl)在他的重要研究《亚里士多德的逻辑与形而上学》①中,如此反对李的说法:"按照这个说法,这世上的事物根本就没法谈论了"(页489)。② 莱索的意思是,假如相就是同,那么我们所谈论的便是相或曰原物。然而我们同样可能是在谈论"像",因为,假如原物与像之间的相似性事实上是某种同一性,那就没有像,而只有原物。根本就没有诸分离的范型。这是智术师的立场。总而言之,拯救相似学说不陷入无限倒退的这一努力,由于不可能合理地区分哲学(异乡人或柏拉图意义上的)与智术而告终。

这直接把我们带回到《智术师》的文本。摆在我们面前的因此是一个语言问题:"我们如何以一种自洽的方式定义智术师的技艺?"语言在宇宙与言说者的灵魂之间起调和作用。为了回答泰阿泰德进一步提出的问题,异乡人说,智术师制造的是幻像,因此他欺骗我们。假如我们因此断言智术师的技艺诱使灵魂接受虚假的意见,我们就承认其结果是思考"[201]不存在的事物"

---

① 莱索(1970)。
② 比较:还有页464-66 的一个小结性陈述。

(τὰ μὴ ὄντα δοξάζειν;240c7—d10)。异乡人在这里从以前的单数表达(240c1—6)转向采用复数的"非存在"。我曾在前文指出(页182),帕默尼德既用过复数的"非存在"(μὴ ἐόντα),也用过单数的"非存在"(τὸ μὴ ἐόν),似乎无视这一区分中可能包含的存在论和语言学意义。异乡人只引到了帕默尼德使用复数"非存在"的文段,他未对帕默尼德用语的转换作任何评论,这(就异乡人的这一沉默和帕默尼德的转换本身而言)至少与我的意见相容,即该转换无关帕默尼德的宏旨。但另一方面,当异乡人以自己的名义提出关于言说非存在的困惑时,他的确是利用了单复数之别的。现在这一未加任何说明的术语转换(240c7—d10)也许可以从上下文中得到解释。δόξα[意见]和智术师的技艺,由于根源于τὰ φαινόμενα[显像]而非根源于存在论或非存在论,导致了非存在倍增。如此倍增足以引起注意,因为就它相当于异乡人对非存在的物化。

无论如何,泰阿泰德同意,情况必然如下:灵魂把那些根本不存在的事物看作"以某种方式存在"或拥有存在(πῶς εἶναι)。现在的讨论已经预示出后文将把存在说成是一个存在论单元。语言能够使这个单元倍增,但不能够制造它。然而,如果没有相对应的称作"非存在"的存在论单元,那么实情必然就是:语言制造了这个名称。在这种情况下,"非存在"必然被解释为伪名称,它没有什么直接所指,因此,它所拥有的意义只能是从别的真实形相衍生而来。简而言之,"非存在"将被解析为意味着"不是—这个—存在",因而也就意味着"某个别的事物"。

然后,异乡人带着泰阿泰德观察了种种假意见。一般来说,假意见相信的是"诸存在"或"本在"(τοῖσ οὖσι)的反面(τἀναντία)。而异乡人在分析完非存在的问题之后将得出结论:"非存在"并不是"存在"的反面(ἐναντίον)(257a8—b5);换句话说,并没有什么作为形相的非存在。相信存在物的反面,并不就是相信某个最终建基于非存在的东西。因此,这样的相信必定是相信某个以"某种方式"存在的东西,同时也是最终建基于形相存在的东西。据此,异乡人必会将假解释为相信事物"异"于其所是。他的分析导致的最终结果是,我们犯了虚假这样的错误,是因把某个事物当成别的某个事物,或把某些事物当成别的一些事物。[202]然而,在这两种情况下,我们谈论的仍是事物或存在者。因此,严格来讲,我们不可能思考"不存在的事物"。此处不宜深入追究这种解释的不足之处,然而,当我们通盘考察整个插入论证的复杂性时,牢记这一最终结论是很有帮助的。

异乡人再次重述一般论点,泰阿泰德表示接受。假意见意想"不存在的事物"(τὰ μὴ ὄντα)。然而,这一点必须加上限定:假意见意想"完全不存在的事物在某种意义上存在"(πῶς εἶναι τὰ μηδαμῶς ὄντα)。其二,假意见还意想全然存在的事物根本不存在(μηδαμῶς εἶναι τὰ πάντως ὄντα; 240e1-241a1)。在这里异乡人只字未谈真的否定陈述。他全部的注意力都在假上,因为他志在逮住智术师。假陈述是陈述;换句话说,假陈述有一个意义或真值,并不仅仅是噪音。因此,假陈述在两种意义上分有存在:第一是作为像(即使是幻像),第二是就其相而言,无论这"相"怎样是扭曲的。一个假陈述既不是"无",也不是关于"无"的。将假陈述当成两者中的任何一个,都属语言上的混乱,也就是未能明白关于我们如何言说的正确分析。但我们自己不可以被这一点误导。把非存在实体化——或可这样称吧——的问题是个语言学问题,然而,存在问题却不仅仅是个语言学问题。我们谈论存在时(或,像我们后来看到的,我们讨论"整全"意义上的οὐσία[本在]时)并没有犯什么"语法"错误。

以上这些"实质上"就是假可能发生的所有方式。然而,异乡人补充说,鉴于我们前面的结论,即非存在这一表达是"不可说、不可讲,没有λόγος[言辞],也不可推论式地思想"的,智术师必不会同意我们的观点,任何理性的人也不可能同意(241a2-7)。① 泰阿泰德详述了智术师如何拒绝承认"假"[的存在]。我们的矛盾取决于我们断言假存在于思想和言语中,如此,我们就不得不把存在归给了非存在,尽管我们以前承认这不可能(241a8-b3)。这话值得注意,因为它似乎已预示出随后的结论,即非存在必得基于言说或推论性的思考来解释。异乡人接受了泰阿泰德的总结,并补充说:现在有必要决定关于智术师得做点什么了。这是对话的又一个过渡点。显而易见,就牢牢逮住我们的猎物而言,我们尚未取得丝毫成绩(241b4-c6)。麻烦仍然来自我们试图把他分派在造假者和杂耍者的技艺一类,而这是一个不可穷尽的族类。换句话说,二分法永远不可能完成所委派给它的工作。我们还需要别的工具,具体地说,我们需要一个关于非存在的解释。

---

① 不顾马德维格(Madvig)的修正。

第十一场　精确的和不精确的神话

（241c7–245e5）

[204]智术师暂时被尝试性地确定为一个在一切事上进行争论的人，他们在争论中制造出假的像。至于这一确定是否基于先前对二分法的使用则绝不清楚。不过，清楚的是，二分法不能区分真像与假像。从二分法转向讨论真假之像的区分，已使我们直面非存在问题，因而也直面存在问题。异乡人即将在设法定义智术师的路上再来一次迂回。此番迂回是因为他需要与帕默尼德模糊的训谕达成妥协，后者反对讨论"纯粹的无"。异乡人若这样做，要批评的就不仅仅是他的老师，而且是整个希腊哲学传统。为了抢占先机，异乡人将宣称他是正确言说非存在的第一人。注意到异乡人对其前辈的批评属于"后语言学"性质是很重要的，但另一方面，保留异乡人在存在与关于存在的话语之间所作的区分也很重要。

异乡人对泰阿泰德有三个要求。第一，他要求泰阿泰德原谅，因为面对智术师颇有说服力地指控他们把存在归给了非存在，他稍稍退却了一点。第二个要求更突出。异乡人要求泰阿泰德不可把他看作要去行某种弑父之举。他不是断言他即将犯下弑父之罪。这一点很重要；我们将看到，异乡人对帕默尼德的批评，与其说是对其老师的反驳，不如说是在另立新说。为了防止智术师回避，有必要用拷问($βασανίζειν$)来审查帕默尼德的格言。我们不得不以某种方式迫使非存在存在，并且以某种方式迫使存在不存在（$βιάζεσθαι\ τό\ τε\ μὴ\ ὂν\ ὡς\ ἔστι\ κατά\ τι\ καὶ\ τὸ\ ὂν\ αὖ\ πάλιν\ ὡς\ οὐκ\ ἔστι\ πη$；241c7-d7）。

泰阿泰德同意需要一场这样的言语之战。[205]就像异乡人断言的，甚至一个盲人也必须看到这一点。换句话说，就像智术师闭上眼睛挑战我们言语的结论，同样，我们也必须对视觉的像闭上眼睛，并迎接这一挑战。否则的话，我们就会被嘲笑陷入了自相矛盾（241d8-e5）。也就是说，智术师将嘲笑我们违反了我们自己的一个原则。因此，我们必须足够勇敢（比较237a3和241a9）地去攻击"父辈的"$λόγος$[言辞]，或足够勇敢地——如果某种犹豫阻止这种攻击的话——放弃整个探究（242a2-4）。反复提及勇敢表明，讨论中的主导性比喻从猎取转向了战争。异乡人即将向他所有的前辈宣战。

随后是第三个要求，根据异乡人所说，这只是个很小的请求。由于他关于非存在的观点倒过来了，所以他害怕年轻人认为他疯了（$μανικός$）。为了泰阿泰德的缘故，他将努力反驳帕默尼德的主张（242a5-b2）。泰阿泰德鼓励他勇敢向前，提出一套驳辞及证据（242b3-5）。异乡人之前只字未提证据（$ἀπόδειξιν$）的事；泰阿泰德对异乡人提出的探究路线做了"数学性的"修正。

与祈求勇敢相一致，异乡人还说：我们需要一个配得上此次勇敢的言语冒险的开端（242b6-9）。然而，他们的第一步走得特别谨慎：为免误表赞同，"让我们再看一看"到目前为止似乎很清楚的结论。泰阿泰德之所以想要异乡人更清晰地陈述之前的结论，可能因为他并不确定他之前究竟赞同了什么（242b10-c3），但异乡人没有对讨论作一回顾。替而代之，他突然转向尖锐批评他的前辈。帕默尼德，以及任何"批评性地"（$ἐπὶ\ κρίσιν$）开始去界定诸存在的种类和数的人,"跟我们对话时都缺乏谨慎"。这完全算不上弑父行为。即使按异乡人的原则,帕默尼德说话"缺乏谨慎"($εὐκόλως$),他仍可能说的是某种不可辩驳的话(242c4-7)。

第一群将受到攻击的思想者叫做"批评性的",因为他们试图通过定义并数算诸存在的种类来精确地言说。然而"对于我来说,他们中的每一个人似乎都给我们讲了一神话($μῦϑόν τινα$),仿佛我们是孩子"(242c8-9)。神话本身是不可反驳的,因为异乡人本人也即将给我们讲"巨灵之战"的故事,并讲述《治邦者》中倒转之宇宙的神话。批评可能针对他们不恰当地使用界定及数算元素这一方法。

这至少是异乡人区分[206]三种讲故事者的原则,他随后会将这三种与第四种讲故事者加以对照。第一种讲故事者说,诸存在($τρία τὰ ὄντα$)有三种,这三种有时纷争不断,有时又成为朋友、结婚、生养孩子(242c9-d2)。第二种讲故事者区分两种存在,湿与干,或冷与热,每一个对子又和谐相处(242d2-4)。这两种讲故事者的神话是爱奥尼亚式的,虽然异乡人没有明说。爱利亚族的讲故事者甚至在克塞诺芬尼(Xenophanes)之前就讲过一个故事,说到所谓所有的事物都是一(242d4-6)。

接下来,异乡人将爱奥尼亚神话和西西里神话(赫拉克利特的和恩培多克勒的)统一成一类,然后又将它一分为二。被他统一起来的思想者共有这样一个特征:他们将两个故事,诸存在是多和诸存在是一,"编织在一起"($συμπλέκειν$)并认为($συννοεῖν$)这样做最为稳妥。换句话说,多同时被敌对和友谊给统一了(242d6-e2)。异乡人把这类神话讲述者说成"缪斯"。这些缪斯中较精确或较激进的($αἱ συντονώτεραι$)说,存在"永远既与自身纷争又与自身相和"(亦即,不断的自我分化和重新统一;242e2-3)。但"较温和的"($αἱ δὲ μαλακώτεραι$)缪斯通过抑制永恒战争(或自我分化)的一面而"松动"了精确学说之网。在这些缪斯看来,万有($τὸ πᾶν$)

由于阿弗洛狄忒,有时是一、是友好的,但有时又由于某种冲突而成为多,处于纷争中(242e4-243a2)。

对"批评性的"神话的这段总结中,存在被说成是一、二、三,以及同时是多和一。在多样性被许可时,数都是指种类而不是指个别事物。在这一意义上,多元论者接近形相学说,只不过他们的种类是动态的、活生生的,而不是静态的和数学的。就一元论而言,很难说"一"是指一个种类、一个实体,还是两者都指,而这不久就会成为二律背反的起源。在涉及多样性时,编织喻清楚地表达出秩序的观念,因为单独一个元素不可能有什么秩序安排(在某种并非无效的意义上);也因此,联系一元论来言说一个"宇宙"并不恰当。尽管异乡人公开承认他属于爱利亚派,但他采纳了多元论中的多样性和编织这两点。这也从另一方面显示出来。除了爱利亚神话,所有神话都提到了性的繁殖,但生成的东西也必然逝去。异乡人将动态的、活生生的"种类"转换成了逻辑的、或存在论的形相。不过,他不会完全压制宇宙的生命或灵魂。就像我们将看到的,他的存在论包含两个层面。

[207]谴责这些古代名人撒谎也许过于苛刻,也不合适。但是,无论他们是否在这些神话中说出了一些真理性的东西,异乡人都可以不失体统地说,他们对于"像我们这样"的多数人没有什么尊重。他们个个都看不起我们,光顾着说完自己那一套,也不管我们跟不跟得上(243a2-b2;比较216c6-7)。像当代的分析哲学家一样,异乡人抨击传统思想者用语模糊。像分析学家一样,他怀疑理解这些神话所说的东西是否可能。那现在让我们迷惑的问题,即非存在问题,异乡人自己年轻些的时候还曾以为自己能"精确地"($\dot{\alpha}\varkappa\varrho\iota\pi\tilde{\omega}\varsigma$)理解它呢。因此,关于存在,我们的灵魂也可能处于同样状态(243b3-c1)。

因此,就像泰阿泰德自己看到的,最重要的任务是研究存在,以确定那些言说存在的人($\tau\grave{o}$ $\check{o}\nu$;243c2-d5)究竟揭示($\delta\eta\lambda o\tilde{\upsilon}\nu$)了

什么。而研究存在的最好方式是直接询问使用这个术语的人,仿佛他们就在面前。于是,我们在一场对话之中又开始了一场对话。与其他方法相比,这种修辞手段使讨论更加生动。异乡人一开始对二元论者说:"来吧,所有主张一切是热和冷或任何两个类似这样的东西的人,你们说这两者既一起存在、也各自存在,关于这两者你们究竟在说什么?关于你们的这个'存在'($\tau\dot{o}\ \varepsilon\tilde{\iota}\nu\alpha\iota$),我们应当作何理解?"(243d6-e1)一切除了是这样两者(如热和冷),它还是第三者吗?假如你称呼两者中的一个为"存在"($\H{o}\nu$),你的意思是两者都存在吗?若是,这两者实际上不就是一了吗(243e1-6)?

这些问题需要澄清。试图将实存事物分成两种如"热"与"冷"的努力并不成功,因为"存在"已经是第三种。或者说,异乡人是如此宣称的。二元论者是否会同意他的观点并不明了。也许他们会说"存在"是"热"和"冷"的混合物,当然,这里的"热"和"冷"都是原则,而不是事物。异乡人的批评清楚表明,在他看来,"存在"不能简化为一个用来表示系词的名称。而出于同样的原因,存在也不能同化为与二元论原则相应的两个述谓形式:"____是一个热的东西"与"____是一个冷的东西"。但这并不表示"存在"就是一个谓项。相反,无论"存在",还是"热"和"冷",异乡人并没有将其中任何一个理解为谓项。我们已能看出,在这里,异乡人自己的形相学说在起作用。在"X是热的"这一陈述中,"是"和"热"都是存在论上的形相名,而X则代表这两个形相组合而成的一个实例的名称。

泰阿泰德并不确定,是否要通过[208]将"热"和"冷"都与"存在"相联系而使二者归结为一(unity)(243e7-9)。然而,他很快默认了异乡人的批评,即这么做将二简化成了一(244a1-3)。我们且把这当作常见的计数难题的一种形式吧。① 每个主张一切

---

① 关于这里和整篇对话中 $\check{\alpha}\mu\varphi\omega$ 的意义,参克莱因(Klein)(1977),页60-64。

($τὸ πᾶν$)多于一的人,都会面临这一难题(244a4-b5)。假如我们无法将"存在"列为我们的原则之一,我们也就无法说这些原则"是"原则。这是因为异乡人从一开始就排除了对"存在"的纯粹句法分析。他没有明言对二元论者的批评,但他的意思等于说:即使"存在"不被列为一个明确的原则,二元论者也会说每个原则"存在"(is),而这使每一个原则都成了"存在"的一个实例。批评不仅仅假定"是"(is)代表作为原则的"存在"(being);它亦假定,当两个不同的原则与"存在"结合时,就变得与"存在"无法区分了。不消说,异乡人事实上并不相信是这样,他的原子形相学说会表明这一点。异乡人对二元论者的含蓄批评是,他们没有一个能够拯救他们免于不一致性的对"是"或"存在"的解释。他们尚未预备好对他们的原则作精确的计数。对此,我们还可以补充一点,二元论者没能提出一套语言学说,因而也未能提出一套系词学说,这使他们异于受到如下否则会显得很牵强的指控:即,他们既说"热存在"(hot is)又说"冷存在"(cold is),因而自相矛盾了;或者说,二(甚至还有三)就被他们说成了一。

现在,异乡人转向一元论者,或者不如说,转向扮演一元论者的泰阿泰德:"你们是说只有一存在吗?"($ἕν$ $πού$ $φατε$ $μόνον$ $εἶναι$)他们承认是这意思。于是异乡人提出一个问题。爱利亚学派把"存在"($ὄν$)一词应用于某个东西($τι$),把它当作名称或指涉性的表达来使用。因此,看起来他们似乎对于相同的事物使用了两个名称(244b6-c3)。但为什么这是一个问题呢?很多事物不是都有两个名称吗?例如,"西塞罗"和"塔利"指的是同一个人,"乔·路易斯"和"褐色轰炸机"也指同一个人。① 异乡人显然排除了所有这类例子。这类例子仅仅对于那些允许多样性的人,或换一种说法,对于那些认为名称不算做"事物"的人,才有意义。但如果

---

① [译注]乔·路易斯是美国著名重量级拳王,绰号"褐色轰炸机"。

我们除了一(ἕν)提供不了任何别的东西,那么,根据异乡人的观点,说"存在"(εἶναι)两个名称就很可笑了(244c4-10)。或许可以反驳异乡人说,爱利亚学派乃是用"一"指一个原则,而不是指某个个别事物。但异乡人可以轻松回答说,"一"和"存在"是不同的原则,[209]所以,一元论事实上就是二元论。假如我们认为异乡人仅仅是在指杂多名称,那么,异乡人的论点就是错误的。而当名称被理解为指不同的原则时,异乡人的论点就变得有效了。通观对一元论的批评(此批评在 244c11-d13 中还将继续),异乡人以一种对读者来说必定很恼人的方式,在作为原则的"存在"与"一个存在"——如一个名称或被命名的某物——之间含糊其辞。然而,在这种含糊其辞底下,我们可以看出他的信念:即,像"存在"和"一"这些名称,都是指独特的逻辑元素(因而也是指不同的存在论元素)。

这就把我们带到下一点:二元论者有了多样性,却没有一或稳定性,因此也没有名称或者说数。其结果是,将他们视为"二元论者"也就毫无意义了。另一方面,一元论者却拥有对两个名称的虚有其表的统一,其中每个名称各指某个明确的原则。他们(至少)是二元论者。无论二元论者还是一元论者,问题——也可以说是内在的分解——都出在没有将"存在"看作一个独特原则的名称。一元论者试图这样做,但一旦他们试图陈述其学说("存在是一"),他们就陷入了自相矛盾。

到目前为止,异乡人一直在讨论可数元素或原则,因此,他使用术语"全体"以与"一"对照。现在他则第一次从"全体"转向"整全"(τὸ ὅλον)。异乡人完成这一转向,乃是通过建构一个旨在证明爱利亚学说是自相矛盾的两难困境;无论该学说选择抓住两难困境中的哪只角,都会陷入自相矛盾。爱利亚学派准会说,整全与"存在的一"(τοῦ ὄντος ἑνός;244d14-e1)同一,但假如我们相信帕默尼德对整全的描述,即整全是一个有重量、有中心和边界的圆球,那么,整全必定拥有不同的部分(244e2-8)。在这里,异乡人似乎有失偏颇地把帕默尼德教诲中两个不同层面的元素组合在了一起。异乡人可以针对这一指控为自己辩护,他可以指出,一个包含统一和幻觉的二元论仍然是二元论。在异乡人提出的两难困境底下,是某种像以下这样的论证:"存在"要么是命名一个存在论原则的(像形相存在),要么是命名构成宇宙的事物整体的,即"全体"(the all)。帕默尼德的诗歌似乎同时给了我们持有这两种观点的根据。它至少间接说到了既是作为"全体"、也是作为"整全"的存在。① 因此,爱利亚学派的存在在存在论上是"双重性的"。[210]它拥有表面相同的两个形相属性。因此,它不可能是"一本身"(τὸ ἕν αὐτό;245a1-10)。

一元论者面临下列两难。要么,存在(τὸ ὄν)的标志是统一性,因此存在是一,也是整全;要么,我们就得完全否认存在是个统一性的整全(245b1-5)。根据两难的第一个角,一元论者阐述了三个原则:存在、统一性和整全性。而在两难的任何一个角上,一元论都将分解成多样性。无论哪一边的统一性都只是假设,多元性则是其实,否则的话,"整体性本身"(αὐτὸ τὸ ὅλον)就独立于存在而在着了(subsists),因此它自身就有所缺乏,或者说,就不是整全了(245b7-c4)。

这里跟二元论者的情形一样。异乡人对一元论的批评以他自己的形相学说为前提。一些东西,我们可能倾向于将其称作整全的"谓项",在他看来则是不同的存在论元素。然而,一元论者无

---

① 拉赫特曼(David Lachterman)为我提供了下面的注释。"假如接受辛普利西乌斯(Simplicius)的异文,残篇8.4(DK本)中的οὖλον[整全]就是唯一一次用来表示整全之处,这可能是韵文所要求的。其他地方都使用πᾶς[全部]及其派生词来表示整全。这里似乎并没有任何语义差异起作用;可以跟柏拉图对τὸ πᾶν[全部]和τὸ ὅλον[整全]的区分使用相比较。"我在文本中的论点是,异乡人由于用自己的区分来解释帕默尼德而陷入两难。

路可以接近纯粹形相学说,其结果就是,关于存在,他们无论说什么,都不能不自相矛盾。另一方面,不承认存在自有其独特属性,就是使得存在少于其自身。在这个意义上,则"存在将不存在"(245c5-7)。不过,"全体"作为不同属性的集合,是一个不能简化成统一性的多(245c8-10)。比起对二元论的批评,异乡人对一元论的批评比较没那么武断,因为一元论是两个学说中更为极端的一个。无论说的是形相元素还是述谓,诸原则的统一性跟断言某个独一无二的原则并不是一回事。再者,一元论者(至少是爱利亚学派)的确把存在说成一,二元论者(至少异乡人提到的那些二元论者)则不然。因此,一元论者并不能通过把存在解释为系词来为自己辩护。

异乡人首先考虑到将整全理解成与存在分离的统一性所带来的悖论性结果。按这种假设,整全本身拥有存在,后者属性因此就被双重化了。但灾难也随之降临到一元论——即便整体并不在任何意义上"是"存在或拥有存在。因为,假如没有整全,也就不可能有统一性。结果,存在将不存在(οὐκ ὄν)。① 更糟糕的是,由于那存在的(what is)整个地是它所是,所以,在整全缺席的情况下,[211]就既没有了存在,也没有了生成。相同的论证还可以扩展到覆盖量。任何说存在是某给定的二,或说存在仅仅是一的人,都将面临上述以及其他无数的难题(245c11-e5)。

异乡人对一元论和二元论分析导出的结论是:在其前人那里,精确实际上就是不精确。这并不能推出,一个人能够以实际上的精确去数点整全的诸原则或诸形相元素。异乡人在陈述自己的学

---

① 这里的"不"不用μή或μηδαμῶς,而用οὐκ,很值得注意。比较康福德(1935),页225。我认为异乡人是在暗示,存在(to be)就意味着是一个单元(to be a unit)、一个确定的实体,且这一原则适用于"整全"。在此,人们可以反对异乡人,假如这就是他的意思,那么他就将"整全"物化了;也因此,他尽管说不上是消解了、至少也是模糊了作为οὐσία的τὸ ὅλον[整全]与作为实存的具体物的ὄν之间的区分。

说时,从来没有明确说到纯粹形相的确切数字。而且,他是通过明喻(字母表)引进他的形相学说的。如果确切来说这不是一个神话,那它也绝非一个数学性的 λόγος [言辞]。这部分的要点是,所谓精确,并不在于对诸存在的种类作出准确的数点,而是要有一些确定的、因而可数的形相原则。其必然结果是,异乡人悄无声息地排除了将"存在"当作系词或述谓表达中非功能性小品词的可能性。

第十二场　巨灵之战

(245e6-249d8)

[212]异乡人称他的前辈们为"大众的"或"缺乏谨慎"的言说者,并引出他们的谈论(242c4)。我们刚刚已检审了那些"精确地"(διακριβολουμένους)言说存在和非存在的人所陈述的观点(245e6-7);换句话说,他们的特征是缺乏谨慎的(或虚有其表的)精确。现在我们还必须审视一下"以另外一种方式言说的那些人",以将我们的探究进行到底(245e7-246a3)。这些人不会求助于虚有其表的精确。他们不会设法数点原则的总数。他们的缺乏谨慎属于另外一种。

异乡人用下面这话引入这些新的言说者:"由于在本在问题上(τῆς οὐσίας)彼此有分歧,在他们之间就像有一场巨灵之战"(246a4-6)。这个比喻指奥林匹斯诸神与巨灵族之间的争战,后者试图强行攻下奥林匹斯山,成为这山的主人。① 我们似乎正在从准数学式的存在论转向神学式的存在论。更重要的是,异乡人使用术语οὐσία[本在]来称呼战斗的主题。在探究"精确的"言说者时,这个名称只在245d4出现过一次,那里是把οὐσία[本在]与

---

① 比较阿里斯托芬在《会饮》中对这个神话的运用。

γένεσις[生成]形成对照。从此往后,我将把 ουσία[本在]转写成 ousia,但不用斜体,以避免跟原子字母表或曰形相字母表中的元素混淆。柏拉图经常使用 ousia[本在]来表示某种比 τὸ ὄν[存在]更普遍的观念。例如,在《王制》(卷六,509b6-10),苏格拉底告诉格劳孔,τὸ εἶναί τε καὶ τὴν οὐσίαν[存在和本在]的在场要归因于善。他还补充说,善 ἐπέκεινα τῆς οὐσίας,或者说,善超越了"本在"——这里的"本在"等同于"整全",而非等用于形相原则存在。

假如 ousia[本在]是整全,它可数吗?[213]当然,这取决于"一"是不是一个数。但也许更为根本的是,ousia[本在]是一个分化的统一体,而不是一个纯粹的单子。就像异乡人所描述的,精确的思想者没有试图去数点 ousia[本在],尽管当异乡人为一元论构设两难困境时,他的确将"整全"算成了一个单一原则。我们起码可以说的是,证据很模糊。不过有一点是清楚的,异乡人在巨灵之战的叙述中从 τὸ ὄν[存在]转向了 ουσία[本在]。

巨灵从天上将一切拖拽到地上,由此把不可见者带到地上,或曰使不可见者可见了。他们自信地说,ousia[本在]就是形体,或者说,就是可打可碰的东西。他们鄙视持异见者(246a7-b3)。巨灵们并不设法去数不可数,而是去定义它。他们提出的定义"本在是形体",并不是一张由三个形相元素遍织而成的网;尽管如此,他们并不因此就在随后不需要语义分析。同时,他们的观点也为泰阿泰德所熟悉,后者遇到过许多这样"可怕的"人(246b4-5)。

物质论者(materialist)的对手们则利用不可见领域的"某些纯理智的、无形的形相"(νοητὰ ἄττα καὶ ἀσώματα εἴδη)"十分谨慎地"为自己辩护。谨慎归谨慎,但并不妨碍他们作出有力的断言(βιαζόμενοι):这些形相才是真存在或曰 ousia(τὴν ἀληθινὴν οὐσίαν)[本在]。神们是对形体问题非常谨慎,而不是对巨灵的观点谨慎。他们不直接论及物体,而是利用形相作为媒介。他们用 λόγος[言辞]将对手的形体打成碎片,并说,其结果是一种动态的生成而不是 ousia(246b6-c2)。两个阵营永远在交战。这也表明争端无法通过论证得到平息。在这里,某种比逻辑说服力更深层次的东西在起作用;也因此,这里有神学意象在起作用。

谁是这里所说的"神们"? 首先,他们不是现代意义上的"型相论者"。他们接受物质——我们会这样称呼——或曰接受"动态的生成"。使用 λόγος[言辞]消解形体,跟使用形相来"制造"出形体并不是一回事。其次,异乡人从未将自己界定为"神们"中的一个。相反,他引入的"神们"是一个由前人组成的阵营,而这些前人都是他反对的。因此,没有理由将异乡人所说的形相等同于"神们"所说的形相。① 我建议,在我们有更多可靠的证据之前,应该避免去猜测"神们"的身份。

[214]异乡人要求,我们应让每个"种"(ἀμφοῖν τοῖν γενοῖν)给出一个陈述,来说明他们所说的 ousia[本在]究竟指什么。就"温和的"神们的族类而言,这一点很容易做到,然而对于那些用强力将一切拽到形体层面来的人(246c5-d1),也许我们就不可能做到这事了。这意味着巨灵们并不习惯使用术语 ousia[本在],因而也就意味着,异乡人是代表他们说了一个定义。就像异乡人明说的,我们应该使物质论者的行为比现在"更好";假如这不可能,那么至少要假定他们比真实情况更易于服从文明演说的习俗(246d4-7),从而用(我们的)言语使他们成功成为更好。然后,异乡人阐述了一个重要的解释原则:"好人达成的一致肯定比坏人达成的一致有分量(κυριώτερον)"(246d7-8)。我们感兴趣的不是这些作为历史人物的人,我们是对真理感兴趣。"对极了",泰阿泰德表示赞同(246d8-e1)。

我们若想弄通一个哲学主题,就必须尽可能以最佳、或最有说服力的方式来阐述它。对于我们所讨厌的学说,若去反驳它的某个

---

① 比较维尔(Wiehl)(1967),页189,注释74-75。

有说服力的、或不大精确的版本,就得不到什么。然而,对于对手观点的最有说服力的表达形式,我们就必须公正,以便慎思它。这并不单纯是一个技术熟练的问题,也是人格卓越的问题。异乡人的断言引出了一个值得注意的问题,在此我只提一下。一个人有没有可能一面提出自己的哲学学说,同时又公允地转述其对手或前辈们的观点,并把这两方面完美结合呢?异乡人自己是否公正地表达了一元论者和二元论者的观点呢?诸如此类的质询,指出一种棘手的可能性:一个人在宣布自己的观点时,可能就已经包含了对别人观点的扭曲或不公正。完全的公允似乎要求我们尊重每个人的观点如同尊重我们自己的观点。然而,这又等于否定所有观点。另一个地方也暗示出这一困难,那就是当异乡人教泰阿泰德去"命令"被改进了的物质论者说话时。泰阿泰德要去"解释"(ἀφεϱμήνυε)物质论者所说的内容(246e2-4)。而且,通过使物质论者变得"更好",我们还把我们对其学说的解释强加给他们;此外,我们又假定,认为我们的解释比他们那个版本"更好"的想法是对的。就异乡人对一元论和二元论的分析而言,上述假设无异于根据他自己偏好的学说来批驳众前辈。

    对物质论者的解释分成两部分。第一部分从246e5到247c8。在这一部分,物质论者被迫同意,有必死的动物或[215]有灵魂的身体这样一种东西存在。这样一来,他们就将灵魂包括在了诸存在(τῶν ὄντων;246e5-247a1)之中。这个陈述就其本身来说,并不需要(对我们而言)反驳物质论。灵魂可能是一种"气息",因此是物质的。但他们承认的下一件事危害性更大。物质论者被迫承认,有正义的和不义的、以及明智和不明智的灵魂。更糟糕的是,他们还被迫接受了这样的断言:灵魂成为正义的,乃是"通过拥有和呈显正义"(ἕξει καὶ παϱουσία);灵魂成为不义的,也是通过拥有和呈显不义(247a2-7)。我们注意到,παϱουσία在此指灵魂中正义的在场,但它将ousia[本在]归给了正义本身。异乡人明确地将正义"存在"(οὔσης)这一观点归到物质论者头上,已经足以引出正义到底是不是一个形体的问题。物质论者进而承认,除了正义和明智之外,其他美德和邪恶也都能够让自己在场或缺席(παραγίγνεσθαι καί ἀπογίγνεσθαι),如此一来结果便是:他们必定"是某种东西"(εἶναί τι;247a9-b1)。他们也承认,"这些中几乎没有一样是可见的"(247b5)。

此文段引出了大量困难。物质论者为何承认此类危险的说法?泰阿泰德在下面会提到,他们这样做是出于羞耻。如果这是一个恰当的解释,那就支持了我以前的推断:他们的争端不可能通过不偏不倚的争论得到解决。不过,这无助于解答物质论者是否需要感觉羞耻的问题。换一种表达,异乡人固然使他们在道德意义上"更好"了,至少是在他自己的道德意义上更好了,但他未必有意加强他们的论证。相反,令人怀疑的是,异乡人似乎通过削弱物质论者的论证而占了他们的上风。

关于"在场"和"缺席"的使用,我们也必须说几句。首先,我注意到,异乡人最初谈到正义和不义的παρουσία[出现或在场],然后却用术语παραγίγνεσθαι[出现或在场]和ἀπογίγνεσθαι[消失或离场]总结。第一种表达似乎将非物质的属性归给了正义及其对立面,而第二对表达则不然。因此,他在此指的是哪些种类的"存在",根本不清楚。如果说正义是一个 ousia[本在],那么,非正义也能是吗?被改进后的物质论者相信否定性的 ousia[本在]吗?

异乡人继续审问[物质论者]。通过泰阿泰德,我们了解到,正义、明智和其他美德及其对立面大多是不可见的。但对于另外一个问题,他们给出了更加复杂的回答,即:这些不可见的存在是否拥有形体呢?或者说,它们是否只是[216]不可触摸的形体?他们相信,灵魂拥有某种形体。就明智和其他美德而言,他们不是羞于斗胆将其从诸存在(τῶν ὄντων)中排除,就是羞于断言它们都是形体(247b7-c2)。这一点很值得注意:为什么否定正义的存或物质性,比否定灵魂的存在或物质性更令他们觉得羞耻呢?很难避免这样一个推断,即,在这一点上,政治性的考量影响了物质论者。一旦承认正义是一个"存在",那就不可能再将它当作形体;灵魂则不然。

既然羞耻不同于理论上的信念,那么,若换一种情况,物质论者可能也就不会接受异乡人对其立场的"改进"了。然而,异乡人没有提出这种可能性,只说"我们的绅士们显然已变好了一些"。他们从巨灵被提升成了ἄνδρες[人]。以下观察也突出了这一政治术语。异乡人把改进了的物质论者与插在地里自长的斗士或真狂热的物质论者相比较,后者不会赞同对其论证的这种自挖墙角的校正,因为他们不会感到羞耻(247c3-8)。这毫无疑问是因为他们生长自土地,而不是来自城邦。但是,异乡人并没有停下来去检审这些地里自长的物质论者的论证。也许他们既没有羞耻感,也没有什么论证,而只有不可反驳的狂热的信念。

对物质论的解释的第二部分是从247c9到248a3。泰阿泰德在这部分不再是解释者,异乡人自问自答。承认物质性和非物质性的诸存在(τῶν ὄντων)的人必须阐明,对这些存在而言,究竟什么是它们所固有的(συμφνὲς)。物质论者之所以声称物质的和非物质的东西都"实存"着(exist)或"存在"着(are)(εἶναι;247c9-d4),所仰赖的正是这个固有的东西。这个固有元素就是我们所寻求的ousia[本在]。这就意味着如下难题:假如ousia[本在]是物质的和非物质的诸存在所共有的,它就不可能仅仅两者中的这个或那个;但假如ousia[本在]是物质的和非物质的混合体,那么,它就不可能是两者中每一个的存在而由来的那个固有元素。我相信,异乡人在此表达他的问题的方式表明,他已经在思考某种比可见和不可见的存在都高级的意义上的ousia[本在]。这种意义上的ousia[本在]不可能指一个"事物",也不代表什么具体化了的存在概念。"整全"这个词方使我们接近了这种意义上的ousia[本在]。换句话说,这里的 ousia[本在]与 τὸ ὅλον[整全]同义。这一点在稍后的讨论中还会浮现出来。

显然,一些变好了的物质论者仍然与那些土生土长的物质论者很接近。[217]因此,我们必须再问他们一次(247c4-9)。"只要他们愿意承认任何物质性的存在——无论它多么微小——那就够了。然后他们必须说明,既为非物质的、也为物质性的东西所固有的究竟是什么——正是仰仗这个东西,他们才说两者都存在[或实存](εἶναι;247c9-d4)"。

我刚才曾极力主张一点:这个物质的和非物质的事物所固有的东西,必须与作为物质事物的物质和作为非物质事物的非物质区分开来。换句话说,作为 ὄντα,物质的和非物质的东西之所以被定义为真地存在(ὄντως ὄντα),乃是凭着它们的固有元素或原则:ousia[本在]。如果要"非物质的"这个词适用于 ousia[本在],那也必须在某种意义上不同于"非物质的"这个词适用于存在或曰 ὄντα。然而,以上并不是异乡人代表改进了的物质论者给出的观点。到目前为止,这只是我一个人的推测。异乡人是否会清楚地确认这一点还有待观察。我的观点是,为了使他眼下讨论中对物质论和"形相论"的分析前后连贯一致,他必须确认这一点。

现在,我们可以看看了,看改进了的物质论是否同意"存在是下面这种东西"(τοιόνδ' εἶναι τὸ ὄν)。也许这又倒回了 τὸ ὄν[存在],而不是(我认为需要找的)οὐσία[本在]。但它也可能意在追问:要获得作为一个"存在"(τὸ ὄν)的资格,是否必须符合如下对一个本在的原则(οὐσία)所下的定义。以下是异乡人提出的定义:

> 我想说,无论什么东西,只要它拥有任何一种能力(δύναμιν),或可改变任何一种性质,或可受到哪怕最微小事物的最微末的影响,即使仅有一次,那么,它都是真存在(ὄντως εἶναι)。我把这确定为诸存在的边界:存在无他,能力

而已（τίθεμαι γὰρ ὅρον ὁρίζειν τὰ ὄντα, ὡς ἔστιν οὐκ ἄλλο τι πλὴν δύναμις;247d8-e4）。

我稍后会详细思考这一定义。首先，我们不妨问一问：在这里，异乡人是仅仅代表改进了的物质论者说话呢，还是也代表他自己在言说？

在随后的讨论中，异乡人从未让自己与这个定义断开联系。实际上，他很快会说到，"形相的朋友们"会拒绝这个 ousia[本在]定义，而他则会为此定义辩护，仿佛它是他自己的。如果异乡人的确接受这个定义，那么他当然不可能是"形相的朋友们"中的一个。有人或许可以巧言辩解说，整个关于能力的讨论中所强调的重点，已预备好我们接受这个 ousia[本在]定义了；虽然在随后关于诸形相的讨论没有提及这个定义，但那也许是想让我们 [218] 把合和分看作整全的内在能动本性的外在显露。然而，对如何为我们解决这一难题，异乡人后来也未置一词。当泰阿泰德代表物质论者接受这一定义时，异乡人回答说，"也许到后面，别的[定义]会对我们和他们显出来。现在就让我们先一致同意整个定义吧"（247e5-248a3）。

现在，让我们看看，若更细致地审视这个定义的细节，我们能发现什么。首先，ousia[本在]在定义中完全没有出现。有人或许会说，这里的"真存在"（ὄντως εἶναι）意在表达同样的意义，但这一点并不肯定。如果把 ὅρον ὁρίζειν[定义、划界] 理解成指向前文 246b1 的，倒更接近异乡人所明言的话了，在那里异乡人说到物质论者"定义 ousia[本在]"（οὐσίαν ὁριζόμενοι）。① 根据这一读解，则 ousia[本在]的"标志"是 δύναμις[能力]。但异乡人所谓的"能力"确切指什么呢？它不可能同于亚里士多德的 δύναμις[能力]，除了可能在这一意义上："现实的"事物有一种或主动去做或被动承受

---

① 参 G. E. L. Owen(1971)，页 230，注释 14。

的能力。但形相本身是"现实"而非潜能。另一方面,形相的那些实例也不能理解为亚里士多德的"现实",它们同样必须以拥有主动去做或被动承受的能力为特征。再者,转向术语"主动"和"被动",我们还是收获甚微,因为它并不告诉我们任何并非更直接地由"做"和"承受"所表达的东西。

同样值得注意的是,我们观察到,与抽象名词 οὐσία [本在]相比,能力观念似乎更适合于 τὸ ὄν [存在],因为这里的分词形式中包含了某种能动的观念。然而,我认为,我们不能从语法的考量做出任何肯定的推断。哲人总是按照他所看为合适的方式任意创造一些术语。一个更富有成果的观察是形相和能力之间的差异。鉴于现在的定义,能力必须内在于形相之中,但能力本身不能与作为相、形状或模式的形相同一。一个形相的相是某个确定的东西,而一种能力却能够发生改变。首先,举一个主动的例子:一个相作用于我们时,并不改变它的内在比率或比例。例如,当我们说"迷人的外表"时,我们已区分了相本身与此相对我们的影响。同样的相,可能"迷住"一个人,但也许迷不了另一个人。在更笼统地说,同一个形相必须在不同情况下"做"不同的事情。假如相与能力没有差别,也就没有确定的相了。就被动地受作用而言,亦是如此。一个相,并不是人人都在看它:[219]这个人在观看一个形相或思考它时,别的人则可能在承受来自同一形相的不同影响,尽管他没有在思考它。因此,相必须保持其本性,无论是在主动作为时,还是在被动承受时。

然而,ousia[本在]是能力这一定义经历漫长的演变,就走向我们可能以"过程"存在论来称之的东西。即便我区分相与其能力的努力指出了正确的方向,形相也再不可能被思为静止的或完全不变的。正是这种在不同情况下以不同方式主动作为或被动承受的能力,引入了变形的维度,因此也引入了相互作用这一维度。思考一下异乡人稍后即将引入的纯粹形相的字母表。异乡人显然要让人明白,这个字母表中的每个字母,就其内在本性来说,都独立于其他字母。然而,[字母表中的]每个元素都从形相存在中获得其存在,从形相同中获得其相同性,如此等等(一个重大的例外是,没有一个形相能从自身获得自己的能力,因为它不可能与自身结合)。此处不是检审异乡人学说中的固有困难的地方,在此我想说的重点只是,每一个形相拥有一种"主动作为"(将其能力加于其他形相)和"被动承受"(接受其他形相的能力作用于自身)的能力。这些是"变形"的实例吗?在一种意义上,显然不是,因为任何形相都不可能变成某个其他的形相。但另一方面,任何形相若离开了形相的相互作用,就不可能是其所是。既然一个形相没有被这相互作用所"变形",那它肯定是被相互作用所型塑。但这距离把"型塑过程"看作某种自我分化的"能力",即能够披戴存在论字母表中的种种不同的"相",仅一步之遥。

当然,我非要将这样一个"过程存在论"归到异乡人头上。我只是在探讨,若将ousia[本在]即能力这一定义跟异乡人自己的形相学说联系起来,会带来怎样的结果。假如能力与形相同一,那么,原来要指的现象学上的"相",就变形成了一种活动:作为现实的相被变形成了可能的相,"官方的"柏拉图哲学也被变形成了现代哲学。假如能力和形相不同一,那它要么"属于"形相——而形相似乎也就丧失了其内在很单纯的、"元素性的"本性;要么,"能力"就是"结合"的同义词。事实上,就像我们将看到的,异乡人从未提及存在、同等等是一种能力,而只提及"结合的能力"(就像拉赫特曼[Lachterman]向我指出的那样)。从这一点,我们是否可以推断出,存在是一个静止的形相,而ousia[本在]则是[220]形相结合的那种动态能力呢?我认为不行;不用说别的,这与将ousia[本在]等同为神圣的整全就不相符。不过,即使我们在某种程度上信服了刚才提到的推论,结果也将是静态的原子式字母隶属于拼写本身这一动态过程。依我看,这就等于把柏拉图哲学变性成了新柏拉图主义,本身就是通往黑格尔的道路上的一个驿站。①

现在,我们可以来审问"形相的朋友们"(τοὺς τῶν εἰδῶν φίλους)了。泰阿泰德将再次被要求担任解释者。② 形相论者把生成跟 ousia[本在]分开,使它们各自独立。这让我们想起物质论者关于可见与不可见事物的区分。然而,不可见事物与 ousia[本在]并不是一回事,他们说 ousia[本在]是可见和不可见事物一样所固有的。形相论者进而主张,我们通过身体的感知"分有"(κοινωεῖν)生成,而通过灵魂的理性思考(διὰ λογισμοῦ)分有"真存在"(τὴν ὄντως οὐσίαν)。这种区分没有出现在物质论者的学说中,物质论者只提及"察看"不可见和可见的存在(εἰς ὃ βλέποντες;247d3)。根据形相论者的观点,真存在或 ousia 永远是同一的(因此不是动态的)。相反,生成则不断地在"异化"或变化着(ἄλλοτε ἄλλως;248a7-b1)。

根据物质论者的观点,存在(大概就是 ousia)是任何一种能力,无论是改变其他东西的能力还是"承受"(τὸ παθεῖν)[改变]的能力,无论其程度多么微小。在随后一个文段中,异乡人将根据物质论者的假设,把"被知"解释为"通过承受而被改变"(κινεῖσθαι διὰ τὸ πάσχειν;248d10-e5)。因此,物质论者是主张,"被观看"就是被改变;换句话说,即使知者和被知者之间并没有直接接触(由视觉的比喻所暗示),这种"变"也会发生。而形相论者则主张,我们是通过计算性理智"分有"真正的 ousia[本在],所以,知之但并没有改变之。然而异乡人说,形相论者以其言辞或推理

---

① 在《王制》卷五 477c1 及以后,苏格拉底要求我们把 δυνάμεις 看作"诸存在的某个种类"(γένος τι τῶν ὄντων)。
② 这一轮审问包含从 248a7 到 249d5 的 21 个回合的问答,第 11 个回合以一个起誓开始(248e6),这也是异乡人到目前为止的第四次起誓。在 253c7 才会有第五次起誓。这部分的起誓频率相对较低,与谈话主题的抽象性相适应,同时也使事实上出现的起誓具有了不同寻常的意义。

将形体分裂成碎片(246b6-c2)。这毫无疑问指的是认知分析或曰知这一活动,但这些[221]与 ousia 的认知关系相比它们与生成的认知关系却有差异。诸生成之"相"不能直接通过形体的感知所及,这种感知必须"分裂"为更小的碎片;也就是说,分裂为生成本身的流动,它可以为思想所及,而不能为感官知觉所及。关于 ousia 领域,异乡人倒没有说到任何类似的"分裂",但既然 ousia [本在]乃是通过计算性思维被知,灵魂就必定能够辨认出 ousia [本在]构成中的不同元素。ousia[本在]并非分解成一些同质的流动,毋宁说,它可以在更精微的细节中被更清晰地看到。

现在,异乡人在催逼形相论者阐明"分有"到底是什么意思,后者将"分有"归作身体和灵魂的共同特征。(我要顺便指出,对形体的感知不同于以认知把形体打碎成生成。)异乡人想知道,"分有"是不是前面提到的"自不同元素相结合而来的某种能力的主动和被动的情况"(248b2-9);换句话说,异乡人在此提出的问题是,"分有"是不是必然带来"变"。异乡人回答了他自己的问题,因为泰阿泰德也许并不熟悉形相论者的观点(不过他显然很熟悉物质论者的观点)。"我们"——亦即,异乡人和物质论者一起——"把哪怕最微末程度上的[被动]承受或[主动]行动的能力当作诸存在($\tau\grave{\alpha}\ \ddot{o}\nu\tau\alpha$)的充分定义。"形相论者回答我们说,鉴于生成"分有"($\mu\acute{\epsilon}\tau\epsilon\sigma\tau\iota$)被动承受和主动行动的能力,所以这两种能力都不属于 ousia[本在](248c1-10)。异乡人使用不同的动词来两种"分有":一种是身体通过感觉"分有"生成,一种是生成"分有"[被动]承受和[主动]行动的能力。他的重点似乎是说:感官知觉虽然被归为身体的特征,却是活的有机体的一种活动,至少在人类中,它与灵魂中的其他能力是不可分的,如认知能力。生成,即形体的内在过程,却不独是活的有机体的活动,而是所有形体——无论是有生命的还是无生命的——所共有的。这个过程既影响了感知者,也被他(或它)所影响。既然感知的身体本身也是生成的一

"部分",它在感知过程中也必定被改变。因此,身体的分有生成,也是分有生成的[主动作为]和[被动]承受。但对于灵魂,我们却不能这样说。

泰阿泰德对形相论者的回答有印象,他怀疑其中是不是包含了几分真理。异乡人正确地指出,我们尚需更明确地确定,形相论者是否同意灵魂认识($γιγνώσκειν$)、而 ousia [本在]被认识($γιγνώσκεσθαι$; 248c10-d3)。异乡人在此提出了[222]一个语法点,让人想起他早前对用于非存在的单复数所作的区分。如果"知"是[主动]行动,那么,"被知"则必然需要"承受"($πάσχειν$)某种认知行为。既然 ousia [本在]是"被知所知"($γιγνωσκομένην\ ὑπὸ\ τῆς\ γνώσεως$),那么"它在何种程度上被知,就在何种程度上通过[被动]承受[知]而被改变了;而我们说,这事不可能发生在静止的事物上"(248d10-e5)。

我们不得不暂时停下来自问,异乡人的观点是否有说服力。假如异乡人区分了"被改变"与采取"被知"的被动关系这两件事,我们也许会同意他的观点。那样的话,某些事物也可能通过"被知"而被改变。例如,谋杀者因被官方得知是一名重罪犯人,而被置于受审判的危境。又比如,亚原子微粒可能被光波的干扰改变,或被我们设法观察他时所使用的工具改变。但是,如果我看到某个人在马路对面,而他既没有认出我,甚至也没有注意我,那他又如何被我的感知行为所改变呢?对这一问题的否定回答,可能使我们怀疑先前从希腊文句法得出的推断。一个希腊人使用短语"非存在"时前用中性定冠词,这一事实绝非他想要将"无"物化的证据。希腊文并不是唯一一门这样的语言:即有些表达中所用的词并不行使认知功能。再者,一个被动的表达,总是可以转变成对等的主动表达:"他被我看到"与"我看到他"并没有认知上的差别。就其本身而言,"被看到"并没有暗示所看对象的任何信息。反过来,如果对象诚然被感知影响,那跟不用被动语态也完全不矛盾。要点在于是科学的表达或哲学的表达,而跟语法无关。

我们无法言之凿凿地说,异乡人提出这些困惑是出于反讽还是一本正经。事实是,泰阿泰德一本正经地对待了这些困惑。它们起到了某种教育的作用,但在异乡人自己的形相学说中,或在他解决非存在和假这些问题的过程中,它们并没有任何作用。对话到此还发生了另一个突变,这次突变得出了整个讨论的一些基本结论。异乡人突然起誓说:"凭宙斯,那这个呢?我们会轻易被说服,运动、生命、灵魂、明智在完全存在($τ\tilde{ῳ}\ παντελῶς\ ὄντι\ μὴ\ παρεῖναι$)中真的都不在场吗?这完全存在既没有活着也没有思想,而只是庄严、神圣、没有理智、屹立不动的东西吗?"(248e6-249a3)泰阿泰德回答:"[若是这样,]我们就是在赞同一个可怕的说[223]法。"这一文段需要在上下文中考虑。首先,这一文段清晰地将异乡人跟形相的朋友们分开,因而也就强化了他与改进后的物质论者之间的联系。此外,这一文段也证实了我早前所言,即从精确神话向非精确神话的转向终结于某种神学存在论,或曰海德格尔及其追随者所谓的"存在论神学"。无论异乡人是在代表自己说话,还是在以一种将就他人的方式说话,最后这一点都可成立。不管是两种假设中的任何一种,讨论的流向都相同。与精确的神话讲述者相比,异乡人毫无疑问更同情非精确的神话讲述者。

关于接下来的内容,显然,现在的这一具有神圣性的 ousia[本在]观念,与随后作为形相字母表中一个元素的存在学说毫不相关。《智术师》中有两种不同的存在论在起作用。异乡人不仅没有协调这两种存在论,也从未提及他引入了两个不同的存在观念这一事实。但异乡人的缄默不能成为解释者也去忽略这一显而易见的事实的借口。因此,在异乡人对其前辈的讨论中,有两个关键文段。第一个是异乡人代表物质论者给出存在即能力这一定义;第二个是异乡人为了反对形相的朋友们的学说,而声明存在是无所不包的、是神圣的。总体而言，可以公允地说，两个文段都是在说被理解为 οὐσία[本在]、而不是理解为 τὸ ὄν[在]的存在，不过其实质性观点跟术语的变化无关。当异乡人转向作为形相字母表中一个字母的存在学说时，他会再次转向 τὸ ὄν，作为其典型术语。可以说，形相学说是异乡人版本的关于存在的精确言说；神圣 ousia 的学说则是异乡人版本的关于存在的非精确言说。到现在我们应该已经认识到，在存在论问题上，精确未必比非精确更合适或更恰当。

关于非精确言说的讨论，是从探究被理解为"全体"或"完全存在"(τὸ παντελῶς ὄν)的这一"存在"的定义，探究 ousia[本在]或"真存在"(τὴν ὄντως οὐσίαν；248a11)的定义开始的。为适合非精确言说而在术语上所作的变化，并没有掩盖这样一个事实，即"存在"通篇被当作整体，而不是被当做理智结构中的一个形相元素。在这一意义上，存在是活的，甚至是神圣的。异乡人继而探究神圣 ousia[本在]的属性。ousia[本在]既然有理智，就必定有灵魂。也因此，它不可能是不变的（因为灵魂不[224]可能是不变的），而我们也就必须同意，那被变的与变一起都"存在"(are)，或者说，都是无所不包的存在的组成成分(249a4-b4)。这为接受存在即能力这一定义留下了余地，不过变和能力并不同一。我要顺便指出，变化的神性不同于形相元素变。而神性也不可能是通过分有形相变而发生变化的东西的一个"实例"，因为，神性作为整体，必须包含形相变以及所有其他的形相（并且赋予它们以它们的存在）。但是，即使神圣存在的形相属性必须得自形相字母表，那也没法取消两种存在论之间的差异。

现在，异乡人引入了一个困惑。理智诚然必定会变化，因为，认知就是[主动]行动和[被动]承受；如此，按照早前的定义，认知也必定存在或曰拥有能力。然而，假如我们将这一学说扩展到一切(πάντα)，那就会把理智本身从诸存在(τῶν ὄντων；249b5-11)中排除。泰阿泰德弄不懂了。异乡人的观点表达得很模糊,大致如下:我们可能称作稳定性和自我同一性的东西(用异乡人的术语,就是"同,以相同的方式,就同而言"),不可能离开静止而实存。同乃是任何种类的改变或变化的缺席。因此,每个本在,包括理智,为了"是"它本身,就必须与它自身相同。然而,思又是变(249b11-c5)。不可使知识、智力或理智成为"不可见"的(亦即,非实存的)。其结果,我们必须否定理智要么是纯粹的动要么是纯粹的静(249c6-9)。异乡人用更一般的术语来表达这一结论。最尊重知识、智力和理智的哲人必定否定"全体"($τὸ\ πᾶν$)——无论是作为一,还是作为许多形相——是完全静止的。但是,对于另外一些人说存在是全面的变化($Tῶν\ τε\ αὖ\ πανταχῇ\ τὸ\ ὂν\ κινούντων$),他恐怕也不会听从。就像小孩子表达他们的愿望时那样,哲人必须要求所有事物——因而也就是"存在和全体"($τὸ\ ὄν\ τε\ καὶ\ τὸ\ πᾶν$)——既变又不变(249c10-d5)。① 像孩子一样,哲人必须两边都要。

[225]异乡人没有明说,我们必须否定理智是纯粹的动或纯粹的静。但这由他所处的两难处境的性质可自然推出:思是变,但思的东西为了存在又必须与自身相同,因此(在这一意义上)它又是静止。他对一般问题的阐述让我们看到,随后就需要把变和静当作全体中的两个元素来区别对待。实情必定是这样:理智和它

---

① 克莱因(Klein)(1977,页47)主张,这一新的定义取代了存在即能力的定义。然而,赛尔(Sayre)(1969,页168)持相反的观点:"异乡人提出,$δύναμις$[能力]是真(the real)的标志,这一点在对话中从未被驳倒。"异乡人在248e6及以后的说法,可比较《蒂迈欧篇》30c5及以后。蒂迈欧将造物主制造的宇宙确认为一个"单一的可见的生命体,而它是仿照那个生命体的模型造的:所有其他的生命体,无论是个体的还是族类的,都是那一生命体的部分。因为,该生命体中包含了所有的理智生命体($νοητὰ\ ζῷα$),就像宇宙包含了我们以及所有可见的被造动物一样。"在31b1,原物被描述为 $τῷ\ παντελεῖ\ ζῴῳ$[完全的生命体],在33b2,模本再一次被描述为 $τῷ\ δὲ\ τὰ\ πάντα\ ἐν\ αὑτῷ\ ζῷα$。可见,原物和摹本两者都是有生命的。

思考的对象在某种意义上是变,在另一种意义上又是静;当然,神圣 ousia 必定亦是如此。因此,假如变和静是谓词,或不如说,是谓词"变"和"静"所指的属性,那么,它们就是全体的特性,是神圣 ousia 的属性,而不是全体中那些动和静之事物的特性。

我们不可不察,前面文段中提到一件非常重要的事,那就是哲学的尊荣。不能把哲学等同于对于被理解为二分法的辩证法的运用。二分法不考虑荣辱,不区分好坏,它只寻求相似与相似。哲学是真正自由人的生活,这样的生活离开了尊荣将是不可思议的。

现在,在泰阿泰德看来,关于存在似乎已作出了圆满的说明(249d6-8)。这意味着我们的分析将转向一个新的阶段(249d6-8)。异乡人对其前辈的这段批评,主旨可以概括如下。缺乏谨慎的言说不同于不精确的言说——假如我们所谓的"不精确"是指"不使用数字"的话。第二,尽管异乡人表面上是一个爱利亚派,但他绝非不同情物质论者,至少绝非不同情"改进"版的物质论。能力和变的观念对于一个充分的存在论绝对必要。第三,这些观念本身并不比不变的形相结构这一观念更充分。所有这些观念都必须由生命来补充,具体地说,就是由宇宙的神圣生命来补充。

第三幕　形　相

第十三场　同一、述谓和实存

（249d9-252e8）

[229]《智术师》的以下部分最含混,又最广受讨论。很难(或许甚至是不可能)为文本确定一个无可争议的意义,导致对异乡人的形相结合说产生出彼此冲突的解释。异乡人是在此刻把形相引入了讨论,这一点似乎显而易见。同样毫无疑问的是,异乡人借助两种范型,拼写和音乐,来阐明这些形相。我们将在恰当时认真检审这两个范型,至于现在,则以下几句也就够了。拼写和音乐都是单纯、不可分的或曰单形相元素相结合而成为复合物。两者都与述谓这种语法作用无关,或者说完全不相类似。的确,异乡人不常明确区分以下两者:一面是形相,一面是名称和实例;但是,他也经常就我们如何谈论形相,来阐明形相与形相之间如何相合或不合。不过,他从未在两个范型的完整性上有任何妥协。他从未转变其形相与语言相比乃是首要的这一立场(从249到261)。异乡人在此点上态度很是明确,甚至在他表达他就语言而言的意图时亦然;这段对话的目的始终是要表明,"言辞对我们来说是诸种存在之一"(260a5-6)。

异乡人甚至从未暗示过"存在"可能是诸种言辞之一。无论在异乡人关于诸存在之种的讨论中,或在他关于 μέγιστα γένη [最大的种]的讨论中,他从未提到什么述谓学说。严格地讲,甚至在随后讨论名词和动词的组合、或曰名的结合时,他也从未有这样的暗示。但即使有提到,述谓也是一种语法组合,而不是 συμπλοκή [结合]。掌管言说形相时[230]名词动词如何组合的"规则",与掌管形相本身如何结合的"规则"并不相同。被结合起来的诸元素不能相同,这一点,从存在这一中心例证来看是(或应该是)一目了然的。我们仔细看就会看到,认为异乡人是在讨论述谓的人,往往将存在同化为句法功能上的同一性和述谓,从而抹煞了形相存在。根据此类分析,"存在"仅仅成了述谓的系词。这本身甚至足以排除如下联想:通过将述谓语言引入我们对柏拉图文本的分析,我们将阐明他的意图,并从明显的混乱中创造出秩序。

在这部分和下一部分中,我想就我自己的分析与两位著名的学者,弗雷德(M. Frede,《述谓与实存陈述》,1967)和欧文(G. E. L. Owen,《柏拉图论非—存在》,1971)的研究结果做一比较详尽的对照。如果我没有搞错的话,他们的研究结果最有影响地代表着这样一种观点:异乡人主要是想区分动词"在"的各种意义。这种观点想当然地认为,我之所谓形相结合的东西,事实上是语法的述谓关系。既然这一假设规范着异乡人表面上的区分得以确立的那种文本分析,对前面所提观点的考量就必须在两个不同层面同时推进。关于"在"的不同用法,若非完全明了形相与关于形相的言辞之间的差异,否则不可能理清。换句话说,不能够以假设"结合"(我们将看到,异乡人使用了各种各样的动词和名词来表达这一重要观念)是述谓关系作为讨论的开端。根据述谓论者的说法,异乡人关于诸形相与形相之结合所作的区分消失不见了。正如我在序言中所说,这将不可避免地导致在柏拉图作品中发现某种语言存在论,即发现存在是语言;甚至更狭碍地:存在是语法。

首先让我初步、笼统地说几句。我们现在已看到,《智术师》并没有为我们提供一个关于存在的"统一的概念"。"统一的概念"这一表达引自欧文的著作,它在该书中起着小而重要的作用。① 欧文认为,存在对于异乡人而言很大程度上是个统一的概念,这是由于欧文本人并不关注作为整体的对话。因此,他[231]无视如下两者之间的明显差异:一个是作为 οὐσία[本在]的存在(假如这就是最好的译法的话)或曰神圣整全,一个是作为一个纯粹的形相元素的存在,它列于"最大的"或"最重要的种"中的形相字母表中。异乡人表面上与改进后的物质论者达成一致而提供的存在即能力(δύναμις)这一定义,可能是,也可能不是上述两种存在之含义的共通链接。既然异乡人再未提及这个定义,我们是否必须将它当作"存在"的第三种意义就值得商榷。"能力"与"整体"(或与"神性")同义,这一点当然并非自明;能力以某种并不适用于其他形相的方式,代表了形相存在的本性,这一点也并非自明。最后要说的是,我们不可忘了像的特殊本质:它"存在,又不存在";不可忘了幻像的特殊问题:幻像不是原物,它似乎看起来像原物,但又并非真地如此。像缺乏"真地"(ὄντως)或"真"(ἀληϑινόν)存在,这可能是存在的第四种。

第二,异乡人的解说细节上很含混,但他还是从根本上区分了他称为"最大的种"的形相与形相的名或曰我们关于形相的言说。弗雷德与欧文都承认这一无可争议点。然而,他们几乎只是附带这样做而已,他们的专注点在于他们称作"述谓"、而异乡人称作"名"的东西。② 一般来说,柏拉图对话中对理性言辞的解释都属于名的组合,或者说名词和动词的组合,《智术师》也不例外。主

---

① G. E. L. Owen,《柏拉图论非—存在》,前揭,页 258。欧文主张,对于异乡人来说,"是"要么,被用在同一性陈述中,要么是作为述谓的系词。既然"同一性"是欧文与我所谓的同对应的术语,他的"存在概念"自然就必定是述谓系词。正如我将在文本中表明的,其最终结果便是消除了形相存在。

② 例如,M. Frede,《述谓与实存陈述》(*Prädikation und Existenzaussage*. Hypomnemata, heft 18. Göttingen: Vandenhoeck und Ruprecht, 1967),页 15;欧文(1971),页 237。

谓之类的用语是后亚里士多德的，而不是柏拉图的；而像"＿＿在变"或"＿＿是＿＿"这些一元谓词或二元谓词之类的语言，则当然不是亚里士多德的，而是弗雷格式的。这里的问题不是哪一个学说更可取，而是哪一个学说是应该在《智术师》中寻找的。为了看清什么才是至关重要的问题，让我们自问：组合与述谓之间的基本差异是什么？把两个元素相组合时，我们不需要将它们混和，或将其中一个变成另一个的成分。然而，当我们述谓时，我们则是在说其中一个元素包含在另一个之中——或出于偶然，或是本质上的必然。也就是说，假如我们是亚里士多德主义者，那么我们会区分偶然性的述谓与本质性的述谓；然而，等到了弗雷格的述谓中，则我们与柏拉图笔下的种的结合已隔了两步。弗雷格的述谓中没有"本质的"与"偶然的"这一区分；而对亚里士多德的述谓，则至少可以说，一个本质的述谓对应于某两个形相之间的必然结合。[232]但是，就像我前面强调过的，甚至这一点也有误导性。必要性述谓乃是所指主体的本性内部本质上所固有的，而形相则并未通过互相结合而变成彼此结构中的本质要素。存在并不因为静必然与存在相结合就成为变或静，或诸如此类。

　　由于上述原因，就讨论关于形相的陈述而言，"述谓"从根本上是一个错误用语，它对我们有多方面的误导。现在，我要转向误导产生的另一个至关重要的方面。试图将异乡人的学说重构为一种述谓说，这自然地导致了将存在问题转化为实存问题。在一阶谓词逻辑或其延伸中，我们可以作某种同一性陈述或述谓陈述，不管有量词或没有量词。然而，要是不使用实存量词或其限定的对等词，我们就不可能作某个实存陈述。在现代逻辑中，"实存"通常被理解为一个量词。也许可以利用传统的康德学说，"实存不是一个谓项"，来重新表述这一点。但是，既然诸形相本身是谓项，或至少是谓项的所指对象，那么，显而易见就没有实存这一形相了。在《智术师》中寻见述谓理论的人，并不都会明确或广泛地使用现代述谓逻辑的语言,但是,现代逻辑的基本概念系统明显在这些解释中起作用。我想,正是由于这个缘故,那些主张柏拉图认出了动词"是/存在"的实存用法的人,才如此迫切地为他们的论点辩护,而反驳后来可能以弗雷德和欧文为主要代表的新学派。

站在当代的立场看,试图在"存在"和"实存"之间作出区分可能看起来像是在术语上吹毛求疵。然而,对于恰当地理解《智术师》,这种区分十分重要。事实上,严肃的问题根本不在于柏拉图是否曾经以一种让英文翻译为"实存"的方式使用了"是/存在"(is)。欧文明确地表达了这一点,但他把这与当代逻辑学的一个例证结合起来①。他主张,柏拉图的分析是我们思考棘手的实存问题的初步预备。可能如此吧,但这仅仅是因为异乡人并不关注实存,或者说,他肯定不是首要关注实存,而是关注存在。在当代逻辑中,实存通常是某个有限变量的值,可以在某个确定的解释内部变动。在柏拉图的用语中,它则应该是某个确定的形相结构的一个实例。形相[233]对于柏拉图来说,并不比在一阶谓词逻辑中更多实存。对于柏拉图来说(尽管不是对逻辑学家来说),形相独自拥有存在。在异乡人的学说中,诸形相通过与形相存在结合而拥有了存在。

要追问在异乡人的形相分析中,"是/存在"是否有一个"完整的"或"实存的"意义,以上讨论乃是必不可少的前奏。在此还有一点必须提出来,不过直到我研究的后半部分才能很好地展开讨论。以"述谓论"和"实存论"来解读《智术师》的读者,并未区分两个东西:一是形相字母表关于纯粹形相的讨论,一是在随后假陈述部分引入的像"飞"和"坐"这类动词的名称。我同样承认,这一点在任何一种解释中都是一个难题,不过,我将相当详细地证明,若要最好地理解文本,若要最大限度地忠实于异乡人的原话,并赋

---

① G. E. L, Owen,《柏拉图论非—存在》,前揭,页248。

予他某种尽可能连贯的学说，那么我们必须区分"变异于静"与"泰阿泰德坐着"这两类陈述。这一点容后详述。

为了回到实存问题，在引入假这一问题之前，我现在只想专门讨论形相的讨论。在这一文段中，"实存陈述"是否出现这一问题，尽管并非完全无关紧要，肯定也只具有次要的意义。关键要害是：对于余下"最大的种"中的每一种，异乡人皆通过它们与形相存在的结合，将存在归与它们。因此，"motion exists"［动实存着］这样的话，假如我们把"实存"当作"拥有存在"的英文译法，从异乡人的立场来看是完全可以的，因为英语绝不允许说"motion be's"［动是着］。

现在，我想思考一下弗雷德那部影响甚大的研究文献的开篇论证。通过对255c12-d7的文本分析，他貌似证明，虽然该文段常被人引用以确定《智术师》中的"是/存在"乃实存用法，但其实这一点并不能得到确证，相反，文段指向的是完全不同的方向。弗雷德这部书的开头部分是他阅读《智术师》其他重要文段的基础，因此，也是他关于柏拉图作品中"是/存在"的两种意义的整个学说的基础。不言而喻，对弗雷德后面的论证我也必须加以思考，他说了许多有价值的话，不过，假如我能表明他对"实存派"说法的旗帜鲜明的辩驳是错误的，甚至错到使他自己的"述谓派"进路也归于无效，那这本身肯定是一个重大结果。我认为我必须在此正文中、而不是在脚注中来证明此事，因为，在当今柏拉图研究者中，"述谓派"的进路正占据主流。［234］我将尽可能言简意赅，但我的确想说，我对弗雷德的批评不仅仅具有"学术性的"意义，更对我自己解释《智术师》有着直接而关键的影响。

弗雷德预先声明，他关注的只是《智术师》的中段，从241c到249b(1967，页9)。这有几分误导作用，因为他其实经常引用对话最后部分的文段，好跟之前曾提及的他的一贯倾向保持一致，即不区分形相学说与关于假的学说。他的主要关注在于确定柏拉图是否提出了"是/存在"(is)与"非是/存在"(is not)的各种不同意义之别。弗雷德所想到的"是"的三种意义是：表示同一性；系词，它以各种方式使用，但首先（从弗雷德的研究看，似乎如此）用于述谓；表示实存。无论哪一种意义，我们都要自问：我们必须在文本中找到什么证据，以便让我自己信服柏拉图是在有意识地使用这种或那种意义？在这一点上，柏拉图显白的语言帮不了我们。柏拉图（弗雷德对柏拉图和爱利亚异乡人不作区分）虽然明确区分了"异"(243e4-5)和"同"(256a11-12)的两种意义，但对于"是"（页10-11），他却从未作类似的区分。

根据"实存派"的观点，上述区分似乎可见于255c12-13。弗雷德决心仔细研究这一文段，以表明那里并未从实存的意义上使用"是/存在"，进而引出整个《智术师》都没有在实存的意义上使用"是/存在"。在此我要提出影响了弗雷德的整个研究的一个基本观点。弗雷德将诸形相理解成诸概念或曰 *Begriffe*（例如，"von dem Begriff der Verschiedenheit die Rede ist"［涉及到异这一概念］，页13）。通过使用现代观念中的"概念"，弗雷德以一种从当代立场来看似乎很自然的方式过渡到述谓。概念限定了述谓。但对于异乡人所说"最大的种"就是概念这一假设，弗雷德并未给出论证。"概念"这一术语的意义并非一目了然，需作深入分析。一些概念是人造的，另一些（如按弗雷格的用法）则是永恒的，无论在"柏拉图主义"的意义上，还是在"康德的"意义上。甚至一些现代"柏拉图主义"概念，也可以接受分析和限定。至于"最大的种"是否也可以这样说，则远非清晰。毫无疑问，我们可以谈论"最大的种"，但我们所言似乎已经预先假定"最大的种"作为所有理性言辞的组成原子，是可理解的或可见的。它们似乎先于分析和定义，其方式绝非间接的或最终循环的。我们可以命名它们：但名称不是述谓。

现在，我要转而考察弗雷德批驳"实存论"时的主要论证，他的批驳始于他对 255c12 的解释。[235] 我们从他对 255d4-6 的讨论开始。弗雷德将这段文字与 255d1 相联系。问题在于，如何理解异乡人把 τὸ ὄν [在] 和 τὸ θάτερον [异] 截然分开。异乡人还没有明确提出形相学说，但他显然指的是存在和同，弗雷德也是如此理解的（虽然他同时谈到了概念和形相）。弗雷德提请我们注意对话从谈论形相转向了谈论述谓——这种转换在柏拉图作品中很常见。既然弗雷德首先关注的是谈论述谓，那么我们值得细看他如何谈到这种转换。我们无论如何都应该这样做，因为，他对"实存论"的公然批驳在此有些问题。在 255c12-13，异乡人说，一些存在总是单独被说成是它们自己（αὐτὰ καθ' αὑτά），另一些则总是相关于别的东西（πρὸς ἄλλα）被说到。我们没有预备好去考虑这些希腊短语的意义。我引用这几句，是因为其中有动词 λέγεσθαι [说]。在 255d1 中，异乡人又说，τὸ δέ γ' ἕτερον ἀεὶ πρὸς ἕτερον [异总是相关于另一个东西]。弗雷德从 c12-13 推出一个 λέγεσθαι [说]，并考虑了后面这句话的不同译法，这些译法不是把句子处理成关于形相"异"（das Verschiedene）的所言，就是处理成关于述谓"异"（verschieden）的所言。

由此我们来到 255d4-6。根据弗雷德的观点，虽然我们还不能翻译 255d1 那句话，但是关于形相"异"，或关于作为述谓的"异"——不是形相，而是形相的一个实例（页 13-14）——我们可以作如下言说：

1. 如果我们说客体 a 是不同的且此话为真，那么总要满足下列条件：有一个同种类的客体 b，以至于我们相对于它说 a 是不同的，且说 b 是一个与 a 不同的客体。这一点是弗雷德从 255d4-6 推出来的，他认为这个文段要说的是，不同的实存事物（das Seiende [存在者]，a 被当作不同于 das Seiende；b）仅仅分有该处所提到的两种形相中的一种（亦即,分有异,而不是分有**存在**)。我将这个意思改写如下:a 因分有异而是异的,它的异不是来自于形相**存在**。弗雷德接着说:相同的文段告诉我们,das Seiende(某个存在或实存的事物)也分有(我所说的)异,但实存有别于不同。若不然,有时我们可能就会错误得用"不同于"这个表达来表达真陈述"a 存在"(a is)了。

2. 如果我们说客体 a 存在且此话为真,那么,在一些情况下应满足下列条件:有一个同种类的客体 b,以至于我们相对于 b 而说 a 存在,且说 b 是一个与 a 不同的客体。弗雷德是如何推出这一条件的?乃是[236]基于如下合理的假设:a 不可能"存在"或"实存",除非它也"不同于"每个别的实存客体,亦即,除非它也分有异。这一假设本身是合理的,但我们不可被它误导。尽管实存客体同时分有**存在**和异,但实存客体的"存在"单单来自形相**存在**,就像在上面第一条中,a 的"不同"单单来自异一样(这才使 a 不同于 b)。弗雷德没能区分这一点,因为他没有先行对存在与实存作出区分,而这一点至关重要。预先考虑:实存者 a 必然不同于实存者 b 这一事实,决不会把"存在"变成一个二元谓词(用弗雷德的术语说)。当然,即使我们用术语"实存"代替"存在",a 与 b 在实存上的差异也不会将"实存"变成一个二元谓词。不过,要是我们明确区分"实存"与"拥有存在",就较为容易避免"实存"与"不同"之间的淆乱。

3. 如果我们说客体 a 存在且这话为真,那么,在一些情况下并不满足下列条件:有一个同种类的客体 b,我们相对于它说 a 存在,且说 b 是一个与 a 不同的客体。

这些弗雷德是从异乡人关于存在和异的区分中得出的三个推

论。接下来,弗雷德转向第三个推论(14页及以后)中"是/存在"的意义问题。他告诉我们,关于"是/存在"的意义,权威的或者说"实存论"的解释是:"是/存在"是个表示"实存"意义的一元谓词。弗雷德根据他本人所表达的条件,反驳此种权威解释。他主张,文本在这里也(在表面上为"实存的"用法上)区别了 a 与 b,但还敞开了另一种可能性,即 a 和 b 是相同的客体。这一假设对弗雷德来说至关重要,因为,他要将披着种种"实存"外衣的"是/存在",转变成同一性陈述的实例(即"是/存在"乃与它们自身相关的事物;页 29)。这一假设遂成为他翻译 255c12-13 的内在基础,由此竟至于排除了实存陈述,并使同一性陈述和不同性陈述分离开来。就像我们很快看到的,这需要他以一种不合法的方式阐释形相"存在"。

首先,我们必须回应弗雷德对"实存论"的拒绝。如我就以上第二条推论所论,弗雷德对 255d4-6 的阅读是错误的。我承认异乡人的表达有些模棱两可。我认为,理解这一文段的关键在于[237]τὸ ὄν[在]和τὸ θάτερον[异]的完全分离。既然二者是完全分离的,那它们就不可能是述谓,因为谓词"是/存在"(无论作为"实存"意义上的还是"自我同一"意义上的)和"不同于"能够、且必须应用于相同的客体。可能有人反驳说,按我的解释,形相存在和异彼此就可以相结合了。没错,但如此结合并会不牺牲它们的分离性。谓词"是/存在",作为一个谓词,乃实存事物,因而也与所有其他的谓词不同:就其本身而言,它既实存又不同。对于诸形相则不能这样说。精确地表达这一点再怎么困难,我们也得说,"存在本身"和"异本身"(参 256b6, αὐτὴ κίνησις)各自本身都只有自己的本性,再无其他。总而言之,我们可以对每一个实存事物(包括谓词)的"存在"与"不同"作出逻辑的或存在论的区分;但是,只因实存,事物就是不可消解的,是存在和不同的统一体,直到它消亡。

因此,255d4-6 区分了下列情况:(1)就存在而言,我们可以说,"a 存在"、"b 存在(因这为真);(2)就异而言,我们可以说,a 异于(或不同于)b;(3)就存在和异的结合而言,我们可以说,"a 存在,b 存在,a 异于 b"。然而,要反对弗雷德的分析,可说的话还没完。弗雷德接下来就考虑,他的"条件"(我刚才分析的)是否可以用另外一套措辞来重新表达,以便赋予"a 存在"这句话以实存的意义(页14)。他接下来否定了那个条件,换句话说,他假设第三条推断以下列条款结束:在一些情况下并不满足下列条件:有一个同种类的客体 b,我们相对于它说 a 存在,且说 b 是一个与 a 不同的客体。然后,弗雷德声称,如此结论并不圆满,比如250a-b 就已表明这一点。按弗雷德的解释,250a-b 是在告诉我们,"具有独特意义的谓词与不同的形相相连"。然而,250a-b 不过是在告诉我们,变、静、存在彼此互不相同。那里只字未提谓词,也未提我们如何谈论这些不同的形相。可能有人反驳说,这一文段也没有谈到形相啊;但这对弗雷德的论据难有什么帮助。不过,在250c,异乡人提到了 τὴν αὑτοῦ φύσιν,即存在自己的本性,由此明显可知他是在谈论形相。

因此,弗雷德的观点并未得到他所引用文段的支持。而且本质上也不可能,因为谓词形形色色,可用于指变的不同实例,如,"改变","移动","生成","衰退"。但在弗雷德的分析中还有一个更致命的缺陷。根据弗雷德的观点,假如"是/存在"有两种[238]意义,那必定是"实存"和"＿＿分有＿＿"这两种,而后者被他理解为系词意义(页15)。弗雷德用"系词性的[是]",来指"是/存在"的述谓意义:"＿＿分有＿＿"应该填充为"客体 a 有谓词 b"。但这就意味着,弗雷德把形相之间的"分有"、"共有"、"参与"——或用我的表达"结合"——解释成了述谓关系。由此,异乡人的形相存在就被等同于形相之间所达成的关系(顺便说一句,这种关系也包括由异达成的分离[separation])。也因此,存在一开始就被同一性和述谓关系无声无息地取代了。据此,弗雷德最后得出他的结论并非靠什么技巧;事实上,他那不偏不倚的分析根本就是多余的。

我认为,说到关于诸如存在这类单个形相的"自我—同一"或"内在本性",异乡人的说法中的确有一个真正的问题,然而,这一点必须跟他意图区分存在与同相区别。有些人用"同一性"代替"同",作为同这一形相的名称,正是模糊了这一区别。根据异乡人的观点,形相存在的同并非来自其"内在本性"($τὴν\ αὐτοῦ\ φύσιν$)或"其自身"(即其作为存在的"同一性"),而是来自与形相同的结合。在弗雷德的分析中,无论是存在与同之间的区分,还是存在与形相结合之间的区分,两种区分都没有了。

我可以用一种同样适用于欧文论文的方式,来阐明我对弗雷德研究的反对,以此作为这部分讨论的小结。欧文也主张,异乡人没有明确地在实存的意义上使用"是/存在"。欧文也经常将异乡人的"是/存在"解释为同一性的"是"或述谓系词。尽管论点有诸多变化,他的基本论点与弗雷德的完全相同。① 如果这个论点合理,那么我们就没法说形相 F 与形相存在结合。请思考下面一个例子。说变与存在同义(相同)自是错误的。现在,假设我们想要用"存在"来作变的谓词,从弗雷德—欧文的立场来看,这不可能。我们刚才已经排除了"是/存在"的同一性意义,剩下的就是"是……的谓词"这一意义了。但我们不能以"是……的谓词"作为变的谓词。问题自然出现了:什么来作变的谓词?或者,变是什么的谓词?"是……的谓词"仅仅在如下意义上才能作变的谓词:有某个别的东西是变的谓词。严格地说,"是...的谓词"[239]不能作为变的谓词,或其他任何东西的谓词,因为这个表达的作用在于统一某个异于自身的东西与某个别的异于它自身的其他东西。

---

① 弗雷德在其前言中也为欧文对他的帮助表示致谢;比较欧文(1971),页223,注释1。

这样一来,形相存在就消失了。这种论点还有诸多变化形式,会导致更加荒谬的结果。假设"是/存在"在"＿＿＿是＿＿＿"中取了系词意义,而我们在空白处填上形相名,以构成一个完整的表达。既然我们试图将"是/存在"作为变的谓词,那我们不妨在左边的空填上变,这个"变"既可以代表形相名也可代表形相本身。现在,我们用什么填右边的空?唯一的可能似乎是"是"(is),这个"是"不能用斜体,因为它不是一个形相,也不是形相名。结果就成了"变是是"。这个句子毫无意义。

弗雷德—欧文的进路试图确定关于形相的文段中"是/存在"的诸意义。他们开始时一方面区分了同一性与述谓,另一方面则坚信他们实际上是在研究一种述谓学说,但最终以完全消解了形相存在而告终。因此,他们的观点丝毫得不到文本的证实;相反,他们的阅读与文本完全矛盾,尽管文本本身极其含糊。欧文的出发点与弗雷德不同,然而却将他带到了与欧文相同的终点。他开始时乃是提出一论点,他称之为"均等假设"。根据这一假设,"其中一个如何显露出来,另一个也以这种方式显露出来"。这一假设从 250e5–251a1 推出(页 229-30)。根据欧文的观点,既然异乡人"致力于证明形相'A 不是'(A is not)这种表达的合法性只有在它们被补全为'A 不是 B'的时候才能实现,那么这就是动词["是"]的不完全用法,我们在肯定结构中也能找到其证明"(页 230)。然而,其中 A 代表一个形相的"A 不是"这句表达不可能没有一个 B——此处是另一个形相的名称——原因很简单。就像我们已经看到的,每一个形相都"存在"(is),而且与欧文的假设相反,这存在是凭着与形相存在结合。因此,与欧文的主张正相反,在"形相 A 拥有存在"的意义上,"A 是"不能被否定。因此,欧文对异乡人要做之事的描述是错误的,就像我们检审弗雷德大致相同的论证时已经看到那样。指涉形相的实例(即指涉 a 的和 b 的,而不是 A 的和 B 的)的"实存"陈述当然可以被否定,但就异乡人的主要论题而言,这无关紧要。"A 不是 B"并不是对"A 拥有存在"这一陈述的否定。就像欧文所理解的一样(页260),它是对一个同一性陈述的否定。但是,[240]欧文跟弗雷德一样,认为"是/存在"的唯一另外一种用法就是作系词,因此,他完全不能解释 μετέχειν τοῦ ὄντος [分有存在]这类表达。面对256a1 中关于变的这一表达,他不得不理解为要么它是"变不同于静止"的残句,要么就是"变是关于某物而言的"的省略。但他的这一提法仍然得不到文本的证明。

回到弗雷德。他引用《帕默尼德》144c4-6 和 155d3-e2 表明,"a 是"始终要扩展成"a 是 b"对于柏拉图来说是自明的。事实上,该文段顶多表明,柏拉图将此观点归到帕默尼德头上。此观点对异乡人的纯粹形相并无影响,因为异乡人提出这一学说是作为对帕默尼德教诲的一种革新。不过,假使我们一方面区分 A 和 B,另一方面区分 a 和 b,那么我们可以认为,帕默尼德和异乡人都同意,是某一实存物,即是某一事物或某别的事物。实存物 a 必然有多个属性,不仅仅有 b 属性,还有 n 个其他属性。然而,尽管形相 A 可能与形相 B 结合,但异乡人在 255 这段文字中论证的是,a 的存在单单来自于形相存在,而不是在论证再无其他属性。

我们对弗雷德—欧文论点的述评就到这里。这种论点源于未经论证就把某种亚里士多德—弗雷格的概念框架误用于柏拉图的文本。其论证——往往还是那种极端复杂的论证——事实上是将文本勉为其难地翻译成某些带有理论预设的术语。这并不是说,他们各自研究中的所有观点都是错误的,但的确,这些研究中正确的东西并不依赖于弗雷德和欧文所用的主要假设和方法。

我到目前所说的一切,并非意在暗示我们所要研究的文段的含义是自明的或是无可争议的。拒绝对形相的"述谓论"读解是一回事,提供一个自己的合理解释又是另一回事。起码我们已经得到警示:不要迈出最终只能导致灾难的第一步。

现在,我们已准备好回到文本了。我们最后听到异乡人说话是,他告诉泰阿泰德他们必须像孩子一样坚持两方面都要,亦即,存在和全体既不变又变。然而,这本身并没有使我们的探究摆脱困惑。泰阿泰德不明白,于是异乡人给出下面的解释。泰阿泰德同意,变和静"完全相反"[241](ἐναντιώτατα);然而他也承认,这两者不但一起、而且各自都"实存"着,即二者在之前所解释的意义上都"存在"(are)。虽然我没有使用斜体来强调这些关键性的名称,然而异乡人已经是在思考诸形相或"最大的种"了,这一点很快就会显明。不过我们可以将它们思为"存在和全体"的不同方面,与同样这一名称所表示的形相对应。异乡人接着说,泰阿泰德之前表示同意,并非是要承认,"实存的"变和静两者都在变,或都在静。泰阿泰德也同意这不是他的意思。问题的要点在于,"存在"或"实存"并没有将两个不同的属性或曰形相即变和静统一起来;相反,变和静各自作为一个独立的实体"实存"。这明显是在"实存"意义上(即先前所定义的"拥有存在"的意义上)对"是/存在"使用。在异乡人含混的表达中,泰阿泰德大概将存在当成了"灵魂中除了这两者之外的某个第三者"(249e7–250b10)。这一表达的可能含义是,泰阿泰德看出了或猜想刚才所提到的三种属性是独立的。就像泰阿泰德表达的,我们"预言"(ἀπομαντεύεσθαι;250c1–2)它们是三。这三种属性的独立性虽以推论的方式表达出来,却并未经过论证而得出;但是,一旦我们去思考这些属性本身,就可以看出其独立性。稍稍换种说法就是,二分法实质上是直觉性的。①

变、静、存在在"灵魂中"的可见性,并不表示这些属性是有柏拉图的对超验自我的预知构造出来的。康德的形相是概念,受某

---

① 参 248a10–b1,那里说到形相论者认为,灵魂通过 λογισμός[思考]共有 οὐσία[本在]。而在这里,"预言"代替了计算性思考。关于 ἐν τῇ ψυχῇ [在灵魂中],比较《泰阿泰德》186a2 及以后。

个"规则"或推论性公式的限定。异乡人则并未提及什么限定性的规则,关于形相的陈述是形相的像,因此也后于形相。异乡人直接从变、静和存在开始,因为这些在事物的"相"中都是直接可见的。说"相"其实是某个别的东西(如,说它们是概念或述谓),从现象学来看是荒谬的。评注家们几乎都太少强调这样一个事实:异乡人引入"最大的种"时并没有给出任何理由。试图去证明或定义这些原子性的形相,也就预设了它们可以被那只能称作理智知觉的东西所通达。①

[242] 然而,感知形相元素的能力不能代替哲学解释,而是哲学解释的基础。存在有"它自己的本性"($τὴν\ αὐτοῦ\ φύσιν$),根据这种本性,它既不是静着也不是变着(250c3-8)。可是,如果某物不是在变,那它怎么可能也不是在静着呢?反过来也是一样。换句话说,存在在此似乎被划分成了变着的和静着的事物。但存在是截然不同于变和静的第三个元素(250c9-d4)。在这一点上,当代读者往往以如下方式来解决难题:他们断言说,存在跟变和静都并非同一,但后两者中的每一个都可以作存在的述谓。就算这是处理异乡人难题的最好方法,那也有赖于保留存在,把它作为一个不依赖于同一性和述谓关系而存在的元素。异乡人表达这一难题时的显白措辞表明,存在的所指,不可能被毫无剩余地析分成同一性和述谓。因此,欧文的"均等假设"在如下意义上是错误的:当异乡人说,任何一线照亮存在的光,也会一样照亮非存在时(250d5-251a1),他所说的"存在"当然不是一个"二元谓词"或曰"是"的

---

① 欧文(1971),页229-230,注释14,引用作为$οὐσία$[本在]即$δύναμις$[能力]这一定义,来反驳那些说异乡人想要证明"实存"(亦即,存在)其实不可定义的人。但这忽视了$οὐσία$[本在]与$τὸ\ ὄν$[在]之间的差异问题,也没有考虑异乡人本人是否接受这一定义的问题。

不完全用法。① 说泰阿泰德和异乡人混淆了同一性和述谓,这似乎本质上令人难以置信——不管还有什么话也可能适用于更无聊的笑话。假如异乡人在这里谈的是述谓,那我们就得理解为异乡人是在向泰阿泰德指出两者的差别。二人对这样的事实绝无怀疑:虽然诸存在既变又静,但存在与变和静这两者中的任何一个都不同一。然而,困惑依然在。原因是,解释必须向他处去寻。

如果无论什么可获得的光照,都不能帮助我们看到存在和非存在的任何一个,或者,假如我们找不到任何的光,那么,我们必须立刻"以尽可能有利的方式推动关于这两者的 λόγος[言辞]"(251a1-4)。几乎可以想象,异乡人是在暗示,它们需要在对于存在和非存在的理智知觉缺席的情况下,转向二者在语言学上的区分。至少,部分而言,这正是将要发生的事,因为不可能有什么对非存在的理智觉知,来与对存在的觉知对应。当然,还有一个如何谈论存在的问题,或者说,年轻人和那些晚学的人是这么宣称的。那些晚学之人的困惑在于,我们何以能用多个[243]名称称呼同一事物,从而把同一事物——比如人——既当作一又当作多(251a5-c7)。按亚里士多德的术语说,这就是同一性与述谓的差别问题。然而,异乡人并没有谈到述谓,而是谈论"命名"(ἐπονομάζοντες)。当谈到人时,我们会给他的(特定)名称附加上许多其他名称。这一点显然与存在问题类似:我们谈论存在时,会给它的名称附加上其他的名称,诸如"变"和"静"。假如这些是谓词,那么,存在就不再是作为一个纯粹形相的意义上的一。这一类比是错误的,因为人之是"一",与存在是一并不是在相同的意义上而言。假如有人这么一个形相,那么,除非作为不同属性(如动

---

① 除了之前所论,读者还可比较:欧文(1971),页230,注释16,及页261:人们一般赞同,250e1-2 的那个困惑"在于把同一性与述谓关系相混淆。"这话在安提西尼(Antisthenes)这样一个人的意义上可能对,异乡人显然暗示性地指到他,只是没有提他的名字。

物、善的等等)的一个内在连贯的统一体,它不可能被理智所觉知。人是一个一、和一个多,而这个"多"就为随后提出述谓学说提供了一个基础。从异乡人接下来引入"最大的种"这一学说,可以明显看出,他脑海里根本没有这类关于存在、变和静的想法。①

既然存在(或存在)并没有内在的连惯性,我们就必须区别人的本性与名的结合这一过程。事实上,这一过程在接下来的讨论中起着重要作用。关于人,异乡人没有再说什么,他转而论及组合的主题。现在,我们必须向所有关于 ousia[本在](περὶ οὐσίας)曾有所言说的人提出某些问题。从 τὸ ὄν[存在]到 οὐσία[本在]的用词转变,大概可以通过如下事实得到解释:οὐσία 是巨灵之战中起作用的术语。到异乡人谈论"最大的种"或形相字母表时,他将再次回过头来用 τὸ ὄν 指形相存在。尽管如此,必须指出,这里用 οὐσία[本在]容易削弱它指代"整全"时与指代该形相元素时彼此之间的差异。它当然不可能抹去二者的差异,但它是一个信号,表明柏拉图如此摇摆不定地使用术语,使我们几乎不可能对异乡人不同阶段的表述达成无可争议的解释。

以下就是异乡人要问的问题:是否我们既不可把 ousia[本在]与变或静"连接"或"结合"(προσάπτωμεν),也不可把任何事物与其他任何事物"连接"或"结合",而应在我们的讨论中假设它们全都不可混合(ἄμεικτα)、也不能彼此分有(μεταλαυβάνειν)呢?还是说,我们要假设万事万物都能彼此相合(ἐπικοινωνεῖν),并基于此假设而把它们都拼合到一起(συναγάγωμεν)?又或者,最后一种可能性:一些事物能彼此相合,一些则不能?(251c8-e1)。[244]关于上述问题的措辞,我依次表达两点意见。第一,虽然异乡人提到我们关于这些结合的 λόγοι[谈论],但我们在讨论的是结合本身,而不是我们如何谈论这些组合。我们不是在讨论述谓,甚至不是在

---

① 比较:拉弗兰斯(Lafrance)(1979),33 页。

讨论名称,而是很快就会被确定为"最大的种"的东西。第二,异乡人使用了好几个动词来表达连接或结合的观念。他没有定义这一观念,多样化的动词反映出该观念在他的表述中的原始状态。认为"结合"或"分有"取代了作为一个独立属性的存在,这种观点根本不值得讨论。存在是诸属性中的一种,与变和静"相合"或者说"分有"变和静,但又不丧失其独立的、不与他物相接的统一性。假如根本就没有结合,那么,变和静都不分有 ousia [本在] (οὐδαμῇ μεθέξετον οὐσίας;251e7-10)当然就是真实的。

假如根本没有结合,那么,所有的存在论顷刻就被推翻了。换句话说,人们就不能说,"事物"(τὰ ὄντα)在变,或它们在静止,因为这些说法赋予存在(τὸ γε εἶναι)以一种与变和静本身相关、而不仅仅是与"变"、"静"、"存在"这些名称相关的连接性角色。要记住,对于异乡人而言,名称本身就是事物(252a1-d1)。通观这一文段已经很明白:虽然不能仅仅站在语言学的根基上拒斥结合,但是,可以将言辞的压制归因于事物本身中的分有被压制。

那么还剩下两种可能性。一种是假设所有事物都能彼此相合。但泰阿泰德能驳倒这一假设;因为,"假如这两者彼此相合",变本身(κίνησίς γε αὐτή)就完全是静的,静本身(στάσις...αὐτή)也完全是动的了,但这"是完完全全"(by the greates necessities, 252d2-11)不可能的。又一次,泰阿泰德的术语表明他谈的并不是述谓,而是异乡人很快会称为形相的东西。于是,只剩下第三种可能性了。一些事物能跟其他事物相混合(συμμείγνυσθηι),一些则不能(252e1-8)。我们将在下一场更详尽地思考这一可能性。

第十四场　形相字母表

（252e9–255c7）

[245]异乡人对其形相结合学说的呈现即将进入关键性阶段。我已论证,我们若用当代解决某些看似类似问题的方法去接近这一学说,就不可能理解他的学说。事实上,对于我们来说成问题的东西,恰恰是异乡人的起点。异乡人虽然没有在任何意义上否认经验的模糊性,却通过事物的相来确立自己的方位。我们可以十分审慎地提出,异乡人在某种对于后康德时代而言已不再可能的意义上是一位"经验论者"。对于我们来说,前科学的、日常的世界已经是一个悖论:一方面,科学要解释的就是这个世界;另一方面,日常世界在我们看来已经是一个理论的建构。当然,异乡人的理论资产中含有我们今天可能称作科学存在论的东西,但这种存在论植根于现象:即如其所是地显现出来的东西。坚持我们今天称为"形相"的东西对于异乡人而言就是相,这不单纯是矫揉造作的拟古。有人可能会反对说,"相"只对观者可见,所以该术语体现出柏拉图"现象学"的内含的视界主义。但这一反对不得要领。在形相学说中,人的眼界由事物的相所限定。形相是具有可见性的形状,而不是某个规则或某种分析方法带出的结果。不能把形相"解释"为异于它们自身所显现的样子,因为形相是一切

解释的前设和基本成分。因此,仅当我们在"凝视"或"看"这一古典意义上使用"理论"一词时,我们才能言说什么形相"论"。我们在二手文献中看到的那种对"柏拉图型相[或形相]论"的精致的理论(术语的现代意义)重构,在柏拉图自己的文本中并没有与之对应的东西。这些多样而复[246]杂的理论重构,回应了文本中人所公认的沉默。它们常常透露出一种恼怒情绪和一种愿望,即试图通过某些方法去解决对于柏拉图来说根本不是问题的问题,而这些方法,如果真有任何适用之处的话,仅仅适用于我们对事物之相的最初感知所带来的结果。

异乡人从未就"最大的种"的可见性提出什么问题。相反:他在没有受到泰阿泰德任何抗议的情况下,他转向"最大的种",并将其作为解决非存在问题、进而解决智术师问题的基础。非存在和智术师之所以成为问题,正是因为它们没有形相;我这样说的意思是,它们最初看起来的样子与我们通过更精细的检审后所看到的样子之间有差别。它们是像,更糟糕的是,它们是幻像。用略微不同的术语来表达,它们是不可见的原物的像。这一点就非存在而言或许足够清晰,但就智术师而言亦然。智术师是幻像,不纯粹是哲人的幻像,也是智慧人的幻像。为了定义智术师,我们必须认识哲学的本性;而这又需要我们富有智慧。

我认为,在异乡人看来,人类智慧有两个"根源":一是现象的自我分化的统一体的诸"相"或曰诸形相元素;一是两种可以感知的区别:一方面是自由与高贵的区别,另一方面是奴役与卑贱的区别。智术师试图把这两个根源都否定掉。这种否定本身的根本不在于智术师声称是某种他其实一无所知的技艺或科学的真正操行者;智术师也没有声称要教我们劝说的技艺,叫人信服那看起来(这看也是正确地)在变的东西"实际上"是静的。智术之僭称智慧,其要旨关系到异乡人给予哲学最高赞扬的那一点:自由。智术师声称要教授我们一种让我们获得自由的技艺,不是摆脱变和静而得自由,而是摆脱其他人对变静之物的意义的解释得自由。就此而言,智术师关注的不是分开相似与相似,而是分开好与坏。对于智术师不关注相似与相似的区分,异乡人用了一个极端的表述:他说智术师否定原物与像的区分。在这一问题上,智术师接受了费希特所表达出来的现代哲学的基本原则:自由高于存在。当然,智术师不是费希特。对于智术师来说,自由是欲望的满足和拥有这世上的美物。自由首先是政治的,它让自身等同于掌控。然而,智术师却否定了所有貌似客观的、通过说服来介入欲望之满足的形相结构的相关性(虽然没有否定这些结构的实存)。

[247]无论智术有什么缺陷,都不应该使我们看不到异乡人的策略:他试图用贬义的定义之网逮住智术师。异乡人意欲确立存在论上之原物的"存在"。当然,在某种程度上,他将通过检审我们如何说话来做到这一点。但无论何时,语言分析都从属于对形相的理解,对形相的理解使话语成为可能。稍微换一个说法,就异乡人是一位语言哲学家而言,他的旨趣首先在于语义学,而不是句法学。倘若借用语言哲学的术语来描述形相,那么可以说,形相就是意义,而不是述谓,它们是意向性的而非广延性的实体。[①] 就驳斥智术师的任务而言,异乡人的策略有一个根本缺陷。即使他成功说服了我们相信其形相说的真实性,也很容易受到如下指控:他本人就是智术师中最有能力的。形相并非从先在的、更为人熟知的前提推得的;可以说,形相本身就是异乡人所有推论的"前提"。如果说存在着任何意义上的、能够证明形相说为真的"证据",那么这证据只能在借形相学说使之成为可能的、对人世生活的全面解释之中。然而,我们比较人类生活时,不是就相似与相似的区分作比较,从而也不是就"最大的种"之类的诸形相作比较,

---

① 参卡恩(Kahn)(1973),C. H. Kahn,《〈克拉底鲁〉中的语言与存在论》(*Language and Ontology in the Cratylus*,收于 *Exegesis and Argument*,E. N. Lee et al 编),页173:"形相是一个述谓形容词的意义。"

而是就好与坏之分来比较。而好生活并没有可以直接通达的原物或曰形相。

我相信,我们应该根据上述背景,去理解异乡人接近狡猾的智术师的路线,不然该路线的性质未免令人不解。有人用过度简化的术语说,异乡人的旨趣在于把智术作为一个逻辑的或存在论上的问题,而不是道德的或政治的问题来处理。我不否认智术师的教导会引出逻辑的或存在论问题,但我的要点是说,哲学与智术的根本之争——如柏拉图对话所呈现出来的这两种活动那样——在别的层面,即,在区分好坏的层面。然而,在这一层面上,不存在对智术的技术性辩驳。假如不是依附在这个术语上的贬义的话,我也许会说,对于智术只有一种修辞上的辩驳,因为,唯一需要这类辩驳的,就是那些不能在事物的相中看出好坏的人。

说这些话,意在重建对话前半部分的主题与我们正研究的诸场主题之间的连续性。[248]非存在令人深感困扰,因为它就像智术师一样,以变化多端的相"显现"自身,事实上,它无处不在。将其表述为纯粹形相及其结合,乃是对极端过度地简化了这一难题。然而,表明没有任何形相对应于非存在(除了在某种植根于句法学的派生的意义上),丝毫无助于解释非存在——或者,假如读者愿意的话,也可以说无——在日常生活诸相的间隙中所具备的能力。甚至在逻辑层面上也可以证明,一相和另一相的差异不可能基于某个带否定的形相学的解释而得到说明。而且这样的解释也丝毫不会说明肖像和幻像的独特"存在"。最后,综合而言,当我们说生活问题并非一个逻辑问题时,这绝不是降低了逻辑的地位,而只是对问题的初步澄清。无论我们多么苛刻地服从逻辑法则,人世生活依然处处被无弥漫,并持续地被无消解。这并不是要呼唤悲悯或夸大的情节剧,而是要恳请思的降临:每种生活都是一个"原物",因为在那原物缺席的情况下,没有像;既如此,那么生活又有什么好,或者说,区分好生活与坏生活又是指什么呢?

回到文本,异乡人刚才已论定(得到泰阿泰德的赞同),假如事物与事物全不相合,那就不可能有言辞,无论是智术的言辞或是其他类型的言辞。而假如事物与事物全都相合,也会得出同样的结论。那就只剩下第三种必然真实的可能:一些事物彼此相合,另一些事物则不相合。正是在这一阶段,异乡人引入了字母表的范型,其中一些字母彼此相合,另一些字母则不相合。现在,我依次列出关于字母表性质的一个初步思考。字母表是一套有限的声音,这些声音多少有些任意地由称作"字母"的符号来代表,这些字母在数量和性质方面足可让我们为经验中可辨识的相来取名。我们立刻看出异乡人范型的独特性。字母表、进而还有字母,在一种意义上是自然的,在另一种意义上也是约定的。就说话是人的官能而言,字母是自然的;就人类以不同方式发出连续声音而言,字母又是约定的。异乡人没有多谈这一点,而且显而易见,他想使用字母表的自然一面,而不是其约定一面。同一声音,归给它的字母名变化多样(例如,英语字母 L,希腊语字母 lambda,希伯来语字母 lamed);同一名称的字母,其实际音质也变化多样。如果这种多样性在异乡人范型的那未言明的背景中[249]终究扮演着重要角色,那么,它们必定对应于形相元素向不同人类个体或群体呈现方式上的那种偶然的、随处可分辨出的多样性。

换句话说,形相与字母之间的类比,预设了在这个或那个字母表中,在那些字母对声音约定的或偶然的再现底下,存在着自然的声音或者说字母。第二,它也预设了,字母表内部字母与字母之间的关系,类似于可见宇宙或整全内部形相与形相之间的关系。但事实并非如此。形相无论何时何地都是"现实性的"(用亚里士多德的术语来说),然而,字母则必须被实际地言说、书写或思考才能现实化。字母表是一种造字母的能力,而不是造成的字母,更重要的是,造字母并不是以拼写单词的方式将字母关连到一起;形相则相反,作为在其结合和分离中可见的东西,它们是现实的。规范字母合成单词的规则不可能仅仅从字母表派生出来;而没有这些规则,就没有单词,而(最多)只有字母。不过,整全中的"字母"(即形相)则作为结合成"单词"以后的成分在场;事实上,它们已结合成每个可能的"单词",无论是否有什么人在观看它。

这些简单的观察足以使我们警惕字母表这一范型的欺骗性的方面。我们先不追究这一点,而是来自问:异乡人为什么使用这样一个范型? 它在此关头以何种方式对问题具有启发意义? 我认为,这一问题的答案一目了然。字母是智性语言的最简单元素,一旦我们将字母组合成单词,我们就能造句,用句子就可以去描述字母本身的属性。但是,这些属性有赖于字母先在的单纯性和可理解性;描述字母的词和句本身就是由那些字母组成的。再者,单词靠字母与字母的"连接"或组合构成,而并非靠用一个字母来述谓另一个字母而构成。字母 a 与 n 组合而造出单词 an,不会改变 a 或 n 的原子性——无论这导致人针对它们的发音有了什么样的改变;此外,这些声音上的改变也不像述谓,而像混合。如果字母要在异乡人的类比中扮演某种角色,那么,其完整性就会因分有"单词"、或曰分有智性的、可命名的结构而受损。说这里是述谓模式是错的,因为被述谓的属性成了[250]主语的结构中的一个成分。若说这里是混合模式,则要么是错误的,要么对异乡人的论点具有毁灭性,因为混合到一起的元素将部分性或整体性地经受消解。述谓说的缺点是结构上的复杂。混合说的缺点是同一性被消解。

上述思考表明,字母表范型中[与形相切题]的要素是拼写,在拼写过程中,字母与字母组成而产生智性结构,同时既不消解、也不损害其他伙伴字母的完整性。因此,对于异乡人在注意到有些字母相合、有些不相合之后说,元音像一个纽带贯穿于其他字母之中,我们倒应该按字面意思去理解他。纽带串联起事物,但并不进入那些事物的内部结构或曰形相。倘若没有元音,其他字母就不可能组合而成音节和单词(252e9-253a7);但是,元音并没有成为它所与之连接、从而构成音节或单词的那个字母的"述谓"。我们假设存在、同和异至少是元音，这一假设照出了字母表范型的另一缺点。每个音节(进而,每个单词)必须至少有一个元音,且有些情况下只有一个元音,然而,就宇宙或整全而言,存在、同和异这些"元音"却必须在每个音节和单词中在场。

我已经提及,存在意义上的"单词"都是写出来的,或者说,它们在宇宙中是"现实的"。那么,我们在每种情况中,要如何准确地挑出那些与我们分析某个给定"单词"有相关性的合与分呢？形相"密码"的内在复杂性是一回事,它在现象学上的可见性又是另一回事。让我举一个当代的例子。有名的"哥德尔配数"(Gödel numbering)是一种准确的、界限明确的方法,它从一串符号向一串数字运动,或相反。但这种方法是通过必须一步一步去运用的数学函数运算进行的。哥德尔数拥有一个形式严谨的公式,但它并不能直接将该公式展现在数理逻辑学家的眼前。然而,在形相字母的相关结合中,诸连接最后必须是可以直接审视的。对陈述的分析,跟运用数学函数运算从一个数字编码中反推出一个公式,二者并无类似关系。毋宁说,异乡人所实践的话语分析示范了形相与形相如何结合,这种示范对"心灵之眼"是可见的;而转过来,这种话语分析的进行又是着眼于形相与形相如何结合。异乡人说,[251]我们需要语法的技艺以便知道哪些字母相合、哪些不相合(253a8-12),但他从未说辨认字母本身也需要一种技艺。因此,在拼写理论与对已然拼成的单词的感知之间,有一道鸿沟。我们无法将拼写规则应用于已成的单词,除非我们看到或听到了该单词是如何拼写的。因此,就像音乐范型一样——我们很快会转向这一范型——拼写范型展示了话语知识对感知(无论是感觉的还是理智的)的这种依赖性。

可见,通篇异乡人的用语证实了这样一个论点:我们从理智上"看"或感知形相及其结合。随后发现元素借以结合的诸规则的自然基础正在于此。假如没有这样的感知,也就不会有 ἐπιστήμη [知识],而只有 νόμος [法]。用早前某段中的话来说,求助于单单语言学的分析,就是求助于"确切意义";仅当"我们不能看到"存在和非存在(ἐὰν αὖ μηδέτερον ἰδεῖν συνώμεθα ;251a1)的时候,才可以考虑这么做。异乡人假设泰阿泰德是将存在当作"灵魂中"(ἐν τῇ ψυχῇ τιθείς ;250b7)除了变和静之外的某个第三者,此时他求助的就是理智觉知。参考《泰阿泰德》的一个平行文段可以证实这一点。苏格拉底和泰阿泰德确立了一个区分:灵魂通过身体器官感知(αἰσθάνομαι)的东西,与灵魂完全依靠本身(αὐτὴ δι' αὑτῆς)所看到(ἐπισκοπεῖν)的东西。泰阿泰德将本在(τὴν οὐσίαν)、似和不似、同和异、美和丑、善和恶都归为这样一类事物:"灵魂[本身]可以看到它们的 ousia [本在]"(σκοπεῖσθαι τὴν οὐσίαν)(185c4-e2)。顺便说一句,此文段向我们表明,苏格拉底的"意见"与异乡人的意见并非完全不同。不过,苏格拉底没有将他的意见发展成一个明确的学说,并自称它是 ἐπιστήμη [知识]意义上的 λόγος [言辞]。除此之外,跟在《智术师》中一样,在《泰阿泰德》中(我很快会回到这里),事物原初的元素必须被"看到"(或听到),因为它们没有任何内在结构可以展示在话语之像中。若有哪里什么也看不到,我们就必须转向语言学分析。甚至在这种情况下,异乡人也试图借助本身直接可见的异的"不"来解释"无"。

字母表的范型之后是音乐范型(253b1 及以后)。异乡人说,就高音低音而言,是音乐的技艺告诉我们哪些音可以"相混合"(τοὺς συγκεραννυμένους),哪些音不可以。这里使用的动词可以表达将葡萄酒和水之类的液体相"混合"这一观念,[252]而不是把分离的、稳定的元素相混合的观念。尽管不可全然忽略拼写范型与音乐范型之间的这一细微差异,我还是不认为它就说明了异乡人的意图。为了证明我所说,我必须先看看从此处到 262 的全部文本,然后再看看柏拉图其他对话中阐明音乐在他眼里的作用的一些文段。之后,我会很快回到由音乐所提出的"共流"问题。

研究异乡人在讨论"最大的"或"最重要的种"时通篇所使用的动词,可以看出,他并未明确区分[两组概念]:一方面是没有区分"和谐"与"结合",另一方面是没有区分"混合"和"分有"。赋予这些动词以一个统一意义的乃是范型的作用,拼写和音乐模式阐明了这一意义,而最终的短语 συμπλοκὴ εἰδῶν [交织形相]则捕获了这一意义。异乡人从一个虽然不重要、但并非离题的考虑开始,在 262c5 用"混合"(κεράσῃ)来指名词与动词的组合。异乡人当然不是要说,名词和动词是像水和葡萄酒一样"混合在一起"。他脑海中或许是在构想着,把一句陈述的诸语言学元素统一在某个由述谓概念所捕捉到的、类似于意义的东西里面。是否如此,可以争论。在随后这段讨论中,异乡人通篇只提及名称(即名词和动词)的结合,没有提述谓。在这一结合中,名称保有其完整性。

然而,关键点还在以下所言。252b1 到 261c10 这段讨论的总的主题是理智世界的元素(στοιχεῖα;252b3)或曰形相的合与分。这一"存在论"结构是理智言说得以可能的条件。异乡人明明白白地说,他首先关注的并非 252 到 261 这段话。他在 261d1-3 说:"那么,来吧,就像我们[之前]谈论形相和字母一样"(περὶ τῶν ὀνομάτων πάλιν ὡσαύτως ἐπισκεψώμεθα),"让我们同样再来考察一下名称"(περὶ τῶν ὀνομάτων πάλιν ὡσαύτως ἐπισκεψώμεθα)。异乡人在此将形相和字母联系起来,这表明他并不从根本上区分 γράμματα[字母]和音乐的声音(τοὺς φθόγγους;253b1)。两者实现的是相同的范型角色。我们稍后会看到,这符合古希腊的一般惯例,也符合柏拉图在别处所用的方法。

临近我们所研究的这段讨论的结尾处,异乡人总结他的论点如下:"试图把一切事物与一切事物分开不仅不着调,而且[253]意味着此人不谙音乐、不爱智慧"(ἄλλως τε οὐκ ἐμμελὲς καὶ δὴ καὶ παντάπασιν ἀμούσου τινὸς καὶ ἀφιλοσόφου;259d9-e2)。因此，这句音乐俗语恢复了 252 以下一系列动词的对等关系，像 συμφωνεῖν [相投]（253b11）与 συμμείγνυσθαι [结合]（253c2）；κοινωνεῖν [共有]（254b8-d2）与 μείγνυμι [结合]（254d7-255a2）；以及 μετέξειν [分有]与 κοινωνεῖν [共有]（255b1-256b9）。Μέθεξις [分有]和 κοινωνία [共有]在 256a10-b9 交替使用；在 256d8 和 e3 异乡人重新用了 μετέξειν [分有]，又在 257a9 用 κοινωνία [共有]加以总结。动词 συμμείγνυσθαι [结合]（25a4）、μετέχειν [分有]（259a6-8）以及 μεταλαμβάνειν [分有]（259b1）之间也有对等关系；最后，名词 συμπλοκή [交织]（259e6）和动词 μείγνυσθαι [结合]（260a3）之间亦然。

让我重申这个总的看法：拼写范型和音乐范型意在阐明的是一个过程，即形相元素（στοιχεῖα）在理智结构中结合的过程。尽管异乡人使用了不同的动词，这些动词在日常语言中拥有不同的意义，但是这里只有一个过程，而不是几个。这一过程不是，也不可能是述谓这一语法功能；相反，述谓唯因形相的合与分才成为可能。就像异乡人在先前引用的 260a5 的一个文段中所表达的：正是由于这个缘故，λόγος 是诸存在中的一个种（τῶν ὄντων ἕν γενῶν）。我们的目标一直在于证明这一点，而不是证明存在是言辞中的一个种类。有人没有记住这一点，以致徒劳地在这一段文本中区分"是/存在"的各种意义；但这样做是基于一个未经审查的假设，即假设异乡人是在提出一种语言学上的述谓学说。

为了更直接地返回"元素"，或曰（使用异乡人常用的术语）种/类、形相，我已论证，拼写范型的主要目的在于表明形相字母表中"字母"的纯粹性或"原子"性。从音乐范型也可得出完全相同的结论。像一般的古希腊人一样，柏拉图经常将音乐技艺和文字技艺相联系。① 《泰阿泰德》205a4 以下，苏格拉底和泰阿泰德就在讨论原初元素的不可分性、进而不可由推论达到的特性（τῶν πρώτων οὐκ εἴη λόγος ἐξ ὧν τἆλλα σύγκειται, διότι αὐτὸ καθ' αὑτὸ ἕκαστον εἴη ἀσύνθετον；205c5-7。通观这一文段，代表"元素"的单词都是στοιχεῖα；参见 205b10、205b12、205d7、205e3、205e7 及各处。字母为我们提供了[254]"形式单一且不可分的"（μονοειδές τε καὶ ἀμέριστον；205d1-2）元素的一个初步的例子。在这一段中，苏格拉底自然地从字母过渡到音乐（206a10），并对音乐元素（στοιχεῖα；206b2）表达了相同的观点：只是就音乐而言，元素指的是音符或者说音乐的声音（τῷ φθόγγῳ ἑκάστῳ；206b1）。

在这一段中，苏格拉底主张，元素比复合物更清晰地为人所知（πολὺ τὸ τῶν στοιχείων γένος ἐναργεστέραν τε τὴν γνῶσιν ἔχειν φήσομεν καὶ κυριωτέραν；206b5-8）。这已经是铺垫，以便之后给 λόγος 作如下定义：λόγος 就是借助每个事物的元素对该事物的"描述"或者说"穿越"（207c6-7）；这一定义后来又被置换成了另一个定义：表达一个事物之区别于其他事物的标志的能力（208c7-8）。但这一定义也失败了。

就我们眼下的目的而言，通过元素来定义 λόγος 的失败倒仿佛是一件成就。拼写范型和音乐范型阐明了对不可分元素的感知；这些元素为推论式分析提供了基础，但其本身却不是推论式分析所能处理的。对此，我们还可以再补充一点。与拼写相比，

---

① 参 H. Koller 引自贝克（Bekker）《古希腊奇闻轶事（第三卷）》（Anecdota III）页 1168 的一段文字：ὅτι δὲ ποιητικοῦ τινὸς ἀνδρὸς καὶ μουσικοῦ ἡ τῶν στοιχείων εὕρεσις ἦν, σημεῖον τὸ πάλαι τοὺς αὑτοὺς εἶναι διδασκάλους καὶ μουσικῆς καὶ γραμματικῆς，见 Koller，1955，页 171。我在此要感谢拉赫特曼（David Lachterman）的帮助，他批评了我更早期对音乐范型的一段讨论，为我指出了正确的方向。

音乐甚至给我们提供了关于形相结合的更好范型。因为,按古希腊人的观点(柏拉图显然也持有这种观点),尽管音乐根本上在于感知独特的(即"纯粹的"或"单一本质的")声音、音程,感知声音之间的区别及其如何结合而成音阶,但音乐还是天生就受数学的规范。若比较《斐勒布》17c4-e6 与阿里斯托克塞诺斯(Aristoxenus)的《和声的元素》(Ἁρμονικὰ Στοιχεῖα),再比较由赛昂·斯姆那乌斯(Theon Smyrnaeus)归在一位五世纪逍遥派阿德拉斯托斯(Adrastus)头上的关于音乐的观点①,便可证明这一点。

按古希腊人的观点,音乐源于人声所发出的自然声响。② 因此,阿里斯托克塞诺斯也说:"在歌唱时,音阶中的每一个都固定在某一个音域"(卷一,7.10)。声音或乐音的比率是天然固定的,并非偶然性的(φυσικὴν γὰρ δή τινά φαμεν ἡμεῖς τὴν φωνὴν κίνησιν κινεῖσθαι καὶ οὐκ ὡς ἔτυχε διάστημα τιθέναι;卷二,32.15 及以下)。所以,音乐家对精确听力的依赖(尽管这使他有别于几何学家;卷二,33.15),并不改变他[所听到的]元素的不可分性和稳定性。在歌唱时,声音从一个固定点移动到[255]另一个固定点(由此确立起固定音符之间的音程;卷一,9.12 及以后)。"我们所发每个音越是如同一个、越是稳定、相同,感知到的旋律就越是显得正确"(卷一,10.2 及以下)。正如考勒(H. Koller, 1955))和劳曼(J. Lohmann, 1970)在其研究中详尽表明的一样,古希腊人将乐音、字母和数字联系在

---

① 关于阿德拉斯托斯,请参阅马克兰(1902);关于 Theon,请参阅考勒(1955)。
② 在《智术师》263e7-8 中,异乡人把声音说成通过嘴唇发出的 ῥεῦμα,苏格拉底在《泰阿泰德》206d3-4 中亦如此表述(用的是 ῥοή 这个词);比较《斐勒布》17a6、17b3-4。这有助于解释《智术师》253b2 中的 συγκεραννυμένους [调和]。发出的音流被连接成诸元素,然后,这些元素"混合"(blended)成一个 συμφωνία,其中每个元素仍保留其个性。

一起,将它们视为不可分的元素。① 例如,按照赛昂认为属阿德拉斯托斯的观点,字母(γράμματα)和乐音(φθόγγαι)都被称作 φωναί...πρῶται καὶ ἀδιαίρετοι καὶ στοιχειώδεις[首要的、不可分的、基本的……声音]。② 他显然认为听觉的基础类似于视觉的基础之在于纯粹颜色。但是,声音的音乐关系不仅仅是自然的,也是数学的。

尽管《斐勒布》中(56c4及以下)区别了音乐或曰不太精确的技艺与算术技艺,尽管苏格拉底在《王制》中(卷七,530d6及以下)批评了声学导向的毕达哥拉斯派乐师,柏拉图还是显然意识到了、并信赖经验性音乐的数学性。在《斐勒布》一个较靠前的文段中,苏格拉底强调,仅仅能够区分(从声学上)高音、低音和中音,还不能成为一名专业音乐家。还必须掌握音程及其在音阶中的组合,这些结合被前人"看到"(理智上地, κατιδόντες)或发现,并传授给我们。此外,还必须掌握相应的、由数字来度量的(δι' ἀριθμῶν μετρηθέντα)身体的节奏。因此,苏格拉底在《王制》卷七谴责那些毕达哥拉斯派度量"耳朵听到的和声和乐音"(τὰς γὰρ ἀκουομένας αὖ συμφωνίας καὶ φθόγγους;531a1-2),似乎有几分夸大其辞。比较公允的表达是:鉴于"理论上的"音乐总是数学的,耳闻的音乐中就有了上升到纯粹数字和声的牢固根据,就像531c1-4中苏格拉底自己的话所表明的。③ 同样,在《智术师》中也是如此,辩证法,既自由人的ἐπιστήμη[知识],跟 γραμματική[语法术]和 μουσική[音乐术]在如下意义上是一样的:它感知的是纯

---

① 考勒(1955),页161-62,166-67(在那里,节奏与字母和乐音相联系);又参劳曼(1970),页10。就构成古希腊音乐理论的音阶的"圆",劳曼给出了一个精致的算术描述。Burkert(1959)否认考勒关于 στοιχεῖον 派生于音乐的说法,认为它原本是一个数学术语。然而,这丝毫不会影响柏拉图作品中 στοιχεῖον 的意义,也不会影响它在音乐范型中的使用。至于音乐范型与拼写范型的区别,我则在文本中论及。

② H. Koller(1955),页167。

③ 关于这一点,请比较 Barker(1978),337,页341。

粹的、不可分的、单一本质的元素的合与分。

根据[256]前文段落总结的证据——我们也不难进一步扩大此证据(例如,通过分析《蒂迈欧》36a1 以下)——我很自信地支持如下观点:虽然《智术师》中的音乐范型陈述得极其简洁,但异乡人是想用它来实现与字母表范型相同的功能。事实上,考虑到拼写的约定俗成的特性,音乐倒可能提供了原子元素之结合的更好范型。不过,这虽是目前关于音乐的讨论的主要结论,却不是我们最后要说的话。现在,我要转向限定条件——不是就异乡人意图而言的限定条件,而是就其音乐"混和"这一范型的理论意义而言的限定条件,这些限定条件源于经验性的或耳闻音乐与理论音乐之间的差异。就文献和专家所提供的见证而言,情况极其复杂。我将尽可能做到言简意赅。

首先,我们没有理由怀疑,在很多段落中,柏拉图根本上关注的是相对于耳闻的(或"非哲学的"、不精确的)音乐而言的理论音乐。因此,前面关于不可分的形相元素的结论是稳妥的。但耳闻的音乐又如何？难道里面就没有音符的混合——尽管不完全像水和葡萄酒那样混合,却也使得听者从听觉上区分单个音符要么很困难、要么不可能吗？就我所能做出的断定,在这一点上,证据模糊不清。我只举三位古希腊音乐方面的专家为证。第一位专家是劳曼,他在谈到古希腊音乐的旋律时说,乐音"在一种抽象的功能组合中"插入旋律之中,由此确立起此乐音与彼乐音间的 $διαφωνία$ 或曰差异。劳曼说,这是跟乐音($ὁμότονον$)的同截然不同的概念。但我们不应该沿用拉丁文译者的做法将"差异"译成"不协和音"："$σύμφωνον$[协和或和谐]这一概念表达的是,这些差异在限定的情况下再次聚合成统一体。"① 我们的第二位专家是马克兰(H. S. Macran),阿里士多塞诺斯的翻译者和编辑。在评论高登齐乌斯

---

① J. Lohmann,(1970),页21。

(Gaudentisus)一个讨论谐和音(σύμφωνοι)与不谐和音(διάφωνοι)的断篇时,马克兰说:

> [我用的]语言肯定不恰当,但我认为,意义足够清晰。如果两个音是不谐和音,那么当同时发出这两个音时,它们各自的独特个性就会凸显出来且彼此冲突。亦即,高音与低音或低音与高音的关系将不会是具有同一性的关系——如此同一会淹没两个音的差异。[257]当我们同时听到几个谐和音发声时,带来的印象是各种差异握手言和,不同的个性融合成一个带有同一性的整体。①

第三位专家是巴克(A.Barker),他在近期一篇文章(1981)中给出了大体相同的观点,该文是在讨论亚里士多德作品中论音乐比例感知的几个段落。②

谐和音的统一体被听觉感知为"在不同音高上重复"——用马克兰的表达——的一个单一音符吗?还是说,马克兰在236页引用的士麦拿的塞俄(Theo of Smyrna)的话——那里转述了阿德拉斯托斯的一个定义)支持另外不同的解释?

> 当一个音符在弦乐器上弹奏出来时,其他的音马上因为与这个音的亲缘关系及共振作用也发出声音(καὶ ὁ λοιπὸς κατά τινα οἰκειότητα καὶ συμπάθειαν συνηχῇ),此时音符与音符乃彼此谐和;而当人听到两个音符同时弹奏时,[两音]混合的结果就是,人只听到一个圆润甜美的声音。

---

① H. S. Macran, (1902),页235-236。
② A. Barker(1981),页260。

就我的目的而言,只需作出如下审慎的推断便足矣。根据亚里士多德的《论感觉及其对象》(De Sensu)卷7,448a9及以下,并根据据说由阿德拉斯托斯所提出的定义,可以明显看出,音乐上的和谐源于同时弹奏两个以上的音符。由此产生的声音统一体是某种"混合",这种混合消解了该统一体各构成音的差异——就人的听力所及而言。这就使其个体的"形相",或曰音,对耳朵而言无法区分。但即便我们只讨论由连续奏出的单个音符构成的旋律,耳朵也必须能够听出——例如——歌者的声音正唱着与乐器伴奏者所弹奏出的相同音符。合唱团的成员唱出的音符亦然:这些音符也必须"混合"成一个整体。

"混合"的所有这些不同意义,带我们离开了单子元素的辩证法一步(虽然是听觉上的离开而不是理论上的离开),而朝向另一种辩证法。在这种辩证法中,如在现代音乐中一样,我们不再能轻易察觉出和音内部诸元素的独特性。在这个意义上,拼写范型与音乐范型之间的确有细微差别——若仅考虑这两种范型本身,而忽略异乡人(柏拉图)[采用两种范型]的意图这一语境。再一次,假如不将这一论点归到异乡人头上,那么我们有权怀疑:考虑到存在不可与变和静"混合",假如有一形相对应于——比如说——人类,那么,该形相是否跟对应于——比如说——动物的形相不可混合。换句话说,无论就这部分的形相字母而言实情如何,[258]在柏拉图诸对话中,"形相"这个术语肯定是在不同的意义上使用的。没有理由假设,所有这些意义都指向不能在彼此结构内部互相"分有"的不可分元素。我想强调的是:承认这种可能性是一回事,在柏拉图作品中找到对跨形相分有的解释则是另一回事。再则,虽然我们需要关于规则的知识,以便知道如何组合、如何混合乃至如何述谓,但我们无需任何规则,就可以因声音的各种组合而感到愉悦或难受。因此,就算异乡人的主张为真,即无论就什么而言技艺的作用都是一样的(253b5—7),技艺与自然之间的关系也不可能靠着坚持某一套既定技艺规则的自然性而保持静态。柏拉图笔下的主人公大都试图通过呼唤自然,来阻碍、或至少是改变技术的进程。但是,技艺的本性并不容易为这种努力所影响:由此就有了获取与制作的冲突。

那么,关于我们需要何种知识以表明哪些种(或纯粹形相)相合以及哪些不相合,我们又该说些什么?我们不会说的是(或者说我将论证的是):这种知识并非二分法,即由钓者和智术师的定义所阐明的那种意义上的二分法。这种知识是 διὰ τῶν λόγων [通过言辞] 推进的吗(253b10)?我们只能暂且回答说,一旦我们感知到这些和谐,那么,推论式地陈述哪些形相彼此"和谐"(συμφωνεῖ; 253b11),哪些彼此不和谐就是可能的。此话对诸形相间的分离同样成立(253c1-3)。泰阿泰德赞同,关于合与分的知识必须是一门知识,而且可能是最大的知识。异乡人回应:"我们该把这种知识称为什么呢,泰阿泰德?或者,以宙斯的名义!是否我们不经意发现了自由人的知识——我们本要寻找智术师,倒先发现了爱智之人?"泰阿泰德不懂这话(253c6-10)。异乡人解释说:"按照种来划分(τὸ κατὰ γένη διαιρεῖσθαι),不以相同的形相为异,也不以相异的形相为同,我们岂不会认为它是辩证知识的一部分吗(τῆς διαλεκτικῆς...ἐπιστήμης)?"泰阿泰德表示赞同(253d1-4)。

问题自然就来了:辩证法这种知识与二分这种方法是否同一。我们有理由怀疑这种等同。① 首先,异乡人从未明言把这两个活动等同。他注意到他们出人意料的发现时很惊讶,此惊讶可视为一个信号,它暗示出辩证法跟二分法是不同的东[259]西。第二,在218d2以下和235c4以下,二分法被说成是一种捕猎法,而不是一门知识。第三,关于智术师的各种划分已经违背了刚才所述原则,即不以相同的形相为异的原则。定义辩证法的文段中使用部

---

① 获得相同结论的一个不同路径。比较 Gomez-Lobo(1977)。

分所有格，也许意在暗示当二分法应用于恰当的主题时，它是辩证法的一部分。然而，即使我们打算视两种方法为等同，也还有两点必须牢记。第一，方法的应用依赖于之前对诸种的感知，我们按诸种来划分和集合［事物］。第二，显而易见，我们不经意发现了自由人的知识。异乡人没有讨论辩证法与自由的关联。这种关联会引起诸多问题，仅举一例：假如德性是知识，那么，在什么意义上有德性是一种知识活动呢？就当下的讨论而言，则问题是：由二分法所获得的关于智术师之"相"的知识，不可能跟拒斥智术的生活同一，也不可能跟"智术的生活比哲学的生活糟糕"。如果辩证法是自由人的综合性知识，那它必定把判定似与似的标准与判断好与坏的标准结合了起来。

接下来的一个文段极其困难，许多人探究过这段文字，并产生了许多相互冲突的解释。① 原因很简单：异乡人在此描述辩证法知识，而大家都想在这一关键点上尽可能准确地理解他。不过，在这里，就像对苏格拉底关于型相的说明一样，人们很容易作过度阐释。柏拉图一向文笔清晰，对一些更微末的问题都会说得非常详细，可是，在关于型相和辩证法的本性这两个关键问题上，他却极力地含糊其辞，可见绝非偶然；但即便是偶然，事实还是事实。异乡人看来区分了辩证法知识的四个方面。我将依次思考如下。

1. 凡有能力从事辩证法的人，都充分看到，有贯穿于各自分立的（ἑνὸς ἑκάστου κειμένου χωρίς）众相中的一相（μίαν ἰδέαν διὰ πολλῶν），它无所不及，完全贯穿于多相（πάντῃ διατεταμένην ἱκανῶς διαισθάνεται）；即，这多个形相中的每个形相，都是形相字母表中的一个独立字母（253d5-7）。我们再次注意到，是辩证法家感知到这些形相。这里

---

① 比较 Meinhardt(1968)，页37-38；Wiehl(1967)，页196，注释98。

并未说到什么语言分析步骤,可能不是因为什么也没发生,而是因为与理智[260]觉知相比,语言分析完全是次要的。① 第二,这话表明,辨证法家看到的东西,是一个单一形相与许多其他单一形相结合在一起。他的注意力之所向,大概是像存在、同或异之类的某个"元音"一样的东西。

2. 辨证论者也充分地看到"有彼此互异而被外部的一相所包含的众相"(253d7-8)。此处的注意力之所向,乃是多个不同的形相,被一个单一形相统一起来;这个单一形相仍然可能是一个"元音"样的东西(在与字母表类比的、有点不精确的意义上的元音)。我认为"外部"(ἔξωθεν)这个词意味着"包含[众相]的"或"统一[众相]的"那个形相保有它的独立身份。它并不进入它与之结合的形相的本性之中,正如由述谓所指示的属性,也是这种情况。

3. 然后,辨证法家还充分看到了"由多个整体联合为统一体的一个形相"(253d8-9)。这显然是指许多统一的多结合成为一个更大的整体,此结合即在 2 中所描述的那种多的结合。

4. 最后,辨证法家还充分地看到了"分开且完全分离的众相"(πολλὰς χωρὶς πάντῃ διωρισμένης;253d9)。在此,单个的形相被感知为个体,因而不是被感知为进入了此种或彼种结合。

通过总结以上四个方面,我们可以指出[辨证法的]一个无可争议的性质吗?辨证法是感知:感知结合起来的众相(元音);感知结合为一个统一体的众相;感知这些统一体的结合;以及感知分离的个体形相或曰不同的"字母"。根据 253b8 及以下,我们可以

---

① 比较(Manasse(1937),页 48;Marten(1965),页 41,注释 39;43-44;220。

说,辨证法家"通过推理"($διὰ\ τῶν\ λόγων$)前行。不过,文中没有明言,这种"推理",无论它是什么,先于对独立的和结合起来的形相的感知,且是这感知的条件。毫无疑问,两个过程本身是相结合的。没有标准,我们就不可能划分和集合[事物];这个标准本身也不可能仅凭划分和集合[事物]而获得。反过来,感知到那个标准还不够,我们还必须"正确地显示"($ὀρϑῶς...δείξειν$)所感知到的合与分。这种"显示"正是通过言辞或曰$λόγος$而发生。异乡人并没有告诉我们,他所说的$λόγος$指什么。因此,严格地说,他并没有描述辨证法的方法,而仅仅描述了辨证法做什么事,即辨证法的结果。

这一保留为阐释者留下了巨大的猜想空间。[261]我宁可不以我的猜想对文本妄加解读,因为我没有看到什么稳妥的根据,可以据此对这里"辨证法"的含义详细给予正面解说。辨证法与二分法同一这一点在这里绝不是明显的。对《斐勒布》的研究让我们看到,苏格拉底关于辨证法即"对形相的计数"的这一描述,在异乡人的描述中并没有对应的内容。例如,这里并没有叫我们从复合体入手,将其划分成不同层次上的形相成分。你或许可以说,《斐勒布》的文段与《智术师》文段并非互不相容,但也只是仅此而已。最后,若比较异乡人的论述和苏格拉底在《王制》中关于辨证法的讨论,会再次看到,并没有可靠的根据认为上述两个版本的辨证法是相同的,倒有相当的理由可以强调它们之间的差异。在此我仅提几点。《王制》中,辨证法与善的型相紧密相连,善为型相提供了一个高贵或曰卓越的维度。纯粹理智所看到的善被说成是作为正义城邦的范型(卷七,540a4及以下)。这表明在《王制》中,型相是按等级高低排列的,以例示出[城邦中]的科学、技艺及公民活动的等级之分。而《智术师》中则看不到这样的"规范的"等级体系。最后,[在《王制》中,]苏格拉底将辨证法说成是一种只借助型相、既不靠形像也不靠假设的演绎法(卷七,533a1及以下),即,这种演绎法从其所由开始的感觉对象不断上升,全靠运用型相来提供每个存在的定义,从而"引出它的诸前提"。

因为前面提到的一个原因,我不会详究《王制》中关于辨证法的说明。一个多数人都赞同的共识是,《王制》中的说明跟异乡人的说明大有不同,虽然关于这个差异的理由众说纷纭。但有个总的结论似乎无可争议:在他的诸篇对话中,柏拉图从来没有将辨证法作为哲学的核心方法,对其作详尽而直白的说明。对此,我要补充下列几点(在我看来至关重要的几点):我们以上看到的这些关于辨证法的描述,尽管常常提到λόγος,提到计数,提到对[形相的]合分方式的展示,但都主要着重于对形相的理智觉知。没有理由接受如下流传甚广的观点:即柏拉图在其后期对话中不再强调这一点,而是偏向于某种可以与现代分析哲学家所用的方法相比拟的语言学分析。当然,不接受上述观点,并不表示在柏拉图对话中没有"分析"的元素;也不是要忽视[262]弗雷格和早期维特根斯坦这样的分析思想家对理智觉知的倚赖,被当作哲学分析家的柏拉图,可能还与他们大有共同之处。①

无论什么原因,苏格拉底在《王制》中拒绝向格劳孔(Glaucon)提供一个严密详尽的对辨证法的说明,这在柏拉图的对话中是个惯例,而不是例外。② 紧接着刚才研究的文段之后,爱利亚异乡人将辩证法问题总结如下:辩证法是"按种类划分、知道各种类在什么程度上能以及什么程度上不能相合的知识"(253d8-e2)。泰阿泰德同意这一点,也同意异乡人的断言:我们只能将辨证法的技艺归属于"纯粹而正义地"爱智慧的人(καθαρῶς τε καὶ δικαίως;253e3-7)。辩证法不是方法论,在这一点上,异乡人跟《王制》中的苏格拉底完全一致。自由的生活不仅仅

---

① 进一步的讨论,参阅罗森(1980)。
② 比较《王制》卷七 507a1 及以下,509c7-10,533a1 及以下。

需要辩证法,还需要纯粹地和正义地运用辩证法。这段文字更证实了我们从246d7处异乡人的话中得出的我们的推断,好人的赞同比坏人的赞同更具权威性。在这一意义上,哲人与智术师的区别是品格上的区别。认为智术师不能实践辩证法无疑也看起来有道理;但就算他们能实践辩证法,也不足以使他们就成为哲人。

仿佛是在承认他关于自由人的知识的模糊性,异乡人说,我们将会"在某个这样的地方"发现——若我们寻找的话——爱智之人,无论现在或往后。我们遇到的是难以认清的哲人所栖居之处,不过,哲人的模糊性不同于智术师的模糊性。"智术师逃进了非存在的幽暗之地,他凭常例($\tau\varrho\iota\beta\tilde{\eta}$)摸索前行,因那地方的黑暗而很难被看见($\varkappa\alpha\tau\alpha\nu o\tilde{\eta}\sigma\alpha\iota$)"(253e8-254a3)。这里照常突出了对作为一个活物的智术师的理智觉知或认定,而不仅仅着重于定义的建构。而哲人很难被认出却是因为他"始终通过计算性思考投身于存在的型相"($\tau\tilde{\eta}\ \tau o\tilde{v}\ \check{o}\nu\tau o\varsigma\ \dot{\alpha}\varepsilon\grave{\iota}\ \delta\iota\grave{\alpha}\ \lambda o\gamma\iota\sigma\mu\tilde{\omega}\nu\ \pi\varrho o\sigma\varkappa\varepsilon\acute{\iota}\mu\varepsilon\nu o\varsigma\ \dot{\iota}\delta\acute{\varepsilon}\alpha$)。哲人不可能满足于看到事物的相(注意,这里又从$o\dot{v}\sigma\acute{\iota}\alpha$[本在]转回到把$\tau\grave{o}\ \check{o}\nu$[在]与$\lambda o\gamma\iota\sigma\mu\acute{o}\varsigma$[理性思考]相连使用)。他不能光看,他还必须"数点"、或者说向自己和他人解释他所看的。然而,由于(存在之)域光明灿烂,所以哲[263]人绝不容易被看见:"众人的灵魂之眼不能承受对神性之物的注视"(254a4-b1)。

这段话确证了戏剧开场苏格拉底提出的伪装这一主题的重要性。异乡人对辩证法的粗略说明,大概跟哲人难以被看清有关。看起来泰阿泰德非常支持异乡人,就像格劳孔支持苏格拉底一样,至少在如下关键点上情况如此。不管泰阿泰德是否应算作"众人"中的一个,总之他被引向寻找智术师的定义,而不是哲人的定义。异乡人提议说,如果我们愿意的话,可能我们稍后会去寻找哲人,并且更明确地[予以考察],但这一建议从未实行(254b3-6)。

异乡人没有继续追问哲人的问题,而是继续引入某些他所谓"最重要的"或"最大的"形相,由此继续讨论合与分的主题。首先我要谈谈[异乡人所用的]术语。假如我没数错的话,从 251d5 到现在这段文本,共有 21 处提及形相的结合。① 异乡人使用了 14 个不同的词(其中有些词只是前缀不同)来指这种结合,其中有 7 个动词或名词带有"作为伙伴关系而共享"之意。第二个最常使用的表达是"混合"。此外还用到了"和谐"或"声音一致"。因此,这些文段的中心主题集合了一群对等词。术语 μέθεξις 通常翻译成"分有",虽然只出现了一次,但常包含在表示"混合"之意的动词和名词中,而且它在随后关于纯粹形相字母表的讨论中经常出现。我已指出,异乡人是把两个不同的范型,即拼写的范型和音乐作曲的范型,当作同一个范型来用。既然一个形相与另一个形相"混合"或"分有"了另一个形相,那么,每个不同形相的整体性就受到了损害。

　　大概是这里使用"分有"成了一个主要证据,催生出关于"最大种"的"述谓论"解释广为流行。我也承认,事实上我甚至强调异乡人在术语使用上的模糊性,但我仍然认为,他用混合的范型,意在让人感到它展示的是跟拼写范型所展示的一样的形相关系。这当然是他进行[形相]说明的方式;而且,就像我已论证、且要进一步论证的,[264]在"述谓论"解释的意义上理解异乡人,就是给予"混合"范型优先性,而这会导出与纯粹形相学说所需要的完全相反的结果。简而言之,它导致一种辨证逻辑,或者说这样一种逻辑:其中,形相就是某个自我分化的整体的诸"相",在此整体中,每个相都在不断地被转变成其他的相。除此之外,"述谓论"学说就自身而言也不自洽,它导致对形相存在被取消,或者说,导致形相存在被"是"的两种意义所取代,即同一性的意义和述谓的意义。按照述谓论的读法,"参与"或"分有"就变成了所有表示结合

---

① 251d5, e8, e9;252a9, b1, b3, b6, d2, d7, e2;253a2, a6, a8, b2, b9, b11, c2, e1;254b7-e5。

的动词的标准意义,但其代价是消解了两个差异:一方面是形相彼此间关系的差异,另一方面是形相存在与形相同的差异。我在随后的讨论中将详述这一点。在此我要作一总结:异乡人所用的术语前后并不一致,就像他所用的范型某种程度上也前后不一致一样。但这种不一致反映的是其学说中包含了一种内在的不一致性,而并不表示他要提出一套亚里士多德式的述谓学说。这种内在的不一致性在于:纯粹形相,既然它们会"混合"或"分有"彼此,那么也就是说,它们被描述为本质上独立的,但是,它们又不能思想或描述成这样。

异乡人建议,我们在讨论时可以只思考"最大的"形相,而不是思考所有的形相,以免迷失(254c1—4)。关于这里术语的使用我想说两点。第一,在这一小节中,异乡人交替使用了 γένη [种] 和 είδη [形相]。"种"或"形相"在这里是一回事。第二点关系到 μέγιστα,这个词可以翻译为"最大的"或"最重要的"。我经再三思考后得出结论:我们采用哪一种译法无关紧要。因为将要考虑的形相的"重要性"在于它们在合与分中出现的频率,而不大可能是在唯一的意义"最重要"或"最大";或许有人认为,像"一"和"多"这些术语也跟异乡人选择的例子一样重要。① 但无论我们是采用"最大"还是"最重要",最根本的是要看到,这些由形相构成的形相字母表不可能涵盖所有形相或形相的所有结合。举一个关键性的例子:假如 A 说有形相对应于"飞"和"坐",那么这两个形相似乎不大可能跻身于那些最大的种的形相字母表中。字母表中的成员都以极具普遍性为特征,它们是构成[265]可理解性的最简单的要素。例如"飞"之所是与其自身同,而异于其他一切,诸如此类。最严重的是,飞是变的一个实例,也因此,我认为它不可能是一个独立的形相元素。当我们转向假陈述的分析时,最大的种类

---

① 比较《帕默尼德》136a4 以下及《泰阿泰德》186a2 以下。

与其他诸派生意义上的"形相"之间的差异将变得至关重要。

异乡人告诉泰阿泰德,我们必须首先考虑每个这样的最大的种究竟是"哪一种"(ποῖα)。异乡人似乎在邀请我们定义那些普遍存在的形相,但他的方法表明这一估计不对。异乡人对这一问题的回答,仅仅是就每个形相各说出一个名称。我们的第二个任务是要考虑,每个最重要的形相各有什么能力去共有其他形相(ἔπειτα κοινωνίας ἀλλήλων πῶς ἔχει δυνάμεως;254c4-5)。"能力"这个词跟εἶδος[形相]和οὐσία[本在]一样,在柏拉图对话中的使用极具弹性。在《智术师》中,δύναμις主要有三种用法:在219a4-7用来指代二分的首要对象;在247d8及以下,用来定义"存在"或"诸存在者"(247d6,247e3),该定义被归在改良(247c3)物质论者头上;而现在,及之前在251e8和252d2,则用来表达形相间的结合。在这最后的三处使用时,异乡人总是将δύναμις[能力]与κοινωνία[共有]或ἐπικοινωνία[共有]相连。

异乡人从未说过这些δύναμις是在同义上使用的。我本人认为,试图将一个单一意义强加给所有这些文段是错误的,此可比之某些人在《智术师》中看到一个"统一的"或"一般的"存在观念。倘若坚持柏拉图从未在《智术师》或别的任何地方把存在的不同含义约化为一个——如我所见——是正确的,那就有理由容许不同种类的能力存在。若我们记得一个熟知的事实,即柏拉图经常交替使用δύναμις和φύσις[自然],那么这一推测就显得更有分量。无论怎样试图寻求δύναμις的现在用法与前两个用法之间的联系,都必须从解决如下难题开始。结合的"能力"存在于形相之内还是外在于形相?任何一个选择都不会提供令人满意的基础让我们去解释κοινωνία[共有]。就像我已经指出的,如果形相本身是一种能力,它就失去了作为一个相的"现象学"本性;不但如此,它还被转变成了"实现"一个给定的相的动态过程,而不是转变成一个发挥作用和承受作用的相,就像247d8及以下所说的存在的定义那样。而如果说能力是"属于"形相的,似乎又损害了每个形相基本的纯粹性。换个说法就是:根据这种解释,每个形相内部都有一个[266]潜在的、统一性的力量,该力量不同于作为相的形相。可为什么这种力量在有些情况下可以相结合,而在另一些情况下则相分离呢?我想,一旦对此问题深思熟虑,结果便是新柏拉图主义——也许中间要经过《蒂迈欧》中的神圣造物主这一驿站。而如果坚持能力外在于形相,则会更快地推出同样的结果。

关于异乡人的意思,我最多能作如下猜测:"能力"意味着"本性"。异乡人只说,一些形相能够相结合,一些则不能。这些合与分(后者本身乃是通过与异结合而成就的)连缀成具有可理解性的结构;而当我们转向分析思维时,该结构中只有有限部分可以为每个以认知为中心的看所看到。如此说并不是要排除他之提及神圣整全,可能是想对 κοινωνία[共有]作一间接说明。然而,我们必须小心谨慎地对待这一可能性,不要混淆了神圣 οὐσία[本在]与 μέγιστα γένη[最大的种]中的原子性 τὸ ὄν[存在]。

回到异乡人现在的探究。现在要设法判定,是否可能谈论非存在"仿佛它存在"一样——即使它"真地不存在"(ὄντως μὴ ὄν)——而且说得无可挑剔。异乡人十分谦和地表达说,以当下的探究方式来说,我们可能无法完全清晰把握此事(254c5-d3)。就像以前所引苏格拉底对格劳孔说的话一样,这话暗示着,在别的更亲密的场合,异乡人可能会说得更充分些。在这一限定之后,异乡人将存在、静、变确认为我们将要关注的形相中"最大的"(254d4-6)。"最大的"这个术语以前用以指所有要选择的例子。可能,μέγιστα 的这第二种用法意味着,存在、静和变在作为最普遍形相的那一系列"最大的"例子中又是最重要的。然而,我们必须强调的不在这里,而在如下事实:前面提到的这三个形相,是在没有任何论证的情况下由异乡人引入、并被泰阿泰德接受的。它们不得不被提及,仿佛只是为了让我们看清它们的重要性。异乡人根本没有用到什么哪怕只是间接像二分法或辩证法（假如辩证法与二分法有所不同的话）的手段，来确定这些形相的独特性。他也没有详细阐述所讨论形相在逻辑上的或存在论上的地位。最后，我们要注意，异乡人使用τὸ ὄν，而从未使用οὐσία[本在]来指形相字母存在。οὐσία[本在]这个术语上一次出现，是在251c8-e9关于存在、变和静的笼统讨论中。它还会在258b2再次出现，不是作为存在这一"字母"的名称，而是为了强调异的一部分（与存在相对立、也相结合的那部分）真地"存在"（is）。

下面的一个结论我们已经检查过了。变和静彼此不能混合，但存在与两者都可混合。因此，我们有了三个不同的形相（254d7-13）。① 变和静各自都"实存"或（更好地表达）"拥有存在"，但我们不能说"变是静"。也因此，我们必定能说"变不是静"，此话的意思是，这两个形相不同，它们不是同一个形相。我们不是要否认，若对陈述作语法分析，则"静"是对形相变的述谓。但语法层面的句法建基于存在的结合。不过，让我们不要跑到异乡人的分析前头去了。他接下去说，这三个形相中，每一个都异于其他两个，而与自身相同。然后他问，同和异是不是两个形相，且它们总是必然与原来的三个形相混在一起？还是说，"同"和"异"这两个表达实际是说的是原先三个形相中的某一个，只是我们完全没有意识到？对此，泰阿泰德回答说："也许吧"（254d14-255a3）。

泰阿泰德在此为何产生了怀疑？我想，他的犹豫绝非没有理由。假如"同"指的是一个独特的形相，即同，那么就没有其他任何形相，包括存在，凭着其内在本性而与自身相同。通过坚持同和异的独特性，异乡人暗示——虽然没有明言——他眼中的最大的形相并不是"事物"（things）。它们是事物的不同的相。在一个东

---

① Detel（1972），页79，在此区分了"是/存在"的不同意义。他的分析与弗雷德和欧文实质上是一回事。

西中,广而言之,在一个被思为独立事物的形相中,不可能把事物的"同"与事物的"事物性"或曰存在区分开来。这一点很难说清楚,而且无论怎样去说,其中都包含着巨大的危险。继续用这个例子,存在与同,只有在我们仅仅口称这两个元素的名称、此外再不做什么的情况下,其相的独特性才称得上合理。然而,一旦我们思考每个元素各自的本性,就再不可能使两个元素保持分离。关于存在,倘若不使用其他的普遍之种,那么除了说其名称之外,什么也不能说。

异乡人接着让泰阿泰德信服,静和变都不可能是异,也不可能是同。仅举一例,假如静是异,那么,变作为异于静的东西,事实上就变成了静。[268] 其他例子亦与此类似。因此,我们说,无论什么形相若与静和变结合,则它必须区别于静和变中的每一个 (255a4-b7)。① 泰阿泰德再次无法确定,同和存在究竟是两个不同的形相呢,还是一个。异乡人通过与前面类似的论证让他信服,它们是两个形相。静、变和同各都与存在相合。假如名称"存在"和"同"不是指($σημαίνετον$,"指出")不同的形相,那么,说"静存在"或"变存在"就等于说"静是同"或"变是同"了。如此,异乡人就确立了同是"最大"的种的列表的第四个(255b8-c7)。之后他即将转向异。于此,他将直面非存在问题。

---

① 255a1 的 $ὄντως$ 指一个形相,不是指变和静的一个公用的"述谓"。

第十五场 非存在

(255c8–259d5)

[269]现在,我们已经区分了四种形相元素或曰最大的种类,是时候来判定"异"是不是第五个这样的元素的名称;还是说,"异"和"存在"应该被理解为同一形相的两个名称(255c8-11)。这将我们带到了作为弗雷德研究起点的那个文段,该段对部分内容我们已在前一场中分析过了。这段话是:"我猜你会同意,诸存在中有一些总是相关于它们自己(τὰ μὲν αὐτὰ καθ' αὑτά) 被说到,有一些则总是相关于别的东西(即与它们自身不同的东西,τὰ δὲ πρὸς ἄλλα) 被说到"(255c12-13)。解释这句话之前,让我们先转述一下异乡人的其余观点。引出泰阿泰德对他先前所言的赞同后,异乡人继续说:"而异总是相关于另一个东西,不是吗?""是这样的",泰阿泰德表示赞同。"如果存在与异不是截然有别的话,就不是这样了"(εἰ γε τὸ ὂν καὶ τὸ θάτερον μὴ πάμπολυ διεφερέτην, 255d1-4)。他又接着同一个话头说道:"假如'异'跟'存在'一样分有这两种形相,那么,在诸异中就会有某种'异'并非相关于别的东西[被说]"(ἀλλ' εἴπερ θάτερον ἀμφοῖν μετεῖχε τοῖν εἰδοῖν ὥσπερ τὸ ὄν, ἦν ἄν ποτέ τι καὶ τῶν ἑτέρων ἕτερον οὐ πρὸς ἕτερον; 255d4-6)。

255d4-6 中的短语"分有这两种形相"指纯粹形相存在和异。

但是，上面那个与事实相反的条件句，"如果……"，所说的"异"（ϑάτερον），指的是一对被思为互异的实存事物中的一个成员的实例。这个"异"并不是形相，不能认为它分有自身（与ὥσπερ τὸ ὄν中的"存在"相似）。异乡人说，255d1所描述的情况，除非存在和异是两个不同的形相，否则就不成立。因此，我们可以如下重述255d1的意思："异"这个相唯有［270］通过形相异来解释，而不是通过形相存在来解释。因为在255c12-13的表达中，存在的实例可以被说成αὐτὰ καθ' αὑτά［自身通过自身］。与弗雷德—欧文的假设相反，整个文段都在确证这样的观点："a实存"——此处"实存"的意思是"拥有存在"——是一句完整陈述。然而，"a是异"（a is other）——此处的"是"不能理解为实存的标记，而是归属于"异"的一个多出来的小品词，英文的话可以改写成others［译注：这里是把other当作第三人称单数动词用，所以加了s］——则不是一句完整的表达，因为，异的实例就在那些πρὸς ἄλλα［相关于别的东西］被言说的诸存在中。是"异"就必然是异于某个别的东西。

关于此文段，还有两点需要说明。第一，我们经常看到，异乡人从言说一个纯粹形相，转向言说该形相在"诸存在"或"事物"中的"像"或曰例证，而并不明确区分两者。他这样做是因为，按照他自己的学说，它们之间并没有真正的区分。因此，无论你认为255d1说的是属性还是形相，并不会改变整个文段的意义。没有理由像弗雷德所做的那样，从255c12-13中输入一个λέγεσθαι［说］来补充到这个文段中。为了清晰起见，我在转译255d4-6时将"异"和"存在"放在单引号中，以示它们代表的是影像或形相的名称。异乡人构造了一个与事实相反的条件句，是为了部分论证异和存在是两个不同的形相。为了表明该特征只对应于一个形相，即异（而不是同时对应于存在），就必须把异"双重化"（doubling）。第二，我们不能从我们也"言说"诸存在这一事实就推断说，诸存在的形相属性都是述谓。例如,要对"a 在变"或"a 不是 b"作语法分析,就必须决定 a 和 b 是代表纯粹形相呢,还是代表形相实例意义上的诸存在。若是后一情况,则每个实例必然会同时分有好几个形相,因为——仅提那些"最重要的"例子吧——任何东西若在感觉世界中作为个体实存,则它必定存在,必定同于自身,也必定异于其他一切。最后,在柏拉图的作品中并没有述谓学说,在《智术师》的中间部分当然也没有。这里主导整个讨论的比喻就是结合的比喻,"一起存在(being-there-together)"的比喻。①

我们一直在分析的这段话最后如[271]下总结说:"事实上,对我们来说实情绝对是这样:无论什么是异的,都必定是相关于别的东西而为这一具体本性"(νῦν δὲ ἀτεχνῶς ἡμῖν ὅτιπερ ἂν ἕτερον ᾖ, συμβέβηκεν ἐξ ἀνάγκης ἑτέρου τοῦτο ὅπερ ἐστὶν εἶναι; 255d6–7)。的确,有一个形相异。但异的相是"双重的",意思是说,异这种相无法在少于两样事物中显现自身,不管这两样事物是形相也好、或形相结合而成的实例也好。因此,异的二元性就内在于作为相的形相中。存在、变和静则不是这样。陈述"a 存在"、"a 变化"、"a 静止",无论看起来多么古怪,总归还都是完整无缺的表达,它们或指一个形相与一个不同的形相的结合,或指一个实例分有一个独立的形相。然而,"a 是异"(或"a 异于")则不是完整句。异乡人一定是想说这话。或许有人要在好几点上与他争辩,比如,为什么我们不该认为"异"的特征与变、静、甚至实存的属性一样完整呢?或再次问,"异"(othering)[译注:other 作为动词用,为动名词形式]难道不也是一种变(changing)吗?说变着的东西在某个特定的方面变、而同时保持其同一性,就等于说变着的东西也在跟形相

---

① 比较伽达默尔(1980),页 148:"柏拉图的 logos[言说]不是亚里士多德的述谓。柏拉图这里没有前设的具体 hypokeimenon[主体],然后加上限定词作为其述谓性的属性。相反,在柏拉图作品中,logos[言说]本质上被思为一个'一起存在者',即一个型相'与'另一个型相的存在。"

同结合；或更好地表达，也在分有形相同。但是，作为变着的这个变，必然也正在"异"着（用规范的英语来表达，即变成别的东西）。至少这么说是可以的。

要想理解异乡人关于异的立场，我们必须记住，他正在解决非存在问题的途中。他的解决方案的一部分，就是不把"非"实体化，即，他不会承认"存在"（或存在）有一个它的反面（或对立面）。那么，某种意义上，"不"必须解释成一个句法词，并没有形相与之对应。但在另一种意义上，这是不可能的，因为异乡人要求形相以提供意义。因此，"不"在语义学上的确切意义，必将由他从异中引申出来。尽管有些学者提出一些相反的确据，异乡人的确有一个"是/存在"的完整用法，就像我已详尽解释过的一样。不能否定这种用法；至少异乡人从未讨论过这个问题。他从未讨论非实存的"事物"，因为（有点笨拙地表达这一论点）对他而言，根本没有这样的事物。我并不是要强说，他不会理解像"苏格拉底不存在"之类的陈述。但他主要关注的是"拥有存在"或"与存在结合"这一意义上的"实存"，所以[在他的讨论中]自然不会出现这类陈述。但是，若对"苏格拉底不实存"之类的陈述加以分析，就会给异乡人提出严峻的难题，因为，他想通过一个形相来解释"不"，而他选择的形相就是异。所以，"不是对他而言意味着"不是F"，[272] 这里的F最终还是一个形相或形相的结合体（如果是形相的实例的话）。但反过来，"不是F"必定意味着"是G"，其中G最终也是一个完全异于F的形相，或形相的结合体。假如苏格拉底不实存，他就不分有形相存在；然而若果真如此，他也就根本不分有任何形相。他并非"异于"某个存在的实例。形相学说没有提供任何基础以解释"苏格拉底不实存"这类陈述。就此而言，按照异乡人的学说，"苏格拉底死了"这句陈述的意义也不是一下子能看出来的。

总结一下：既然我们想要避免言说非实存之物或者想要肯定

地表达它,既然随便任何东西都与存在结合或分有了存在,那么,"非"就必须借助现成的纯粹形相的网来解释。明显的选择便是异。"非此"就成了"是彼"。因此,异必须是一个双重的相,或今天我们会称为二元关系的东西。这一结论转过来引出了第二个问题:同又如何?与今天人的做法相反,异乡人把"同"理解成一个完整的相。有些人用"同一性"代替"同",又反过来把"同"解释为"存在"的一种意义的人,这是[对异乡人的误解]。正如我已详细说明的,这样做消除了两个形相存在和同之间的差别。当异乡人说每个形相都与自身同时,他事实上是在否定形相 F 作为同与任何其他形相"相关联";也因此,他坚持同和异是两个不同的形相。假如同是二元关系,那么在其内在本性中就包含着异,这便违背了两个形相各自的独立性。异乡人看不出有什么必要把"同"思为一种反身关系(例如 F=F);可以推断,这样做可能从他的立场引入二元性。αὐτὸ δ' ἑαυτῷ ταὐτόν[自己与自己相同]这个表达,(254d13)无论我们如何分析它,对于异乡人而言它都只是说形相同是一个独特形相的方式,此形相提供一个不同的相,且它本身是完整的。亦即,"a 是同的"是一个完整表达,而"a 是异的"则不是。

同样这一点也跟 255c12-13 处的表达 αὐτὰ καθ' αὑτά[自己凭自己]有关。难道在这里,我们不能跟随欧文,认为该表达指"是"的"同一性"用法,就像在"A 是 A"这句陈述中那样?如欧文所言,这样做就是把"同""当成了一个语法上不完整的述谓"。① 然而,在《智术师》文本中,没有任何这样的文段,其中"同"被说成是一个不完整的述谓。唯一可能被说成不完整述谓的表达,就是"异"或[273]"不同的"(用欧文的翻译)。存在不可以约化为系词和"是与……同一"这句陈述中的"是",其理由我已申明,在此

---

① 欧文(1971),页 256-57。

皆不再重复。然而,在这里有一个真实的问题,它激发了欧文的解释(也激发了弗雷德的解释。弗雷德在这一点上追随了欧文,尽管有一些变化)。① 该问题就在于,异乡人似乎在两种不同的意义上使用"同":有时把它用作反身代词,用来言说某些事物或形相而排除别的事物或形相;还有的时候,则用它指"同"这一属性或指形相同。我想,异乡人的脑海里显然有如下区分。为简单起见,我们只谈那些作为形相的用法。形相存在与其他一切形相分离。作为如此分离的形相(亦即,作为存在而非别的任何形相),它是"存在本身";然而,它又不纯粹是分离的,而是"与自身同",因此它又与形相同相结合。我认为,此为异乡人一方所犯的一个错误。我们无法思考或言说由形相存在所提供的属性,除了作为那同一属性,即该"属性"或"形相本身"。从异乡人试图提及诸形相"本身"、而又把它们说成独立于形相同,可清楚看出这一点。事实上,异乡人的学说在这一点上已然崩溃。引入"同一性—述谓"这一区分也无法拯救它。这种引入将导向一种新的学说,而不是导向对异乡人学说的正确表达。

按照弗雷德版本的上述论证中,言说一个形相 αὐτὰ καθ' αὑτά [自己凭自己],就是说——不是说它"实存"(与存在结合),而是说"形相 X 是 x",其中,"____是 x"用来意指该形相的本质。根据弗雷德的观点,x 由此指该同一属性,无论它被用于一个形相还是被用于个别的 x 们。我认为这表达出一种可靠的洞见,弗雷德发展了这一洞见,以反驳别人说他这是主张自我述谓的指控。② 然

---

① 弗雷德(1967),页 29 及以下。
② 同上,页 33。针对有人指控柏拉图犯了自我述谓的错,最好的反驳参 Marten (1967),例如页 218。论到"大的型相本身也是大的"这一陈述,马特恩说:"在柏拉图的作品中,合成性的述谓关系应该在分有、共有及在场这一视域中去寻找。假如柏拉图要作一个明确的自我述谓,他将不得不说出这类话来:大'本身'分有它本身,与它本身共立,对它本身在场。但我们在他的作品中找不到这样的表达。"

而,弗雷德的洞见夹杂在他把形相结合解释成[274]述谓这一错误之间。异乡人从未说"形相 X 是 x"。再者,诸形相也并不拥有"本质"。假如要使用这个亚里士多德的词汇,那么我们当说,诸形相就是诸本质;或更好地表达为,就是诸本性。对弗雷德的解释,决定性的反驳是:他的解释跟欧文的解释一样,都被异乡人在反身代词与形相同之间所作的错误区分所误导了,同时也被如下真实的洞见所误导了:当"a 是"这一表达被用在跟形相存在"结合"或"分有"形相存在这一意义相异的其他任何意义上时,它就是一个不完整表达。弗雷德的解释没能阐明"____是 x"何以可能既不是自我述谓的情况,同时也不是区别于形相 X 的一个述谓表达。它的解释等于将 αἶτα καϑ' αὑτά[自己凭自己]的情况归入了 πρός ἄλλο[相关别的]的情况中,其中,因为"x 是 y",所以我们就让 x 等于 y。这转过来又是建基于现代的同一性分析,我们在柏拉图的文本中是找不到这种分析的。① 弗雷德在提出论证以引入刚才所解释的意义上的"是"时,没有从柏拉图那里引入证据,而是三次引用了亚里士多德,这不可能只是偶然。②

因此,对异乡人来说,形相异的作用是把一种形相与另一种形相剥离或曰区分开来。他没有解释,异本身到底怎样"异于"其他那些形相,正如他也没怎么解释了存在如何拥有存在或同如何拥有同。我们还可以补充一点:异展示出一种跟像很像的性质或能力。如果异凭借其自身就异于其他形相,并且如果"一"是一种二元关联,那么,异作为一个独特的、分离的形相,其内在本质上就是与某个不同的、分离的形相关联的。作为它自身,异也不是它自身。它的相被模糊了。它似乎以某种方式在自身之内拥有非存在,你不能把这解释为是由于它与自身的结合。

---

① 弗雷德(1967),页 31-32,35,特别是页 58。
② 同上,页 31-33。参 Seligman(1974),页 79。

然而,泰阿泰德并未提出上述任何反对。所以,异乡人结论说,"异的本性"(τὴν θατέρου φύσιν)是形相中的第五个,并"贯穿于"所有的形相。"因为每个形相之异于其他形相,并不是[e5]由于自己的本性,而是由于分有了异的相"(διὰ τὸ μετέχειν τῆς ἰδέας τῆς θατέρου;255d9-e7)。

现在,异乡人要就目前为止区分出来的五种形相给出某些结论了。其中的第一个形相之前已经讨论过了,因为它经常被人引用,对它的分析也互相冲突,分析者们或主张、或否定异乡人是在一种实存意义上使用"是/存在"。① 讨论该形相的文段从 255e11 到 256a1。[关于变和静,]我们已[275]同意,变"完全异于静"(...κίνησιν, ὡς ἔστι παντάτασιν ἕτερον στάσεως);因此,"它不是静"(οὐ στάσις ἄρ' ἐστίν),"但它通过分有存在而'实存'"(Ἔστι δέ γε διὰ τὸ μετέχειν τοῦ ὄντος)。

根据欧文的观点,传统上翻译为"变实存"或"变存在/是"的句子,要么是"变是相关于某物的"这句陈述的省略,要么是"变不同于静"这句陈述的片段。② 弗雷德利用许多其他文段提出了一个极其复杂的分析,此分析建基于这样的预设:"变存在/是"这句话不可能成立;因为,对柏拉图而言,"a 存在"总是必须补全为"a 是 b",这里的 b 可能与 a 同,也可能是 a 的"本质"——此处的 a 是一个形相。我已指出,倘若 a 是一个感性个体或曰形相结构的实例,但本身不是一个形相,则弗雷德就是正确的。然而,在现在的情况中,则需要一个不同的分析。我部分同意弗雷德的如下观点,"变存在/是"意味着变(按我的标记法)"分有"存在(das Seiende)。也就是说,尽管这不能理解为一个述谓,当然也不能理解为同一性,但把这一陈述理解成该术语通常的"实存"意义,在

---

① 为此论点的辩护,参 Ackrill(1971)和我在序言中的讨论。
② 欧文(1971),页 254-55。

语义上也并不确切。然而,弗雷德没有接受"变分有存在"这一可靠的翻译,因为他将"变存在/是"中的"存在/是"(is)当成了系词,而非异乡人用来表达"分有存在"的方式。换句话说,在弗雷德看来,文字陈述中的"存在/是"乃"分有"的标志,因此可能意味着,在他的术语中,形相变具有"变"这一本质属性。① 但这不可能正确,因为,就像我已表明的,这样做就把形相之间的关联同化成了形相存在。但 χοινωνία[共有]、μέϑεξις[分有]等等并不是存在的同义词。在此,毫无疑问存在着一个问题,即形相的结合、共享及分有究竟其确切意义如何。然而,这一问题不是通过取消关系相对于其关系者的独立性来解决的。

因此,弗雷德针对 255e11-256a1 得出了如下解释:(1)变不同于静;因此,(2)也即是说,变不是静;(3)也就是说,变是不同[于静]的。② 然而,异乡人并没有说"变是不同的";甚至在弗雷德—欧文的假设下,他也不可能这么说,因为,变与"不同"或(如我所称呼的)异并不同一。"是不同的"本身必须被另一个术语补全,因它是一个"二元谓词"。难道我们要作如下假设吗[276]:异乡人不过在第三步中以一种隐秘的形式重复了他在第一步中已充分陈述的内容? 这一吃力不讨好的分析事实上完全没有必要。亦不可能,因为它既取消了存在,又让我们只得到一个不完整的述谓。正确的分析就是显而易见的这一种:当异乡人说变"通过分有存在而存在"时,他不是在省略地表达、而是在准确地表达自己的意思。在"变存在"这一片语中,"存在"不是一个系词,而是形相存在的名称。而"通过分有存在"这一片语则解释了前一片语中"存在"的意义。因此可以断定,"变存在"是一个形式上良好的表达,但不是在这个术语的通常意义上所作的一个"实存"陈述。

---

① 弗雷德(1967),页 45,55-56。
② 同上,页 56。

第十五场 非存在

现在,我们可以继续讨论异乡人的其余结论。

从 256a2 到 256a9 这段文本中,有三个句子需要翻译和解释。第一个句子是:Αὖθις δὴ πάλιν ἡ κίνησις ἕτερον ταὐτοῦ ἐστιν[还有变也是异于同的]。异乡人想要区分开变和同(所以,第二个句子是 οὐ ταὐτὸν ἄρα ἐστίν[那么它也不是同])。二者可以区分开,因为变是相关于同而分有异(与异结合)(稍后,我将对"相关于"这个片语加以说明)。然而,这一区分并未改变这样的事实,变通过分有同而是"同",且所有的事物都是如此(Ἀλλὰ μὴν αὕτη γ'ἦν ταὐτὸν διὰ τὸ μετέχειν αὖ παντ' αὐτοῦ)。这一文段包含着我们先前看到的困难。这三个古希腊句子中的第二个句子清晰地展示了三个句子的一个共同特征,亦即,它们都不言而喻地指涉到存在。形相变必须不仅与异结合,还要与存在结合,以便跟同分离开来。"那么它也不是同"这个句子在语义上的"深层结构"正在于此,其中的"它"又回过来指形相变。这个句子当然很模糊,但异乡人并不是在否定实存的"存在",就像有些人那样。按照异乡人自己的更充分的分析,这里的"不"指异。更进一步说,这里的"是"既不能理解为同一性也不能理解为述谓。变与同并不同一,而作为一个形相,它也不允许有"变"这一属性。这就暗示,对同一性的否定通过异发生了。至于一个"否定的述谓",说一个形相不具备某属性,那不过是说该形相与代表该属性的形相不相合,但它与存在是相合的。"那么它也不是同"中的这个"是",不能被同化为、或被当作述谓性的系词,因为,那样的话,就没有词来指那不依赖于相关形相之间的关联的存在了。最后、且是结论性的一点:假如"同"是[277]一个述谓,那么说"变不是同"又是错误的,因为,形相变与自身同。

然而,在此文段中,有一更大的困难。在第三个句子中,异乡人使用代词 αὕτη 回过头来指 ἡ κίνησις,即变,他说,变也是"同"(ταὐτόν),因为它就像所有事物一样,也分有"同"(这里的 αὐτοῦ 回指ταὐτόν)。问题在于：假如变并非不依赖于同而是它"本身"，那么，它就不是一个能够与同结合的独立形相了；但是，假如它的确不依赖于同而是它"本身"，那么它与同结合后会得到什么呢？异乡人可能会回答说，在形相的世界里，没有"在先"与"在后"之说，变的"自身性"正是它与同永恒结合的结果。但假如这些结合是永恒的，说这些形相是独立的又有何意义呢？而且，假如这种结合是永恒的，那么，所有形相都必定存在。

这一点很复杂，我想尽可能简捷地来表达。每个形相的本性，以及我们之所以能够说到它[与其他形相]的结合，进而能够进行任何一种理性言说，都取决于该形相在后来被称为"形相之网"中的位置。另一方面，每个形相本身的可见性或曰推论可达性，则取决于我们从它在网中的不同位置将它拈出来的能力。反过来，这就要求我们这样说：我们可以看到将每个形相与其他形相绑定起来的有关关系。我们必须能够"相关于"每个其他的形相来指说每个形相。这如何可能？① 如果所有的结合都是永恒的，亦即，同时在场的，那么，一个形相相关于另一个具体形相的结合就不同于普遍的结合关系。对此不可能回答说，我们在每种情况中通过分析得出合适的关系，因为分析本身已经依赖于我们对所讨论的关系的理解。异乡人的整个陈述都表明了最后这一点：他的陈述中并没有什么"分析"，相反，他直接作出诸形相"相关于"彼此的断言，而泰阿泰德则在所有恰当的地方表示赞同，异乡人只给了他最低限度的解释。要说按照一些二手文献来判断，异乡人本该[278]一步步教导泰阿泰德高级集合理论的，但他只是让泰阿泰

---

① Van Frassen(1969)页490及以下说到一个不同的难题；说某个体凭借它所是或它所不是分有或不分有一个形相，这到底是什么意思。他似乎把形相的结合跟实例分有形相混在一起了。虽然如此，"凭借"(in virtue of)这个表达，当拿来用于形相时，跟我的表达"相关于"(with respect to)是相同的。这个表达的含义不能用形相结合来解释。

德注意相关的关系。① 但是，假如我们应该认为他的意思是说，我们在每种情况中都是通过推论性分析来得出相关的关系（就像我们通过遵守某个"规则"而得出对一个单词的正确拼写那样），那么，推论性分析与（诸）形相的区别又是什么？如果形相是被推论性分析现实化，它们就不是形相而是"可能性"。这样一来，我们又根据什么标准来认出我们已实现了某个真实的可能性呢？在这里，什么才算是异于推论性分析的"真"东西呢？

异乡人的第三个结论是，变"是且不是"同，但这是在两种不同的意义上而言。当我们说变"是同"，那是因为变相关于自身而言分有同（διὰ τὴν μέδεξιν ταὐτοῦ πρὸς ἑαυτήν）；当我们说，它"不是同"时，那是因为它共有异，并通过共有异而与同分离，成为——不是成为那一个，而是成为了异（256a10-b5）。这里我可以一笔带过，因为现在的结论没有引出什么新的问题。"变是同"这一表达只在间接引语中出现。再一次，我们必须把这句话的语法形式与对它的语义分析区别开来。从语法上说，异乡人使用或意念想到的这句话是一个形式完整的表达。然而，若分析其语义，异乡人则不得不说变"同于"它自身。这就意味着，形相变相关于自身而言与形相同相合，如此就引出了上面所讨论的难题。解决的办法不是将"同于……"当作一个二元关系，因为自身性这一属性必须直接由同来提供。因此，"它自身"就是变和同的一个模棱的混合物。换句话说，"变与变同一"是对原物意义的一次不完整分析，一个由于从"同于……"转换到"与……同一"而掩盖了的事实。"与……同一"（is identical to）中的"是"（is）必定沉默不宣地指形

---

① 欧文（1971）在页238注释31表达了一个与此紧密相关的观点，他观察到，"不同于……"并非一个证明原则，因为假如它是，"就会使得证明某东西为假成为一项永无休止之业"。参见245，注释42。然而，关于我们在任何给定的情况中如何看到 X 与 Y 不同，即如何将这种不同关系跟 X 与 Y 之间的所有其他关系区别开来，欧文并未提出任何疑问。

相存在;它不可能是表达同一性时所用的一个系词。

然后,异乡人作出第四个结论:既然"变本身"($αὐτὴ\ κίνησις$)在某种程度上分有静,那么,说它是静的就没有任何奇怪之处(256b6-c3)。这一文段给了我们[279]一个最好的例子,让我们看到关于"同"和"本身"的难题。异乡人想谈论变,不是与同结合的变。当然,在这一具体实例中,他本来可以略去$αὐτή$[本身]的;但通过使用这个词,他向我们展示了问题的本真:甚至一个纯粹形相也不可能是纯粹的——除非它是它自身,分离于其他形相,甚至分离于形相同。然而,这一文段却由于一个不同的原因激发了讨论。异乡人在此不可能是指变着的事物;他的意思似乎必定是说,形相变,作为一个独特且独立的形相,是"静"着的,或者说保持与它自身同,在这一意义上,你可以说它"在某种程度上"($πη$)分有静。如果这就是他要表达的意思,那么断言还是令人困惑,因为此断言等于说变要么是静与同的一种混合,要么是变与静的一种混合。

结果是,变是异于异、同和静的。所以,它在某种意义上不是异,但又在某种意义上是异(256c5-10)。我们应该在$ἕτερον\ τοῦ\ ἑτέρου$即"异于异"这个表达上稍作停留。对这一表达的语义分析是怎样的?"异"于形相F,就是相关于F而言与异结合;但是,如果F就是异"本身"(不用重复那个困惑),那么,一个独特的形相,如G,又如何能与异结合呢——除了相关于某个区别于F和G的第三个形相H?既然异是一个二位关系,可以表述为O(x, y),那么,当然不能允许这两个变量中的一个被异本身所代替,不是吗?一个关系不可能是其关系项(relata)之一。

在第六个结论中,异乡人表明,我们必须无畏地坚持,变也异于存在。因此,变"不是"存在,又"是"存在(256c11-d10)。换句话说,变相关存在而言是与异结合的;然而,它相关于自身而言又必须同时与存在结合。

因此,根据第七个结论,必然是:相关于($\dot{\epsilon}\pi\acute{\iota}$)变和所有种类而言,非存在"存在"($\tau\grave{o}\ \mu\grave{\eta}\ \ddot{o}\nu...\epsilon\tilde{\iota}\nu\alpha\iota$),这是必要的。"因为异的本性[在所有这些形相之中]起作用"($\dot{\eta}\ \vartheta\alpha\tau\acute{\epsilon}\rho o\upsilon\ \varphi\acute{\upsilon}\sigma\iota\varsigma\ \dot{\alpha}\pi\epsilon\rho\gamma\alpha\zeta o\mu\acute{\epsilon}\nu\eta$),"使每个异于存在,并因此"而使它们成为"不存在"(或"不是一个存在";$o\dot{\upsilon}\kappa\ \ddot{o}\nu$)。"因此,我们可以正确地说,"所有这些形相都不存在"(亦即,不是事物;$o\dot{\upsilon}\kappa\ \ddot{o}\nu\tau\alpha$)——"以同样的方式"($\kappa\alpha\tau\grave{\alpha}\ \tau\alpha\dot{\upsilon}\tau\acute{\alpha}$)。"还有,由于它们都分有存在,说它们拥有存在、并且存在着($\epsilon\tilde{\iota}\nu\alpha\iota\ \tau\epsilon\ \kappa\alpha\grave{\iota}\ \ddot{o}\nu\tau\alpha$)"也是正确的(246d11-e4)。

异乡人结论中所有前面提及的困难,在这一关于非存在的最终断言中连在了一起。非存在之所以"存在"(is),因为它是异所起的作用。顺便说一句,动词"起作用"很可能与先前的$o\dot{\upsilon}\sigma\acute{\iota}\alpha$[本在]作为[280]"能力"的定义相关。若果真如此,256e1 的$\varphi\acute{\upsilon}\sigma\iota\varsigma$[自然]就与$\delta\acute{\upsilon}\nu\alpha\mu\iota\varsigma$[能力]等同。因此,当我们说一个形相"分有"另一个形相时,这话或许就可以被理解成是在说,由于结合的关系(其中,"起作用"或发挥能力的形相仍然是独立的),一个形相的能力分有了另一个形相的能力。这又导致了其他的问题,比如形相内在的复杂性问题。如我先前所指出,一个形相不可能是一种能力。一个相以及该相的能力是一个复杂实体的两个有区别的要素。第二,我在我的翻译中用了 things[事物]这个词,以阐明异乡人事实上将存在"物化"到了如此程度,以至于将它当作一个形相。① 除了这两点以外,说一个形相"不存在",就等于说,相关于存在而言,它与异结合;而它能这样做恰恰是因为,就它自身而言,它与存在结合。而以上又是如下更完整的观点的缩写,亦即:每个形相,由于同样这种结合,都"不是"其他任何一个(不仅仅不是存在而已)。再一次,这里的"以相同的方式"($\kappa\alpha\tau\grave{\alpha}\ \tau\alpha\dot{\upsilon}\tau\acute{\alpha}$)这一表

---

① 参 Manasse(1937),页 20、37、52、56。理念的逻辑化(正如 Manasse 所表达的)这样的结果,它们不再先于所有的分析,更为重要的是,不再先于所有的结合。

达以一种非常含混的方式应用了"同"这一属性。异乡人的意思是,形相 F 由于形相异(以及由于背景中的形相存在和同——只需提及这两个),而不是形相 G。所以,"以相同的方式"中的"同",指的是每个形相与异的结合。每个形相都有这相同的结合。这些应算作由形相同贡献的同的实例吗?这样似乎又会模糊了诸形相与诸结合之间的区分(亦即,关系和关系项之间的区分)。

在此,或许我应该简短地额外补充一点,以免损害早期的一个结论。"形相 F 是/存在"这句表达,在"形相 F 不是"这句表达非完整的意义上是完整的。尽管用英语表达有些笨拙,但我们可以将前一句表达重写为"form F be's"[形相 F 是着](所以也就是"form F exists"[形相 F 实存])①。但我们当然不能以这种方式来解释"形相 F 不是"以获得某种意义,除非再补上至少一个形相,如"形相 F 不是形相 G"。

于是,异乡人最终遭遇了非存在。他即将把它翻译成一个截然不同的表达"异于"(is other than),以此来解释"非"的意义——我们必须记住,这里的 is[是]扮演着两个角色。第一,它将存在说成是一切形相结合中虽默而不宣、却完全必要的要素。第二,"不是"必须由"与异结合"来代替;在此意义上,我们可以接受如下主张:在某些语境中,"是"的确起着"与……结合"或"分有"这两个表达的作用。[281]但在这种意义上,它就不是存在的一个名称。无论在古希腊语还是英语中,"是"都起着各种不同的作用,厘清这些作用、区分它们彼此的意义当然是哲学家的任务。当我否定存在论式的结合是述谓时,我当然不是暗示"是"的唯一意义就是存在论上的意义。相反,我正在区分两种"是":一类是句

---

① [译注]这里的 be 是作为动词使用,所以其形式是在后面加上第三人称单数一般现在时的词尾 s。

法上的"是",出现在像"形相 F 异于(is other than)形相 G"这类表达中;一类是存在论的"是",它是存在的一个名称。从语法角度讲,这就等于为如下"传统"观点辩护:即,在《智术师》中,"是"有三种意义,分别是表同一性、述谓和实存。然而,我会补充第四种意义,它指的是形相的结合。

现在,我们可以继续讨论异乡人对非存在的说明。"相关于形相中的每一个而言,存在固然是多,非存在也是无限数的"。泰阿泰德表示赞同(256e5-7)。关于异乡人的意思一直有些争议。我认为他是在说,存在与其他形相之间的关系是有限数的,因为一套存在论字母表,其中的元素本身必定是有限数的。另一方面,非存在并不是一个真实的形相,并非非存在的所有实例都可以解释为异的实例。因此,也就没有办法去数点它与形相的"关系"。接着异乡人提醒我们,存在异于其他一切($\tau\tilde{\omega}\nu\ \ddot{\alpha}\lambda\lambda\omega\nu$;257a1-3);鉴于语境,"其他一切"可能指的是其他一切形相。然后异乡人补充说:"存在的数量与别的不同;它因为不是这些,所以本身是一,其他的数目也不是无限的"(257a4-7)。再一次,我认为"这些"和"其他的"都是指诸形相。存在的统一性依赖于它相对于其他形相的独立性,这些其他形相的数量是有限的。严格来讲,在形相层面上,非存在的每一个实例都必定是存在的一个实例。这一考虑可能引我们猜测异乡人是在指一个存在主体具有无限数的"述谓"。[①] 然而,这种解释使我们离开了最大的种类这一层面,此外还提出了围绕着"同一性—述谓"这种解读的诸多难题。我认为,更简单、也更契合文本的理解是:把这里的"非存在"作非形相意义的理解,把它看成一个伪形相;也因此,它不能将自己的实例"捆束"起来。

异乡人鼓励泰阿泰德坚持这一形相共有结论,接着提出

[①] 欧文(1971),254页。Cromble(1963),页508,有这种方法的变化。

[282]他学说中至关重要的一点:"每当我们谈到'非存在'(τὸ μὴ ὄν)时,说的都不是某个与存在对立的东西,而只是异[于存在的东西](οὐκ ἐναντίον τι λέγομεν τοῦ ὄντος, ἀλλ' ἕτερον μόνον)。泰阿泰德不明白这话(257a8–b5)。在250a8–9中,我们同意,变和静完全相反,因此它们不能相合。但存在却没有对立面,因为每个形相必然与存在相合(因此,一切形相的实例最终也必定分有存在)。异乡人排除了一个具有纯粹无的形相;从这一重要意义上说,异乡人并未对巴门尼德犯下弑父罪。如我已经指出的,他因此被引着去寻找某个别的形相,以解释"非"的"作用"。由此,纯粹无这一意义被取缔,异乡人选择了否定义。他从两个方面或分两个步骤来解释何为否定。第一,说某物不是-p,就等于断言它是非-p,或者(我们可以试探性地说),它是q,这里的q是异于p的。这一对"非"的句法功能的简短解释,在现在的语境中必须加以拓展,因为我们只是在言说形相。如我们已经知道的,即是说形相F不是形相G,就等于说形相F相关于形相G而言与异相合(相关于它自身而言则与存在和同相合)。

一些评论者坚持"不是"的读法,或者说它们坚持把否定应用于动词"是"(他们把它当作一个系词),而不是应用于形相(他们将这里的是当作一个述谓)。从我们的观点来看,这一分歧基本没有意义,因为对句子的语义分析重在通过第三个形相把一个形相与另一个形相分离开来。充其量,"不是"式阅读显示了这样一个事实,"是"没有对立面,因此其否定实际上带我们转向了异。"非-G"式阅读则显示了这样一个事实:异使我们从形相G转向了某个别的形相,亦即形相F本身;G是异于F的G。我们需要承认的不是"非"(或"不")的句法位置,而是它借助形相异起作用,且它的作用很特别。"非"的所有成就只在告诉我们,形相F是同,亦即,它相关于自身而言与形相同相合。当然,在关于形相的否定陈述中没有明确提及同。所以,在说"形相F不是形相G"时候,鉴于异乡人的分析,我们根本没有成功地说出我们的意思。对包含在"相关于它自身而言"中的诸问题,我已经分析过了,我想我不需要再重复我。

刚才我们看到,泰阿泰德并不理解"非存在"不是"存在"(存在的名称)的对立面这话是什么意思。[283]鉴于异乡人对否定的分析,我们很难不跟泰阿泰德感同身受。如果"F 不是 G"意味着 F 是某一异于 G 的形相——因为 F 不可能是任何形相而只能是其自身——那么"F 不是 G"就意味着"F 是 F"。换句话说,将"F 不是 G"解释为对一个同一性表述的否定是不够的。这样做甚至不是在接近异乡人的学说,该学说的目标是要从对给定陈述之意义的语义分析中消除掉"不"。我们无法避免这样的结论:对于异乡人而言,关于形相的一个否定性的同一性陈述,事实上是一个肯定的同一性陈述。精确地说,"F 不是 G"的意思要么是"F 是 F",要么是"G 是 G"。我想说,这是违反直觉的。异乡人非但没有提出某种原初版本的关于同一性和述谓的区分;他也没有捕捉到"不"的直觉的或显然的意义。原因是他由如下假设开始:他假设意义源于形相。即使"述谓论者"的解释是正确的,即有多少述谓,就有多少形相,这一假设也不会引领我们去理解"不"。尽管没有什么属于非存在的形相(异乡人意义上的形相),也没有什么属于存在的"明确的"反面或对立面(这跟第一个分句说的是一回事),"不"仍然指某种原始的形相的缺席。我将这一论点作为对异乡人方法的一个反驳,就像我曾在别处所辩明的一样。①

我们看到异乡人的学说从它本身来说就行不通,这已经够了。前面的段落还包含着一个异乡人的教诲中所内在固有的困难。根据异乡人教诲的要求,对于一个否定性的同一性陈述,要么当它是两个肯定性的同一性陈述中的一个,要么当它就是两个肯定的同

---

① 比较:罗森(1980)和 Kojeve(1972),页82。

一性陈述。结果,提供"不"以"能力"的异,要完成这一任务,就要从它本该提供的那解释中取消自身。在解释的过程中,它将自身变成了同。

现在,异乡人试图用一个例子来消除泰阿泰德的困惑。他的例子并不关涉目前已经引入、我们长时间来一直在讨论的形相。我对此文段的理解是,异乡人暂时将"最大的种类"搁置一边,以便使事情对于泰阿泰德来说更好明白些。当我们说某物不大时,我们意思或是说它小,或是说它不大不小。根据这个例子,"大"并没有一个独一的对立面。以此为类比,我们可能以为存在也没有一个独一的对立面,但[284]这跟说存在根本没有对立面绝不是一回事。稍微换个说法:设若以大来类比存在,那么,不大不小固然介于大和小之间,但非存在却似乎既不能类比为不大不小,也不能类比为小。

然而,异乡人却从他的例子引出了如下教诲:"所以,我们不承认每次说否定词(ἀπόφασις)的时候指的都是反面的东西,我们只承认,前置的μή[非]、οὔ[不]揭示的是异于其后所跟名称的某个东西,或者说,异于那个被否定的名称所指事物的另一事物。"(257b6-c4)。动词和名词都算是名称,因此,这一文段把"不是"和"非-G"作为正确的否定留在开放状态。异乡人[此话]似乎在很一般的意义上言说,与他的大、不大不小、小的例子保持一致。τῶν πραγμάτων[事物]可能指的是任何事物,而不仅仅是形相。再一次,形相本身被归为"事物"一类。形相字母表模糊了原则与原则所辖领域之间的区分;换句话说,存在是整全之内的一个"事物",而不是整全性的原则。总而言之,关于无论什么事物的一个否定陈述,若给其正确的分析,陈述的都是一个事物 p 事实上是某个别的事物。因此,异乡人的分析不会涵盖否定性的实存陈述。

接下来,异乡人转向如下这点:"异的本性(ἡ θατέρου ... φύσις)我觉得跟知识一样都被切成了小块。"毫不奇怪,泰阿泰德再一次无法理解(257c5-9)。① 我们必须区分异的本性和那些被异乡人试图用来使该本性更容易把握的例子。异不像其他"最大的种"，异的内部是分裂的。其他形相都是在一个单一"事物"上展示该形相的相。甚至同亦然：如果 F 与它自身同，那么"同"仅在 F 上就已可见。而异却需要至少两个"事物"以便展示它的相。异乡人提供了四个类比来说明异的这种"内部分裂"的属性。它们是知识、美、大和正义。我们应该注意到，异乡人并没有将这四者确认为"最大的种"。[285]它们是用来帮助泰阿泰德的，因为它们比"最大的种"本身更容易理解——这意味着更容易分析。异乡人重点讨论了前两个例子，我们也要这样做。

像异一样，知识是一。无论"知识"是不是一个专门意义上的形相，总之它是由各种种类的知识组成的一个族类。知识的每个"部分"($μέρος$，而不是 $εἶδος$)各有其名称，因此就有许多的 $τέχναι$[技艺]和 $ἐπιστῆμαι$[知识](257c10-d3)。异的诸"部分"($μόρια$)也是如此，这个统一体不会被部分的多样性消解，或者说，异乡人声称如此。泰阿泰德仍然怀疑(257d4-6)。引人注目的是，在此异乡人说的是诸"部分"而不是诸形相，换句话说，异是一个独特的形相。它固然内部很特别，却不能以别的形相作为其结构成分。② 除此之外，异与知识之间的类比关系似乎也很薄弱。"知道"知识 S1 事实上并不是知道知识 S2。人也可能质疑：每一种具体的科学或技艺是"知识"，与每一对不同项展示出异，这两者之间到底有没有类比关系。几何学不是医学，但两者都是知识的

---

① 比较：《王制》卷三，395b3 及以下：$φαίνεταί\ μοι\ εἰς\ σμικρότερα\ κατακεκερματίσθαι\ ἡ\ τοῦ\ ἀνθρώπου\ φύσις$[依我看，人的本性就像被铸造得更小的硬币]。就人性和 $ἡ\ θατέρου\ φύσις$[异的本性]而言，这一含糊的比喻会导致在人的本性和 $ἡ\ θατέρου\ φύσις$[异的本性]方面都出现不能自圆其说的结论。两种情况中，都是对不可分析者实施了某种暴力，以推进对某个问题的技术性解决。猜测人的本性与异的本性之间有一种更深的联系，这或许有危险，但绝非难以想象。
② 《治邦者》262a8：在二分法中，我们不可以去划分不是 $εἶδος$[形相]的 $μόριον$[部分]。

"部分"。变不是静,但两者都是形相,它们并不首先是、而只是次要地是异的"部分"。

异乡人转向他的第二个例子。他说,异有一个"部分"与美"相对照而立"(在此不能假设ἀντιτιϑέμενον的意思就是"与……相反")。泰阿泰德说出了这部分的名称:"因为我们每次说'不美'(μὴ καλόν)的时候,指的正是异于美之本性的别的某个东西"(257d7-11)。"美"是不是一个纯粹形相的名称,在此又一次无关紧要。既然异跟所有基本的形相都相合,它也就跟所有的"事物"相合了——在"事物"一词的广义上而言。被看作一个集合的美的事物,靠着异,不是与非实存事物的空的"族类"相配,而是与存在着美的事物的一个"族类"相配。异乡人没有确定这一相配的族类的名称;倘若我们继续用他原来的那个"大"的例子作比,那么这样的族类可能有两个,即普通和丑。这两个例子使人想到作如下反驳。不错,"不大"可以是小或适中,但大的反面是小亦是不错,就像美的反面是丑;因此,异乡人关于否定的解释,使其不适合[286]作为否定的逻辑观念的基础——标准意义上而言。我们刚才看到,"不—是"并不意味着否定性的述谓,而是表示存在和异的结合。对此,现在我们可以补充说,"非-P"也很含糊,其意义取决于讨论的语境。异乡人并非在否定一个变量,并由此暗示关于其余数的断言。他是在否定一个定项,就现在的例子而言,他是在否定一个形相,但这未必表示该形相要由它的"余数"来代替。我们在此讨论的是形相个体的名称,而非定义述谓的集合名。对个体的事物而言,并没有逻辑上的余数;诸形相没有相反者。再换一种方式表达,假如"异于"是要为我们提供"不"的一个具有彻底普遍性的解释,否定句的意义就不可能取决于被否定之变量的存在种类了,就不可能取决于我们试图形相化的、该陈述的事实项或语境项了。然而,就"柏拉图的否定"而言,我们的确看到这样的依赖性。也就是说,异乡人再次被看出是一个相关性逻辑学家。

然后,异乡人问:"那么,不美是这么回事吗:在某一族类的事物中,与某一部分事物分离且配对的另一部分事物?"(257d10-e5)泰阿泰德立刻同意了这一模糊的陈述,此陈述在阐释者中激起了分歧。既然关于此文段的确切含义依然存在某些问题,过分指望它便是不明智的。所幸我们不必如此,因为我们可以从语境中知道异乡人的意思。美与不美之间的关系,乃是一个"种"(γένους)中两个"分离的"(ἀφορισθὲν),但并非相反的部分之间的配对关系。我将最后这个词当作隐秘的提醒:就相同种类的个体而言,"美"和"不美"在感觉上彼此对照。①

上面,我将"柏拉图主义者的否定"说成相关性逻辑的特色。让我试着更充分地阐明这一点。当然,这一点跟那些并非直接与形相结合相关的否定陈述也有关系。就所有剩下的情况而论,否定是一种实现指涉转换的句法作用,语义上植根于形相异,因此,异必须直接在语言上实施它的作用,异乡人稍后将阐明这一点。无论异如何成就这一作用,总之当我们否定 p 的时候,我们只是在断言,这一否定陈述的"主语"有一个不确定的属性 q,这个 q 与 p [287]相配对、却并不相对立——尽管也与 p 相区别。指涉转换的完成,取决于我们在谈论什么,取决于语境,以及我们的意图。结果,尽管有异在发挥"作用",不同的配对属性却不可能是永恒的形相结合。由此,说一切事物都"分有"异,就是说一切事物都能够进入一个否定陈述,但也仅此而已。并非我们所说的每个陈述都展示出一个永恒的形相结构。因此,像所谓"最大种类"——至少就存在、同和异而言——之类的形相的"作用",与"坐"和"飞"这类属性——根据述谓论者的读法,"坐"和"飞"也是形相的名称——是有区别的。上面提及的最大种类总是作为成分,在

---

① 关于另一种不同的阐释,请参阅 Lee(1972),页 278—279。

一切事物的本性之中;而同一个体,例如泰阿泰德,则可能有时在坐,有时在四处走走,(特殊情况下)甚至可能在"飞"(就像在一架飞机中)。

我本人不认为"坐"和"飞"是形相的名称。那些不这样想的人起码必须承认一点:它们只有在一种不同于"最大的种类"是形相的意义上才可能是"形相"。的确,没有人会坚持说"泰阿泰德"是一个形相名。① 所以,除了那些作为他本性中的内在成分的形相——要么是一种可思的事物,要么是形相人类(假如有这样一个形相的话)的一个实例——泰阿泰德将"分有"的形相必然取决于具体语境,或是他的经验的语境,或是我们言说他时的语境。因此,把"柏拉图主义者的否定"形相化是不可能的。由否定所引起的指涉转换,并不在余下的项之间。尽管"丑"是"美"的反义词,但"美"的余数项("不—美")可能等同、也可能不等同于"不美也不丑"。每当一个否定名称在柏拉图文本中出现时,你当然可以把它写作"非-P"。但这样做毫无意义并且极具误导性。更一般地说,异的语义功能是不完整的,我们还需要知道它被应用其中的语境。

异乡人继续强调,由否定所配对起来的两个元素同等地分有存在,如不大和大、不义和正义等等。"异的本性已自显出它是属于诸存在的($τῶν\ ὄντων\ οὖσα$)";亦即,[288]异与存在结合,因此异是一个"事物"或实体(又一个常见的把原则与事物相混淆的实例)。于是,异的"诸部分"也拥有存在(凭借分有存在;257e6-258a10)。总体来说,"异的某部分的本性与存在的本性——当把这些彼此对照时——的对立,如果我这么说对的话,丝毫不比存在本身更少是 ousia[本在];因为它并不是指存在的反面,而只是指:

---

① 亦即,没有任何柏拉图主义者会如此认为,除非我们把新柏拉图主义者也包括在这一头衔下。可参阅的文献例如有 Blumenthal(1966)。

异于存在"(258a11-b3)。"显然是这样的",泰阿泰德赞同说。(258b4)①

当我们言说异的一个"部分""不是/在"时,我们显然是在说,部分缺乏存在(引申开去说就是它不分有存在)。然而这是不可能的,因为每个事物都处在一个形相之网中,是这些形相的一个实例,它通过这形相之网的中介分有存在。因此,θέμις[神法]要求我们这样说:否定名称的指涉跟形相存在同等地属于 ousia[本在]。可见在这里,οὐσία[本在]和τὸ ὄν[存在]之间截然有别,前者是一个综合术语。诸形相必定是整全内部的元素(因为它们都是"事物"),而整全的名称大概就是 ousia[本在],是神圣存在(因此与θέμις[神法]有关)。

因此,我们已经发现了非存在:作为与存在配对的东西,它与存在结合,可以称作"非存在本身"(τὸ μὲ ὄν...αὐτό);但因为它与异分离,所以不是一个真正的形相。因此,我们就敢于说,非存在并不比其他任何事物更缺少 ousia[本在],它有自己的本性(τὴν αὐτοῦ φύσιν ἔχον)。凡存在的,就是;凡不存在的,就不是(因为它分有存在)。非存在亦然。然而,异乡人接着提出一个需要特别考虑的问题:我们应该将非存在当作"众多事物中的一个形相"吗(ἐνάριθμον τῶν πολλῶν ὄντων εἶδος ἕν; 258b8-c5)? 对这一问题的意思可能有三种解释:1.非存在单凭自身就是一个"最大的种"吗? 2.非存在事实上就是形相异吗? 3.非存在是一个伪形相吗,或者说它是一系列实例的集合,这些实例共有一个特征,即它们的名称都在某个陈述中被否定? 在此,异乡人在把非存在与大、美、不大、不美等等作对比。如果从专门意义上来理解εἶδος[形相],那么所有这些,包括非存在,就都是"最大的种";就否定的情况而言,这无疑是被异乡人自己的学说排除的。但一旦我们排除了这种意义

---

① 比较 Manasse(1937),页26,关于ἐναντίον τοῦ ὄντος的论述。

的 εἶδος[形相],[289]那就没有理由将它应用于大和美等多于用于非大、非美或任何其他否定。尽管非存在事实上是由形相异的作用来解释的,说非存在就"是"形相异还是很不相同。在这一文段中,我从非专门的意义上来理解εἶδος[形相],认为这是符合异乡人总体学说的唯一读法。①

现在,我们要进入异乡人解决非存在问题的最后阶段了。这一场已经特别地长,而且不可避免地特别复杂,余下的部分,我只考虑从 258c6 到 259d8 中那些包含了某些新论点或对先前给出的论点作了新的表达的文本要素。

让我们首先看 258c6-d7,异乡人声称,我们逾越了巴门尼德制定的界限,巴门尼德可是禁止我们思想"诸非存在存在"(εἶναι μὴ ἐόντα;该引语来自巴门尼德本人)。的确,我们已经探究了被禁止去思想的东西,并在这样做的过程中说明了"非存在的形相是什么"(τὸ εἶδος ὃ τυγχάνει ὂν τοῦ μὴ ὄντος)。我们评论了εἶδος[形相]的使用,就非存在而言,该词必须在非专门的意义上使用。在此,我们需要说的是,异乡人事实上证实了巴门尼德的训谕;这两位思想者都禁止我们将纯粹无当作一个真形相;或换一种说法,当作形相字母表中的一个字母。非存在是一个派生的意义上的形相,就是说,它是异的一个名称;它通过形相异展示。这一相同的论点在 258e6-259a1 中得到重申:"我们早已摒弃任何关于存在的反面的说法。"至于我们这样做对不对,那是

---

① 在 258c1-3,客人说,我们发现"'大'是大的,'美'是美的"。弗雷德(1967),页 30 及以下则将这些当作与"最大的种"同等重要的形相,并通过解释"'大'是大的"这句话而为自我—述谓作辩解。他的解释相当于说:"形相'大'跟个体的大东西一样展现了大"(这是我的转译)。我发现这不能说服人,因为它虽不是取消、但也模糊了形相与实例之间的区别。但这样解释也是没有必要的,因为这些陈述解释为同一性陈述更好。

另一回事。①

在 259a2-6，异乡人说，"存在和异贯穿一切并彼此贯穿"(τό τε ὂν καὶ θάτερον διὰ πάντων καὶ δι' ἀλλήλων διεληλυθότε)。这可以和 258d7-e3 一起阅读："异的每一个与存在相对立的部分，本身都真正是非存在(ὄντως τὸ μὴ ὄν)"，因此也都是一个 εἶδος[形相]。于是，存在和异共存了；也因此，异的每一"部分"都与存在"对立"；简而言之，之所以有非存在，完全是因着作为整体形相的异。249a6-b1 用略微不同的表达说了同一回事："分有存在的异通过这种分有而存在/是着(或在特殊的意义上"实存")，但不是它所分有的那一个，而是另一个；它既然异于存在，就必定是非存在，这一点十分清晰"(τὸ μὲν ἕτερον...ἐξ ἀνάγκης εἶναι μὴ ὄν)。非存在的 εἶδος[形相]并非某个"否定的形相"，而是异。非存在的"诸部分"并不是异的正式部分，作为一个整体的非存在也并不是形相异的一个正式部分。

相应的论点就存在而言也成立：存在(完全地)分有异，因此，每个存在都是可否定的。在存在不是其他诸形相中的任何一个这一意义上，存在是可否定的。我要提醒读者，无论何时，说"存在不是形相 G"，不过就是在说，存在与自身同，形相 G 也与自身同。既然存在彻底独立于所有其他形相，甚至与不同形相结合时依然保持这种独立，那么就有无穷无尽的事物是存在所不是的；这也就是说，存在既不是任何其他的形相，(作为一个形相，)它也不是形相的任何实例。这场谈话并不是那么简单。一切事物皆因分有存

---

① 比较 Crombie(1963)，页 513：柏拉图所想到的可能是"所有可能有的述谓都缺席"或"全然无特征"。又有，"并非完全不可能去怀疑，是否我们不必假定有这样一种东西的实存：它完全没有特征以成为特征所内住其中的东西。《蒂迈欧》中的 chōra[地方]已经很危险地接近了这一点"。亦可参阅亚里士多德《物理学》192a6-16："柏拉图将属性所内住其中的东西说成是 τὸ μὴ ὄν[非存在]"。比较《帕默尼德》，假设 3-4。

在(或与存在结合)而存在;但每个事物又都是可否定的,在此意义上,一切事物又都不存在(259b1-7)。

异乡人在结束这部分的总结时,给我们所有人一个很好的忠告:若有谁怀疑我们的"反对意见"(亦即,我们的分析),那他必须提出比我们更好的说法;否则,我们就该指责他缺乏严肃。严肃,乃是一种不可与辩论的快感相混淆的品质(259b8-d8)。

第十六场　假陈述

(259d6–264b8)

过渡的话

［291］非存在的问题貌似已经解决，我们即将转向对假陈述的分析。让我们稍作停留，以便归拢一下到目前为止我们关于这次讨论的想法。非存在和假的问题源于我们试图去定义智术师。在异乡人的描述中，智术师是哲人（广而言之也是智慧人的幻像，智术师用这一称谓掩藏他自己）的一个幻像。他制造出知识的不精确之像，欺骗年轻人或那些在理解诸存在上缺乏经验的人。然而，异乡人对智术师的描画本身似乎也是一个幻像，因为这描画把智术师表现得仿佛他是一位伪几何学家、鞋匠、木匠，等等。智术的真正问题在于区分好坏问题、在于技艺和知识所追求的目的问题，而不在那些技艺本身的运用真实还是虚假。这一点也在异乡人陈述中的其他一些方面显示出来。如果说智术师制造的是幻像，那么这些幻像乃是属于智慧的，而不是属于 τέχνη［技艺］。尽可能地要而言之：智术师把智慧定义成视角主义。就智术的最深刻意义来说，智术并非预示了现代启蒙，而是

预示了尼采。①

因此,即使异乡人可以成功地区分关于诸存在的真假陈述(就是说根据诸存在的相或种类对其进行归类),那也不足以定义——更不要说反驳——智术。还要表明在人的意图方面,真假陈述也是有区别的;或者表明,如果确有这样的区别,[292]那么它跟关于"诸相"或诸样子的陈述的区别是一回事。在我们自己的时代,这个问题被称为解释学循环。相同的论点可以用不同的方式表达。即使我们能给出一个关于真的圆满的专门定义(在此,我们想到塔尔斯基[Tarski]所谓的真理定义),也还需要判定,是否真有一个原物与关于好生活的言辞肖像相对应。"雪是白的"这话可以证明为真,那是因为我们可以通达雪的白。但白雪与好的生活可以作类比吗?

这是智术的一般问题,它并未清晰、醒目地自异乡人混乱的技艺中呈现出来。我这样说并非暗示非存在问题或假的问题本身是假问题,而只是说,异乡人并未确切说明这些问题与智术问题的关联。此外,异乡人的形相和模仿说中有一个很深的难题,若是得不到解决,必然损害到他对智术的定义。精确的像据说看起来像、而不是原初的形相;然而,在一个成功模仿了该形相的相的摹本中,好像没有任何这样的差异。尽管可以声言原物与像之间在作为外型的相方面有某种"存在论的"差异,但没有一个这样的差异是可见的。因此,存在论上的原物就变得可疑,并逐渐受到质疑说它们是"不可见的实质"或"多余的理论实体"。结果,留给我们的不过是从前的"像",亦即,对形相结构的陈述或曰象征性再现。像被转变成了原物。这就是智术的学说。

于是我们似乎面临着两难。要么我们直接把握原物,这样的话像就是多余的,也没有什么假陈述了;要么我们不直接把握原

---

① 比较:库伯(Kube)(1969),60,114 页。

物,而只是通过像来把握,这样的话,除了没有明确的标准来区分像本身以外,也没有明确的标准来区分精确和不精确的模仿,因此也就陷入了恶的循环。而且,若是后一种选择,仍然没有什么假陈述。除了这一两难,我们还可以补充一点。即使承认原物与像的区别,原物的"相"仍必须在幻像中在场,就像在肖像中一样。因为,假如它不在场,幻像就不是对原物的扭曲的摹本了。它将是某个别的相的摹本——在这种意义上,则它又是肖像了。

异乡人也试图同样根据形相学说来为"完全无"作辩解,在我看来也是一个失败。提出一套关乎[293]计数、指涉的学说,并推出非矛盾原则,都无法解释"无"的意义。依我看,其中的原因并非含糊不清,也不难说明。的确,没有任何与形相存在相对立的形相,但这是因为"无"不是一个形相名。异乡人把非存在解释成否定,或解释成异的一种"能力",这一做法几乎可以描述为代数式的。"不/非"似乎成了一种置换功能。但置换只在独特的元素而言才有可能。诸元素之所以是"独特的",乃是因为每个元素都不是别的元素,而不是因为当我们以否定陈述的形式说到某给定元素时,我们实际在指某个其他的元素。用一句老话来说,omnis determinatio negatio est[一切规定都是否定]。或者你也可以这样来表达:存在已经是一个否定。既然如此,我们不能"言指"一个区别于每个存在、却又被想象作一种伪事物的"无",也就不足为怪了。

总而言之,至少可以区分两种意义的"不/非"。第一种意义上的"不/非"乃是指完全没有规定性。第二种意义上的"不/非"乃是指一种规定性和另一种规定性之间的差异。异乡人对这种"差异"的解释是,一个形相通过区分两种规定性而把两种规定性关联起来。但是,应用形相差异(异)已经预设了(逻辑上地,而不是暂时地)两种不同的规定性,差异皆可应用其上。如果不遵从这一预设,那么,表面上是纯粹形相的异就被同化成了诸规定性本身的本性。然而,如果遵从这一预设,那么,两个规定性之间的"差异"就不同于作为规定的每个规定性的"存在"。规定性的"存在"已经是一个"否定"或限定,而不是一个差异。也许,我还应该补充说,前面所论与分析学派思想的产品如数学逻辑之类绝非不可兼容。否定在逻辑中的原始地位(甚至当它被掩盖在划函数之类的东西内部时)——倘若我们去思想它,而不是仅仅罗列其运行规则——也把我们指向相同的方向。限定"不/非"的用法的规则已经渗透了否定。然而,在此就不展开这些想法。①

异乡人对假的解释

按照异乡人对事物的解释,假陈述"假装"是一个肖像。真陈述则是一个肖像:它[294]保有了原物的比例。单词 λόγος 的意思不纯粹是"言辞",而是(首先)指"比率"(ratio)。当然,言辞有真也有假。但假如我们单用 λόγος 指某个真言辞(柏拉图经常这样做),那么,"比率"这一意义便充分显示出 λόγος 内在地就是指比例的。同时,这也给我们提出了一个难题。一个 λόγος,若在狭义上、或者说刚刚区分出来的专门意义上使用,则它要么指形相的原初比例或比率,要么指该形相的言辞肖像。这就与先前提到的困难联系起来,这个困难是如何区分原物的"相"与在一个精确的像(在此指一个陈述)中模仿出来的相同的相。我们在《智术师》的下一部分艰难行进时应该牢记以上几点。

那些试图将一切事物与其他一切事物分离的人缺乏教养和"音乐"素养,也缺乏哲学头脑。坚持全面分离等于消解了所有比率(πάντων λόγων),无论事物中的比率还是言辞中的比率(259d8-e7)。因此,我们是"及时"(ἐν καιρῷ)打败了"分离主

---

① 比较:罗森(1980)在这一方向的一些步骤。

义者"(或许可以这样称呼他们吧)。根据异乡人的观点,我们这样做是为了确立一点:λόγος"是我们的诸存在族类中的一族"(ἡμῖν τῶν ὄντων ἕν τι γενῶν εἶναι;260a1—6)。① 表面看来,λόγος是"最大的种类"之一似乎是一个绝不会有错的主张。鉴于异乡人想要让异的作用扩展到言说,这样一个主张似乎是有意义的。然而,要接受这一文段的显白意义已经包含许多困难。如果λόγος在此指作为诸形相之相的结合体的"比率",那么它必定同时包含了原物之形相的比率和语词上的比率(因为这一个相将在两个维度上都被发现)。但是,形相的比率是一个由简单元素构成的复合物,而不仅仅是一个简单元素。换句话说,形相的比率必定是形相之网的一个"部分",而不是一个独特和单纯的形相。从另一方面看,如果λόγος在此指"言说",那么,陈述或肖像就被提升到了存在论上的形相这一层面。因此,语言表达这一族的"相"本身也必须是一个语言表达。

要摆脱困境,不妨假设异乡人在此是在宽泛的意义上使用γένος[种]一词,这很像他在非存在上使用γένος[种]。我个人认为,这应该正是异乡人在做的事情。然而我们无法证明,这样的推断顶多是一个猜测。因此,要么异乡人这里是在宽泛地言说,要么就是他让自己(大概并非有意)在效力于一个[295]会带来破坏性结果的说法。有一件事肯定无疑:如果λόγος是"最大的种"中的一个,那么这个词必指"比率"无疑,而不是指"言说"。将λόγος当成一个纯粹形相的人或许想要论证说,有必要这么看待λόγος,以便从非存在是异的作用这一解释中引出对假的解释。然而,我不认为这有什么必要。一个陈述不能单凭与异直接结合就被证明为假的。跟形相结合的不是语词(或名称),而是形相。因此,假陈述必须接受分析,以便分离出纯粹形相的一个最终的"基本结构";

---

① 比较:威欧(Wiohl)(1967),201页,注释113。

在这一结构中,异以这样一种方式作用于陈述中的语词所指的形相,乃至于证明这一陈述为假。

换句话说,假需要我们区分——不仅把名称与形相区分开,还要把形相结合体与时—空个体对这些结合体的分有区分开。让我们稍加思考一个例子。陈述"泰阿泰德在飞"包含两个名称,它们编织在一起,制造出一个假。但是,它不是由两个形相(泰阿泰德和飞)编织而成的一个幻像。无可争议,"泰阿泰德"不是一个形相名。名为"泰阿泰德"的个体必须分有像"理性"、"动物"一类形相构成的某一结合体,但他也必须分有存在、同、异、变和静这类形相。名称"飞"是有争议的,许多注家将它视为一个形相名,我已经表明我为什么不这样看。除了之前所述原因外,还可以再考虑一点:假如形相对应于每个可能的述谓,那么它们在数量上必定是无限的。有抓、痒和咯咯笑这类形相,还有"＿＿＿是一个人首马身的怪物"以及其他不可能的话,这些也会是形相了。如此理解异乡人的学说就把它混同于胡塞尔的有关本质的现象学了,根据胡塞尔的现象学,每个意识活动的意向内容都是一个永恒的本质。①

所幸,就我现在所谈的重点来说,还不必确定"飞"是不是一个形相名。即便是,[296]名称"泰阿泰德"也跟它不相合。当然,这里的重点不仅在于个体的泰阿泰德跟某个特定的形相不相合,

---

① 我认为,这是 Ackrill(1971,页 207)和 Detel(1972,页 93)等人的解释最终导致的结果。Ackrill 从形相转向概念,Detel 则从 256e5f 推出有无限多的形相。关于胡塞尔,请比较《纯粹现象学和现象学哲学的观念》(Ideen,1975)卷一,节二,页 12,关于把一个 Wesen[本质]归属于每个偶在的真实个体,他说,"ein rein zu fassendes Eidos"[一种需要纯然把握的形相],它"steht nun unter Wesens-Wahrheiten verschiedener Allgemeinheitsstufe"[现在从属于各种一般性层级的本质—真理]。胡塞尔区分"充分"和"不充分"的本质直观,与客人关于肖像与幻像的区分,二者之间有某种值得注意的相似性。比较《纯粹现象学和现象学哲学的观念》卷一,节三,页 13-14,及最后页 15 所言:a Wesensanschauung[一个本质直观]是属于这样的东西的:它能够成为真假述谓的主语。

更在于他不分有该形相。泰阿泰德并没有在飞;那么,他必定分有相关于形相飞而言的形相异。因此,与形相飞相合的乃是形相异。所以,异乡人貌似有理的关于假的描述(假如它的确有任何道理的话),并不依赖于我们将λόγος视为一个能够直接与异结合的形相。

  回到260a及以下。我们需要确定λόγος的本性,因为,倘若我们因λόγος全面缺乏存在(μηδ' εἶναι τὸ παράπαν)而失去了它,我们就失去了哲学,就不能言说任何事情了。其实无论异乡人首先将λόγος当作"比率"还是当作"言说",这一结果都会随之而来,但异乡人的结论显然是,没有作为比率的λόγος,就将一无可谈。不过,泰阿泰德不懂现在为什么必须就λόγος达成一致意见(260b3-4)。异乡人的回答如下。我们之前曾发现,非存在是"诸异中的一个族类"(ἕν τι τῶν ἄλλων γένος ὄν),散布在所有的存在之中(260b5-9)——如先前所解释的,如果λόγος指"最大的种",则异乡人此处必定是在说异。若不然,他就是在非正式的意义上使用λόγος,意在把非存在的所有实例集合起来;但这不大可能,只要提一个原因:他先前说过这些实例是"无限的"。以我看,这一文段是异乡人之前将非存在等同于整体的形相异带来的一个结果。

  我们接下来的任务就是要确定非存在是否能够跟意见和γένος(在此我指"言说";260b10-11)混合:假如不相混合,那就一切皆为真;假如相混合,那么意见和γένος两者都可能为假。因为,思或说"不存在的事物"(τὰ μὴ ὄντα)就是在推论性思维或言辞中(ἐν διανοίᾳ τε καὶ λόγοις;260c1-5)造成假的发生。其次要解开的一个结就是:如果"非存在"说的是异的名称而λόγος指"言说",那么,异乡人岂不是要我们决断,异是否与言说相合、且因而就是与诸名称而不是诸形相相合吗?但完全没必要采取这样一条解释路线,因为这跟异乡人学说的前面几个步骤相冲突。非存在,无论把它理解为形相异,还是理解为该形相的作用所带来的句法结果,它之进入言说,都是借由作用于陈述言说内诸名称所指的形相。按照异乡人对事物的解说,"不存在的事物"很难理解。它当然不是指非存在(异),[297]也不可能仅仅指形相元素的种种分离。首先,就像我们在泰阿泰德的例子中看到的,假陈述不光关乎纯粹的形相结合。但是,且不论假陈述是仅仅关乎形相,还是既关乎个体也关乎形相,异乡人和泰阿泰德是在什么意义上言说"不存在的事物"的呢?严格来说,当然没有这样的事物;有的只是"存在的事物"。是一个"非—事物",仿佛也就是某个别东西。以假陈述"变与静是同一个形相"为例。这一陈述是假的,但它说的东西并非不具实存的存在。它是关于形相的,假陈述声称要把这些形相带入一种不可能达到的结合中。所以,"不存在的事物"指的是"异于我们所言说的那些事物的事物";就刚才这个例子而言,不存在的"事物"不是形相,而是形相的结合或关联。假陈述由此呈现了一个不精确的"比率"。

有人最初可能往往会将 τὰ μὴ ὄντα[非存在]当作异的实例,但这是行不通的,因为所有的事物都是异的实例。换一种表达方式:凡是是这种实例的事物,都是存在的。说它"不是/存在"要么无意义,要么不完整;它只能在与某个其他的、被言说者所错把它当成的事物的关系中"不是/存在"。因此,我们就以对前一段落的分析结束了。但结果进一步表明,一个假陈述首先是一个心理学行为,在《泰阿泰德》中就是如此。形相在分析假陈述中扮演着某种角色,因为,当我们言说关于这些形相的事时,我们搞错的正是它们的关系。然而,形相本身并不能解释我们为什么或如何在那些关系上搞错了。不存在对假的纯粹形相上的分析。如果从分析"泰阿泰德在飞"这样一个句子开始,我们或许可以得出同样的结果。但我权将细节留给读者吧,作为一种思维训练。

形相的固有比率不可能"假",因为它们是其所是,无论我们对它们的感知如何。就像我们刚才看到的,假陈述是对某个比率的错误建构所形成的摹本。但它是一个具有什么比率的摹本？不是某个存在着的比率的摹本，因为那样的话，该陈述就为真了；但也不是根本不存在的比率的摹本——既然没有这样的比率，亦即，在原物或纯粹的形相结合（和分离）的层面上并没有任何这样的比率。不存在的比率只在言说层面发生。然而，仅仅凭着将它们与存在着的、或者说在存在论上真实的比率作比较，我们似乎还不能证明它们是不存在的、且因而是假的。我们如何得出陈述"形相变与形相静相同"？当然不是通过在这些形相的已存在着的关系或比率中感知它们。看起来很像如此：假陈述根本不是一个摹本，不是一个[298]对原物作了不精确再现的意义上的像，而是一个发明，亦即，它是一个原物——截然有别于形相意义上的原物。当然，在此我并不是想说异乡人的意图原本如此；我想说的是，他实际提供的解释带来的一个非预期的结果就是如此。只有将假陈述视为"原物"，我们才能理解一个幻像似乎看起来像原物、但实际并非如此这一说法。遗憾的是，假如假陈述由于不是形相比率的摹本、因而便是"原物"，对智术师的辩驳也就告吹了。

异乡人继续提醒泰阿泰德，既然假实存，欺骗也便实存，这样一来"所有的事物必定充满像、肖像和幻像"。相反，智术师否定假的实存，根据异乡人的观点，这就等于承认非存在与 ousia[本在]之间彻底分离（260c6-d4）。事实上，把智术师的立场表述为否定 ousia[本在]也许要好些，但既然现在我们已经表明非存在分有存在（τοῦ ὄντος），也许智术师就会调整其作战计划，他可能会声称一些形相（τῶν εἰδῶν）分有非存在，另一些形相，包括λόγος和意见（δόξα），则不分有。这样他就能够否定有造像术，进而再否定有幻像术了——我们曾说他将在这一技艺中被捉住。因为，假如λόγος和意见并不分有非存在，也就不存在什么假了（260d5-e3）。

在这一文段中，异乡人用自己的术语表达了智术师的几个可能选项。他想当然地假定智术师必定接受形相学说，并因此接受原物与像的区别。如我们所见,这一点是被断言的而非被论证的。值得指出的是,智术师不必非得否定形相的"实存"。他只需要将形相解释为"视角",并因此把它们解释:为对那些相信自己看到了它们的人,它们是实存的。无论如何,现在我们要探究λόγος、意见和似像(φαντασία)的本性,以便看到它们每一个都可以与非存在相溶。如此我们就能够证明假的实存,并将智术师囚禁其中——如果他的确有罪的话。他若没有罪,则我们必须放了他,并在另一个种类(γένει)中去寻找他(260e3-261a3)。术语"似像"在此第一次出现,显而易见,它是用作"像"的同义词,而非仅仅是"幻像"的同义词。一个"似像"就是一个"似",即它看起来是、但却不是(一个原物)。

如果λόγος是一个纯粹形相,那它就不可能以相同于意见及似像的方式与非存在相融,强调这一点具有重要意义。一个形相通过与异结合而与另一个形相分离。[299]它本身并非由此就变成了那似乎是、但并不是的某个别的形相。这个错误乃是通过像(感知性的像和推论性的像)的中介作用在我们里面发生的。另一方面,如果说λόγος是话语,那它就与信念和似像差不多了;这意思是说,它所包含的名称可能会被我们错误地结合。在纯粹的形相结合层面上,假并不实存。假如实存,那就等于把非存在实体化,或承认一个为存在之对立面的形相了。①

对于智术师能够立起一道又一道防护屏障,②泰阿泰德表达了他的愤怒。他充满激情地发表了他这这篇对话中最长的讲辞(261a4-b4)。异乡人用军事上的比喻鼓励他。泰阿泰德必须勇

---

① 大卫·拉赫特曼让我在这里注意到《王制》卷五,476a4-7,那里表明,在苏格拉底看来,众多形相的κοινωνία[共有]产生了"多"这一φαντασία[似像]。也许在苏格拉底看来,假在形相上的对应物就是形相的多样性,它导致每个个体形相都明显受损。

② 关于προβλήματα的意义,比较《治邦者》279c4及以下。

敢。我们在战役的每一个阶段都在向前推进一小步。假如在此处境下人灰心丧气了,假如没有任何可见的进展或必须撤退,他该怎么做呢?攻取城池需要坚韧和斗志,哲学的探究亦然。我们已经过了非存在这一主要难题,余下的将是较容易和较小的任务。泰阿泰德回答说,异乡人高贵地表达了他的指责(261b5-c6)。这类文段并不仅仅是文学性的修饰,它们展现出高贵品格与哲学本性中的λόγος之间的必然联系。为了自由,人必须斗志昂扬,或者说必须勇敢,这一点我们也许已经在《王制》中关于哲人—战士的讨论中学到了。

我们首先转向λόγος和意见(幻想被忽略了),为要更清楚地判定非存在是否与它们有接触,还是说这两者都完全为真,哪一个都绝不会是假的(261c6-10)。我们从名称(ὀνόματα)开始,我们要针对名称来问先前就形相和字母所问过的问题。所有名称都能彼此联合吗?还是任何名称都不能与任何名称联合,或有的能联合、有的不能联合?泰阿泰德说:答案很简单,有些能联合有些不能联合(261d1-7)。异乡人认为泰阿泰德所说的意思有点像是这样:按一定顺序(ἐφεξῆς)说出、以至于"指向某东西"(δηλοῦντα τί)的名称,就是能联合的。按顺序说出来但不能代表任何东西(σημαίνοντα)的名称,就是不能联合的(261d8-e2)。这是异乡人的语言观的基础。并没有这样的"组装":把某个属性元素组装在一个主[300]语(亚里士多德的ὑποκείμενον)里而产生出一个新的复合统一体,在此统一体中,诸元素不再独立。我没有发现任何理由将某种述谓学说归到异乡人头上。"名称"(包括动词和名词)就像形相一样,结合,也分离。名称的恰当结合会指向某个东西:出于谨慎,我们可以说这样的结合会"指涉"某个东西——既然我们认识到它也可以指涉现在被称为"内含"的东西,而不仅仅指涉该意义的"外延"。异乡人只字未提小品词、逻辑关联词或不是名称的任何表达。然而,对"不"的分析让我们看到,在异乡人而言,

"意思是"最终要由一个形相或形相结构来支撑。在亚里士多德意义上的述谓中,有一个或"接受"或"可省却掉"属性的本体(更准确地表达就是,在一个οὐσία[本在]中,这些属性或"在场"或"缺席")。而在柏拉图意义上的结合中,构成可理解性的最终成分乃是原子形相,它们聚合或分离,但并不在自身之内"接受"彼此——尽管他用了术语"分有"。"分有"就是把"能力"与"能力"相结合,而非从两种能力造出一种能力来。起码"最大的种类"情况如此。名称亦然:它们聚合或分离;它们彼此结合,但并不彼此"混同"或者失去自身的独立身份。把一些名称当作函数的"值"当然是谬误的。

  一个陈述,若从引申或比喻的意义上说,乃是一个多名称组成的比率。陈述若要有意义,就必须"反映"出事物的比率(根本而言,就是多个形相构成的比率)或"成为[这比率的]像,无论陈述中每个名称是否都是一个形相名。如我们分析弗雷德—欧文的论点时所见,不将形相结合误当作形相乃是至关重要的。"分有"或"结合"并不是一个形相,而是由多个形相构成的一个比率。我们倾向于将比率本身当作一个形相,例如当作一个关系。然而,异乡人并没有将种种关系认定为形相,而是将它们当作抽象名词所对应的"对象"。用字母表这一范型的用语来说就是:字母按顺序排列,组成一个正确拼写的单词,但这个排列顺序本身并不是一个形相字母。再说"存在"这个关键例子:尽管有它的分词形式,但它是起一个抽象名词的作用。因此,将它当作一个二元关系"____是____"便从根本上歪曲了异乡人的学说。存在的本性中并没有"间隙"。只有在就异而言时,这样一种理解进路看起来才稍有几分合理。关于存在的这一事实,预示着异乡人学说内部的某些难题。

  先前我曾提出这样的问题:异乡人如何区分原物的相与反映在像中的那个相同的相呢?我们现在可以代表异乡人试提出一个

答案。[301]真陈述或肖像的相就是"同"。所不同的不是相,而是媒介物——可以这么说。在异乡人看来,对相的言辞再现与相本身的区别显而易见,无需证明。遗憾的是,这一答案并不能领我们朝着解释真假陈述之区别走出太远。在《智术师》中看到准—塔尔斯基式的关于真的学说是没有用的,根据这种学说,我们通过看泰阿泰德是否在飞来检验"泰阿泰德在飞"这句陈述的真。假如这就是陈述所包含的全部,形相和像的学说当然也就跟问题完全不相干了。但异乡人所关注的并非去证明陈述所说的经验事实,而是要解释陈述的意义。他对某种"真值条件的语义学"并无兴趣;在他看来,"泰阿泰德在飞"的假最终必定来自"不"的语义支持。而我们知道,这就是形相异。因此,异乡人的任务是解释形相在名称结合方面的功能。这就要求名称指涉形相,然而,在一个假陈述中,名称不能指涉所需表达的意义的形相,我们已经不止一次看到这种情况。因此,异乡人没能解释假。

异乡人的失败跟如下问题无关:每次异乡人使用 εἶδος[形相]和 γένος[种]一类的词时,我们是否都应该理解为他是在引入一个作为"最大的种"的纯粹形相。我已证明实情不可能如此,不过,这一点跟异乡人关于假的学说是否可接受并不相干。异乡人接着又回到他对语言的描述,他引入一对种($\delta\iota\tau\tau\grave{o}\nu$ $\gamma\acute{e}\nu o\varsigma$)来指带声音的 ousia[本在]:这对种就是名词和动词(261e3-262a2)。表行动的符号($\tau\alpha\tilde{\iota}\varsigma$ $\pi\rho\acute{\alpha}\xi\varepsilon\sigma\iota\nu$)称作"动词",而表实施行动的人的符号称作"名词"。[①] 异乡人起初是根据行动来划分词,最终却根据事物

---

① 比较 Cornford(1935)页 306,以及 Manasse(1937)页 39 及以后。Manasse 强调,在整个这一部分中,存在乃是述谓的基础,"有意义/无意义"的区分先于陈述的真假区分。这一论点与我在区分意义与真值的文本中给出的论点基本相同。对照 Uphues(1973,再版),页 51。在柏拉图而言,思被认定为言说,但反过来则不成立。因此,ὄνομα[名词]和 ῥῆμα[动词]不可能等同于"主语"和"述谓","主语"和"谓语"是思的条件项(terms)。

来划分,而且不根据言语或者说语法功能来划分(262a2-8)。名词和动词构成的族类从 οὐσία[本在]获得其意义,而不是反过来。

泰阿泰德没有立刻弄懂,为什么一句 λόγος[话]不能单独由一串名词、或单独由一串动词构成。他可能想到了[302]几何学,几何学中是没有行动的。在任何情况下,异乡人都会给出各种包含着动物的例子,正如很早以前,当他解释他所说的"一切"指什么时,他就用了活物的例子作为开始。单单名词或单单动词不能聚合起来成为 λόγος[话],除非彼此混合。它们既不表示行动或不行动,也不表示"存在或不存在的事物的 οὐσία[本在]"(οὐσίαν ὄντος οὐδὲ μὴ ὄντος)。异乡人在此区分了行动与事物;他只与事物相关联时使用 οὐσία[本在]。这是他的"事物存在论"的另一表现,除非它暗示事物与 οὐσία[本在]本身之间有着某种区别。因此,一个逻各斯,在此即一个"陈述",是有意义之言辞的最小单位,亦即,一个由名词和动词结合而成的"网"(συμπλοκή,262a9-c7)。①

从这一小段中,我们可以得出一个非常重要的推断。最短的有意义的陈述要么指向某个行动或不行动,要么指明某物存在或不存在。由于后面这一组可以仅仅由一个名词、一个动词的结合来实现,所以,异乡人大概在承认像"苏格拉底实存"这类结构完整的陈述中,可以采用"是/存在"的实存用法。第二,异乡人坚持"弗雷格式的"命题,即陈述是最小的意义单位。第三,说出某物的名称不同于指出某物,这也是区分意义跟指涉的基础。

泰阿泰德再次要求异乡人澄清他的意思。异乡人用了一个例子来回答。最短的陈述,如"人学习"(ἄνθρωπος μανθάνει),乃是关于今天正存在、过去曾存在或者以后将会存在的某个事物断言某

---

① 拉赫特曼(Lachterman)建议可对 οὐσίαν ὄντος οὐδὲ μὴ ὄντος 作另一种阅读,即读作 πρᾶξιν οὐδ' ἀπραξίαν 的同位语。另外他还指出,异乡人说的是动词跟名词"混合"(κεράσῃ)。

事($τι περαίνει$)(262c8-d6)。泰阿泰德理解了这一点,因此能够毫不困难地接受如下主张:每个陈述都必须是关于某物($τινὸς εἶναι$)的,并且具有某种性质($ποιόν τινα$)。换句话说,我们不能关于非实存的事物作陈述,而且,凡陈述必定或真或假。我所说的"非实存的事物"并非指虚构的对象,而是指不分有存在的东西。异乡人并没有提出什么虚构对象学说,今时人们最喜欢说的话,像"圣诞老人并不存在"之类,在《智术师》中找不到其对应物。这并不表示异乡人就会轻松打发这些例子。他曾简短解释梦里的影像,即把它们解释为对实存事物的破碎的反射(266b10及以后),大概他也会用类似的方式来解释这些例子。

现在,我们来到了对话中被人讨论最多的一个部分。[303]异乡人要求泰安泰德仔细留意并跟他同心协力,从而证实了这部分的重要性。他将说出一个结构上正确的陈述,并请泰阿泰德判定它在言说关于谁的事。让我强调一点:在整个这一文段中,异乡人只说到人和行动,而从未说到形相。他举的例子非常简短:"泰阿泰德坐着"。泰阿泰德很容易地看到,这个陈述是关于他自己的(262e10-263a5)。但异乡人接下来给出第二个例子:"我现在与之交谈的泰阿泰德在飞"。泰阿泰德说,没人会有别的说法,只会说这个陈述也是关于他自己的(263a6-10)。异乡人在第二个陈述中言明了他指的是哪个泰阿泰德,而在前一个例子("泰阿泰德坐着")中没有这样做,这是因为与他对话的人事实上没有在飞。因此,考虑到异乡人先前的形相学说,要是没有解释,这个句子就根本不会是关于泰阿泰德的。换句话说,仅靠纯粹语法或逻辑式的分析,并不能提供假陈述以意义。我们还需要别的信息,在今天可能谓之"语境"信息或关于言说者意图的信息。①

现在,异乡人引入了真与假的区别。他使泰阿泰德认定第一

---

① 比较 Cornford(1937),页312;和《欧绪德谟》286d。

个陈述为真,第二个陈述则"在某种程度上"($που$)为假。真陈述说出了"关于你的事"($τὰ\ ὄντα\ ὡς\ ἔστιν\ περὶ\ σοῦ$)。① 假陈述则说了"异于存在之事物的事"($ἕτερα\ τῶν\ ὄντων$)。所以,"它是把不存在的事物说成存在的"(或"它把不存在的事物说得仿佛存在似的";$τὰ\ μὲ\ ὄντ'\ ἄρα\ ὡς\ ὄντα\ λέγει$)。如果第一个翻译正确,肯定和否定性的实存陈述似乎就有资格被包含在内,尽管尚不清楚异乡人会如何解释一个否定性实存的意义。此外,在这段讨论中,确定真假凭靠的是我们决断"事物何以存在"或"事物何以不存在"的能力。如果异乡人真的相信形相学说关系到对假的分析,那么,他必定有意去区分意义与真值。我们通过看雪来判定"雪是蓝色的"为假;同理,我们通过看真正的泰阿泰德此人来判定"泰阿泰德在飞"为假。② 但确定"泰阿泰德在飞"的真值,并不是对"泰阿泰德在飞"(亦即,虚假性)的意义——即假的意义——作语义学分析。[304]遗憾的是,异乡人没有做这样的明确区分(263a11-b10)。

接着是对假陈述的作用的第二个说明。这一文段有一处存在抄本上的分歧,需要作一简短讨论。在两个最好的抄本(B 和 T)中,这句的含义如下:一个假 $λόγος$ 陈述"真地存在、但不是就你而言存在的事物"($ὄντως\ δέ\ γε\ ὄντα\ ἕτερα\ περὶ\ σοῦ$)。伯奈特、傅勒(Fowler)和威尔(Wiehl)接受了考奈利斯(Cornarius)的修正,将 $ὄντως$ 改成 $ὄντων$,相应地,这句话的含义就是:一个假 $λόγος$ 陈述"不是有关你的那些事物的事物"(263b11)。弗雷德保留了 B 和 T 的读法($ὄντως$),并据此推断,整个这一文段清楚表明"如果某个东西实际不同[于所说的东西],且已经包含[在陈述中],那么它就是₁现实的";换句话说,它就与自身同一(页58;关于"是₁",参阅 III′,页18)。如果这意味着,甚至一个假陈述也必定对应于、或展示了

---

① 比较 Detel(1972),页 100;Keyt(1973),页 288 及以下。另一种翻译:"真的关于你的事物"。
② 比较 Sprute(1962),页 58-59。

第十六场 假陈述 355

某个实际的形相结构,问题就来了:一个像"泰阿泰德在飞"这样的陈述,涉及哪些形相呢? 更早的时候(页 43),弗雷德观察到,συμπλοκὴ εἰδῶν[交织之相]应用于"泰阿泰德在飞",后者是一个述谓概念与某个实存者的形相之合("zwischen Prädikatsbegriff und der Form des Seienden")。我看这不太清楚意味着什么,除非"＿＿飞"是一个述谓概念而"泰阿泰德"是一个实存者的形相名。因此页 44 也有这样的话:

事实上,只要一个形相被附着于一个述谓,那么无论如何总会有某个实存者被表达,这就使假陈述可能这样初步来定义:通过假陈述,某个并不实存的东西被表达为实存的;因为,一个东西要能不实存,它就必须实存(Seiend Sein)。

如果我在这一点上对弗雷德的理解正确,那我可能会部分同意他的观点:不是这个实际上就是那个。但我看不到什么理由去认为异乡人意在以 συμπλοκὴ εἰδῶν[交织之相]作为假陈述的基础。事实上,异乡人只给我们举了一个假陈述的例子,"泰阿泰德在飞";按照弗雷德的分析,这里必定有一个形相对应于名叫"泰阿泰德"的个体。但这似乎不是一个人所想要的结果,其肇因就在没有把形相结合学说与对假陈述的分析区别开来。

异乡人的学说无可挽救,哪怕不顾一切地将泰阿泰德转变成一个形相,也不能挽救。因此,无论文段中的此处是 ὄντως 还是 ὄντων,我们都不能把假陈述跟某个相关的形相结构联系起来。让我们继续听异乡人所言。"我们说过,[305]就每个事物而言,许多东西存在,也有许多东西不存在"(263b11-13)。关于泰阿泰德的两个陈述中,异乡人说第二个陈述是关于某人的。假如这个"某人"不是泰阿泰德,它就也不是其他任何人;这样的话,该陈述就根本不成其为一个 λόγος(263c1-12)。这也附带证明了该陈述不是关于一个形相泰阿泰德的。举例就到此。异乡人直接转向他的定义。

首先,我们尝试尽可能地按字面直译这个定义:"当关于你的事情被如此言说($περὶ\ δὴ\ σοῦ\ λεγόμενα$),以至于异被说成同,不存在的事物被说成存在的事物($μέντοι\ θάτερα\ ὡς\ τὰ\ αὐτὰ\ καὶ\ μὴ\ ὄντα\ ὡς\ ὄντα$)时,这样一种由动词和名词带来的综合,似乎就从各方面制作出了那真地、真实地是($ὄντως\ τε\ καὶ\ ἀληθῶς$)假$λόγος$的东西"(263d1-4)。这一定义是基于有关泰阿泰德的陈述而下的。我认为不应该完全忽视这个事实而直接走向一个普遍的定义。关于时空个体的假陈述,与关于形相的假陈述是有区别的。不过,关于这一点可能我已经说得够多了。第二,我们还可以问:把异说为同,与把不存在的事物说成仿佛存在的,二者之间是否有重大区别。就我们的例子而言,"把异说为同"大概指的是:我们说泰阿泰德在飞,"飞"不是"坐",而"坐"才是泰阿泰德正在做的事。然而,就"把不存在的事物说成仿佛存在的"而言,似乎可以得出相同的结论——它指的是:我们把泰阿泰德说得他仿佛在飞,而实际上他没有在飞。第三,还应该指出,尽管一个假$λόγος$必定是一个幻像,它还是被说成"真正、真实地"是它所是。如我先前已经指出的,异乡人没有区分原物与像在"真"方面的"程度"。最后,这段关于假陈述的说明只字未提形相。整个部分有赖于$λόγος$与非存在之间的某种联系。然而,既然非存在就是异,联系就在这个异跟其余"最大的种类"之间。我们也可以假设其他的形相分有了异的能力,以此给陈述"泰阿泰德在飞"以理智可解的亚结构。无论泰阿泰德,还是飞这一"行动",其本身都不能直接跟形相异结合。

异乡人继续说,显而易见,推论性思想、意见和似像,这些都是在灵魂中出现的种($γένη$),有真有假。我们注意到,$φαντασία$[似像]回到讨论中来了,$λόγος$[言辞]则被$διάνοια$[思想]替代。伯奈

第十六场 假陈述

特跟随斯道鲍姆(Stallbaum)的做法,删去了 γένη,虽然 B 和 T 两个抄本中都有这个词。我看不出有什么理由随从他的做法。"种"在此肯定不能指"最大的种"。[306] 按照这一假设,διάνοια [思想] 应是一个纯粹形相,与 λόγος [言辞] 同义,而不是一种心灵的能力。这似乎不需要多花笔墨来反驳,就像意见或似像都有一个形相与之对应这一假设也不需要太多笔墨去反驳一样。

现在,我们可以小结这一粗略展开的学说了。非存在"可以接触到"意见和言辞(261c6-9),而且是在纯粹形相的层面上,纯粹形相要么本身就是被指对象,要么构成了名称所指对象的深层结构,这些名称被编织在 λόγος 里面。一些名称可以以一种有意义的方式相合,一些则不相合,"就像形相和字母的情况中一样"(261d1 及以下)。形相结构跟语言结构之间的可类比之处就是结合。名称就是有意义的陈述的"原子元素"。261c6 及以下没有一个字来解释非存在在何种意义上"可以接触到"推论性思想。但即便循着我所反对的一个观点,即 263d1-4 中的 θάτερα ὡς τὰ αὐτά [把异说成同] 是异的一个指涉,实情也是如此。异乡人只字不解释形相和名称如何"结合"——假如"结合"应用用在这里算合适的话。如果我们尝试将形相结合学说应用到现在的问题,那么,对"泰阿泰德在飞"的正确分析是怎样的? 只能是这样的:形相泰阿泰德与形相存在和异共有,结果泰阿泰德(区别于异,因此)就是同了(通过与同结合);形相飞亦然。但这当然是可笑的。

或许,我们应该再次快速回顾一下为何述谓论者的解释不适用。假定他们声称说,我们的那个假陈述应该作如下分析:"飞错误地述谓了泰阿泰德";如果这样,那么,飞又该述谓什么呢?我们已经指出,这个问题似乎导致弗雷德只好承认有一个名为"泰阿泰德"的形相。若如此,那就是将亚里士多德所谓的第一实体当成了一个柏拉图的形相。我们还应看到,"错误地"不过是一种被掩盖起来的"假地",分析过程并未除去、因而也并未使这"假地"得到解释。假如我们除掉"错误地"以及称作"泰阿泰德"的形相这一主题,那么,我们也大可以除掉名为飞的形相这一主题。那么,"泰阿泰德在飞"的假就直接来自对泰阿泰德的看。因此,对陈述"泰阿泰德在飞"的述谓论分析可能是一件可接受的语法构件,但它跟结合论的解释一样,与陈述的真假不相干。

异乡人的分析可归结如下。一个假陈述要么把存在的东西说成不存在,要么把不存在的东西说成存在的。在两种情况下,都是说的某种"异"的东西(263b7,263d1)。事实上,[307]异乡人给出的只是第二种情况的例子。他并没有分析像"泰阿泰德没有坐着"这样的陈述。所以,我们也只是限于讨论他的确说过的东西,亦即,他解释了"泰阿泰德在飞"。这一陈述显然把不存在的说成了存在的。毕竟,泰阿泰德并没有在飞。但这意味着存在的东西不存在。所以,我们要么不得不接受否定的事实,要么只好再来着手分析"泰阿泰德没有在飞"。这是一个真陈述,真陈述要么言说不存在的东西不存在,要么言说存在的东西存在,取决于你如何解释泰阿泰德没有在飞这一"事实"。假如我们不承认有否定性的事实,那么,看上去对"泰阿泰德在飞"的正确分析就很像是"泰阿泰德没有飞"。但我怀疑众多读者是否会把这当作一种成功的分析。

这一场的余下部分主要是简短说明先前提到的灵魂的功能。首先说到,"διάνοια[思想]和λόγος[言辞]是相同的"。然而,διάνοια[思想]是灵魂与它自身之间的一种内在对话,其发生无需言辞(263d10-e6)。由此,λόγος在此指言辞,而不是比率。如此说来,λόγος[言辞]是发自灵魂、经口而出的音流。肯定与否定之间的区别也适用于λόγος[言辞],但λόγος[言辞]可以"借助διάνοια[思想]"(κατὰ διάνοιαν),沉默地发生于灵魂内部(在这种情况下,它称作δόξα[意见/判断])(263e7-264a3)。这似乎意味着,思考与判断有别。若我们通过感知(而不仅仅是通过思考)形成某个δόξα

[意见]，这可以正确地称作"似像"（φαντασία；264a4-7）。由于这些"似像"可真可假，所以我们决不能将它们等同于"幻像"（fantasms）。在小结了这些定义之后，异乡人推断，以上被定义的术语都与言说相近，因此，其中必定有一些有时为假（264a8-b4）。异乡人没有提及νόησις或曰理智觉知，然而，他用动词κατανοεῖν[感知]开始了下一个句子：他问泰阿泰德，是否"感知"到，他们已经比所预料的更快发现了假判断和假言说。泰阿泰德回答，"我感知（κατανοῶ）到了"（264b5-8）。遗憾的是，从观看纯粹的相，到感知假的意义，这条推论性道路上出了某种差错。

在前面数页中，我已十分严肃地对待异乡人的专门学说，让其接受了仔细分析，同时也让一些观点接受了仔细分析——根据这些观点，异乡人的这些学说代表了柏拉图思想演进中的一个新的和关键的阶段。分析的结果是，异乡人的学说在技术上是失败的，而且也并未代表着柏拉图的什么彻底转变，即从看似"不成熟的"或形而上学的柏拉图主义，转向了一种新的、实质上也更为完善的理论，且该理论微妙地预示了弗雷格式的和后弗雷格式的诸概念。[308]至于异乡人或柏拉图是认真地提出这些学说，还是只是在反讽，则是另一个问题了。对这一问题，我将给出另外的回答，此回答沿袭本书序言的思路而来。依我看，说《智术师》中的离题去谈技术不过是柏拉图所开的一个精致的玩笑（有些人认为《帕默尼德》的后半部分也是如此），未免太离谱。我更愿意说，柏拉图是在实验用技术的方法去解决非存在和假的问题，同时也在以序言所论的方法表明，用技术的方法来解决这些问题行不通。换句话说，柏拉图借助异乡人这一角色，既呈现了对苏格拉底的某种貌似合理的哲学指控，同时他本人又反驳了这一指控。就像我早些时候所表达的，《治邦者》便是异乡人对自己主张的撤回。然而，这些都不会使《智术师》中的实验失去其技术旨趣。通篇考察对话中的细节是必要的，目的是让我们自己信服至少这一技术式解决是失败的。同样,批评述谓论者的论点也是必要的,目的是表明,"后期"柏拉图并非弗雷格或后弗雷格分析哲学家的原型。而就异乡人确是《智术师》中的一个这样的原型而言(亦即,一个人用技术方法来定义基本的哲学问题,为要获得对这些问题的一种技术的解决),我们现在可以看到,他的"技艺主义"使得他与智术师本身无法相区别。我当然不是要谴责 $\tau\acute{\epsilon}\chi\nu\eta$ [技艺],而是要坚决主张,柏拉图的哲学观念是通过他的全部对话来展现的,我们不能基于对话中根本找不到的原则,挑拣出一些碎片堆在一起,[并说那就是柏拉图的哲学]。

第十七场　总结二分

(264b9–268d5)

[309]走过了如此漫长的旅程,现在我们已经预备好对造像术的二分作出结论,然后我们将会捉住智术师(264b9-c6)。我们首先区分了肖像和幻像,但那时候我们还不知道智术师制造的是哪一种像。这一困惑转过来又导致一些让人晕眩的问题,它们由否定假、并因而否定肖像、像和幻像所引起(264c7-d2)。现在我们大概已经看到,非存在"可以触及"λόγος[言辞],因而也就看到,假,作为号称是原物但不是原物的东西,乃是实际存在的——无论是以λόγος[言辞]的形式还是以意见(δόξα)的形式(264d3-6)。因此,260d5-6就把假陈述与造像术和幻像术联系起来。因此我们现在可以得出结论:"对诸存在的模仿"(μιμήματα τῶν ὄντων)是实际存在的,而且"从这种倾向中可能产生出某种欺骗的技艺"。

应该指出,异乡人并没有明确地将假确定为幻像。智术师是诸存在的模仿者(235a1),因而是造像者。既然幻像是不精确的摹本,那也就假定了智术师制造的是幻像而不是肖像。然而,肖像的特征属性也是:并非它所似之物。也许有人想,肖像本来就把自身认定为像,幻像则不然。当然,言辞,无论是肖像性言辞还是幻像性言辞,都不可能被人误认作事物本身;但是,如果幻像内在地否定了，或建构在明确的假设之上，且该假设否定纯粹形相的实存，那么幻像就可以被解释为：它们声称是——不是时空事物中的事物，而是对这些事物之价值的原初解释。

在260d5-e3处，造像术中制造幻像的部分被确定为智术师行骗的方式。然而，智术师不承认他的制作会将我们引向假。为了理解智术师的主张，并遵从异乡人的[310]忠告——即总是要以尽可能好的方式陈述对手的论点——我们必须区分诸存在或事物的像与带判断的模仿。智术师没有假装是一名木匠或几何学家；他没有制造房屋的不精确摹本或提供不精确的几何学的证明，而是制造判断，并训练我们说服的技艺，说服他人接受我们的判断。或许可以认为，这比异乡人的学说看起来更合理——异乡人借助该学说，将非存在、并因此将制造假的能力归给了所有的像，首先在236e1-237a4，然后在264c7-d6他再次这样做。在此，让我们单谈推论式的像。由于异的能力，非存在"可以触及"纯粹形相的维度；而按照异乡人的论述，非存在之被引渡进入言说，是因为言说由名称结合而成，而名称的结合或直接或间接地指涉形相。假陈述说的是"不存在的东西"，这只能是指，它言说某个"异的"东西。但与什么相异？无论如何，我们甚至不能够说：它异于言说者的意图，因为言说者很可能"相信"或"判断"他是在照他的意图言说。对此说法可以反驳说：他所结合的形相，或他所声称的述谓，事实上是没有的。但这是事实或真值的问题，而不是语义学或意义的问题。未能区分这两者导致形相学说被取缔。但若作这种区分，即是表明异乡人并没能解释假。

异乡人既未阐明像的本性，也没有证明假陈述的存在，他将两者当作给定的。这也许是站得住脚的，但重点在于，这些假设从未合法地与形相学说联系起来。如果"不存在"事实上"存在"，只不过它是"异"，那么作为对假的解释，这是行不通的。即便一个陈述事实上言说了某个"异于"它"似乎"要说的东西的东西，并不足以使其为假。"异"的意思还可能指句子表面上拙劣表达的东西的某种更高的真。再者,一个句子言说的东西也不可能异于它似乎在说的东西。一个句子总是说其所说:例如,"泰阿泰德在飞"这个句子并不是在说"泰阿泰德不在飞"。总而言之,"异"并不是假。在一个假陈述中,所言说的东西与事物本身(无论是客体还是形相)之间有距离,不可能完全由异的作用来填平。这个距离存在于作为像的像的本性之内,而不仅仅在幻像中。像之不存在/是,恰恰是就像所自显为是的东西而言,这个东西就是:相。否认这一点就是否认原物与像的区别,也因此而再次否定了形相学说。

[311]很容易表明,异乡人并没有阐明像的本性。我们可以承认,因着异的作用,一个像"不是"它的原物。但这样的话,"似"却又没有得到解释。由于同的作用,像也不可能"像"原物。像"是、又不是"的这个属性中的"是",不可能是指同一性,因此,述谓论者的分析并没有使我们更接近对似的本性的描述。我们兴许可以尝试孤注一掷,不顾一切地暂且假定有一个纯粹形相似。但异乡人本人没有这样做,此中有一个很好的理由。假如说有一个形相似,那么,其本性中就会包含着"是、又不是"的属性,因而它就可以解析成存在和异。另一方面,假如"似"不是一个形相,而是时空世界的一个属性(因而也是语言的一个属性),那么,它又在什么意义上为假呢?一些事物像其他事物,这难道不是很真实吗?一旦从原物与像的关系这一语境中除去"相似",谁还会说,我所判断为"似"的东西并不存在、而只是似乎存在呢?

带着这些确定了的难题,让我们返回二分法。我们需要划分造像术这一族类,总是保留[所分出来的]右边部分,从而始终与智术师打交道,直到从他身上剥除他与其他造像者共同的一切东西,只留下他独特的本性。然后,我们将展示这一本性,首先向我们自己展示,然后也向那些与我们所用方法亲近的人展示(264d7-265a3)。似乎正是由于遵循这一原则,我们也不会公开展示我们的分析。

下面的二分要么是第六或第七轮(不包括钓者的划分),原因先前已经说明了。

步骤1:按异乡人所言,首先将 τέχνη[技艺]划分为制作和获取(265a4-6)。智术师将自己"伪装"在获取的种种形式中,如猎取、争取和行商。ἐφαντάζεϑ'[显现出]一词暗示智术师并不属于这些形式。之前的那些二分再一次被异乡人叙述错了。我们自己可能倒宁可相信,那些二分为我们提供了智术师复杂本性的精确肖像。异乡人现在不管先前二分的结论,再次从制作术(αὐτὴν τὴν ποιητικήν)的二分开始,因为模仿制作的是像而不是事物本身(265a7-b3)。

步骤2:219a10 说, ποίησις[制作]由三类构成:(1)耕作或照料生命体;(2)照料工具;(3)模仿。现在我们只关注模仿。异乡人将模仿划分为属神的模仿和属人的模仿。泰阿泰德不解,[312]异乡人作了解释:我们必须决定,是否要追随"多数人的意见"(τῷ τῶν πολλῶν δόγματι),说自然是"出于某种自发的原因,而不靠制作性的理智(διάνοια)",产生了地球上的动物、植物及无生命体呢?还是我们更愿意说,这一切是由一位神圣造物主用 λόγος 和知识制造的?泰阿泰德承认,他在这两个判断之间摇摆,并经常改变他的主意。"但看着你,我明白你相信它们是由于神而存在的,于是我也采纳这一回答了"(265b8-d4)。这一"多数人的信念"应该是指多数哲人的判断。异乡人建议这样说,"称作'自然'的事物是由某种神圣技艺制作的",而凡人用这些自然物所设计成的事物,则是由属人的技艺做成的。"正确",泰阿泰德说(265d2-6)。

步骤3:属神的和属人的制作各自再被分成两部分。两者各有一个造物(αὐτοποιητική)和一个造像(εἰδωλοποιική; 265e8-266b1)。动物——包括人在内——以及自然事物的所有元素是由神造的(266b2-5)。它们各自所对应的像则由"魔鬼的设计"所造(δαιμονία...μηχανῇ)。泰阿泰德不明白这话。异乡人解释说,这些像包括梦以及日光自动产生的幻像(φαντάσματα),如影子和镜像(266b6-c4)。我们注意到,266c3 处用 εἶδος 表示"像"的意思。泰阿泰德同意并说,有两个东西对应于属神的制作所产生的作品;但这两个东西没有给出专门名称(266c5-6)。就属人的技艺来说,人要么制作原物(比如造一个房子; αὐτουργική),要么制作像(εἰδωλοποιική)。我们可以注意到,一幅绘画被称作"人的一种梦,为醒着的人所造"(266c7-d4)。泰阿泰德表示同意(266d5-7)。

步骤4：既然假"真地存在"(ὄντως ὄν),我们便可以将造像术划分为肖像术和幻像术(266d8-e5)。但不清楚假是在两种情况中都有呢,还是仅在后者中有？

步骤5：我们绕开属神的模仿,将属人的幻像术划分为借助工具一类和制造者本身就是工具一类。泰阿泰德[对后者感到]不解(267a1-5)。原来异乡人心里想的是对另一个人的形象或声音的模仿;至于命名借助工具一类,可以将此任务留给他人(267a6-b3)。我注意到下列困难。在 235c2 和 235d1,模仿术被确定为制作术的一个分支,似乎与造像术(εἰδωλοποιική)是一回事。265a10-b3 实际上重复了这个[313]定义。但现在,模仿被定义为属人的幻像术的一个部分。

步骤6：模仿有两部分,区别就在于有、还是没有对所模仿的东西的知识。模仿你姿态的人应该"认识"或"感知到"你(异乡人现在不再用 εἰδότες 而用 γεγνώσκων 了),亦即,他必须与你相识(267b4-c1)。接下来,异乡人转向"正义和所有美德的姿态"。就像泰阿泰德同意的那样,很多人对美德无知但有一些关于美德的意见,他们满怀热情地百般努力,欲使这设想中的美德从自身表现出来(267c2-7)。所以,异乡人当然假设了有一"作为原物的"美德,或者想来必定该称作"形相"的东西。异乡人将这一对美德的模仿当作范式,来说明那些在有知或无知中模仿的人。这样的人很多,只是慵懒的前人忽视了按相来划分族类(τῆς τῶν γενῶν κατ' εἴδη διαιρέσεως;267c8-d7),因而没有确定其身份。异乡人迈出了(他所谓的)十分勇敢的一步,他引入两个名称,一个用来指"植根于意见的模仿"(δοξομιμητικήν),一个用来指"一种探究式的模仿",后者基于知识而模仿(τὴν δὲ μετ' ἐπιστήμης ἱστορικήν τινα μίμησιν;267d8-e3)。

步骤7:异乡人区分了两类模仿者,一类模仿者怀疑自己的知识,一类则不怀疑。后者称作"单纯的"模仿者,前者称作"装样子的"模仿者(267e4-268a8)。

步骤8:有两类装样子自动向异乡人显现出来。"我观察到,其中一类能于公开场合在大众面前用长篇大论装样子;另一类则在私底下用简短的言辞迫使其对话同伴陷入自相矛盾"(268a9-b5)。这话的要旨就是要将公开装样子的定名为公众演说家(δημολογικόν),而将私下装样子的(他不可能是有智慧的,因为之前已经说过他是无知的)定名为"地地道道的智术师"(τὸν παντάπασιν ὄντως σοφιστήν;268b10-c4)。

如果一个人看不到并惊讶于异乡人自己的装样子,他必定不说一般地愚钝。追捕智术师的最终结果,是确定了苏格拉底就是这种技艺的实践者。这并不是表示苏格拉底跟刚才定义的智术师之间全无二致。但这种相合已几近证明了我们最初的怀疑,即异乡人是来雅典指控苏格拉底的。当然,苏格拉底在《申辩》中将承认这一指控。他忽视政治修辞,并在私下场合借助对话中的简短言辞反驳人;但另一方面,他也声称他只知道自己无知。

小结:对话结束时,异乡人像以前一样,把名称"智术师"整个归拢起来,"从尾到头编织在一起"(268c5-7)。[314]事实上,二分法本身从头到尾贯穿在这次小结中。所有先前的小结亦然,除了第四轮二分之外(或者往后说一点,第五轮)。那一轮二分的小结抹去了赚钱术与饶舌术的区别,结果是模糊了苏格拉底与智术师的区别。

以下是异乡人最后的小结:智术是让人自相矛盾的一类,让人自相矛盾是装样子的一部分,装样子是模仿术中根据意见模仿的部分,模仿术是幻像术的一部分,幻像术是属人的制作一类,此属人的制作者被定义为言辞中变戏法的(或魔术师;268c8-d2)。这段小结用早前对智术师的修辞性描绘,把二分各步骤反向混合起来。它也省去了267a以下那里使用工具的制作术与将自己当作工具的制作术的区分。直到最后,智术师的本性似乎仍然不接受精确的计数。

"凡说真正的智术师属于这一族类和血缘的,说得似乎再真不过了",异乡人得出结论。泰阿泰德最后说:"千真万确"(268d3-5)。

在《泰阿泰德》中,苏格拉底说,智术师跟他的除了帕默尼德外的众前辈一样,都是荷马麾下的成员。他们都是诗人或"制作世界的人"。智术就是根据属人的视角所设定的尺度或比率来制作世界。与此相反,异乡人的新教诲则想揭开这个独一世界的永恒结构。然而,我们仍可追问:这个独一的世界本身,是否就是按照哲人的像"建构"起来的一个东西?在《斐勒布》中(28c6),苏格拉底说,智慧的人都同意纯粹理智($νοῦς$)是天上地下的王,以此来提升他们自己的地位。苏格拉底没有说,但我们不妨问一问:是否哲人就是神之像的原物?

收 场 白

一

[315]《智术师》是一出哲学戏剧，或借用《智术师》本身的术语来说，是制作和获取的独特混合。就此而言，它也是一件音乐作品，由灵魂所设计、贡献于照料灵魂。因此，这个对话与面包和衣服有着某种有限的类比，面包和衣服由身体所造、贡献于照料身体。不过，一面是哲学音乐，一面是诸如面包和衣服这样的产品，二者之间至少有两个基本的差别。第一个差别在于言说具有内在性或者说自反性。有人也许试图否定内在性的哲学意味，他可能会把哲学确定为某种命题性言说，其本性是公共的或曰面向外部的。作为这种言说的例子，他可能会举二分法中所包含的概念上的接合，或曰据类型而进行的划分与集合为证。现在我们已经看到，智术师的这些概念上的接合都是人为的制作，其运作与人的内在经验有关，而正是这个内在经验构成了我们人性的基础。为这个基础下定义毫无意义，因为定义都是概念，而概念的意义最终由对自我、并对他人言说的个体人来决定。这种言说在某种意义上是面向外部的或公共的，但这仅仅是因为它可以跟人内心中[对事物的]的理解相对照。爱利亚异乡人经常求助于人的这种内在

理解，只不过他会称之以各种不同的名称。

许多当代哲学家认为谈到内在性文不对题，一个原因就是他们没有重视灵魂与哲学的关联。他们说到的是理智或心智。然而，在爱利亚异乡人而言，哪里都不可能有[316]理智，除非那里有灵魂。从我们的探究目的出发，理智与灵魂的区别可以表述如下。命题性的人为制品出自理智之手，就理智和这些制品被视为等同而言，理智本身也可能被模拟成一台机器。我们注意到，事实上模型与其说是原物，不如说是像；除此之外我们还注意到，灵魂却没有一个机器似的模型。从异乡人的立场看，谈论"活"机器是荒谬的；而假如机器是活着的，从异乡人的立场看，那就等于说机器有灵魂。而灵魂的觉知，无论这个所有格的"灵魂"是主体意义上的还是客体意义上的，与对命题的概念性把握并不是同一回事情。

且让我们稍微换一种说法。反对把内在性话题引入哲学的人会声称说，哲学言说本质上就是公共的。假定我们暂且接受这个主张。可是，实实在在地，公共言说跟意识形态上的唱颂歌有别，它不是由公众来说，而是由个体的人来说。公共言说源于私人言辞，或者说，源于用公共性的语言来表达制作性的思想。λόγος[逻各斯]不仅仅是语义和语法元素的和，还是由个体思想者制作而成的、由这些元素构成的比率。它在本性上有模糊之处。毋庸说，根据异乡人的论证，必须区分作为原物的比率与该原物的推论性摹本。也许，原物比率确实具有某种普遍性的意义，但事实上，当该比率在一个推论式命题中被摹仿时，它也获得了一种与言说者私人意图相关的意义。无视这一点未免太天真，在技艺上也不过关。一旦原比率的私人性意义本身成了公共性的，那么它就是公共知识库里的一部分。它保持其双重身份：既是公共的，也能资私人之用。

关于以上所述观点，可以举个例子来说明。我可能知晓某个命题对另一个人或另一个圈子的人的意义是什么,但却并不接受、甚或不理解他们所声言的那个意义。有些个体对于科学或曰普遍性言辞的意义并不感冒,这在科学家或者其他专家的身上也不是不多见;而根据他们会用怎样的修辞腔来表达这种不感冒,我们要么说他们头脑僵化,要么说他们清醒;甚至有些极端的人,我们称他们为虚无主义者。事实上,真正的普遍性言辞,似乎倒对它自己的意义充耳不闻,因为[317]倾听普遍言辞的并不是言辞,而是个体言说者。普遍性言辞本身的内容与这个个体言说者附加其上的意义之间也有所区别,而他有时也会充耳不闻。如此一来,就出现了一个自相矛盾的情形:科学一方面声明对人类价值的问题完全中立,一方面又声明其本性就是人类的终极价值。《智术师》中的情形正是如此,由以下这点就可以明显看出:异乡人一方面认定二分乃是把似与不似分开,一方面却又认定辩证法乃是自由人的科学。

因此,如果哲学是普遍启蒙,那么被启蒙的也必须是个体,因为,如果公众不是由被启蒙之个体所组成的共同体,那它就只能是无理智的群氓。智术师是懂得这个哲学命题的,正如苏格拉底在《泰阿泰德》中所言,他们试图从私人感觉的优先性推导出一种公共性的学说。但智术师的努力前后并不一贯,这不是由于私人性的无关紧要,而是由于他不能鉴别感觉中的固定要素。固定要素未必具有公共意义上的可通达性。必定具有公共可通达性的东西乃是语言,我们就在这种语言内部言说——对自己或对他人——有关该要素之本性的事。就算语言真的构成了所有固定要素的本性,在语言的多样性之中仍然保留着私人性。从柏拉图对话的常规含义这一意义而言,"柏拉图哲学"的显著特点是:哲学类似于智术,因为二者都把真正的公共性植根于一种私人的觉知中。我们可以借助对并非由任何语言构成的那些元素的觉知来讨论不同语言之间的翻译问题。爱利亚异乡人的形相作为可理解性的元素,之所以拥有公共的、且实则是普遍性的意义,正是因为它们对于灵魂的眼睛而言是直接可达的,此种可达性不可能由公共言说居间促成,反倒是公共言说的基础。

命题是,或也许是公共性的,生活则既是公共性的也是私人性的。当代人看重命题,正是把哲学与生活割裂开来的结果。就此而言,这种割裂与试图用公共或普遍性的术语来定义生活密切相关——尽管不完全等同。我们起码可以说,如果哲学不关心生活,生活很快就会消灭哲学。我们必须从这个意义上来理解柏拉图的"哲学是一种生活方式"的论点,《王制》哲人王的空想也以情节剧的方式表达了这一论点。另一方面也不应该忘了,哲人太公开地关心生活,会把他引向死亡,如《申辩》的[318]情节剧中所描述的那样。因此,苏格拉底建议哲人应当对世人无动于衷或渴求死亡,但他也建议哲人必须知晓每个人的本性,并相应地调整其言说以应对他们。

有些读者会认为,前面这些段落说的是认识论跟灵魂论的关系,但这并不是我的意图所在。认识论和灵魂论在研讨会的墙外根本就不存在(除非我们将其在公共生活中,幽灵般的显现也算作一种存在形式)。它们跟研讨会所用的房间本身一样,由一种更基本的行为来筑就——这种行为一方面过于透明,一方面又过于含混,以至于无法用此类术语表达清楚。另一些读者或许会把我的话归入存在主义文学的影响一类。对此,我同样必须表示抗议。存在主义要么是现代大学、要么是咖啡馆里出来的产物,这两种东西在柏拉图的对话中可见不着,更别说把它们与柏拉图的对话划等号了。相反,我的这部评论是文学性的,正如——比如卡尔纳普与戴维森(Donald Davidson)的评论性也是文学性的一样,说不上哪个的文学性更多或更少。以分析说服的哲人,虽然并非完全对文体没有感觉,但他们无论多么任意地谴责他人的修辞,在评论自己的修辞方面却过于保留。我们中间那些为了公众而写作的人,不管有名无名,都是文学家,严肃的问题是切不切题。哪一种文学体裁适合用来讨论柏拉图的对话？如果我们一开始就忽略了对话作为公共作品的可见性,回答这个问题就会文不对题。

回到刚开始时的对比。一篇对话与一片面包的区别首先在于,面包的作用跟它的意义问题是分离的。就面包在人类生活中的角色,我可以说出些具有可公开证实的性质的普遍命题（包括提到众所周知的自我保存本能）。然而,至于生活是否值得过的问题,我却必须自己作出回答。公众是否同意这个答案则完全次要。因为,转述普鲁斯特（Proust）的话说,公共的东西虽不是废品,但也是一堆排泄物,每个个人努力回答前面提到的问题时都会产生一些这样的排泄物。然而,柏拉图对话的作用跟对其意义的追问却不是分离的。其作用将直接随我们赋予它的意义而改变。这话也可以用来说面包,但只能在如下意义上才能说：即面包成了哲学对话中的一个"角色"。所以,关于哲学对话、由此还有 [319] 柏拉图对话在人类生活中的角色,并没有什么具有可公开证实的性质的普遍命题存在。我可以稍微换一种方式来表达。柏拉图的"秘密教诲"之所以秘密,并不是因为他有意隐藏他的观点（那些观点是很容易看出来的）,而是因为哲学观点的性质本身：这些观点会隐藏其自身或其所指,甚至在被明确表达、因而进入公开时亦然。

最后这个主张会让一些读者想起海德格尔存在论中关于存在的隐藏这一命题。我的看法是,柏拉图对话中已经预示了海德格尔的学说。这一说法并没有犯时代上的错误。但这话带有一个更深层的含义：海德格尔称之为形而上学的历史的东西,虽然不完全是个假叙述,却是一种误导。不过,这又是另外一个要讨论的题目了。我关于哲学观点的本性所讲的话乃是基于日常经验,此日常经验也是构成当代科学、数学以及事实上所有理智活动领域的基础。我将以陈述哲学与面包的第二个基本差别,作为讨论这一点的开端。在某个分析层面上,我们很容易区分面包的自然构成与其技术加工,但就柏拉图对话这样的哲学作品而言,要作出上述区分就没那么容易。

试图区分这两者所产生的困难,可以接入本书三幕标题所表明的论题之中。灵魂是否拥有一种能力,使其能够区分原物与像?诸形相就好像小麦和黑麦吗?若是,那么谷物之有赖于人类耕作,是否暗示出思想要素也类似地有赖于思想过程本身?是否人类经验的每一次表达都已经是对原物的一种修改,该原物离开了人的制作就不可被理解吗?有些人认为事物的意义是由语言制作出来的,但既然他们还未至于宣称事物本身也是语言的制作品,也就承认意义与指称的区别,此乃康德关于概念与 Ding an sich [物自体]之区别的一个不自觉的翻版。康德的概念固然必须被感觉所填充,但感觉(以及概念的图式化)的可理解性也是概念性的。概念既不是事物,也不是事物的范式。概念是媒介,事物通过它们变得可为我们所理解;而且,即使这些事物可理解,除非通过此媒介,它们仍是不可理解。

在日常经验的层面上,我们不可能满足于说小麦的本质或相就是人类的劳作。毕竟[320]人所种的并不是他的意向性活动所规划出来的东西。种子可以是为思想服务的食物,也可以是为身体服务的食物,可种子并不是思想。既然如此,我们为何要满足于如下这个形而上学命题呢:意义,或一些明智主张的本质,由意义通常在其中得以表达的语言或语言历史来提供?或许有人想要作如下回答:种子在被种下、或被劳动改变以前可以被身体所觉知;而意义只能在其语言实现中被觉知,语言是我们构造、即制作意义的一种工具。这样的回答是武断的,因其并未排除靠着语言的帮助而觉知与制作实体之间是可能有区别的。我已经指出,我们仍然需要说明被制作的语言实体与物质性存在之间有何联系。比如，我们需要解释数学何以可能作为解释自然的结构及其运作的工具。尽管集合、甚至——有待论证地——自然数都可能是数学家的发明，但说重力和分子运动是物理学家的发明，这会有道理吗？

对于上述问题有人将回答说：数学物理学或曰现代科学是西欧的语言 Lebensform[生活方式]的一种表达。我认为这个答案毫无意义。那些活着完全不知道重力定律和热力定律的人，并不是生活在某个另外的世界里(除了在比喻的意义上)，而只是生活在无知里。我们需要的是解释为什么西欧的生活方式就足以胜任解释这世界的运行，而非西方的生活方式就要么产生不出如此充分的解释，要么只能产生部分这样的解释。不管怎样，重要的是觉知到这个世界的统一性，并觉知到我们关于它所能说的各种东西的相对价值。只举一个例子，巴比伦的创世神话讲的就是现代科学所研究的世界，而非某个别的世界。这些神话也许揭示了我们这个共同世界的某些方面是现代科学所不能理解的，但这只标志着统一体内部的多样性，而非不同世界的多样性。告诉我们说科学是我们的生活方式的产物，也就是告诉我们说，科学最终跟巴比伦的创世神话同等重要。这些创世神话也是一种生活方式的结果，我们该如何在不同生活方式之间作抉择呢？实际上这样的抉择相对较容易，因为，一旦我们认识到了生活方式的多样性，也就能够理解此生活方式相对于彼生活方式的优越性了。说这种理解仍是我们自身生活方式的一个结果，此说[321]固然为真，但无助于揭示我们自身的生活方式，是否让我们能够言说真。

我选取现代科学为例，因为这比别的例子更好地诠释了两个紧密相关的论点。第一个论点是，在今天，由于语言视域和生活方式学说的影响，哲学家和社会科学家都陷入了非常深刻的危机。第二个论点是，该危机源于否定超语言的内在性或曰私人性在哲学(进而在科学)上的相关性，亦即否定了超语言立场，比如否定对——不是对柏拉图的客体型相,而是对涵义和意义的理智觉知。言说者的超语言立场与自然世界的完整性平行,自然世界的完整性当然并非绝对跟行为中的言说者无关,而是可以被言说者所理解。我不会否认对于这些行为的解释(即科学理论)乃是人为制品;我自己也曾强调,自然世界的运作,其意义的本原在于人类个体。既然意义意味着"对人而言的意义",那意义的本原还能在别的哪里呢(如果我们把神圣启示当作哲学视野之外的东西而排除在外的话)?但是,人本身也是自然世界运作的产物,这个自然世界作为一个世界不只是虚空中的原子。柏拉图哲学——仍然理解为柏拉图对话所时常表明的学说——认为,自然为人类提供了某种意义等级。这一层意思可以表述为自然目的论。不过我认为这样表述就过头了,因为这意味着该秩序永恒不变而且从无例外;甚至意味着,自然目的是我们可以理解的,以至于我们在任何情况下都可以毫不含糊地决定做什么或者说什么。就算只是粗略地了解柏拉图作品的人也会认为,虽然爱利亚异乡人蛮有把握地说到辩证法,但对话中并没有这类自然目的论。事实上里面有的乃是所有可感经验的基础,包括科学的、甚至现代科学的经验。甚至当我们完全超越了日常生活的诸相时——这些相或多或少都是直接可见的——仍然是这些直接可见的相担任着自然的向导。而不管我们称自己为哲学家也好,或科学家也好,我们都必须超越这些自然的相。柏拉图作品中最深层的问题在于:当我们如此超越它们过后,我们是否因此就发现它们并不是自然的,而是人为的。这正是我们能否区分哲学与智术的问题。而同时这也是下面的这个问题:是否哪怕原始形态的智术也能够与虚无主义[322]区分开来。毕竟智术师也作出了某些关于人类之本性/自然的主张。一旦这些主张被"相对化"于希腊历史或政治生活而看待,那么智术就大获全胜了,这胜利就是智术自身的遁形。

二

　　数学并不单单以证明定理为务，它还促成了飞机和核能的产生；诸如禅宗则没有促成其中任何一个的产生。但这本身并不证明数学就优于禅宗。这只是表明，如果我们的行为方式不同，进而言说方式也不同，结果也就会不同。对于一个柏拉图主义者（在我使用该词的意义上）来说，这并非在主张相对主义；毋宁说，这是在主张自然的恒定性。我们仍然需要决定做什么、进而决定说什么，但决定的基础是有的。这就把我们带到了问题更深的一面。如果世界不过是言说这个命题，不可能解释世界的恒定性，那么，我们还能谈论"关于"世界的恒定性，同时又不模糊原物与其语言之像的区别吗？又，在这个语境中，"关于"又是什么意思？

　　在某些方面爱利亚异乡人就像我们同时代的人，似乎要用语言来判明他的方位。然而，他这么做是因为语言是公共能理解的，而非因为私人性跟话题无关。哲学与智术的区别对应于恒定与不定的区别，进而也依赖于区别的固定性——就此而言，哲学不可能仅仅谈论关于谈论的事。事实上，哲学不仅仅是谈论，更是自由人的谈论（用爱利亚异乡人的话说）。而如果自由就是纯粹谈论，那么哲学与智术的区别就消失了。对于是否有任何人是自由的，我且存而不论；我想说的是，命题乃是关于一个事物、一种关系或一种事态的，从这个意义上讲，自由却不是"关于"任何东西的。自由是一个原物，不是一个像。正是由于这个原因，我们把自由说成是一种理想。这个理想，在人类生活中成为现实——若真能如此的话。因此，比如说"言论自由"指的是，活着的言说者作为不受约束而自由生活的人，他之可以说什么并没有什么人为的限制。不过异乡人要说的并不是这个。他所说的"自由言辞"指的是 λόγος[逻各斯]或曰理性分析，它建基于（但未必仅限于讨论）纯粹存在学上的形相。这"自由言辞"并不会使我们摆脱政治环境所加的束缚,而是使我们摆脱智术所造成的内在的、且很大程度上是私人性的腐蚀。[323]我说"很大程度上是私人性的",因为自由是灵魂的一种状态,但作为 λόγος[逻各斯],它则要以语言为中介。

因此,被理解为辩证法的自由,首先是关于存在学上的原物的言说。我们曾经指出这里存在的如下两难:如果 λόγος[逻各斯]是一个像,那就没有纯粹推论性的通路可达至原物;而如果 λόγος[逻各斯]自身就是原物——在比率或比例的意义上——那就不存在原物的专属辖域,来充当区分精确与不精确言辞的基础了。在这种情形下,所有的言辞都是"精确的",因为无论我们说什么,所说命题都精确地展现了其自身结构的比率或比例。异乡人当然否定第二个选项。但为了化解这个两难,他不可以只是接受第一个选项而已。他还必须向我们提供一个关于理智觉知的推论性说明。但这样的说明从未出现过,也不可能出现。关于觉知的说明要么是原物,要么是像:如果是像,我们就需要一个独立的、对原物的觉知以判定此像是肖像还是幻像;如果说它就是原物,则好像很荒谬,因为觉知怎么可能是言说呢?倘若觉知就是原物,反过来说明觉知的对象[就是像]也便有可能了,而且这些说明只能基于某种直接的、非推论性的觉知来加以评估。因此,上述两难看来无法避免。

因此,《智术师》中所探讨的"技艺"问题的基础,就在于公共与私人之间的关联。存在学意义上的形相,比如说数和几何图形,对每个人都只呈现出一副面孔、或一个相,从这个意义上说,它们在本质上就是公共性的。然而,这个公共性本身,由于它以语言为中介,就产生了对所探讨之相的千变万化的叙述。而这又引出了一个跟元素的内在纯一性相关的基本问题,纯粹形相、几何图形、数等都属于元素之列。也许这种对纯一性的初始觉知,掩盖了某种更深、且深不可测的复杂性。也许直觉到的元素的那"一副面孔"乃是一副面具,在底下隐藏着的错综复杂可与智术师的错综复杂相媲美。若然如此,那么科学、甚至数学就变成了人为的构造,其根据是本质上不可通达之原物的幻像,或曰不精确的像。异乡人基于一个未经审察的假设,证明他的形相字母表中的"字母"本质纯一,而且其纯一性是直接可以理解的。因此,我们可以根据异乡人的路数,这样来表述柏拉图哲学的基本困难:这个困难并非在于形而上学的玄妙深奥,而是——可以这么说——极其表面性的问题。这话不仅涵盖了对于形相元素的觉知,也涵盖了对于日常经验中[324]一些普遍之相的理解。尽管苏格拉底批评智术的相对觉知学说,但不论他还是爱利亚异乡人都绝没有证明我们能直接觉知,进而正确辨认智术师一类的存在;就此而言,还有事物、树木、马,或人等的存在。事物基本的相,即形相字母,直接显示在事物的表面;但是,事物的表面随视角不同,看上去也不同,而基本元素本身,也被我们的分析乃至精确描述它们的努力间接促成或者分化了。

因此,在通向 λόγος[逻各斯]或曰完美言辞的路上遇到了双重阻碍。这样的言辞在严格限定的语境里是有可能的。但是,我们愈是试图严格地构造一个基础、全面的存在学,就愈是深陷于智术变幻多端的相之中;愈是不再狭隘地关注异乡人关于非存在或假的具体分析,而把注意力转向理解对话的整体,就愈是明白昭彰地看到柏拉图已经认识到这双重阻碍。哲学,在《智术师》及整个柏拉图作品中所描画的哲学,不是一种学说,而是一个问题。问题的戏剧性或曰属人面相就是如何区分哲人和智术师。但是,属人面相上的这一问题,又以其诗性的精确性,相应于存在与非存在、真与假、原物与像这些技艺性问题。这些技艺性问题的可理解性,也最充分地验明了纯一之相的可见性。这些问题似乎没有答案,但这个事实却改变不了,我们看出问题究竟是什么的能力。异乡人跟苏格拉底完全一样,他把这种可见性视为理所当然。我们也许可以说,于苏格拉底而言,假如智术真的完胜哲学,那就没有什么问题了。不论这种说法正确与否,异乡人很清楚地提出了一套明确的学说,比苏格拉底在别处所提出的任何东西都要明确。鉴于这套明确学说意在作为对苏格拉底过度保留的审判,我们可以下此结论说:此学说的失败等于宣告了审判无效。不管柏拉图的个人观点如何,总之,苏格拉底通过在异乡人面前保持沉默,在哲学法官的谴责面前被宣告无罪开释。这种沉默,跟《申辩》中导致苏格拉底之死的口若悬河并不矛盾,事实上前者恰恰被后者所证明。

言说和沉默的问题,《智术师》在很前面的地方就已经以种种不同但有所关联的方式引入。此问题内在于哲人的"幻像"或伪装的议题之中,也内在于从对πράγματα[事]的私人拥有,到对名称的公共认同的转向[325]之中;而这个转变反过来又是制作推论之像的一个最为关键的方面。除非能够成功地克服从事物到名称的暗渡,否则我们不可能穿透哲人的伪装,伪装之下也不会有一个哲人在那里。而我们已经看到,这有赖于事物和名称之间的某种距离,即一个与另一个的分离,或者说一个使我们能够区分肖像与幻像的无言地带。如果这一区分完全是言辞上的,那么关于名称的公共认同就是习俗的制作,既非对自然的发现,也非对自然的分析。总之,肖像与幻像之间并没有什么单纯推论性的[即言辞上的]差别,因此,关于哲人与智术师之间的区别,也没有什么认识论上的、或者说可以共同接受的定义。

从这个立场出发,苏格拉底的"非存在",或曰苏格拉底之死,便正是非存在这个逻辑难题或存在学难题的一个现成的隐喻。苏格拉底死,不是因为他装样子地向雅典人隐藏了他的明确学说,而是因为他明白而准确无误向雅典人陈明了他是谁(而非什么)。城邦与哲人之间没有什么一致同意的东西,哲人没有能力提出一个可共同接受的学说。由于没有这样一个学说,苏格拉底就变得与智术师无法区分。虽然他们都没有真知识,但苏格拉底显然也没有公开说服的技艺。苏格拉底惯用的招牌——他知道他不知道,其实是一种矫作的、诡辩腔的装饰音,其主音是一种具有破坏力的坦率,这种坦率挑战着政治生活所依赖的那些共同定义。而另一方面,智术师则用城邦的像本身来伪装自己:人,因而是νόμος[礼法],乃是万物的尺度。苏格拉底没能解决这个问题,类似于异乡人没能解决非存在的问题。二人都是通过把原初问题转化成另一个问题而把原初问题伪装起来。哲学与政治之间不可逾越的断裂,被苏格拉底转化成了死之于生在哲学上的优越性;死总是现成的。但这是一个诡辩,因为苏格拉底自己强调了哲学乃一种生活方式这个事实。苏格拉底的明确学说恰恰就是:哲学不是一种学说而是一种生活方式;而且,这种生活方式不是一种公共或公开意义上的,乃是私人意义上的。苏格拉底即便在关心朋友时,首先关心的也是自己。

异乡人来,是要惩罚苏格拉底无法言喻的傲慢。惩罚采取了明确学说的形式,此学说(表面上)可以[326]公开地表述而不致招来有害结果,因为它似乎没有什么政治意味。但这个技艺性的学说并不符合它自己的技艺标准。其一,异乡人把"非存在"(τὸ μηδαμῶς ὄν)的问题转换成了"否定"这个并不相同、且较为次级的问题。其二,异乡人强调其方法的非政治性,从而意味着此方法的结果也是非政治性的,但他无法始终让似/不似和好/坏的标准划清界限,则证明了他所强调的非政治性是假的。其三,如果说技艺性的学说没有政治意味为真,哲学与政治之间的差别就不是被填平了,而是被强化了。赞美作为辩证法的真自由,就是在本质上否定了希腊人的以维护并遵守城邦律法为保障的政治自由的概念。再一次,哲学自由就是不受νόμος[礼法]束缚的自由。这一点,异乡人在《治邦者》中比在《智术师》中说得更明白,不过在《智术师》中也足够明白了。

我以上所述并不是在论证区分哲人与智术师是不可能的,而是在论证,并没有什么公共根据来使这一区分生效。事实上,此哲人无法向彼哲人定义自己,就此而言,他也无法向自己定义自己。

不过他并没必要这么做,而且我斗胆揣测,他也不会去费这个力气。哲人不定义他自己。如果柏拉图的确有教给我们什么,那就是:哲人借助言辞和行动,凭借灵魂的高贵和可理解的爱欲来标识自己。同理,智术师也有自己的标识,但不是凭借其论据的无效性,而是根据其灵魂的虚弱。高贵的言辞当然是高贵的灵魂的一个鲜明的证词,但高贵不可降解为有效。

读者也许会反对说,提到高贵,就等于乞灵于一种远比理智能力含糊得多的标准。我不大肯定是否如此。我们可以同样容易地看到理智能力和高贵,但是,理智能力可能用于低下的目的,灵魂的高贵却不可能。不过重点还是在于:柏拉图——具体地说是爱利亚异乡人——虽然蛮有把握地(或许还有夸大地)赞美逻辑分析,却仍强调真正的哲人拥有高贵的灵魂这一事实。异乡人跟苏格拉底一样确立了形相存在学与照料灵魂之间的联系(不过苏格拉底对此没有阐明)。辩证家在某种程度上很像斯宾诺莎,在其关于必然的表达中是自由的。在某个更为宽泛的层面上,尽管异乡人接受自然为神,在其关于[327]存在的说明中仍有一个未予解释的分叉。Ousia[本在],神性的、因而具有灵魂的全体,不可能与原子形相存在(ὄν)同一。Ousia[本在]对于存在的超越——或许可以慎重地这么说——乃是无对于非存在的超越的正面表达。确定的言辞会遵守指称法则、枚举法则、非矛盾法则,其根在于确定的相。然而,全面的存在拥有每一个相,彻底的无则不拥有任何相,不论是全面的存在还是彻底的无,结果都是没有了确定性。

仔细思考异乡人的技艺学说,会引我们作出如下假设:过度的确定性会由于某种内在的必然性而自动转变为自相矛盾。如果说苏格拉底式的爱欲,即朝向完满生活的冲动,完全不符合逻辑地引人通向死亡,那么,异乡人的形相论者的辩证法在行至逻辑的尽头后,则终止于沉默。这自然是在建议:为了避免陷入两个极端,爱欲和形式论者的辩证法必须互相调和。这个建议事实上就站在柏拉图的对话中。对话,不是哲学式自由的证明,而是哲学式自由的展示。谁也无法证明自己是自由的,他最多只能做的是:活得仿佛他就是自由的。正是在这个意义上,苏格拉底在《斐多》中把型相说成是最可靠的假设,又在《斐勒布》中提到哲人事实上是按他们自己的像来设想神。不过,这也正是智术师含蓄批评哲学的根据所在。自由并非等同于、而是依赖于以 λόγος [逻各斯] (进而以黑格尔的作为 Begriff [概念] 的整全学说) 来把握整全。我曾提出,智术师缺乏哲人的大全性的(comprehensive) 爱欲,但另一方面,我也极力主张,就柏拉图对话而言,无论爱欲的、还是 λόγος [逻各斯] 的大全性,都导向虚无(进而导向尼采的人的根本局限性一说)。因此或许可以认为,智术的第一原则就是否认整全。

更具体地说,智术师同意在整全和所有之间划等号,即在统一体和各部分之和之间划等号,但接着他又说,这个总和是不可计数的。按照这个观点,个人没法依靠整全,他只能依靠自己。从这个立场出发,或许可以认为哲学史就是智术师逐渐战胜柏拉图的历史。可是,仅止于用如此神秘晦涩的表达来陈述这一点,恐怕相当地误导人。我们不可犯这样的错误,以为柏拉图对于智术的修辞性反驳已经足以解决问题的诸般难题。柏拉图可能会反驳智术师说,观看整全将给我们提供自我理解的唯一稳靠的基础,[328]而弃绝整全则导致人被消解或分裂成所有的相(即所有的"世界观")。而智术所展开的最深刻的反攻就是:柏拉图主义者生活得就好像整全这一统一体不仅超越了"所有"的不可数性,还把非可数性统一了起来,并以此来欺骗自己。这一指控不可草率应对。柏拉图主义者必须理解这个指控,在理解它的过程中,它也就承担起了消化并吸收现代哲学的责任。由此,他也就容许放弃柏拉图哲学的可能性。

智术——就我赋予这个术语的广延的意义而言——的能力,从异乡人对像的关键性否定中看得一清二楚,异乡人把这一否定归在了智术师的头上。在《泰阿泰德》中,苏格拉底则把智术师对像的否定发展成一种感觉学说。按照苏格拉底那个版本的智术,我们感觉到事物是怎样,它就是怎样。换句话说,不存在什么与感官觉知分离的 μράγματα[模仿],因而也就不存在像对原物的复制和传达。在《智术师》中,同样的学说则从技艺的角度来呈现:凡是人制作的东西都是原物。有些原物比其他的原物更有能力仅仅是就具体的属人欲求或意图而言。智术所自称具有的能力正是说服他人服从智术师的欲求或意图的能力。如果说智术是真实的,那么在广义上而言,其学说也就是迫使自然服从人的意愿和理智。既然异乡人没有给出关于原物或像的充分说明,他也就没有应他自己的要求来驳倒智术。

那么,《智术师》——倘若不说是异乡人——向我们表明什么呢?在日常生活的层面上,区分哲人和智术师倒是容易:哲人高贵,而智术师,虽说并非卑贱至极,却是哲学高贵之功用的批评家。但是,我们愈是深入就愈是难以区分二者,也愈难保持对于高贵的热爱,特别是当我们接受了 λόγος[逻各斯] 的专属标准。可以说,哲人与智术师的区分象征着原物与像、因而也象征着存在与非存在的分离。然而异乡人不会允许后两者的分离,不然的话,无所不包而具有大全性的 λόγος[逻各斯] 这一规划就会归于无效;异乡人在赞赏貌似具有普遍性的二分法时明确作出了这一规划。λόγος[逻各斯](跟诗不一样)有赖于把事物与言说分离,却又试图把事物同化成言说。从这个意义上讲,λόγος[逻各斯] 原本就自相矛盾。

柏拉图主义者讨厌这个矛盾,但它的确同时出现在实践和理论两个层面上。我们可以用两种互为补充的方式来表达这一点。其一,智术的受局限的爱欲[329]导致理论从属于实践,进而导致智术高抬政治生活。另一方面,哲人的大全性爱欲本身等于含蓄地坚称理论与实践的统一性,这种统一性,如《王制》中所示,要求在某种使哲学自由从属于政治必然——暂且撇开修辞不谈——的政治形式中现实化。其二,凡在人类生活为宝贵的东西皆有赖于哲学与智术之别的透明性。但是,透明太过脆弱,它既不能在没有运用推论性分析的情况下久存,又无法经受住推论性分析的运用而幸存。于此,我们想到了黑格尔对直接经验所本质固有的中介作用(mediation)或矛盾性的阐释,也想到了维特根斯坦如何像西西弗斯那样,试图回归日常的透明言说,其中一方面的努力就是孜孜不倦地"解构"形而上学传统。从另外一个层面上说,科学史和数学史也表明了同样的困境:连续统一体的透明性一经分析,就消解成了诸多辩证性的二律背反关系,它们有赖于[人的]发现和创造,或异乡人所谓的获取和制作。

这些二律背反不是走向非理性主义的借口。它们不是在谴责分析,而是极具启发性地表达了分析方法最深刻的本性和局限性。一旦我们的野心超过了我们的理解力,就会出现不合逻辑的情况。常有话说,每个技艺性的问题都有一个技艺的解决。如果是真的,那么还有一个事实在:说技艺思维的基础是技艺性的,不可能是在同一意义上。在一个层面上解决了二律背反,会导致它在另一个层面上再次出现。拿数学来说,形式体系所固有的局限性本身可以以形式的术语来表达,但这并不除去其有局限的本性。

上述这些难题——理论和实践的关联以及透明性的难以把握——就是柏拉图《智术师》的主题。也可以说,这些难题是每一部柏拉图对话的基础和实质,而《智术师》的深度就在于它对一些最普遍存在的问题的处理。不过必须清楚,这些问题并不是所谓的同一性和述谓的问题,甚至也不是——如果从狭义的技艺这一意义上来理解——非存在和假的问题。这类技艺问题就像东方地毯细密繁复的图案中的细线,第一眼看去,图案是透明而明晰地,因为它能触动我们。凑近了再看,就会发现,那些单个花纹和图形都在整体印象中起着一部分作用。为了尽情地欣赏地毯,我们必须来来回回地注意看,一会儿看细节,一会儿看整体图案。若有可能谈到对可见的繁复景象的言辞表达,那么,我们如何[330]表述整个图案,将绝不同于所看见的具体花纹和图形的相加之和。

　　本质上而言,用这种方法来阅读柏拉图对话也行得通。总体图案一开始就是看得见的,那是日常生活的透明性。这个透明性一方面太显而易见,以至于显不出什么深度,另一方面却又无法从概念上来把握,除非去研究其细节。但同样为真的是,我们若要进入最深层的技艺问题——不管是理论性的还是实践性的,都要借助日常生活的这个表面上的透明性。由此,对于技艺性细节的关注,本身就把我们带回总体语境,而初时显而易见的东西,现在则变得繁复而模糊。我们意识到,被"给定"的同时又是被隐藏的。从这个例子来理解,哲人和智术师们所说的日常生活绝不可能是原始意义上的,我们也不能直接将其确认为"自然的"——就是说它毫无疑问地就是规范。关于我们有没有能力彻底地区分自然与历史,我绝不乐观;我也不接受如下说法,即某个既定的历史时代提供了人类行为的规范(norm)。我甚至可以假定:一个自然现象的每次显示,都借助于时间性的或历史的视角。然而,尽管我承认上述假设,且也许还会承认一些别的说法,但有一点仍是看得见且非常关键的,那就是:从时间性的或历史性的视角本身开始。

　　柏拉图对话的透明性,我们进入其中的宽敞大道,实际上并不是自然的,而是人为的现象。然而,这个人为产品的内容,在透明性这个意义上,又可以说是自然的。这一出人试图区分哲学与智术的戏剧,是我们理解任何哲学教诲的典范。那些情愿我们回到希腊城邦的柏拉图倾慕者们错过了这一重点。城邦,如柏拉图所呈现的,乃是一个人为的例证,证明自然与历史的区分——不是作为充分完成的区分,而是作为历史的范式——如何从历史本身中浮现出来。至于柏拉图是否认为希腊城邦在理论上比其他的政治组织更优越,完全是次要的。即使他的确这么认为,那也只是一个或然的、可以争论的意见,并不触及如下这个严肃的政治问题的根本:人试图进行哲学探究。

起点就是终点,正如向上的路和向下的路是同一条路。被给定的是哲学的事实($τὸ\ ὅτι$)而非哲学的"是什么"($τί\ ἐστι$)。这一观点我在前文已经表达过了,我指出,哲人不定义自己,比如他们不像教授们那样,以说明自己的研究领域来定义自己。说"我是一个[331]哲人",甚至都不是一种身份确认,而是一句谜,或一个傲慢之举。哲人也不由某种生活方式或历史视角来定义。相反,历史,不管是理解为 $ἱστορία$[探究],还是理解为 Geschichtlichkeit[历史],都要由哲学来定义。同样的话完全也可以用来说科学和数学。正是出于这个原因——而非由于人所以为的真理或存在在根本上具有的历史性——哲人必须关心历史,或曰关心苏格拉底所谓的先人所讲的故事。哲学起源于古希腊这一事实,并不意味着哲学因应用于希腊人的语言历史而是相对的。如果非印欧语系没有词语与"存在"或"本性"相对,那么它们就要接受哲人的责难,说它们不如印欧语言。哲学并不只是冷漠而无动于衷的分析,它也是审判或正义。分析就是消解,发现真理就是揭露谬误。发现和揭露无论作为存在论方法还是作为控制论方法,都不是完全理智性的。它们都是属人的活动,存在论和控制论的基础也就是日常生活。

如此说来,我们所谓的对过往的考古研究或钩沉研究,不过是一个抽象版或精致版的隐藏和发现的辩证法,这种辩证法为任何人类意识活动本质所固有。智术的吸引力归根结底根植于理智生活的智术本性。灵魂既是智术师,也是哲人;是智术师,因为获取也是制作;是哲人,因为灵魂觉知到这种统一性,并努力要把它分为各个构成要素。没有理智觉知的分析是毁灭;没有分析的觉知则是寂静。非存在的不解之谜就在于它的末世性:它在初之前,也在终之后。然而,它"存在着"。

附 录

参考文献

Ackrill, J. L. 1957. "Plato and the Copula: *Sophist* 251-259," in *Plato I. Metaphysics and Epistemology*, edited by G. Vlastos, pp. 210-222.
Allen, R. E. 1960. "Participation and Predication in Plato's Middle Dialogues," in *Studies in Plato's Metaphysics*, edited by R. E. Allen, pp. 43-60.
———. 1967. *Studies in Plato's Metaphysics*, edited by R. E. Allen. London: Routledge and Kegan Paul, 1967.
Annas, J. 1976. *Aristotle's Metaphysics, Books M and N*, translated, and with introduction and notes. Oxford: Clarendon Press, 1976.
Barker, A. 1978. "ΣΥΜΦΩΝΟΙ 'ΑΡΙΘΜΟΙ: A Note on *Republic* 531c1-4," in *Classical Philology* 73: 337-42.
———. 1981. "Aristotle on Perception and Ratios," in *Phronesis* 26: 248-66.
Becker, O. 1931. "Die diairetische Erzeugung der platonischen Idealzahlen," in *Quellen und Studien zur Geschichte der Mathematik, Astronomie, und Physik*, abt. 1, bd. 1, pp. 464-94.
Benardete, S. 1960. "Plato. *Sophist* 223b1-7," in *Phronesis* 5: 129-39.
———. 1963. "Eidos and Diaeresis in Plato's Statesman," in *Philologus* 107: 193-226.
Blumenthal, H. J. 1966. "Did Plotinus Believe in Ideas of Individuals?" in *Phronesis* 11: 61-80.
Brandwood, L. 1976. *A Word Index to Plato*. Leeds: W. S. Maney & Son, 1976.
Burkert, W. 1959. "Στοιχεῖον: eine semasiologische Studie," in *Philologus* 103: 167-97.
Cantor, G. 1932. *Gesammelte Abhandlungen*, edited by E. Zermelo. Berlin: J.

Springer Verlag, 1972.
Carls, R. 1974. *Idee und Menge*. Pfullacher philosophische Forschungen, bd. 11. Munich: Berchmannskolleg Verlag, 1974.
Cherniss, H. 1962. *Aristotle's Criticism of Plato and the Academy*. New York: Russell and Russell, 1962. (Original edition, 1944.)
——. 1957. "The Relation of the *Timaeus* to Plato's Later Dialogues," in *Studies in Plato's Metaphysics*, edited by R. E. Allen, pp. 339–78.
Comford, F. M. 1935. *Plato's Theory of Knowledge*. New York: Liberal Arts Press, 1957. (Original edition, 1935.)
——. 1937. *Plato's Cosmology*. London: Routledge and Kegan Paul, 1937.
Crombie, I. M. 1963. *An Examination of Plato's Doctrines*, II. *Plato on Knowledge and Reality*. New York: Humanities Press, 1963.
Dauben, J. W. 1979. *Georg Cantor. His Mathematics and Philosophy of the Infinite*. Cambridge, Mass.: Harvard University Press, 1979.
Deleuze, G. 1969. *Logique du sens*. Paris: Les éditions du Minuit, 1969.
Derbolav, J. 1972. *Platons Sprachphilosophie im Kratylos und in den späteren Schriften*. Darmstadt: Impulse der Forschung, Wissenschaftliche Buchgesellschaft, 1972.
Detel, W. 1972. *Platons Beschreibung des falschen Satzes im Theätet und Sophistes*. Göttingen: Vandenhoeck und Ruprecht, 1972.
Findlay, J. 1974. *Plato. The Written and Unwritten Doctrines*. New York: Humanities Press, 1974.
Frede, M. 1967. *Prädikation und Existenzaussage*. Hypomnemata, heft 18. Göttingen: Vandenhoeck und Ruprecht, 1967.
Gadamer, H. G. 1980. *Dialogue and Dialectic*. New Haven: Yale University Press, 1980.
Gaiser, K. 1963. *Platons ungeschriebene Lehre*. Stuttgart: Ernst Klett Verlag, 1963.
Gödel, K. 1964. "What is Cantor's Continuum Problem," in *Philosophy of Mathematics*, edited by P. Benacerraf and H. Putnam, pp. 258–73. Englewood Cliffs: Prentice Hall, 1964.
Gomez-Lobo, A. 1977. "Plato's Description of Dialectic in the *Sophist* 253d1–e2," in *Phronesis* 22: 29–47.
Hegel, G. W. F. 1962. *Die Philosophie Platons*. Stuttgart: Verlag Freies Geistesleben, 1962.

Heidegger, M. 1982. *The Basic Problems of Phenomenology*, translated, and with an introduction and lexicon by A. Hofstadter. Bloomington: Indiana University Press, 1982.

Husserl, E. 1950. *Ideen I*. Husserliana, bd. 3. Amsterdam: M. Nijhoff, 1950.

Kahn, C. H. 1973. "*Language and Ontology in the Cratylus*," in *Exegesis and Argument*, edited by E. N. Lee et al., pp. 152-76.

Keyt, D. 1973. "Plato on Falsity: *Sophist* 263B," in *Exegesis and Argument*, edited by E. N. Lee et al., pp. 285-305.

Klein, J. 1968. *Greek Mathematical Thought and the Origins of Algebra*, translated by E. Brann. Cambridge: MIT Press, 1968.

———. 1977. *Plato's Trilogy: Theaetetus, The Sophist, and The Statesman*. Chicago: University of Chicago Press, 1977.

Kojève, A. 1972. *Essai d'une histoire raisonnée de la philosophie païenne*, II. Paris: Gallimard, 1972.

Koller, H. 1955. "Stoicheion," in *Glotta* 34: 161-74.

Kosman, L. A. 1973. "Understanding, Explanation, and Insight in Aristotle's *Posterior Analytics*," in *Exegesis and Argument*, edited by E. N. Lee et al., pp. 374-92.

———. 1976. " Platonic Love," in *Facets of Plato's Philosophy*, edited by W. H. Werkmeister. Assen: Van Gorcum, 1976.

Kube, J. 1969. *TEXNH und APETH*. Berlin: Walter de Gruyter, 1969.

Lachterman, D. R. 1979. "Klein, Jacob, *Plato's Trilogy: Theaetetus, The Sophist, and The Statesman*," in *Noûs* 13: 106-12.

Lafrance, Y. 1979. "Autour de Platon: continentaux et analystes," in *Dionysius* 3: 17-37.

Lee, E. N. 1966. "On the Metaphysics of the Image in Plato's *Timaeus*," in *The Monist* 50: 341-68.

———. 1972. "Plato on Negation and Not-Being in the *Sophist*," in *Philosophical Review* 71: 267-304.

Lee, E. N., et al. 1973. *Exegesis and Argument*, edited by E. N. Lee, A. Mourelatos, and R. Rorty. Assen: Van Gorcum, 1973.

Leszl, W. 1970. *Logic and Metaphysics in Aristotle*. Padua: Editrice Antenore, 1970.

Lohmann, J. 1970. *Musike und Logos*. Stuttgart: Musikwissenschaftliche Verlags-Gesellschaft, 1970.

Macran, H. S. 1902. *Aristoxenus*, *The Harmonics*, translated, and with notes, introduction, and index. Oxford: Clarendon Press, 1902.

Manasse, E. M. 1937. *Platons Sophistes und Politikos*. Berlin: Druck Siegfried Scholem, 1937.

Marten, R. 1965. *Der Logos der Dialektik. Eine Theorie zu Platons Sophistes*. Berlin, Walter de Gruyter, 1965.

——. 1967: "Selbstprädikation bei Platon," in *Kant-Studien* 58: 209-26.

Meinhardt, H. 1968. *Teilhabe bei Platon*. Symposion 26. Freiburg and Munich: Verlag Karl Alber, 1968.

Miller, M. 1980. *The Philosopher in Plato's Statesman*. The Hague: M. Nijhoff, 1980.

Mohr, R. D. 1981. "The Number Theory in Plato's *Republic* VII and *Philebus*," in *Isis* 72: 620-27.

Moravcsik, J. M. E. 1962. "Being and Meaning in the *Sophist*," in *Acta Philosophica Fennica* 14: 23-78.

——. 1973a. "Plato's Method of Division," in *Patterns in Plato's Thought*, edited by J. M. E. Moravcsik, pp. 158-91. Dordrecht and Boston: D. Reidel Publishing Co., 1973.

——. 1973b. "The Anatomy of Plato's Divisions," in *Exegesis and Argument*, edited E. N. Lee et al., pp. 324-48.

Orenstein, A. 1978. *Existence and the Particular Quantifier*. Philadelphia: Temple University Press, 1978.

Owen, G. E. L. 1953. "The Place of the *Timaeus* in Plato's Dialogues," in *Studies in Plato's Metaphysics*, edited by R. E. Allen, pp. 313-38.

——. 1971. "Plato on Not-Being," in *Plato* I, edited by G. Vlastos, pp. 223-67.

Peck, A. L. 1952. "Plato and the ΜΕΓΙΣΤΑ ΓΕΝΗ of the Sophist: A Reinterpretation," in *Classical Quarterly*, n. s. 2 (1952), pp. 32-56.

Prior, W. J. 1980. "Plato's Analysis of Being and Not-Being in the *Sophist*," in *The Southern Journal of Philosophy* 18: 199-211.

Rosen, S. 1969. *Nihilism: A Philosophical Essay*. New Haven: Yale University Press, 1969.

——. 1979. "Plato's Myth of the Reversed Cosmos," in *The Review of Metaphysics* 33: 58-85.

——. 1980. *The Limits of Analysis*. New York: Basic Books, 1980.

Ross, W. D. 1966. *Aristotle's Metaphysics*. Oxford: Clarendon Press, 1966. (Original edition, 1924.)

Sayre, K. M. 1969. *Plato's Analytical Method*. Chicago: University of Chicago Press, 1969.

Seligman, P. 1974. *Being and Not-Being: An Introduction to Plato's Sophist*. The Hague: M. Nijhoff, 1974.

Sprute, J. 1962. *Der Begriff der DOXA in der platonischen Philosophie*. Hy-pomnemata, Heft 2. Göttingen: Vandenhoeck und Ruprecht, 1972.

Stenzel, J. 1959. *Zahl und Gestalt bei Platon und Aristoteles*. Darmstadt: Wissenschaftliche Buchgesellschaft, 1959. (Original edition; 1924.)

———. 1961. *Studien zur Entwicklung der platonischen Dialektik von Sokrates zu Aristoteles*. Darmstadt: Wissenschaftliche Buchgesellschaft, 1961. (Original edition, 1917.)

Uphues, K. 1973. *Sprachtheorie und Metaphysik bei Platon, Aristoteles und in der Scholastik*. Herausgegeben von K. Flasch. Frankfurt: Minerva GMBH, 1973. (Original edition, 1882.)

Van Frassen, B. 1969. "Logical Structure in Plato's *Sophist*," in *The Review of Metaphysics* 22: 482-98.

Vlastos, G. 1954. "The Third Man Argument in the *Parmenides*," in *Studies in Plato's Metaphysics*, edited by R. E. Allen, pp. 241-64.

———. 1965. "Degrees of Reality in Plato," in Vlastos, *Platonic Studies*, pp. 58-75.

———. 1971. *Plato* I. *Metaphysics and Epistemology*, edited by G. Vlastos. New York: Doubleday Anchor, 1971.

———. 1973. *Platonic Studies*. Princeton: Princeton University Press, 1973.

———. 1973. "An Ambiguity in the *Sophist*," in Vlastos, *Platonic Studies*, pp. 270-322.

Wiehl, R. 1967. *Platon. Der Sophist. Auf der Grundlage der Übersetzung von Otto Apelt*. Philosophische Bibliothek, band 265. Hamburg: Felix Meiner Verlag, 1967.

Williams, C. J. F. 1981. *What is Existence?* Oxford: Clarendon Press, 1981.

Zadro, A. 1961. *Ricerche sul Linguaggio e sulla Logica del Sofista*. Padova: Editrice Antenore, 1961.

希腊文索引
（索引中的页码均为原书页码）

　　此希腊文索引为所用术语提供关键或解释性的段落，但并非对此类术语在书中出现的情况的完全枚举。

διακρίνω 辨别 63-64，118

δύναμις 能力 92-93，101，163，217-220，231，241 注，265，279-280

εἶδος 形相 6，8-9，170，264，288-289，301

ἐπιστήμη 知识 91-93，119 注，251

ἔργον 物事 86-89，167

κοινωνία 共有 220，275

λόγος 逻各斯、言辞、话、言说 9-10，16-17，40-41，48，55-56，73-74，87，155，251，294-296，316

μέθεξις 分有 221，275（share）

νόησις 理智 87

ὄν 是、存在 86，180，202，218，223，243，266

ὄντωςὄν 真地存在 194-195，223

οὐσία 本在 8，162，185，212-220，223，231，241 注，243，266，279-280，288，327

πᾶν 整全 8，166，244

παράδειγμα 例子、范型 91，170，196

πρᾶγμα 事 86-89，167

στοιχεῖα 元素 252-258

τέχνη 技艺 10-11，25-28，91-93，101-102，158，166

φρόνησις 明智 25，46

ψυχαγωγία 灵魂引导 2，20

引文索引

Euthydemus 285d, 303

Gorgias 455d6ff, 27; 465a1ff, 27; 464b2ff, 27; 463d1ff, 27; 464c7ff, 27; 463a6 – c8, 27; 452d5ff, 27; 454a6ff, 27; 452e9ff, 27; 465a5 – 6, 92; 464b2ff, 121; 520a6, 160

Parmenides 133a, 52; 135c8ff, 68; 128b7 – e4, 68; 137b6 – c3, 68; 130e1 – 3, 119; 132c12 – 133a7, 195; 132d – 133a, 199; 144c4 – 6, 240; 155d3–c2, 240; 136a4ff, 264

Phaedrus 257b7ff, 1; 271a4 – 272b6, 2; 272b7–274b5, 2; 275c5–276a9, 3; 264c2 – 5, 84; 266b3 – c9, 98; 270b1ff, 129

Philebus 39a1ff, 3; 15a – b, 51; 56d – e, 51; 59d, 51; 15a1ff–18d1, 71– 83; 55d10 – e3, 92; 56d4ff, 92; 57a1, 92; 57c6ff, 92; 28d6ff, 93; 17c4–e6, 254; 17a6, 254; 17b3 – 4, 254; 56c4ff, 255; 28c6, 314

Protagoras 319a4, 11; 316d3ff, 26; 322c2ff, 26; 326c8–9, 26; 327a8– b1, 26; 316d3ff, 96; 358a1 – b6, 105

Republic II, 376a5, 131; 376d9ff, 171; 381e8 – 383c7, 171; 459c2 – d2, 171

Republic III, 392c6ff, 1, 402e3ff, 17; 394b9–c1, 18, 394e1–395b7, 19; 396a7, 19; 393b6 – 394b2, 19; 398a1ff, 104; 395b3ff, 284

Republic IV, 400d6–10, 70; 440e8ff, 94; 430e11–431b3, 103; 442c10 – d3, 103; 428a11ff, 158

Republic V, 477c1ff, 220; 476a4 – 7, 299; 279c4ff, 299

Republic VI, 487a2 – 5, 16; 493a6ff, 160; 493a6ff, 172; 509b6–10, 212

Republic VII, 533b6ff, 22; 524d2ff, 48; 525c8–e5, 48; 529b3 – 5, 50; 526a1–7, 51; 522a3ff, 92; 536c2, 164; 530d6ff, 255; 540a4ff, 261;

533a1ff, 261; 507a1ff, 262; 509c7–10, 262; 533a1ff, 262

Statesman 308e4–311a2, 20; 257a1–258b2, 21; 295a9ff, 25; 257c2ff, 69; 284c6, 85; 258b6, 93; 261e5ff, 97; 263e6–264b5, 102; 264d1–3, 102; 262c10ff, 111; 268b4ff, 115; 258b6, 119–20; 262c10ff, 128; 2S7a1–2, 129; 262a8, 285

Symposium 215b4–9, 63

Theaetetus 145b1–c6, 21; 145c1, 22; 146b1–7, 22; 143e4–144b7, 22; 183a4ff, 23; 152d1ff, 26; 146b1ff, 64; 144b10–c6, 69; 178a5–8, 95; 152c8ff, 96; 184c1ff, 119; 150a8ff, 129; 172a1–c1, 138; 145d11–e6, 158; 179a–b, 162; 204a1ff, 164; 186a2ff, 241; 205a4ff, 253; 206d3–4, 254; 186a2ff, 264

Timaeus 48e–52d, 199; 30c5ff, 224; 36a1ff, 256

主题索引

Ackrill, J. L., 31-33
Acquisition and production: of images, 14, 18; and philosophical arithmetic, 92; and diaeresis, 94-95, 116, 170-74; of sophistical wares, 110-11; making the whole, 165-66, 311-14
Adrastus, 255, 257
Alexander, of Aphrodisias, 197
Algebraic permutation, 293
Allen, Reginald, 34
Alphabet: of pure forms, 8, 30, 45, 135, 219-20; and diaeresis, 79-80; as paradigm, 248-51
Annas, Julia, 53 Antisthenes, 242n
Aristotle, 7, 48-57 passim, 70-71, 198; cited by Frede, 274; and predication, 300
Aristoxenus, 254-56

Barker, A., 257
Being: as produced, 4-7, 18; no science of, 16; and the copula, 30-33; senses of, 39-44; as ontological principle, 209; and power, 217-20; and being known, 220-22; identity and predication, 229-44; and non-being, 269-90; not a two-place relation, 300
Blending, 252, 256-58

Carelessness, accurate and inaccurate, 212
Carls, Rainer, 41-43
Chemiss, Harold, 34, 195-99
Combination, 243-44; and forms, 248-53; and dialectic, 259-63
Concepts, 6-7, 234, 241
Contests, 112-14
Contradiction, 176-79, 327
Comford, F. M., 29-32
Correspondence doctrine, 148
Critical mythology, 205-08

Definitions, and images, 88
Deleuze, Gilles, 172

Diaeresis: and philosophical rhetoric, 2; as universal method, 8; and technical doctrines, 9 – 11; better and worse, 11; and pure forms, 31; as a formalism, 47–48; and mathematical formalism, 70 – 71, 85 – 86, 100, 106–07, 133–34; and the alphabet, 79 – 80; and music, 81 – 82; and hunting, 88–90; and natural joints, 98; varies as does the sophist, 107; disjunction in, 115 – 18; of diaeresis, 118 – 31; cannot distinguish originals and images, 120; and better-worse distinction, 122; multiplicity of, 132–43; pedagogical function of, 141; contradiction in numbering of, 142–43; compared to a fantasm, 157; and dialectic, 261

Dialectic: and freedom, 258 – 59; nature of, 259 – 63; and diaeresis, 261

Dialectical logic, 44–46

Disputation, 113–14, 160–64, 189

Dramatic perspective, 1–3

Dramatic phenomenology, 12–14

Eros, 20–22

Esotericism, 47, 49, 319; and secret hunting, 96–97

Existence: 229–44 passim; and logic, 232–33; and being, 271–72; and statements, 302

Falsehood: and being, 175 – 78; and discourse, 296–308

Fichte, J. G., 246

Formal ratios: cannot be false, 297–98

Forms. *See* Ideas

Frede, Michael, 29, 230 – 40, 269 – 76, 304–06

Freedom, 246, 322–23; and dialectic, 258–59

Frege, Gottlob, 4–5, 8, 262

Friends of the forms, 213–14, 220–25

Gaiser, Konrad, 46–47

Gaudentius, 256

Geometry, and the sophist, 10 Gödel, Kurt, 134

Good: and life, 167, 174; and pleasure, 176

Gorgias, 27

Gradational ontology, 194–95, 305

Greatest kinds, 31, 34, 49–57, 93; directly seen, 246; their nature, 264–68

Hegel, G. W. F., 44–45, 327, 329

Heidegger, Martin, 4–6, 319

Heraclitus, 99

Homer, 26, 62–66

Husserl, Edmund, 4–5, 295

Icons and fantasms, 65, 150–57; truth and beauty, 170 – 74; and false statement, 293–308

Ideas: knowledge of, 2; and predication, 7 – 9; combination of, 29 – 34; and syntactic predicates,

34-37; and mathematical formalism, 38-44; and pure numbers, 48-57; as formal ratios, 297-98. *See also* Alphabet, Combination, Greatest kinds

Identity: and predication, 269-90; not sameness, 272-74, 278

Image: and dramatic perspective, 2; dialogue as, 14-15; true and false, 14; icon and fantasm, 15-16; and pure forms, 149-50; nature of, 190-93; its nature unexplained, 311

Intellectual perception, 134, 241; in the *Philebus*, 77, 82; and accessibility of pure forms, 86-87; and dialectic, 260

Interiority, 315-16

Irony, 176, 308, 313-14

Joking, 166-68

Kant, Immanuel, 241, 319
Klein, Jacob, 49-57
Koller, H., 255

Lachterman, David, 219
Lee, Edward N., 197-200
Leszl, Walter, 200
Likeness, 120-21, 172-73, 311; nature of, 10-11; and truth, 176-77; and non-being, 186-87; and ideas, 187
Logic, irrelevant to sophistry, 139-41
Lohmann, Johannes, 255-56

Macran, H. S., 256-57
Materialists, 9, 212-20
Mathematical formalism: and Plato's technical doctrines, 5; none in the *Philebus*, 74-75, 78-79
Mathematical model, 46-47
Mathematical physics, 320-22
Mathematics: and positive teaching, 8; and drama, 9; and education of philosophers, 17-18; and music, 20; and dreaming, 22
Medicine and gymnastics, 122-26, 130-31
Mimesis, 311-14
Monism, 208-11
Moravcsik, Julius, 47-48
Music: and education of philosophers, 17-18; and diaeresis, 81-82; as a paradigm, 251-58

Naming, and predication, 243
Nietzsche, Friedrich, 141, 291
Nihil absolutum, 180-81
Noble and base, 13, 15
Noble soul, 326, 328
Non-being, 151-52; being of, 177-79; and predication, 181-82; and reference, 181-82; and enumeration, 182-83; discursively inaccessible, 183-84; and contradiction, 184; and mathematics, 185; and falsehood, 201-03

Odysseus, 62
Ontological "is," 281

Ontological perspective, 3-8
Ontologies, two distinct, 223
Ontotheology, 223
Opinion, 160-62
Oratory, 160
Original and image, 292; in true statements, 148-50
Originals: as produced, 14; look like images, 120
Otherness: and non-being, 269-90; as doubled, 270, 272, 274
Owen, G. E. L., 29, 195-99, 230-41, 270-75

Painting, and writing, 3
Paradigm-copy model, 195-99
Parmenides, 26, 240; and the Eleatic Stranger, 62; and Socrates, 68; and non-being, 180, 182-83, 201, 289; criticism of, 204-05, 282
Parricide, 204-05, 282
Perfect speech, 324
Phenomenology, 4-6; and historical perspectives, 13
Philosophers, nature of, 16-18
Philosophical rhetoric: and writing, 1-4, 9, 19; and sophistry, 26-28
Platonism, 5, 14-16, 18, 321, 328; shift to Aristotelianism, 192-93; and Hegel, 220
Pluralism, 206-08
Politics: and sophistry, 11; and philosophy, 103
Portrait sketcher, 147-50, 165-69
Predicates: and pure forms, 116-17, 149-50; and ousia, 225
Predication: and ideas, 7-9; and imagery, 195-99; identity and being, 229-44; and mingling, 263-64
Presence and absence, 215
Private and common, 69, 87-88, 317, 323
Process ontology, 219-20
Protagoras, 26
Protarchus, 72-83 passim
Pure formal units, 72-83
Purification, of bodies and souls, 119-31
Pythagorean music, 255

Relevance logic, 178-79, 286
Routley, Richard, 178-79

Shame, 216
Socrates: and rhetoric, 2, 11, 27; and mimesis, 19; trial of, 23-24, 61-69; accused of sophistry, 24, 64; refutations of sophistry, 26-28; and Descartes, 80-81; central criticism of sophistry, 161-62; and music, 253-55; and dialectic, 261-63; as genuine sophist, 313-14, his death, 325
Socrates and the Eleatic Stranger: meth-odological differences, 8-10; interest in the soul, 11; relationship to Theae-tetus, 20-21; technicism, 23-26; sophistry as art, 26-27; accusation and punishment, 61-69, 111-12; merchandising, 108;

difference in their examples, 117-18; ignorance and punishment, 125-28, 130 - 31; ethics and technical analysis, 137-38; punishment, 325-26

Soul: and philosophical rhetoric, 2; as image of the whole, 15; articulation of, 97; merchandising of, 108-09; nobility of, 140; and intellect, 315-16; both sophist and philosopher, 331

Speech and deed, 84-85

Speech and silence, 324-25

Stricter and softer Muses, 206

Tame and wild, 102-05

Tarski, Alfred, 292

Technical: as opposed to literary, 1-3; in the narrow sense, 8 - 9; subordinate to sound judgment, 25

Theaetetus: and forms, 8; his nature, 20-23, 63, 68

"Theaetetus flies," 295 - 96, 301, 303-07

Theo of Smyrna, 254-57

Theodorus, 62-67; his nature, 20-23

Transparency, surface, 329-30

Visual imagery, 188

Vlastos, Gregory, 35 - 38, 194-95, 198-99

Whitman, Walt, 141

Whole, 16; and all, 209 - 11; and power, 231

Wisdom, 158 - 59, 164; two roots of, 246

Wittgenstein, Ludwig, 4 - 5, 132, 262, 329

Wolf and dog, 131

Writing, and conversation, 3

Xenophanes, 206

Zeno, 62, 68

图书在版编目(CIP)数据

柏拉图的《智术师》:原物与像的戏剧/(美)罗森著;莫建华,蒋开君译.
--上海:华东师范大学出版社,2016
(经典与解释·柏拉图注疏集)
ISBN 978-7-5675-5675-1
I.①柏⋯ II.①罗⋯ ②莫⋯ ③蒋⋯ III.①柏拉图(Platon 前 427-前 347)-哲学思想-研究
IV.①B502.232
中国版本图书馆 CIP 数据核字(2016)第 209562 号

华东师范大学出版社六点分社
企划人 倪为国

Plato's Sophist: The Drama of Original and Image
By Stanley Rosen
Copyright © 1983 by Yale University Press
Simplified Chinese Translation Copyright © 2016 by East China Normal University Press Ltd
ALL RIGHTS RESERVED.
上海市版权局著作权合同登记 图字:09-2006-371 号

柏拉图注疏集

柏拉图的《智术师》——原物与像的戏剧

作　者	(美)罗森
译　者	莫建华　蒋开君
责任编辑	彭文曼　陈哲泓
封面设计	吴元瑛
出版发行	华东师范大学出版社
社　址	上海市中山北路 3663 号　邮编　200062
网　址	www.ecnupress.com.cn
电　话	021-60821666　　行政传真　021-62572105
客服电话	021-62865537　　门市(邮购)电话　021-62869887
地　址	上海市中山北路 3663 号华东师范大学校内先锋路口
网　店	http://hdsdcbs.tmall.com
印刷者	上海景条印刷有限公司
开　本	890×1240　1/32
插　页	2
印　张	13
字　数	270 千字
版　次	2016 年 10 月第 1 版
印　次	2016 年 10 月第 1 次
书　号	ISBN 978-7-5675-5675-1/B·1042
定　价	68.00 元
出 版 人	王　焰

(如发现本版图书有印订质量问题,请寄回本社客服中心调换或电话 021-62865337 联系)